BOOK 2

이 책의 차례

부록 **시험에 잘 나오는 개념BOOK**

학교 시험에 자주 나오는 출제 포인트를 제시하고 필수 자료와 해석을 넣어 철저히 분석하였으며, 바탕 예제를 수록하여 기본 개념과 다양한 유형의 문제를 접해 볼 수 있도록 하였습니다.

주 마무리 코너

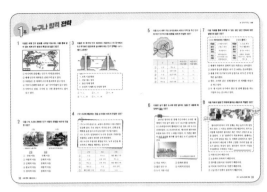

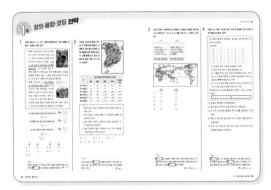

누구나 합격 전략

내신 유형에 맞춘 기본 연습 문제를 풀어 보면서 학습에 대한 자신감을 가질 수 있습니다.

창의 · 융합 · 코딩 전략

융복합 사고력과 창의력을 키우는 문제를 풀어 보면서 다양한 문제에 대한 적응력을 높일 수 있습니다.

권 마무리 코너

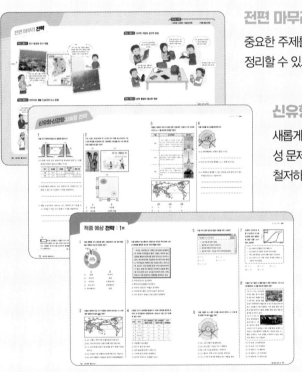

전편 마무리 전략

중요한 주제를 엄선하여 단원을 마무리하고 최종 정리할 수 있도록 하였습니다.

신유형 · 신경향 · 서술형 전략

새롭게 등장한 유형 문제, 시대 흐름을 반영한 경향성 문제를 다루었으며, 서술형 문제를 풀어 보면서 철저하게 내신을 대비할 수 있도록 하였습니다.

적중 예상 전략

학습한 내용을 최종 평가해 보는 코너로 2회에 걸쳐 제공하여, 스스로 자기 실력을 가늠해 볼 수 있도록 하였습니다.

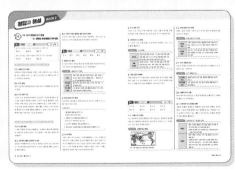

정답과 해설

각 문제에 대한 기본 개념과 자료 분석, 쌍둥이 문제 등 자세한 풀이를 담았습니다. 특히 적중 예상 전략 해설에는 다시 한번 문제를 수록하고 출제 의도, 선택지 분석, 개념이나 용어 등을 제시하여 빈틈없이 해당 주제를 숙지할 수 있도록 구성하였습니다.

이 책의 구성과 활용

이 책은 3권으로 이루어져 있는데 본책인 BOOK1, 2의 구성은 아래와 같아.

주 도입

본격적인 본문 학습에 앞서, 재미있는 만화를 살펴보면서 이번 주에 공부할 내용을 확인할 수 있습니다.

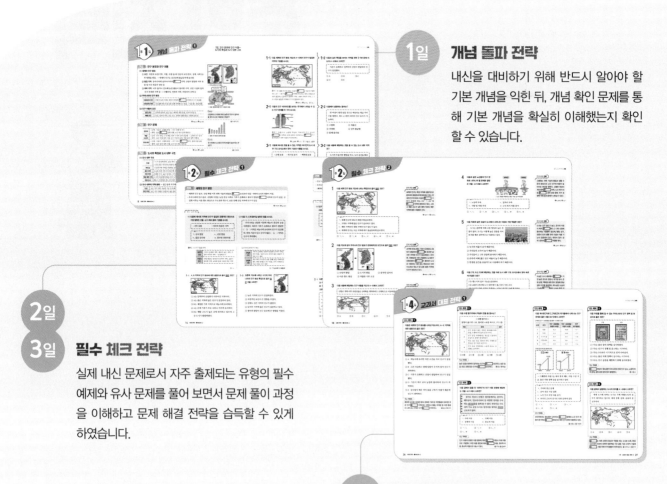

1일 개념 돌파 전략

내신을 대비하기 위해 반드시 알아야 할 기본 개념을 익힌 뒤, 개념 확인 문제를 통해 기본 개념을 확실히 이해했는지 확인할 수 있습니다.

2일 3일 필수 체크 전략

실제 내신 문제로서 자주 출제되는 유형의 필수 예제와 유사 문제를 풀어 보면서 문제 풀이 과정을 이해하고 문제 해결 전략을 습득할 수 있게 하였습니다.

4일 교과서 대표 전략

교과서의 핵심 개념을 다루는 주제를 대표 예제로 엄선하여 수록하였으며, 많은 문제를 풀어 보면서 문제에 대한 적응력을 높일 수 있도록 하였습니다.

중학 전략
사회②
BOOK 2

1 다음 설명이 맞으면 ○표, 틀리면 X표 하시오.

(1) 다국적 기업의 생산 공장은 저렴한 지가와 저임금 노동력이 풍부한 개발 도상국에 들어선다. ( )

(2) 다국적 기업의 연구소는 기술 수준이 높고, 전문(고급) 인력 확보에 유리한 선진국에 들어선다. ( )

(3) 다국적 기업의 생산 공장이 새롭게 들어선 국가나 지역은 일자리가 감소한다. ( )

2 다음 다국적 기업의 성장 과정을 순서대로 나열한 것을 보기 에서 고르면?

보기
ㄱ. 한 국가 내에서 하나의 공장으로 시작한다.
ㄴ. 해외에 판매 지점을 개설하여 판매 시장을 개척한다.
ㄷ. 국내 다른 지역에 판매 지점과 생산 공장을 확대한다.
ㄹ. 해외에 현지 생산 공장을 건설하여 제품을 직접 공급한다.

① ㄱ → ㄴ → ㄷ → ㄹ
② ㄱ → ㄷ → ㄴ → ㄹ
③ ㄴ → ㄷ → ㄱ → ㄹ
④ ㄴ → ㄹ → ㄱ → ㄷ
⑤ ㄷ → ㄹ → ㄴ → ㄱ

3 다국적 기업이 공간적 분업을 할 때, 본사의 입지에 대해 제시된 내용을 포함하여 서술하시오.

서술형

• 정보 수집 • 자본 확보

---

11 다국적 기업의 공간적 분업

빈출도 ●●○○

개념 노트

• 다국적 기업의 성장 과정

단일 기업 단계	한 국가 내에서 하나의 공장으로 시작
국내 확장 단계	국내 다른 지역에 판매 지점과 생산 공장을 확대
해외 진출 단계	해외에 판매 지점을 개설하여 판매 시장을 개척
다국적 기업 단계	해외에 현지 생산 공장을 건설하여 제품을 직접 공급

개념 필수 자료

범례: 본사 / 연구소 / 판매 지점 / 생산 공장

▲ H 자동차 회사의 공간적 분업

자료 해석

다국적 기업의 공간적 분업

본사	본국, ❶ □□□ 에 주로 입지 → 다양한 정보 수집과 자본 확보에 유리
연구소	선진국에 주로 입지 → 기술 수준이 높고, 전문(고급) 인력 확보에 유리
생산 공장	• 선진국: 무역 장벽 극복과 시장 개척에 유리함. • 개발 도상국: 저렴한 임금과 풍부한 ❷ □□□, 낮은 지가, 현지 정부의 기업 활동 지원으로 유리함.
판매 지점	대도시 → 상품 수요가 많아 구매력이 높음.

답 ❶ 선진국 ❷ 노동력

기후 변화의 영향

◎ 개념 노트

● 기후 변화의 의미와 원인
• 기후 변화의 의미: 일정한 지역에서 장기간에 걸쳐서 나타나는 기후의 평균적인 상태가 변하는 현상
• 기후 변화의 원인 → 최근 기후 변화는 자연적 요인보다 인위적 요인의 영향이 큼.

자연적 요인	태양 활동의 변화, 대기 중 화산 활동 등
인위적 요인	급격한 인구 증가, 산업화와 도시화로 인한 무분별한 개발 등

개념 필수 자료

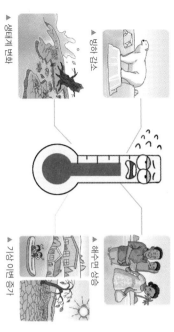

▶ 생태계 변화
▶ 빙하 감소
▶ 해수면 상승
▶ 기상 이변 증가

자료 해석

빙하 감소	극지방과 고산 지역의 빙하가 녹아 해수면이 꾸준히 ❶ [ ] 하고 있음.
해수면 상승	일부 섬나라(몰디브, 투발루, 키리바시 등)와 해안 저지대에 위치한 국가 (방글라데시 등)이 ❷ [ ] 될 위험에 처함.
생태계 변화	• 서식 환경이 달라져 개체 수가 줄거나 생태계에 나쁜 영향을 미침. • 식생 분포의 변화: 열대 식물의 분포 범위 확대, 고산 식물의 멸종 • 동물 서식지의 변화: 멸종 위기 동물 증가, 열대성 질병과 해충의 확산
기상 이변 증가	태풍, 홍수, 폭설 등 지연재해의 피해 규모와 범위가 증가

답 | ❶ 상승 ❷ 침수

---

1 다음 괄호 안의 내용 중 알맞은 말을 골라 ○표를 하시오.
(1) 농업의 (기업화, 세계화)는 세계 여러 지역을 대상으로 농산물의 생산 및 판매가 이루어지는 현상을 말한다.
(2) 기업이 자본과 기술을 투입하여 대규모로 농작물을 생산하고 판매하는 현상을 농업의 (기업화, 세계화)라고 한다.
(3) 원래 작물이나 기후 변화 작물보다 상품성이 높은 작물을 대규모로 재배하면서 (상업적, 자급적) 농업이 확대되고 있다.

2 세계화에 따른 농업의 변화에 대한 설명으로 옳은 것을 보기에서 고르면?

보기
ㄱ. 소규모 자급농이 증가하고 있다.
ㄴ. 대부분 자급적 농업이 이루어진다.
ㄷ. 대형 농기계를 이용하여 대규모 생산하고 있다.
ㄹ. 상품성이 높은 작물을 재배하는 상업적 농업이 활발하다.

① ㄱ, ㄴ ② ㄱ, ㄷ ③ ㄴ, ㄷ ④ ㄴ, ㄹ ⑤ ㄷ, ㄹ

3 서술형
다음 그래프는 필리핀의 바나나 수출량과 쌀 수입량 변화를 나타낸 것이다. 이와 같은 변화가 나타나게 된 원인을 서술하시오.

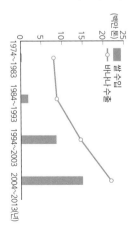

(백만 톤) 25 20 15 10 5 0
■ 쌀 수입 ─○─ 바나나 수출
1974~1983 1984~1993 1994~2003 2004~2013(년)

1 다음 설명이 맞으면 O표, 틀리면 X표 하시오.

(1) 최근 기후 변화는 자연적 요인보다 인위적 요인의 영향이 작다. ( )

(2) 극지방과 고산 지역의 빙하의 방하 면적이 녹아서 감소하고 있다. ( )

(3) 일부 섬나라와 해안 저지대에 위치한 국가들은 침수될 위험에 처해 있다. ( )

(4) 기후 변화로 인해 전 세계적으로 태풍, 홍수, 폭설 등 자연재해의 발생 빈도와 규모가 감소하고 있다. ( )

2 기후 변화로 인한 환경 변화로 옳지 않은 것은?

① 식생 분포에 변화가 나타난다.

② 동물 서식지에 변화가 나타난다.

③ 해수면 상승으로 해안 저지대가 상승한다.

④ 북극의 빙하가 녹아 방하 면적이 감소한다.

⑤ 서식 환경이 달라져 생태계에 나쁜 영향을 미친다.

3 다음과 같은 환경 변화로 나타나는 영향을 서술하시오.

〈미국 고산 지대 방하 면적의 변화〉

▲ 1938년 → ▲ 2005년

---

10 농업 생산의 세계화와 기업화

빈출도 ●○○

○ 개념 노트

• 농업 세계화 및 기업화의 의미
• 농업의 세계화: 세계 여러 지역을 대상으로 농산물의 생산 및 판매가 이루어지는 현상
• 농업의 기업화: 기업이 자본과 기술을 투입하여 대량으로 농작물을 생산·판매 하는 현상

개념 필수 자료

농업의 세계화

키위 (뉴질랜드)
소고기 (호주산)
연어 (페루산)

▲ 식탁 먹거리의 다양화

농업의 기업화

▲ 다국적 농업 기업의 생산과 판매 시스템

(D 농업 회사 홍보 자료. 2012.)

자료 해석

농업 생산의 세계화와 기업화

농업 생산의 세계화	교통과 통신의 발달, 세계 무역 기구(WTO) 체제 출범, 자유 무역 협정(FTA) 체결, 다국적 농업 기업 등장, 농업 기술의 발달, 다양한 농산물에 대한 수요 증가 등 → 전 세계를 대상으로 한 농축산물의 생산과 소비
농업 생산의 기업화	기업이 막대한 ❶ 과 기술을 투입하여 한 농축산물의 농장을 운영 → ❷ 을 목적으로 한 농축산물의 생산과 소비 증대, 플랜테이션 농장 확대

답 ❶ 자본 ❷ 상업적

13 환경 문제 유발 산업의 국가 간 이동 빈출도 ●○○

◐ 개념 노트

- 환경 문제 유발 산업의 의미: 제품 생산 과정에서 많은 양의 오염 물질을 배출하거나 폐기물을 처리하는 과정에서 환경 문제를 일으키는 산업
- 환경 문제 유발 산업의 이동: 선진국에서 개발 도상국으로 이동, 오래된 생산 시설뿐만 아니라 환경 문제도 함께 옮겨감.

개념 필수 자료

▲ 케냐의 화훼 농장

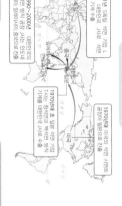

석면 공장의 이전

1981년 5월 석면 기업 L 사가 대한민국 부산에 석면 방직 기계 수출

1990~2000년 석면 기업 L 사가 인도네시아, 말레이시아에 중간재로 진출

1970년대 미국의 석면 기업 T 사는 청정연과 백석면 방직 기계를 대한민국에 사료로 수출

전자 쓰레기의 이동

▲ 전자 쓰레기 처리장

자료 해석

석면 공장
- 환경 규제의 강화를 피해 이동함.
- 미국, 독일 → 일본 → 한국 → 동남아시아

화훼 농장
- 네덜란드의 화훼 농장이 임금이 저렴한 케냐로 이동함.
- 케냐는 새로운 **①** 가 생겨났지만, 물 부족, 수질 오염, 호수의 어획량 감소 등의 문제가 발생함.

전자 쓰레기
- 주민들은 버려진 스마트폰, 노트북 등을 분해해 수익을 얻지만,
- 이 과정에서 중금속 배출 문제가 발생함.

답 ❶ 일자리 **❷** 개발 도상국

핵심 개념 체크

1 다음 글 안의 내용 중 알맞은 말을 골라 ○표 하시오.

(1) (선진국, 개발 도상국)은 산업 혁명 이후 도시화가 서서히 진행되었다.

(2) 개발 도상국은 제2차 세계 대전 이후 도시화가 짧은 기간 동안 (빠르게, 서서히) 진행되었다.

(3) (선진국, 개발 도상국)은 도심의 노후 주택 문제, 교통 체증 문제, 범죄 문제, 노숙자 문제, 이주민과의 갈등 문제 등이 나타나고 있다.

2 선진국과 개발 도상국의 도시화 과정을 나타낸 그래프의 ㉠, ㉡에 들어갈 알맞은 말을 쓰시오.

도시화율이 오랜 기간에 걸쳐 서서히 진행된 (㉠)은 도시화 기울기가 완만하지만, 도시화가 짧은 기간 동안 빠르게 진행된 (㉡)은 도시화 곡선의 기울기가 급하다.

3 서술형

2번 그래프의 ㉡에서 나타나는 도시 문제를 두 가지 이상 쓰시오.

1 다음 괄호 안의 내용 중 알맞은 말을 골라 ○표를 하시오.

(1) 환경 문제 유발 산업이 유출 지역으로 대부분 (선진국 , 개발 도상국)이다.

(2) 환경 문제 유발 산업이 (유입 지역 , 유출 지역)에서는 일자리 확보, 소득 증가 등의 경제적 효과를 얻는다.

(3) 환경 문제 유발 산업의 이동으로 오래되고 생산 시설뿐만 아니라 (환경 문제, 국제 협약)도 함께 옮겨간다.

2 환경 문제 유발 산업의 국가 간 이동 특징에 대한 설명으로 옳지 않은 것은?

① 유입 지역에 환경 문제를 유발한다.

② 유입 지역에서 주민의 삶을 위협한다.

③ 경제 성장을 우선시하는 국가들로 이동하고 있다.

④ 최근에는 개발 도상국에서 선진국으로 이동하고 있다.

⑤ 환경 문제 유발 산업은 주로 환경에 대한 사회적 인식이 낮은 나라에 입지해 있다.

서술형

3 다음 전자 쓰레기의 이동 지도를 보고, 전자 쓰레기의 이동 방향에 대해 서술하시오.

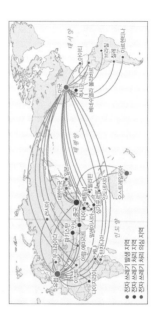

전자 쓰레기 발생 지역
전자 쓰레기 처리 지역
전자 쓰레기 처리 예상 지역

---

9 선진국과 개발 도상국의 도시화 및 도시 문제 빈출도

○ 개념 노트

• 선진국과 개발 도상국의 도시화 과정 특징
• 선진국: 18세기 산업 혁명 이후 오랜 기간에 걸쳐 도시화가 서서히 진행됨.
• 개발 도상국: 제2차 세계 대전 이후 도시화가 짧은 기간 동안 빠르게 진행됨.

개념 필수 자료

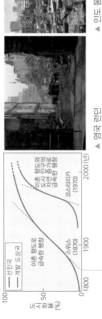

도시화율 (%)
── 선진국
── 개발 도상국
이촌 향도와 도시 인구의 급속한 팽창
스위스(1870)
코스타리카(1970)
1800 1900 2000 (년)

▲ 영국 런던　　▲ 인도 뭄바이

→ 선진국은 도시화의 기울기가 완만하지만, 개발 도상국은 도시화 곡선의 기울기가 급하다.

자료 해석

• 선진국과 개발 도상국의 도시화

선진국	• 18세기 산업 혁명 이후 200여 년 동안 산업 발달과 함께 서서히 진행됨. • 주로 촌락에서 도시로 인구가 이동하면서 이루어짐. • 현재 도시화율이 완만하게 증가하거나 정체되는 ❶ 단계임. • 대도시에서는 역도시화 현상이 나타남.
개발 도상국	• 제2차 세계 대전 이후 단기간(약 30~40년)에 매우 빠르게 진행됨. • 촌락의 많은 인구가 도시로 유입되는 ❷ 현상 발생, 청장년층 중심의 이동으로 인구가 자연적 증가도 빠르게 이루어짐. • 경제 발전이나 기술 증가 등을 뒷받침하지 못한 채 수위 도시로 많은 인구 집중

• 선진국과 개발 도상국의 도시 문제

선진국	오랜 시간에 걸쳐 점진 도시화 → 도심의 노후 주택 문제, 교통 체증 문제, 도시 주거 및 경제 활동 비용 상승, 범죄 등
개발 도상국	급속한 도시화 → 특정 지역 개발 집중, 주택 부족, 위생 및 공공 서비스 부족, 환경 오염, 교통 혼잡, 일자리 부족 문제, 도시 내 빈부 격차 문제 등

답 ❶ 종착 ❷ 이촌 향도

14 다양한 환경 이슈

빈출도 ●●●

○ 개념 노트

• 환경 이슈의 의미: 원인, 영향, 해결 방안 등을 서로 다르게 생각하여 논쟁이 벌어지는 환경 문제 예) 유전자 재조합 식품(GMO), 로컬 푸드 운동, 미세 먼지 등

개념 필수 자료

▶ 유전자 재조합 식품의 현황

(단위: 백만 ha)
- 1위 미국 70.9
- 2위 브라질 44.2
- 3위 아르헨티나 24.5
- 4위 인도 11.6
- 5위 캐나다 11.6

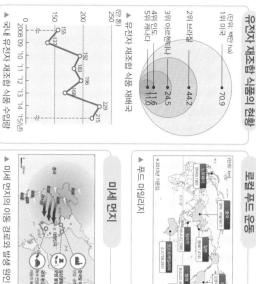

250
200
150

143 155 185 192 196 169 229 215

2008 '09 '10 '11 '12 '13 '14 '15(년)

▶ 국내 유전자 재조합 식품 수입량

로컬 푸드 운동

▶ 푸드 마일리지

*2010년 기준임.

푸드 마일리지가 높을수록 먼 거리를 이동한 것으로, 먹거리를 먼 곳에서 많이 운반할수록 배출하는 온실가스의 양이 많아지고, 식품의 안정성도 낮아진다.

미세 먼지

▶ 미세 먼지의 이동 경로와 발생 원인

미세 먼지는 주로 화석 연료를 태울 때 생기는 매연, 자동차의 배기가스 등에 의해 발생한다.

자료 해석

유전자 재조합 식품(GMO)
• 의미: ❶ 을/를 변형하여 만들어 낸 새로운 품종
• 장점: 병충해에 강한 성질, 생산성 향상, 식량 문제 해결, 농가 소득 증대
• 단점: 고유한 생태계 파괴, 식물 다양성의 위협, 생태계 교란, 인체 유해성 검증 미비

로컬 푸드 운동
• 의미: 지역에서 생산된 먹거리를 그 지역에서 소비하자는 운동
• 배경: 푸드 마일리지가 높은 글로벌 푸드에 대한 대안으로 등장
• 영향: 먹거리의 안전성 확보, 지역 농민의 안정적 소득 보장, 지역 경제 활성화, ❷ 의 배출량 감소

미세 먼지
• 호흡기 및 심혈관 질환 유발, 비행기 및 여객선 운행 지장, 산업 시설 피해 등

답 ❶ 유전자 ❷ 온실가스

핵심 개념 체크

1 다음 설명이 맞으면 ○표, 틀리면 ×표 하시오.

(1) 도시화는 도시의 수가 증가하거나 도시에 거주하는 인구의 비율이 높아져서 도시적 생활 양식이 확대되는 과정이다. ( )

(2) 도시화 과정 중 초기 단계에서는 이촌 향도 현상이 나타나기 시작한다. ( )

(3) 도시화 과정 중 초기 단계에서는 보다 역도시화 현상으로 산업화가 진행된다. ( )

2 오른쪽 도시화 과정 그래프에 대한 설명으로 옳은 것을 |보기|에서 고르면?

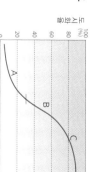

도시화율(%) 100 80 60 40 20 0

A B C 시간→

|보기|
ㄱ. A는 초기 단계로 도시화의 진행 속도가 완만하다.
ㄴ. B는 1차 산업에 종사하는 사람의 수가 많다.
ㄷ. B는 급속한 산업화로 이촌 향도 현상이 나타난다.
ㄹ. C는 도시화의 진행 속도가 가장 빠른 단계이다.

① ㄱ, ㄴ ② ㄱ, ㄷ ③ ㄴ, ㄷ ④ ㄴ, ㄹ ⑤ ㄷ, ㄹ

3 [서술형] 2번 도시화 과정 그래프의 B 단계 특징을 제시된 내용을 포함하여 서술하시오.

• 산업화 • 도시화율 • 이촌 향도 현상

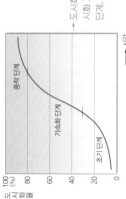

1 다음 설명이 맞으면 ○표, 틀리면 X표 하시오.

(1) 유전자 재조합 식품은 병충해에 강하고 수확량이 많다는 장점이 있다. ( )

(2) 글로벌 푸드의 영향으로 먹거리의 안정성 확보, 지역 경제 활성화 등이 있다. ( )

(3) 미세 먼지는 호흡기 및 심혈관 질환 유발, 비행기 및 여객선 운행 지장 등의 문제를 가져다 준다. ( )

2 유전자 재조합 식품에 관한 찬성과 반대 의견을 보기 에서 골라 기호를 쓰시오.

보기
ㄱ. 세계의 식량 문제를 해결할 수 있다.
ㄴ. 인체에 미치는 유해성에 대한 검증이 미비하다.
ㄷ. 생산성이 향상되어 농가 소득이 증대될 수 있다.
ㄹ. 고유 종을 파괴하고 식물 다양성을 위협할 수 있다.

(1) 찬성 의견: ( )
(2) 반대 의견: ( )

3 [서술형] **개념 필수 자료** 의 미세 먼지의 이동 경로와 발생 원인 지도를 보고, 이로 인해 발생하는 피해를 두 가지 서술하시오.

빈출도 ●●●●

8 도시화 과정

○ 개념 노트

· 도시화의 의미와 특징

· 도시화의 의미: 도시의 수가 증가하거나 도시에 거주하는 인구의 비율이 높아지면서 도시적 도시적 생활 양식이 확대되는 과정

· 도시화의 특징: 일반적으로 산업화와 함께 진행, 도시의 면적 확대, 도시로의 인구 유입 활발, 주민의 경제 활동이 공업과 서비스업 위주로 변화

개념 필수 자료
도시화 과정

도시화율(%) 100 80 60 40 20 0

초기 단계　가속화 단계　종착 단계
→ 시간

도시화율 곡선은 에스(S)자 형태로 나타나며, 도시화 과정은 도시화율에 따라 초기 단계, 가속화 단계, 종착 단계로 구분된다.

자료 해석

초기 단계	· 도시화율이 매우 낮고 완만하게 상승하는 단계 · 대부분의 인구가 촌락에 거주하며, 1차 산업에 종사함.
가속화 단계	· 도시화율이 급격하게 상승하는 단계 · 본격적으로 ❶ 가 진행, 도시에 제조업과 서비스업이 발달하면서 ❷ 현상이 활발히 나타남. · 산업 발달로 일자리가 많은 지역에서 이동이 활발하고 도시화가 진행됨.
종착 단계	· 도시화의 정도가 가장 높고, 도시화율의 증가 속도가 둔화되는 단계 · 도시 간의 인구 이동이 활발하고, 대도시권이 확대됨. · 역도시화 현상이 발생함.

답 ❶ 산업화 ❷ 이촌향도

영역의 구성

빈출도 ●●●●

○ 개념 노트

• 영역의 의미: 한 국가의 주권이 미치는 범위로 영토, 영해, 영공으로 구성

영토	국가에 속한 육지의 범위로 영해와 영공의 설정 기준
영해	영토 주변의 바다
영공	영토와 영해의 수직 상공

개념 필수 자료

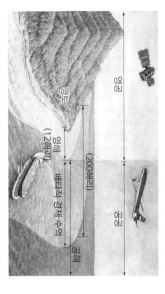

자료 해석

영역의 구성

영토	• 한반도와 주변 섬들로 구성(총면적 약 22.3만 km², 남한 면적 약 10만 km²) • 서·남해안에서 이루어지는 간척 사업으로 면적 확대 중
영해	• 동해안, 울릉도, 독도, 제주도: 해안선이 단조롭고 섬이 적어 통상 기선이 직용되어 해안선(최저 조위선)을 기준으로 12해리까지가 해당됨 • 서·남해안: 해안선이 복잡하고 섬이 많아서 직선 기선이 적용되어 가장 바깥쪽에 있는 섬을 연결한 선을 기준으로 **❶ [ ]** 까지가 해당됨. • 대한 해협: 직선 기선으로부터 **❷ [ ]** 까지가 해당됨.
영공	• 우리 영토와 영해의 수직 상공
배타적 경제 수역(EEZ)	• 영해를 설정한 기준선으로부터 200해리까지의 바다 중 영해를 제외한 바다 • 바다에 대한 경제적 주권 행사 가능

답 | ❶ 12해리 ❷ 3해리

핵심 개념 체크

1 다음 설명이 맞으면 ○표, 틀리면 X표 하시오.

(1) 도심에서 주변 지역으로 갈수록 건물의 높이가 낮아진다. ( )

(2) 부도심은 교통이 편리한 곳에 형성되며, 도심의 기능을 분담한다. ( )

(3) 부도심은 주요 관공서, 대기업 본사, 백화점 본점, 은행 본점 등이 모두 모여 있다. ( )

(4) 주변 지역에는 대규모 주택 단지와 학교, 상업 시설, 공장 등 주거 및 공업 지역이 나타난다. ( )

2 다음 도시 내부 구조도의 A~C에 들어갈 알맞은 지역을 쓰시오.

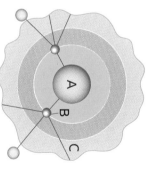

A ( ) B ( ) C ( )

3 서술형 2번 도시 내부 구조도에서 B 지역의 기능을 쓰시오.

1 다음 괄호 안의 내용 중 알맞은 말을 골라 ○표를 하시오.

(1) 해안선이 단조로운 곳에서는 (통상 기선, 직선 기선)을 활용한다.

(2) 섬이 많고 복잡한 해안의 영해를 정할 때는 (통상 기선, 직선 기선)을 사용한다.

(3) 대한 해협은 직선 기선으로부터 (3해리, 12해리)까지가 적용된다.

(4) 배타적 경제 수역(EEZ)에서는 바다에 대한 경제적 주권 행사가 (가능, 불가능)하다.

2 다음 영역의 구성을 나타낸 자료의 A~E에 들어갈 알맞은 말을 쓰시오.

A ( ) B ( ) C ( ) D ( )

단답형

3 다음 글의 ㉠, ㉡에 들어갈 알맞은 내용을 쓰시오.

동해안과 제주도, 울릉도, 독도 등지에는 (㉠)이 적용되어 해안의 최저 조위선으로부터 12해리까지를 영해로 설정한다. 서·남해안은 (㉡)이 적용되어 가장 바깥쪽에 있는 섬을 연결한 선을 기준으로 12해리까지를 영해로 설정한다.

㉠ ( ) ㉡ ( )

---

7 도시 내부 구조

빈출도

개념 노트

•도시의 특징

높은 인구 밀도	상대적으로 좁은 지역에 많은 사람이 밀집
집약적 토지 이용	한정된 공간의 효율적인 이용을 위해 고층 건물 분포
2·3차 산업 발달	주민들의 직업과 생활 모습이 다양
정치·경제·문화의 중심지	병원, 관공서 등의 편의·교육·문화 시설 및 각종 기능이 집중
촌락과 상호 작용	촌락과 서로 다양한 기능을 제공하며 영향을 주고받음.

개념 필수 자료

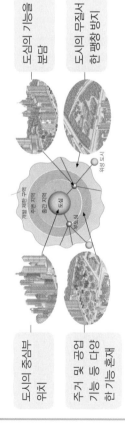

도시의 중심부 위치
주거 및 공업 기능 등 다양한 기능 혼재

도심의 기능을 분담
도시의 무질서한 팽창 방지

자료 해석

도심	도시 중심부에 위치, 편리한 교통, 비싼 땅값, 고층 건물 밀집, 중심 업무 지구(CBD) 형성, 인구 공동화 현상
부도심	❶ 이 요지, 도심의 기능을 분담하여 상업·업무 기능 집중
중간 지역	도심과 주변 지역 사이에 분포하여 주택, 학교, 상업 시설, 공장 등이 혼재
주변 지역	저렴한 땅값, 도시와 농촌의 모습이 혼재
개발 제한 지역	도시의 무질서한 팽창을 막고, 녹지 공간을 확보하기 위해 개발을 ❷ 하는 공간(그린벨트)
위성 도시	대도시 주변에서 주거·공업·행정 등 대도시의 일부 기능 분담

답 | ❶ 교통 ❷ 제한

독도

✔ 개념 노트

• 우리 땅, 독도

자연환경	해저 화산 폭발로 형성된 화산섬으로, 독도와 2개의 섬과 89개의 작은 바위섬으로 구성, 기후가 온화하고 연중 강수가 고른 해양성 기후
인문 환경	신라가 우산국(울릉도)을 영토로 편입하면서 우리나라의 영토가 됨

개념 필수 자료

독도의 위치

독도는 울릉도에서 약 87.4km 떨어져 있으며, 일본 영토인 오키섬에서는 약 158km 떨어져 있다.

독도의 가치

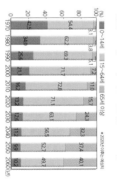

독도 주변의 바다에는 해양 심층수와 메탄 하이드레이트가 매장되어 있어서 경제적 가치가 높다.

해양 심층수
• 수심 200m 이하 지대에 분포
• 식물 영양물, 화장품의 원료로 활용

메탄 하이드레이트
• 수심 300m 이하 지대에 분포
• 천연가스의 주성분인 메탄이 얼음 형태로 매장

자료 해석

• 독도의 위치: 경상북도 울릉군 울릉읍 독도리에 있는 섬으로, 우리나라 영토의 **①** 끝에 위치하며 울릉도에서 동남쪽으로 87.4km 떨어져 있다.

• 독도의 가치

영역적 가치	• 영해와 배타적 경제 수역 설정의 기준점, 태평양을 향한 전진 기지 역할 • 해상 및 항공 교통과 방어 기지로서의 중요한 군사적 요충지
경제적 가치	• 한류와 난류가 만나는 조경 수역으로 수산 자원이 풍부 • 해저에 해양 심층수와 메탄 **②** 매장
환경·생태적 가치	화산 지형의 보고, 섬 전체가 천연 보호 구역으로 지정된 생태계의 보고

답 ① 동쪽 ② 하이드레이트

---

1 다음 설명이 맞으면 O표, 틀리면 X표 하시오.

(1) 우리나라는 경제 발전과 의료 기술의 발달로 평균 수명이 감소하였다. ( )

(2) 우리나라는 저출산 현상으로 노동력 부족 문제를 겪고 있다. ( )

(3) 우리나라는 고령화 현상으로 노년층 부양비 증가의 문제를 겪고 있다. ( )

(4) 우리나라의 고령화에 대한 대책으로 지녀 양육비 지원, 보육 시설 확대 등의 대책이 필요하다. ( )

2 다음 그래프에 대한 설명으로 옳은 것을 **보기** 에서 고르면?

[그래프]
0~14세, 15~64세, 65세 이상 구분
1970 3.1 54.4 42.5
1980 3.8 62.2 34.0
1990 5.1 69.3 25.6
2000 7.2 71.7 21.1
2010 11.0 72.8 16.2
2020 15.7 71.1 13.2
2030 24.3 63.1 12.6
2040 32.3 56.5 11.2
2050 37.4 52.7 9.9
2060 40.1 49.1 10.8
※2000년 이후는 추계치

보기
ㄱ. 노인 인구의 비중이 증가하고 있다.
ㄴ. 성비 불균형 문제가 심각해지고 있다.
ㄷ. 유소년층 인구의 비중은 감소하고 있다.
ㄹ. 인구 부양력이 낮은 문제점이 나타나고 있다.

① ㄱ, ㄴ ② ㄱ, ㄷ ③ ㄴ, ㄷ ④ ㄴ, ㄹ ⑤ ㄷ, ㄹ

3 서술형

우리나라에서 저출산·고령화 현상이 계속 지속될 때 나타나는 문제점에 대해 쓰시오.

1 다음 설명이 맞으면 ○표, 틀리면 ×표 하시오.

(1) 독도는 행정구역상 강원도에 속해 있다. ( )

(2) 독도는 우리나라 영토의 동쪽 끝에 위치하고 있다. ( )

(3) 독도 주변의 바다는 한류와 난류가 만나는 조경 수역으로 좋은 어장을 형성하여 수산 자원이 풍부하다. ( )

(4) 독도는 화산 지형의 보고로, 섬 전체가 유네스코 세계 문화유산으로 지정되어 있다. ( )

2 독도의 가치에 따른 알맞은 내용을 | 보기 | 에서 골라 기호를 쓰시오.

| 보기 |
ㄱ. 풍부한 수산 자원
ㄴ. 다양한 동식물의 서식지
ㄷ. 다양한 화산 지형과 지질 경관
ㄹ. 해양 심층수와 메탄 하이드레이트
ㅁ. 해상 및 항공 교통과 방어 기지 역할
ㅂ. 영해와 배타적 경제 수역 설정의 기준점

(1) 영역적 가치: ( )

(2) 경제적 가치: ( )

(3) 환경·생태적 가치: ( )

서술형

3 독도에 수산 자원이 풍부한 까닭을 서술하시오.

_____

---

6 우리나라의 인구 문제

빈출도 ●●●○

○ 개념 노트

• 우리나라 인구 문제의 변화

6·25 전쟁 이후	사회가 안정되면서 출산 붐 현상으로 인구 급증
1960년대 초반 이후	인구 급증으로 정부의 적극적인 출산 억제 정책 시행
1990년대 후반 이후	출산율 감소로 저출산·고령화 문제가 본격적으로 대두

개념 필수 자료

우리나라의 인구 구성 비율 변화

출산율이 낮아지고 평균 수명이 길어지면서 유소년 인구 비중은 감소하고 노인 인구 비중은 증가하고 있다.

저출산·고령화 현상의 영향

저출산·고령화가 지속되면 노동력 부족 문제가 발생하고, 경제 성장이 둔화되며, 노인 부양 부담이 증가한다.

자료 해석

우리나라의 인구 문제

구분	저출산	고령화
원인	결혼 및 자녀에 대한 가치관 변화, 자녀 양육·교육 비용 증가, 고용·소득 불안정 등 → 합계 출산율 감소	경제 발달로, 의료 기술의 발달로 평균 수 명 연장 → 65세 이상 노인 인구의 비율 증가
문제	인구 감소로 노동력 ❶ , 경제 성장 둔화 등	노년 부양비 병·빈곤 등 , 노년층의 질병·빈곤 등
대책	자녀 양육비 지원, 보육 시설 확충 등을 신·장려 정책 시행	정년 연장, 실버산업 육성, 노인 복지 정책 확대 등

답 | ❶ 부족 ❷ 증가

개념 노트

- 지역화 전략의 의미: 지역의 경쟁력을 높이기 위해 경제적·문화적 측면에서 다른 지역과 차별화할 수 있는 계획을 마련하는 것
- 지역화 전략의 종류: 지역 브랜드, 장소 마케팅, 지리적 표시제

개념 필수 자료

지역 브랜드
→ 동해의 일출 모습을 형상화하여 만들었고, 영덕군의 특산물인 대게를 형상화하여 만들었다.

장소 마케팅
→ 함평 나비 축제를 개최하고 보령 머드 축제를 개최하여 해마다 외국인들이 방문하는 국제적인 축제로 자리 잡고 있다.

지리적 표시제
→ 아주 쌀, 횡성 한우는 지리적 표시제에 등록된 상품이다.

자료 해석

지역 브랜드
- 상표 개념을 지역에 적용하여 지역의 고유한 가치와 정체성이 드러나도록 개발한 것 → 로고, 슬로건, 캐릭터 활용

장소 마케팅
- 특정 장소가 지닌 유형·무형의 자산이나 고유한 특징을 활용하여 (장소) 자체를 매력적인 상품으로 홍보하고 판매하는 것
- 지역 축제, 랜드마크 활용, 박물관 건립, 스포츠나 문화 행사 유치 등

지리적 표시제
- 특정 상품의 품질과 특성이 해당 지역에서 비롯되는 경우 해당 지역의 ❷ (이름을 상표권으로 인정하는 제도

답 ❶ 지역 ❷ 지명

핵심 개념 체크

1 다음 설명이 맞으면 O표, 틀리면 X표 하시오.

(1) 선진국에서는 저출산 현상으로 평균 수명이 길어지면서 고령화 현상이 나타나고 있다. ( )

(2) 선진국에서는 여성의 지위 향상과 사회 진출 증가에 따른 저출산 현상 ... ( )

(3) 개발 도상국은 인구가 급속히 증가하여 식량 부족, 기아나 빈곤 등의 문제가 발생하고 있다. ( )

(4) 개발 도상국의 인구 문제를 해결하기 위해서는 출산 장려 정책을 실시해야 한다. ( )

2 다음 인구 피라미드가 나타나는 지역에서 필요한 인구 문제 대책으로 옳은 것을 보기 에서 고른 것?

보기
ㄱ. 출산 억제 정책
ㄴ. 노인 일자리 창출
ㄷ. 인구 부양력 증대
ㄹ. 출산 및 육아 수당 지급

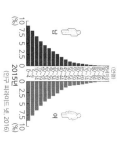
(인구 피라미드 넷, 2016)

① ㄱ, ㄴ   ② ㄱ, ㄷ   ③ ㄴ, ㄷ   ④ ㄴ, ㄹ   ⑤ ㄷ, ㄹ

3 서술형
선진국에서 나타나고 있는 인구 문제와 대책을 서술하시오.

1 다음 괄호 안의 내용 중 알맞은 말을 골라 ○표를 하시오.

(1) 지역 그 자체 또는 지역의 상품과 서비스 등을 상표 개념을 적용하여 소비자에게 특별한 브랜드로 인식시키는 것을 (지역 브랜드, 지리적 표시제)라고 한다.

(2) (장소 마케팅, 지리적 표시제)은 특정 상품의 품질과 특성이 생산지의 지리적 특성에서 비롯되고 그 우수성이 인정될 때, 해당 지역의 지명(이)름을 상표권으로 인정해 주는 제도를 말한다.

(3) (지역 브랜드, 장소 마케팅)은 특정한 장소의 이미지를 매력적인 상품으로 만들어 홍보하고 판매하는 것이다.

2 다음 그림과 관련된 지역화 전략의 이름을 쓰시오.

(가)

(나)

( )

3 다음 사진과 같은 지역화 전략의 이름을 쓰고, 의미를 서술하시오.

서술형

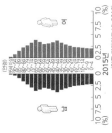

---

5 선진국과 개발 도상국의 인구 문제 빈출도 ●●●

◇ **개념 노트**
- 세계의 인구 성장의 배경: 18세기 산업 혁명 이후 의학 및 과학 기술이 발달, 생활 수준의 향상으로 평균 수명이 늘어나고 영아 사망률이 감소함.
- 인구 성장의 특징: 개발 도상국이 현재 세계의 인구 성장을 주도함.

개념 필수 자료

인구 피라미드(일본)

→ 선진국은 0~14세 인구 비율은 낮고, 65세 이상 인구 비율은 매우 높다.

인구 피라미드(잠비아)

→ 개발 도상국은 0~14세 인구 비율은 높고, 65세 이상 인구 비율은 낮다.

자료 해석

• 선진국의 인구 문제와 대책

저출산	여성의 활발한 사회 진출, 결혼과 자녀에 대한 가치관 변화, 자녀 양육 비용 증가 → 인구 정체 및 감소, 경제 성장 둔화 → ❶ 정책 필요
고령화	생활 수준 향상, 의학 기술 발달로 노인 인구 비율 증가 → 노동력 부족, 노인 부양비 증가, 사회 복지 비용 증가 → 노인 복지 정책 시행(정년 연장, 연금 제도 개선, 실버산업 확대, 노인 일자리 창출 등)

• 개발 도상국의 인구 문제와 대책

인구 급증	낮은 인구 부양력(자원 부족, 식량 부족, 주택 부족, 일자리 부족 등)으로 기아와 빈곤 발생 → 출산 억제 정책, 농업의 기계화, 산업화 정책 등 시행
도시 과밀화	이촌 향도 현상으로 인구 급증 → 인구 분산 필요
성비 불균형	남아 선호 사상 → ❷ 문화 정착 필요

답 | ❶ 출산 장려 ❷ 양성평등

개념 노트

• 통일의 필요성

유라시아 대륙	대륙을 통해 중국, 러시아, 유럽으로 진출할 수 있으며, 해양을 통해 태평양으로 진출할 수 있는 지리적 장점을 지님.
동쪽의 반도국	인적·물적·문화적 교류에 유리하기 때문에 통일 후에는 중국의 경제 성장과 함께 동아시아의 교통의 중심지로 성장할 것임.
동아시아의 중심지	

핵심 필수 자료

● 유라시아 횡단 철도의 연결에 따른 물류 확대

문단비용 투자

세계 평화에 이바지

이산가족의 아픔 치유

자료 해석

통일 이후 국토 공간의 변화

국토 공간적 측면	반도적 이점 활용 → 유라시아 대륙과 태평양을 연결하는 물류의 중심지로 성장(아시안 하이웨이, 유라시아 ❶ □□ 건설)
경제적 측면	• 군사비 지출 감소 → 교육, 문화, 복지, 경제 발전 분야에 투자 • 남한의 자본과 기술 및 북한의 자원과 ❷ □□ 결합
정치적 측면	전쟁 위험 탈피 → 정치 안정, 세계 평화에 이바지
사회·문화적 측면	• 이산가족 상봉, 북한 이탈 주민의 고통 해소 • 남북 간 문화적 이질성 완화, 민족의 동질성 회복

답 | ❶ 통일철도 ❷ 노동력

핵심 개념 체크

1 통일 안의 내용 중 알맞은 말을 골라 O표 하시오.

(1) 우리나라는 6·25 전쟁 시기에 전쟁을 피해 많은 인구가 (남쪽, 북쪽)으로 이동하였다.

(2) 우리나라는 1960년대 이후에 산업화가 진행됨에 따라 농촌의 인구가 도시로 이동하는 (이촌 향도, 역도시화) 현상이 나타났다.

(3) 우리나라는 1990년대 이후에 쾌적한 생활 환경을 찾아 도시 주변 지역으로 인구가 이동하는 (이촌 향도, 역도시화) 현상이 나타났다.

2 다음 지도의 인구 이동이 나타나는 시기로 알맞은 것은?

① 일제 강점기
② 광복 직후
③ 6·25 전쟁
④ 1960년대
⑤ 1990년대

3 서술형 / 개념 필수 자료 의 1990년대 지도를 보고, 이와 같은 현상이 나타나는 까닭을 쓰시오.

1 다음 괄호 안의 내용 중 알맞은 말을 골라 ○표를 하시오.

(1) 우리나라는 유라시아 대륙의 동쪽에서 태평양을 향해 뻗어 있는 (내륙국 , 반도국)이다.

(2) 우리나라는 인적·물적·문화적 교류에 (불리 , 유리)하기 때문에 동아시아 교통의 중심지로 성장할 것이다.

(3) 통일이 되면 경제적 측면에서 남한의 자본과 기술 및 북한의 (자원 , 교육)과 노동력이 결합하여 경제적인 발전을 이룰 수 있다.

2 다음 자료의 빈칸에 들어갈 알맞은 말을 쓰시오.

아시아 국가 간의 인적·물적 교류 확대를 위해 32개국을 연결하며, 전체 길이가 약 14만 km에 이르는 ( )건설이 추진되고 있다. 이것이 구축되면 부산에서 출발해 중국과 러시아를 거쳐 동남아시아, 유럽까지 육로로 갈 수 있다.

3 서술형 **개념 필수 자료** 의 유라시아 횡단 철도가 연결되었을 때 나타날 수 있는 변화에 대해 서술하시오.

___

4 우리나라의 인구 이동

빈출도 ●●●○

○ 개념 노트

• 우리나라의 인구 이동에 영향을 끼친 요인

1960년대 이전까지	8·15 광복, 6·25 전쟁 등 정치적·사회적 원인이 인구 이동에 큰 영향을 끼쳤음.
1960년대 이후	산업화와 도시화에 따른 경제적 원인이 인구 이동에 큰 영향을 끼치고 있음.

개념 필수 자료

우리나라의 인구 이동

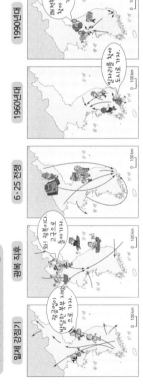

일제 강점기　　광복 직후　　6·25 전쟁　　1960년대　　1990년대

자료 해석

일제 강점기	• 북부 지방의 광업 발달에 따른 이동 • 일제의 탄압으로 중국·연해주 등지로 이동
광복 직후	일본과 중국 등에 나가 있던 해외 동포 귀국
6·25 전쟁	피난민의 이동, 북한 주민들의 월남
1960년대	1960년대 산업화에 따른 ❶_____ 현상으로 대도시에 인구 집중
1990년대	1990년대 역도시화 현상 → 쾌적한 생활 환경을 찾아 도시 ❷_____ 지역으로 인구가 이동

답 | ❶ 이촌향도 ❷ 주변

19 기아 문제와 생물 다양성 감소 문제 빈출도 ●●○

○ 개념 노트

개념 필수 자료

기아 문제

₂₀₂₀ 경량 인구 비율(%), 2013~2015년
- 35 이상
- 25~35
- 15~25
- 5~15
- 5미만
- 자료 없음

0 3000km

└ 기아 문제는 아프리카와 남부 아시아의 국가에서 특히 심각하며, 식량을 분배하지만 인구 증가를 은 동안 그 상황이 더욱 악화되고 있다.

생물 다양성 감소 문제

2050년
생물 총 11% 감소
2010년
한 총 유지 시 추가지의 약 10% 감소
1970년

└ 인구 증가 및 급격한 도시화와 산업 화로 생물의 서식지가 파괴되면서 생물 다양성이 감소하고 있다.

• 다양한 지리적 문제

지리적 문제의 발생 원인	국가 및 지역 간 경제적 격차와 사회적 불평등, 종교·민족·언어에 따른 대립, 영역 및 한정적 자원을 둘러싼 국가 간 이해관계 대립, 대규 모 자연재해, 환경 오염 물질의 장거리 이동 등 원인이 복잡함. 모 복잡함.
지리적 문제의 특징	지역의 특성을 반영하며, 최근 세계화로 지역 간 상호 작용이 활발해 지면서 특정 지역의 문제가 장거리 다른 지역과 연관되어 있고 여러 요인이 복잡하게 나타남. → 해결을 위해 지구촌이 함께 노력해야 함.

자료 해석

• 기아 문제

의미	인간이 생존하는 데 필요한 물과 영양소가 결핍된 상태
원인	자연재해, 인구 ❶ _____ , 분쟁, 식량 분배의 불균형 등이 원인

• 생물 다양성 감소 문제

의미	지역에 존재하는 생물과 그들의 서식 환경의 다양성이 손실되는 것
원인	산업화, 도시화, 환경 오염, 삼림 파괴, 무분별한 남획, 외래종 침입 등으로 서식지 파괴 → ❷ _____ 협약 체택

답 ❶ 급증 ❷ 생물 다양성

---

1 다음 설명 안의 내용 중 알맞은 말을 골라 ○표를 하시오.

(1) 인구를 다른 지역으로 밀어내는 요인을 (배출 요인, 흡인 요인)이라고 한다.

(2) 높은 임금, 쾌적한 주거 환경 등은 인구를 끌어당기는 (배출 요인, 흡인 요인)에 해당한다.

(3) 노예 무역에 의해 아프리카의 흑인들이 아메리카 대륙으로 이동한 것은 (강제적, 경제적) 이동이다.

(4) 전쟁이나 분쟁을 피하기 위한 시리아 난민의 이동은 (강제적, 정치적) 이동이다.

2 다음 (가), (나)와 관련 있는 인구 이동 유형으로 알맞은 것은?

(가) 영국 청교도들의 아메리카 이주

(나) 아프리카 흑인들의 아메리카 이주

	(가)	(나)
①	경제적 이동	경제적 이동
②	경제적 이동	강제적 이동
③	강제적 이동	경제적 이동
④	종교적 이동	정치적 이동
⑤	종교적 이동	강제적 이동

3 인구 이동의 흡인 요인에 해당하는 것을 두 가지 정도 쓰시오.

단답형

핵심 개념 체크

1 다음 설명이 맞으면 ○표, 틀리면 ✕표 하시오.

(1) 기아는 인간이 생존하는데 필요한 물과 영양소가 결핍되어 굶주림에 시달리는 현상을 말한다. (　　)

(2) 인구 증가 및 급격한 도시화와 산업화, 환경 오염 등으로 생물의 서식지가 파괴되면서 생물 다양성이 증가하고 있다. (　　)

(3) 환경 오염, 삼림 파괴, 무분별한 남획, 외래종 침입 등으로 서식지가 파괴되자 생물 다양성 협약을 채택하였다. (　　)

2 다음 지도를 보고 알 수 있는 지리적 문제에 대한 설명으로 옳지 <u>않은</u> 것은?

영양 결핍 인구 비율(%, 2013~2015년)
35 이상　25~35　15~25　5~15　5 미만　자료 없음
0　3000 km

① 전쟁이나 분쟁 등으로 발생하기도 한다.
② 주로 아프리카 지역에서 심각하게 나타난다.
③ 가뭄, 홍수 등으로 식량 생산량이 감소하여 발생한다.
④ 인구 급증으로 구입에 대한 수요가 증가했기 때문이다.
⑤ 동식물의 서식지 파괴, 무분별한 남획, 외래종 침입 등에 의해 발생한다.

3 [단답형] 생물 다양성 감소 문제를 해결하기 위해 채택한 협약은 무엇인지 쓰시오.
(　　　　　)

---

3 세계의 인구 이동

빈출도 ●●●○

○ 개념 노트

● 인구 이동의 요인
• 인구 흡인 요인: 높은 임금, 풍부한 일자리, 쾌적한 생활 환경, 정치적 안정 등
• 인구 배출 요인: 빈곤, 낮은 임금, 일자리 부족, 열악한 생활 환경, 전쟁과 분쟁 등

개념 필수 자료

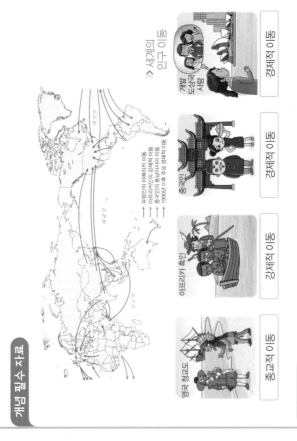

→ 유럽인의 아메리카 이동
→ 아프리카인의 강제적 이동
→ 중국인의 동남아시아 이동
→ 1990년 이후 주요 경제적 이동

>> 세계의 인구 이동

영국 청교도 — 종교적 이동
아프리카 흑인 — 강제적 이동
중국인 — 경제적 이동
개발 도상국 사람 — 경제적 이동

자료 해석

과거	경제적 이동	신항로 개척 이후 유럽인이 아메리카 및 오세아니아로 이동, 중국인의 이동(동남아시아와 세계 각지로 이동)
	강제적 이동	노예 무역으로 아프리카의 흑인들이 ❶[　　]로 이동
	종교적 이동	영국 청교도들이 종교의 자유를 찾아 아메리카로 이동
오늘날	경제적 이동	개발 도상국에서 선진국으로 ❷[　　]를 찾아 이동
	정치적 이동	전쟁이나 분쟁을 피하기 위한 난민의 선진국 이동 (예) 시리아 난민

답 ❶ 아메리카 ❷ 일자리

20 영역 분쟁

빈출도 ●●●○

● 개념 노트

- **영역 분쟁의 현황**: 영토 및 영해를 차지하기 위한 갈등과 분쟁이 끊임없이 일어남. → 지역 개발이나 문화 차이를 둘러싼 갈등과 분쟁으로 확대되기도 함.

- **영역 분쟁의 원인**

영토 분쟁	모호한 국경선 설정, 자원 확보를 위한 경쟁, 종교·민족·언어 등의 차이로 인한 분쟁이 주로 배경
영해 분쟁	해상 교통로의 요지와 군사적 요충지 획득, 해양 자원의 확보와 이용을 위해 영해와 배타적 경제 수역을 확보하기 위한 갈등 증가

개념 필수 자료

▲ 센카쿠 열도 분쟁

▲ 난사 군도 분쟁

▲ 카슈미르 분쟁

자료 해석

영역 분쟁

센카쿠 열도 분쟁	• 관련국: 일본, 중국(타이완)성 • 일본이 청일 전쟁 승리 후 자국 영토로 편입해 지배하였고, 중국은 이를 불법 점령이라고 주장함.
난사 군도 분쟁	• 관련국: 중국, 베트남, 필리핀, 말레이시아, 브루나이 • 원유와 천연가스가 매장되어 있어서, 제2차 세계 대전 중 일본이 점령했다가 패전 후 중국이 이름을 붙여 ❶ [　　] 을 주장함.
카슈미르 분쟁	• 관련국: 인도(힌두교), 파키스탄(❷ [　　]) • 이슬람교도가 많은 카슈미르 지역이 힌두교도가 많은 인도로 편입되면서 무력 충돌이 계속됨.

답 | ❶ 영유권 ❷ 이슬람교

---

1 다음 설명이 맞으면 ○표, 틀리면 X표 하시오.

(1) 산업화 이전 우리나라의 인구 분포는 자연적 요인에 의한 영향이 컸다. (　　)

(2) 우리나라는 산업화 이전에 기후가 온화하고 평야가 발달한 동부부 지역에 인구가 밀집하였다. (　　)

(3) 우리나라는 1960년대 이후에 산업화와 도시화로 수도권, 남동 임해 지역에 인구가 밀집하였다. (　　)

2 다음 지도를 통해 알 수 있는 최근 우리나라의 인구 분포 특징으로 옳은 것은?

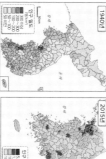

① 농촌 지역에 인구가 밀집하였다.
② 수도권에 가장 많은 인구가 집중하였다.
③ 강원 산간 지역은 인구가 증가하였다.
④ 남서부 지역에 인구가 집중하고 있다.
⑤ 인구 분포와 산업 발달과는 관련성이 없는 편이다.

3 2면의 1940년대 지도를 보고, 북동부 지역에 인구 인구가 밀집될 까닭을 서술하시오.

서술형

1 다음 설명이 맞으면 O표, 틀리면 X표 하시오.

(1) 모호한 국경선 설정, 자원 확보를 위한 경쟁, 종교·민족·언어 등의 차이로 인한 문화적 충돌, 역사적 배경 등으로 인해 영역 분쟁이 발생한다. ( )

(2) 카슈미르는 힌두교도와 이슬람교도 간의 영향에 의해 분쟁 지역이다. ( )

(3) 난사 군도는 원유와 천연가스 등이 매장되어 있어서 지역의 영유권 확보를 위한 분쟁이 일어나고 있는 지역이다. ( )

2 다음 분쟁 지역에 대한 설명으로 옳은 것을 |보기|에서 고르면?

| 보기 |
ㄱ. 분쟁의 주요 원인은 종교적 차이이다.
ㄴ. 인도와 파키스탄의 영역 갈등 지역이다.
ㄷ. 자원의 영유권을 주장하고 있는 지역이다.
ㄹ. 난사 군도와 같은 원인으로 발생한 분쟁 지역이다.

① ㄱ, ㄴ ② ㄱ, ㄷ ③ ㄴ, ㄷ ④ ㄴ, ㄹ ⑤ ㄷ, ㄹ

3 다음 분쟁 지역에 관련되어 있는 지하자원을 쓰시오.

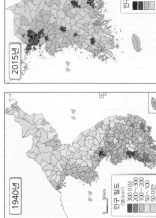

---

②

우리나라의 인구 분포
빈출도 ●●●○

○ 개념 노트
● 우리나라의 인구 분포

| 산업화 이전 | 농업 중심 사회 → 자연적 요인의 영향이 큼. |
| 산업화 이후 | 산업 발달 및 도시화에 따른 이촌향도 현상 → 인문·사회적 요인의 영향이 큼. |

개념 필수 자료

우리나라의 인구 분포 변화

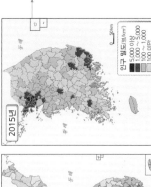

1940년   2015년

전통 사회에서는 기후가 온화하고 평야가 발달한 남서부 지역에 인구가 밀집하였다. 1960년대 이후 산업화와 도시화가 진행됨에 따라 이촌향도 현상이 나타나면서 산업이 발달하고 일자리가 풍부한 수도권, 대도시, 공업 도시를 중심으로 인구가 집중하였다.

자료 해석

| 산업화 이전 (1960년대 이전) | • 인구 밀집 지역: 기후가 온화하고 넓은 평야가 발달한 ❶ __ 지역 (벼농사에 유리)
 • 인구 희박 지역: 기온이 낮고 산지가 많은 ❷ __ 지역(농업에 불리) |
| 산업화 이후 (1960년대 이후) | • 인구 밀집 지역: 수도권, 대도시, 남동 임해 공업 지역
 • 인구 희박 지역: 태백산맥과 소백산맥 일대의 산지 지역, 농어촌 지역 |

답 ❶ 남서부 ❷ 북동부

21 지역 간 불평등 완화를 위한 노력

빈출도 ●●●

○ 개념 노트

- 지역 간 불평등 완화를 위한 노력: 국제기구의 노력, 비정부 기구(NGO)의 노력, 국제 원조, 공정 무역 등이 있음.

개념 필수 자료

▲ 국제기구의 노력
└ 국제 연합 아동 기금의 활동 모습이다.

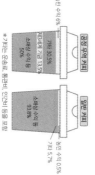

▲ 비정부 기구의 노력
└ 국경 없는 의사회의 의료 구호 모습이다.

▲ 국제 원조

```
등록 없는 국가별 설립 없음: 2014년
■ 1,000 이상  ■ 500~1,000
■ 100~500  ■ 50~100  ■ 50 미만  □ 정보없음 국가
```

▲ 공정 무역

```
공정 무역 커피
수출상 기타 13.5%
기타 30.5%
소매상 수익 등
50%
농민 수익 6%
농민 수익 0.5%

일반 커피
소매상 수익 등
93.8%
기타 5.7%
```

*커피는 운송료, 통관비, 인건비 등을 포함함

자료 해석

지역 간 불평등을 완화를 위한 노력

국제기구
- 세계 국제 협력을 도모하는 대표적인 기구
- 국제 연합 아동 기금(UNICEF), 세계 식량 계획(WFP), 국제 연합 난민 기구(UNHCR), 세계 보건 기구(WHO) 등

비정부 기구 (NGO)
- 인도적 지원에서 구호 활동 등을 하는 비영리 ❶ ___
- 국경 없는 의사회를 하는 비영리, 그린피스, 옥스팜 등

국제 원조
- 선진국에서 저개발국의 빈곤 문제 해결을 위해 지원구이나 기술을 지원하는 것
- 예 경제 협력 개발 기구에서 주도하는 공적 개발 원조

공정 무역
- 저개발국의 ❷ ___
- 빈곤 완화에 도움

예 공정한 가격을 지급하는 무역 방식 → 생산 지역의

답 | ❶ 민간단체 ❷ 생산자

핵심 개념 체크

1 다음 설명이 맞으면 ○표, 틀리면 X표 하시오.

(1) 세계 인구의 대부분은 독특구의 중위도 지역에 살고 있다. ( )

(2) 최근의 인구 분포는 자연적 요인에 의한 영향이 커지고 있다. ( )

(3) 서부 유럽은 벼농사에 유리하여 많은 인구가 분포한다. ( )

(4) 아마존 분지는 고온 다습하고 열대 우림이 우거져 있어 인구 분포가 희박하다. ( )

2 다음 세계의 인구 분포 지도에 대한 설명으로 옳지 않은 것은?

- 1명당 10만 명

① 세계의 인구는 특정 지역에 집중되어 있다.

② 내륙 지역보다 해안 지역에 많은 인구가 분포한다.

③ 사부 유럽, 아시아 지역에 주로 많은 인구가 분포한다.

④ 중위도보다 저위도 지역에 주로 많은 인구가 분포한다.

⑤ 캐나다, 사하라 사막 등은 인구가 거의 분포하지 않는다.

3 2번 지도를 보고, 동 · 남부 아시아 지역에 인구가 밀집하고 있는 까닭은 무엇인 지 쓰시오.

1 괄호 안의 내용 중 알맞은 말을 골라 ○표 하시오.

(1) 두 개 이상의 국가가 모여 국제적인 협력을 하는 조직을 (국제기구 , 비정부 기구)라고 한다.

(2) 그린피스, 국경 없는 의사회, 옥스팜, 세이브 더 칠드런 등은 민간단체가 중심이 되어 자발적으로 활동하는 대표적인 (국제기구 , 비정부 기구)이다.

(3) 선진국이 개발 도상국의 경제 개발과 복지 증진을 위해 자금, 개발 경험, 기술 등을 제공하는 것을 (국내 원조 , 공정 무역)(이)라고 한다.

(4) 저개발국의 상품을 공정한 가격에 구매하여 생산자에게 무역의 혜택이 돌아가도록 하는 것을 (국내 원조 , 공정 무역)(이)라고 한다.

2 다음과 같은 기구의 공통점으로 옳은 것은?

> • 국경 없는 의사회   • 월드 비전   • 그린피스   • 옥스팜

① 선진국의 경제 발전을 목적으로 한다.
② 군사적인 활동이 주로 이루어지고 있다.
③ 개발 도상국에 의해 결성된 국제기구이다.
④ 세계 무역 확대를 주요 목적으로 활동한다.
⑤ 인도주의적 차원에서 구호 활동을 하는 민간단체이다.

3 다음 글의 빈칸에 들어갈 알맞은 말을 쓰시오.

( )은 저개발국의 가난한 생산자가 만든 상품을 공정한 가격으로 구매하여 생산자에게 무역의 혜택이 돌아가도록 하는 방식의 무역이다.

( )

---

1 세계의 인구 분포

빈출도 ●●●○

○ 개념 노트

• 인구 분포에 영향을 주는 요인

자연적 요인	기후, 지형, 식생, 토양 등 → 과거에는 자연적 요인이 인구 분포에 큰 영향을 줌.
인문·사회적 요인	산업, 교통, 정치, 교육, 문화, 정치, 역사 등 → 산업 혁명 이후 자연환경의 제약을 극복하게 되면서 인문·사회적 요인의 영향이 커짐.

개념 필수 자료

≫ 세계의 인구 분포

• 1점당 10만 명

전 세계 인구는 육지 면적의 넓은 북반구에 90% 이상 살고, 평야나 해안 지역에 많이 거주한다. 위도별로 보면 북위 20°~40°의 온화한 기후가 나타나는 지역에 인구가 많다. 대륙별로 보면 아시아에 전체 인구의 60% 이상이 분포한다.

자료 해석

서부 유럽	기후가 온화하고 일찍부터 ❶ 이 발달하여 인구 밀집
사하라 사막	강수량이 매우 적어 물을 구하기 어려워 인구 희박
방글라데시	강수량이 풍부하고 하천 주변에 평야가 있어 ❷ 에 유리하여 인구 밀집
캐나다	기온이 매우 낮아 농업에 불리하여 인구 희박
아마존 분지	고온 다습하고 열대 우림이 우거져 있어 인구 희박

답 | ❶ 산업 ❷ 벼농사

1 1 (1) ○ (2) × (3) × (4) ○ 2 ④
3 동. 남부 아시아의 지역은 강수량이 풍부하고 남ㆍ북 하천 주변에 평야가 있어 벼농사에 유리하기 때문이다.

2 1 (1) ○ (2) × (3) ○ 2 ②
3 기온이 낮고 산지가 많아 농업에 불리하기 때문이다.

3 1 (1) 배출 요인 (2) 흡인 요인 (3) 강제적 (4) 정치적 2 ④ 3 높은 임금, 풍부한 일자리, 쾌적한 생활 환경, 정치적 안정 등

4 1 (1) 남쪽 (2) 이촌 향도 (3) 역도시화 2 ④ 3 쾌적한 생활 환경을 찾아 도시 주변 지역으로 이동하기 때문이다.

5 1 (1) ○ (2) ○ (3) ○ (4) × 2 ②
3 저출산 현상을 해결하기 위해 자녀 양육비 지원 등의 출산 장려 정책을 실시한다. 고령화 현상을 해결하기 위해 노인 일자리 정출 등의 노인 복지 정책을 시행한다. 등

6 1 (1) × (2) ○ (3) ○ (4) × 2 ②
3 노동력 부족 문제가 발생한다. 노인 인구 부양을 위한 부담이 증가한다. 정제 성장이 둔화된다. 등

7 1 (1) ○ (2) ○ (3) × (4) ○ 2 A 도심 B 부도심 C 개발 제한 구역

3 부도심은 도심과 주변 지역을 연결하는 교통의 요지에 형성되며, 도심의 기능을 분담한다.

8 1 (1) ○ (2) × (3) ○ 2 ② 3 가속 화 면에서 이촌 향도 현상으로 도시 화율이 급격하게 상승한다.

9 1 (1) 선진국 (2) 빠르게 (3) 선진국 2 ㉠ 선진국 ㉡ 개발 도상국
3 선진국에서는 도심의 노후 주택 문제, 교통 체증 문제, 이주민과의 갈등 문제 등이 나타난다.

10 1 (1) 세계화 (2) 기업화 (3) 상업적 2 ⑤ 3 농업 생산의 기업화와 세계화로 식량 작물 재배가 줄어들고 상품 작물 재배가 상업적 농업이 입지한다.

11 1 (1) ○ (2) ○ (3) × 2 ② 3 분 지는 다양한 정보 수집과 지본 확보 에 유리한 선진국에 입지한다.

12 1 (1) × (2) ○ (3) ○ (4) × 2 ③
3 극지방과 교신 지역의 상승하고 방하가 녹아 해수면이 꾸준히 상승하고 있다.

13 1 (1) 산림의 (2) 유럽 지역 (3) 환경 문제 2 ④ 3 선진국에서 발생한 전자 쓰레기는 개발 도상국으로 이동되고 있다.

차례

14 1 (1) ○ (2) × (3) ○ 2 (1) ㄱ, ㄷ (2) ㄴ, ㄹ 3 호흡기 및 심혈관 질환이 발생한다, 비행기 및 여객선 운행이 자정을 받을 수 있다, 산업 시설에 피해를 준다. 등

15 1 (1) 통상 기선 (2) 직선 기선 (3) 3해리 (4) 가능 2 A 영공 B 영토 C 영해 D 배타적 경제 수역 3 ㉠ 통상 기선 ㉡ 직선 기선

16 1 (1) × (2) ○ (3) ○ (4) × 2 (1) ㅁ, ㅂ (2) ㄱ, ㄹ (3) ㄴ, ㄷ 3 한류와 난류가 만나 조경 수역을 이루고 있기 때문이다.

17 1 (1) 지역 브랜드 (2) 지리적 표시제 (3) 장소 마케팅 2 (가) 지역 브랜드 (나) 지리적 표시제 3 장소 마케팅은 특정 장소가 지닌 자산이나 고유한 특징을 활용하여 지역(장소) 자체를 매력적인 상품으로 홍보하고 판매하는 것이다.

18 1 (1) 반도국 (2) 유리 (3) 자원 2 우리나라가 아시안 하이웨이 3 우리나라가 대륙과 해양을 연결하는 기능을 회복함으로써 동아시아 교통의 중심지로 성장할 것이다.

19 1 (1) ○ (2) × (3) ○ 2 ⑤ 3 쌍 물 다양성 협약

20 1 (1) ○ (2) × (3) ○ 2 ① 3 원 유(석유)와 천연가스

21 1 (1) 국제기구 (2) 비정부 기구 (3) 국내 원조 (4) 공정 무역 2 ⑤ 3 공정 무역

개념BOOK 하나면 사회 공부 끝!

go! go!

중학 전략 사회 ② 하

시험에 잘 나오는 개념BOOK 2

중학 전략

사회②

BOOK 1

이 책의 구성과 활용

이 책은 3권으로 이루어져 있는데 본책인 BOOK1, 2의 구성은 아래와 같아.

주 도입

본격적인 본문 학습에 앞서, 재미있는 만화를 살펴보면서 이번 주에 공부할 내용을 확인할 수 있습니다.

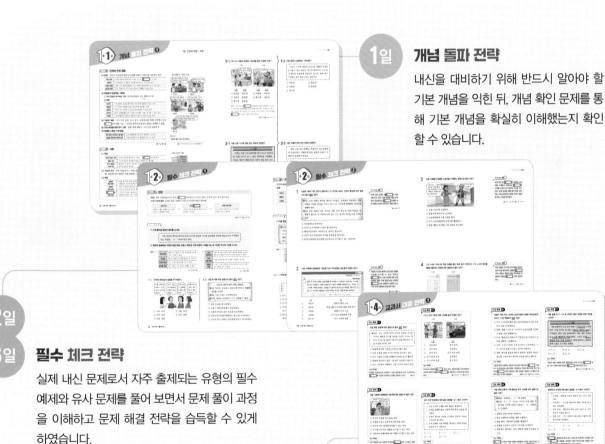

1일 개념 돌파 전략

내신을 대비하기 위해 반드시 알아야 할 기본 개념을 익힌 뒤, 개념 확인 문제를 통해 기본 개념을 확실히 이해했는지 확인할 수 있습니다.

2일 3일 필수 체크 전략

실제 내신 문제로서 자주 출제되는 유형의 필수 예제와 유사 문제를 풀어 보면서 문제 풀이 과정을 이해하고 문제 해결 전략을 습득할 수 있게 하였습니다.

4일 교과서 대표 전략

교과서의 핵심 개념을 다루는 주제를 대표 예제로 엄선하여 수록하였으며, 많은 문제를 풀어 보면서 문제에 대한 적응력을 높일 수 있도록 하였습니다.

부록   시험에 잘 나오는 개념BOOK

학교 시험에 자주 나오는 출제 포인트를 제시하고 필수 자료와 해석을 넣어 철저히 분석하였으며, 바탕 예제를 수록하여 기본 개념과 다양한 유형의 문제를 접해 볼 수 있도록 하였습니다.

주 마무리 코너

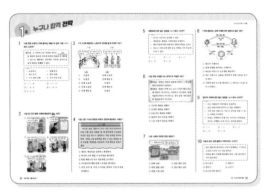

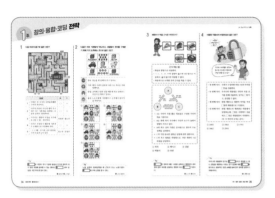

누구나 합격 전략

내신 유형에 맞춘 기본 연습 문제를 풀어 보면서 학습에 대한 자신감을 가질 수 있습니다.

창의 · 융합 · 코딩 전략

융복합 사고력과 창의력을 키우는 문제를 풀어 보면서 다양한 문제에 대한 적응력을 높일 수 있습니다.

권 마무리 코너

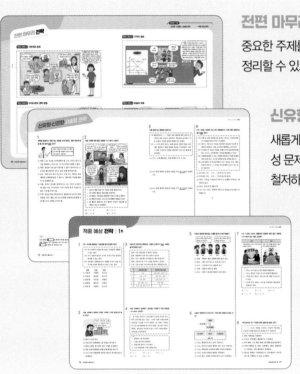

전편 마무리 전략

중요한 주제를 엄선하여 단원을 마무리하고 최종 정리할 수 있도록 하였습니다.

신유형 · 신경향 · 서술형 전략

새롭게 등장한 유형 문제, 시대 흐름을 반영한 경향성 문제를 다루었으며, 서술형 문제를 풀어 보면서 철저하게 내신을 대비할 수 있도록 하였습니다.

적중 예상 전략

학습한 내용을 최종 평가해 보는 코너로 2회에 걸쳐 제공하여, 스스로 자기 실력을 가늠해 볼 수 있도록 하였습니다.

정답과 해설

각 문제에 대한 기본 개념과 자료 분석, 쌍둥이 문제 등 자세한 풀이를 담았습니다. 특히 적중 예상 전략 해설에는 다시 한번 문제를 수록하고 출제 의도, 선택지 분석, 개념이나 용어 등을 제시하여 빈틈없이 해당 주제를 숙지할 수 있도록 구성하였습니다.

이 책의 **차례**

BOOK 2

I. 인권과 헌법~
III. 경제생활과 선택

○○시청이 문화 관광 해설사 지원 연령을 만 70세 이하로 제한해서 해고 통보를 받으셨대요.

그건 부당한 차별 행위 같구나.

00시청 문화 관광 해설사 나이 제한 조례안 입법 예고

인권 침해예요! 어떻게 구제할 수 있나요?

국가 인권 위원회에 진정을 하는 것이 좋을 것 같구나. 국가 인권 위원회는 인권 침해 행위를 조사하여 법령이나 제도의 개선을 권고하는 기관이거든.

침해된 인권을 구제하는 국가 기관은 국가 인권 위원회뿐인가요?

그렇지 않아. 다양한 기관을 통해 구제받을 수 있지. 어떤 기관들이 있는지 찾아보자.

1. 법원은 재판을 통해 인권을 보장하지.
2. 헌법 재판소는 헌법 소원 심판이나 위헌 법률 심판을 통해 법률이나 국가 기관으로 인해 침해된 인권을 구제할 수 있어.
3. 잘못된 보도로 인권이 침해되면 언론 중재 위원회의 도움을 받을 수 있어.
4. 국민 권익 위원회는 잘못된 행정에 대한 민원 처리와 공직 사회의 부패를 예방해.

인권 구제에 적극적으로 노력해야 겠어요.

다녀왔습니다.

어서 와라. 그런데 표정이 왜 이렇게 안 좋니? 무슨 일 있니?

아르바이트 끝나고 돌아오는데, 갑자기 사장님이 내일부터 나오지 말라고 전화로 통보했어요.

와!!! 나쁘다. 이건 부당 해고 아냐?

노동 위원회에 구제를 신청하자.

개념 1 인권과 인권 침해

(1) 인권 인간이 인간답게 살아가기 위해 마땅히 누려야 할 기본적인 권리

천부 인권	인간이 태어나면서부터 가지는 것으로, ❶ ____ 이 준 권리
자연권	국가의 법으로 정하기 이전에 자연적으로 주어지는 권리
보편적 권리	성별, 나이 등에 상관없이 모든 사람이 동등하게 누릴 수 있는 권리
불가침 권리	다른 사람이나 국가 기관이 함부로 침해할 수 없는 권리

(2) 헌법에서 보장하는 기본권

① 우리 헌법이 추구하는 가치: 인간의 존엄과 가치, 행복 추구권

② 종류

자유권	국가 권력의 간섭을 받지 않고 자유롭게 생활할 수 있는 권리
평등권	모든 국민이 차별받지 않고 동등하게 대우받을 권리
참정권	국민이 국가 기관의 구성과 운영에 참여할 수 있는 권리
청구권	권리를 침해당했을 때 국가에 이에 대한 구제를 요구할 수 있는 권리
사회권	국가에 대하여 인간다운 생활의 보장을 요구할 수 있는 권리

(3) 기본권 제한 국가 안전 보장, 질서 유지, 공공복리를 위해 국회에서 만든 ❷ ____ 로써 제한 가능 → 자유와 권리의 본질적인 내용은 침해할 수 없음.

(4) 인권 보장을 위한 국가 기관 법원, 헌법 재판소, 국가 인권 위원회 등

(5) 침해된 노동권 구제 방법

| 부당 해고 및 부당 노동 행위 | 노동 위원회에 구제 신청, 법원에 소송 제기 |
| 임금을 제때 받지 못한 경우 | 고용노동부에 진정, 법원에 민사 소송 제기 |

❶ 하늘 **❷** 법률

ㅣ일상생활 속 기본권 사례

▲ 자유권   ▲ 평등권

▲ 사회권   ▲ 참정권

▲ 청구권

Quiz
기본권 제한 사유 세 가지는?

답ㅣ 국가 안전 보장, 질서 유지, 공공복리

개념 2 국회

(1) 위상

국민의 대표 기관	국민이 선출한 대표들로 구성됨. → ❶ ____ 민주제 실시
입법 기관	국민의 의사를 반영하여 법률을 제정하거나 개정함.
국가 권력의 견제 기관	행정부와 사법부를 비롯한 국가 기관들을 감시하고 견제하여 국가 권력의 남용을 방지함.

(2) 구성과 조직 국회 의원(지역구, 비례 대표), 의장단(국회 의장 1명, 부의장 2명), 위원회(상임 위원회, 특별 위원회), 교섭 단체, 본회의

(3) 권한

입법에 관한 권한	• 법률 제·개정, 헌법 개정안 제안·의결 • 대통령이 외국과 체결한 조약을 최종적으로 확인하고 동의함.
재정에 관한 권한	• 정부가 제출한 예산안을 심의·확정함. • 정부가 1년 동안 세금을 제대로 사용하였는지 심사함.
❷ ____ 에 관한 권한	• 국정을 감시하고 행정부를 견제함, 탄핵 소추를 의결함. • 대통령의 헌법 기관 구성원 임명에 대한 동의권을 행사함.

❶ 대의(간접) **❷** 일반 국정

ㅣ국회 의원의 선출

▲ 국회는 선거구별로 선출된 지역구 국회 의원과 정당별 득표율에 따라 선출된 비례 대표 국회 의원으로 구성된다. 헌법상 국회 의원의 수는 200인 이상으로 정해져 있으며, 임기는 4년이고, 중임이 가능하다.

Quiz
국가의 조직과 통치의 기초가 되는 법률을 만드는 입법 기관은?

답ㅣ 국회

1-1 (가), (나) 사례와 관련된 기본권을 옳게 연결한 것은?

(가)   (나)

	(가)	(나)		(가)	(나)
①	자유권	청구권	②	사회권	자유권
③	사회권	참정권	④	청구권	자유권
⑤	청구권	참정권			

풀이 | (가) 국민이 ❶ ☐ 에 대하여 일정한 행위를 요구하거나 기본권을 침해당했을 때 국가에 이에 대한 구제를 요구할 수 있는 권리는 청구권이다. (나) 국민이 국가 기관의 구성과 운영에 ❷ ☐ 할 수 있는 권리는 참정권이다.

❶ 국가 ❷ 참여   **답 |** ⑤

1-2 다음 글에서 설명하는 기본권은?

> 국민이 국가에 대하여 인간다운 생활의 보장을 요구할 수 있는 권리로, 적극적 권리이다. 국가 복지 제도와 밀접하게 관련되어 있으며, 현대 복지 국가에서 특히 중요시되는 권리이다.

① 자유권   ② 평등권
③ 사회권   ④ 참정권
⑤ 청구권

2-1 다음 신문 기사와 관련 있는 국회의 권한은?

○○신문
· 국회는 이날 오전 본회의를 열어 342조 원(총지출 기준) 규모의 20○○년도 예산안을 가결했다. 이것은 정부의 제출안보다 5천억 원을 줄인 규모로, 4조 9천 100억 원이 감액되는 대신 복지 및 사회 간접 자본 예산 등을 중심으로 4조 3천 700억 원이 증액된 데 따른 것이다.

① 국정 감사   ② 헌법 개정
③ 조약 체결 동의   ④ 예산안 심의·확정
⑤ 탄핵 소추 의결

풀이 | 국회는 ❶ ☐ 가 편성한 국가의 예산안을 심의하고 확정하는 예산안 심의·확정권을 가진다. 이것은 국회의 ❷ ☐ 에 관한 권한에 해당한다.

❶ 정부 ❷ 재정   **답 |** ④

2-2 다음 사례와 관련 있는 국회의 권한은?

> 「청년 고용 촉진 특별법」 개정안이 오늘 본회의에 상정되었다. 법률안에 관한 설명과 토론이 진행된 후 표결에 부쳐졌다.

① 국정 조사
② 결산 심사권
③ 법률의 개정
④ 탄핵 소추권
⑤ 조약 체결 동의권

개념 1 대통령과 행정부

(1) 대통령의 지위와 권한

행정부 수반	행정부 지휘·감독, 고위 공무원(국무총리, 국무 위원, 행정 각부의 장 등) 임면권, ❶ 의 의장, 대통령령 제정, 법률안 거부권
국가 원수	외교에 관한 권한, 헌법 기관의 구성(대법원장, 헌법 재판소장 등 국가 기관의 장 임명) 권한, 국민 투표 제안, 긴급 명령 및 계엄 선포 권한

(2) 행정부의 조직
대통령(행정부 수반), 국무총리(행정 각부 지휘), 행정 각부(행정 사무 처리), 국무 회의(행정부 최고 심의 기관), ❷ (행정부 최고 감사 기관)

| 정부 조직도

Quiz

국회를 견제하기 위한 대통령의 권한은?

❶ 국무 회의 ❷ 감사원

답 | 법률안 거부권

개념 2 법원과 헌법 재판소

(1) 법원의 조직

❶	최종 심판 담당	특허 법원	특허 업무 관련 사건 담당
고등 법원	2심 판결 담당	가정 법원	가사 사건, 소년 보호 사건 담당
지방 법원	1심 판결 담당	행정 법원	국가 기관의 행정 작용 사건 담당

(2) 헌법 재판소 ❷ 을 수호하고, 국민의 기본권을 보장함.

위헌 법률 심판	재판의 전제가 된 법률이 헌법에 위반되는지를 심판함.
헌법 소원 심판	공권력이 국민의 기본권을 침해하고 있는지를 심판함.
탄핵 심판	국회가 고위직 공무원의 탄핵 소추 의결 시 정당성을 심판함.
권한 쟁의 심판	국가 기관 사이에 권한의 내용에 관한 다툼이 생겼을 때 그 권한이 누구에게 있는지를 심판함.
정당 해산 심판	정부가 민주적 기본 질서에 어긋나는 정당의 해산을 신청할 때 해산 여부를 심판함.

| 법원의 조직

▲ 대법원, 고등 법원, 지방 법원은 기본적인 3심 구조를 이룬다.

Quiz

우리나라는 법원과 헌법 재판소에서 (입법, 사법) 기능을 담당한다.

❶ 대법원 ❷ 헌법

답 | 사법

개념 3 경제생활과 선택

(1) 기회 비용과 합리적 선택
① 기회 비용: 어떤 것을 선택함으로써 포기하는 것들 중에서 가장 가치가 ❶ 것

② 합리적 선택: 가장 적은 비용으로 가장 큰 편익을 얻을 수 있는 선택

(2) 시장 경제 체제와 계획 경제 체제

구분	시장 경제 체제	계획 경제 체제
특징	• 자유로운 경제 활동 보장 • ❷ 이 생산 수단 소유	• 경제 활동의 자유 제한 • 국가나 집단이 생산 수단 소유
장점	• 개인의 창의성 발휘 • 사회 전체의 생산성 향상 등	• 소득 불평등 완화 • 국가가 채택한 목적의 신속한 달성
단점	빈부 격차 발생, 환경 오염 등	경제적 효율성 저하 등

(3) 혼합 경제 체제
시장 경제 체제 특징 + 계획 경제 체제 특징

| 우리나라의 경제 체제 – 혼합 경제 체제

Quiz

선택으로 인해 포기하는 것들 중에서 가장 가치가 큰 것을 무엇이라고 하는가?

❶ 큰 ❷ 개인

답 | 기회비용

1-1 다음 글에서 설명하는 대통령의 지위에 속하는 권한은?

> 대통령은 권력 분립 원리를 초월하여 입법, 행정, 사법을 중재하며, 국정 조정 권한이 있다.

① 국군 통수권   ② 조약 체결권

③ 법률안 거부권   ④ 대통령령 제정권

⑤ 국무 회의의 의장

풀이 | 제시된 권한은 대통령의 **❶**[   ]로서의 권한에 해당한다. 조약 체결권은 국가 원수로서의 권한이며, 국군 통수권, 법률안 거부권, 대통령령 제정권, 국무 회의의 의장은 **❷**[   ]으로서의 권한이다.
　　　　　　　　　 ❶ 국가 원수 **❷** 행정부 수반　**답** | ②

1-2 (가)~(라)를 대통령의 국가 원수로서의 권한(㉠)과 행정부 수반으로서의 권한(㉡)으로 구분하여 쓰시오.

> (가) 국무 회의 주재
> (나) 외교 사절 파견
> (다) 법률안 거부권 행사
> (라) 보건 복지부 장관 임명

2-1 빈칸 ㉠에 공통으로 들어갈 법원은?

> 그 사건이 2심에서도 패소 판결이 내려졌대요. 이제 ㉠ 에 제소하는 방법밖에 없겠어요.

> 우리 헌법에서도 ㉠ 이 최종 재판을 담당할 권한이 있다고 명시되어 있어요.

① 대법원   ② 고등 법원   ③ 지방 법원

④ 특허 법원   ⑤ 행정 법원

풀이 | 대법원은 **❶**[   ] 최고 기관으로서, 주로 **❷**[   ]심 판결에 불복하여 상고한 사건의 최종 재판을 담당한다.
　　　　　　　　　　　　　❶ 사법부 **❷** 2　**답** | ①

2-2 빈칸 ㉠에 들어갈 법원은?

> 부부인 이 씨와 나 씨는 경제적 갈등과 성격 차이로 이혼하려고 한다. 두 사람은 이혼에 대해서는 합의했지만 자녀 양육과 재산 분할에 대해서는 합의가 되지 않은 상태이다. 이에 나 씨는 이 씨를 상대로 (㉠)에 소장을 접수하였다.

① 대법원   ② 가정 법원

③ 고등 법원   ④ 지방 법원

⑤ 특허 법원

3-1 다음 사례에서 지현이가 친구의 생일 모임에 간 것에 대한 기회비용은 얼마인가?

> 지현이는 오늘 친구 은별이의 생일 모임에 가기로 약속하였다. 그런데 오늘따라 할머니께서 안마를 해 주면 3천 원을, 할아버지는 화초에 물을 주면 5천 원을, 어머니는 집안 청소를 도와주면 8천 원을 주신다고 하신다. 지현이는 고민을 하다가 친구와의 약속을 지키기 위해 생일 모임에 갔다.

① 3,000원   ② 5,000원   ③ 8,000원

④ 11,000원   ⑤ 13,000원

풀이 | **❶**[   ]은 어떤 것을 선택함으로써 포기하는 것들 중에서 가장 가치가 큰 것이다. 지현이가 생일 모임에 가기 위해 포기한 것들 중 가장 가치가 큰 것은 집안 청소를 도와주고 받을 수 있는 **❷**[   ]원이다.　**❶** 기회비용 **❷** 8,000　**답** | ③

3-2 다음 밑줄 친 '이것'에 해당하는 경제 개념은?

> • 이것은 경제 활동에서 선택의 기준이 된다.
> • 이것은 어떤 하나를 선택함으로써 포기한 것들 가운데 가장 가치가 큰 것이다.
> • 사람마다 선택에 따른 만족이 다르므로 이것은 개인에 따라 달라진다.

① 비용   ② 편익

③ 희소성   ④ 기회비용

⑤ 매몰 비용

인간이라면 누구나 가지고 있고 함부로 침해되어서는 안 되는 기본적인 권리를 무엇이라고 하는가?

➡ 인간이 인간으로서 ❶ 을 지키며 행복하게 살아갈 수 있는 권리를 ❷ 이라고 한다.

답 | ❶ 존엄 ❷ 인권

1 다음 밑줄 친 '이것'의 특징으로 옳은 것은?

> 이것은 인간이 인간답게 살아가기 위해 마땅히 누려야 할 권리로, 모든 사람이 태어나는 순간부터 갖게 되는 권리이다.

① 일정 기간 동안만 누릴 수 있는 권리이다.
② 관련 법률의 제정과 함께 효력이 발생한다.
③ 본인이 원하면 다른 사람에게 양도할 수 있다.
④ 인종, 성별, 종교 등에 따라 차등적으로 누릴 수 있는 권리이다.
⑤ 인간의 존엄성을 실현하기 위해 필요한 가장 기본적인 권리이다.

국민의 기본권을 제한하는 사유와 방법은 무엇인가?

➡ 국가 안전 보장, 질서 유지, ❶ 를 위해 국회에서 제정한 ❷ 로써 제한할 수 있다.

답 | ❶ 공공복리 ❷ 법률

2 다음 그림에서 제한된 기본권의 종류와 제한 사유를 옳게 연결한 것은?

안내문
이상 증상이 있으신 분들은 격리 센터로 와 주시기 바랍니다.

→ 격리 센터

	제한된 기본권	제한 사유
①	사회권	질서 유지
②	자유권	공공복리
③	자유권	국가 안전 보장
④	평등권	공공복리
⑤	평등권	국가 안전 보장

법률 제정 절차에서 심의·의결의 주체와 공포의 주체는?

➡ 행정부나 국회 의원이 법률안을 만들어 제출하면 ❶ 의 심의·의결을 거쳐 ❷ 이 공포한다.

답 | ❶ 국회 ❷ 대통령

3 다음은 법률 제정 과정을 나타낸 것이다. 이에 대한 설명으로 옳은 것은?

① 정부는 법률안을 제출할 수 없다.
② 모든 법률안은 의결 즉시 공포하여야 한다.
③ 대통령이 거부권을 행사하면 국회에서 재의결할 수 없다.
④ 대통령은 국회를 견제하기 위해 거부권을 행사할 수 있다.
⑤ 효율적인 의사 진행을 위해 소관 특별 위원회에서 심의한다.

대통령 직속 기관으로서 국민이 낸 세금이 적절하게 사용되었는지, 공무원들이 직무를 바르게 수행하는지 등을 조사하는 기관은?

➡ 국가의 수입·지출 ❶ 　　　 와 행정 기관과 공무원에 대한 직무를 감찰하는 기관은 ❷ 　　　 이다.

답 | ❶ 검사 ❷ 감사원

4 다음 뉴스에서 빈칸 ㉠에 들어갈 기관은?

지난달 외교 본부와 15개 재외 공관에 대한 감사를 실시한 (㉠)은/는 외국에 주재하는 대사관 직원들이 허위 영수증을 만드는 방법 등으로 공금을 유용한 사실을 적발했다고 발표하셨습니다.

① 대법원　　　② 감사원　　　③ 국무총리
④ 국무 회의　　⑤ 헌법 재판소

주로 2심 판결에 불복하여 상고한 사건의 최종 재판을 담당하는 사법부의 최고 법원은?

➡ ❶ 　　　 은 고등 법원의 2심 판결에 불복하여 상고한 사건(❷ 　　　 심 사건)의 재판을 담당하는 사법부 최고 법원으로, 판결은 최종 효력을 갖는다.

답 | ❶ 대법원 ❷ 3

5 다음은 법원의 조직도이다. (가) 법원에 대한 설명으로 옳은 것은?

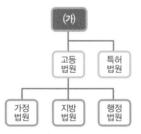

① 고등 법원에서 올라온 상고 사건을 재판한다.
② 민사 사건과 형사 사건의 2심 재판을 담당한다.
③ 헌법에 위배되는 법률에 대하여 최종 심사한다.
④ 헌법 보장 기관인 동시에 기본권 보장 기관이다.
⑤ 국가 기관 사이에 발생한 권한 다툼에 대해 심사한다.

우리나라에서 채택한 경제 체제는 무엇인가?

➡ ❶ 　　　 경제 체제를 기본으로 하는 ❷ 　　　 경제 체제이다.

답 | ❶ 시장 ❷ 혼합

6 표는 경제 체제를 비교한 것이다. 이에 대한 설명으로 옳지 <u>않은</u> 것은?

구분	㉠	계획 경제 체제
경제 문제 해결 방법	시장 가격	㉡
생산 수단 소유	개인	㉢
장점	개인의 창의성 발휘	소득 불평등 완화
단점	㉣	근로 의욕 저하

① ㉠은 시장 경제 체제이다.
② ㉡은 '정부의 계획과 명령'이다.
③ ㉢은 '국가나 집단'이다.
④ ㉣은 '빈부 격차 발생'이다.
⑤ 현실 국가의 경제 체제는 계획 경제 체제를 기본으로 ㉠의 요소를 채택한다.

전략 1 인권

- **특징**: 천부 인권(하늘이 준 권리), **❶** (자연적으로 주어진 권리), 보편적 권리, 불가침의 권리
- **인권 사상의 발전**: 인권은 많은 사람의 노력으로 의미와 범위가 확장됨.

근대 이전		근대 **❷**		세계 인권 선언
고대의 노예나 중세의 농노 등은 인간으로 대접받지 못함.	⇒	시민의 자유와 평등을 제도적으로 보장하기 시작함.	⇒	모든 사람이 보편적으로 누려야 할 인권의 기준을 제시함.

❶ 자연권 ❷ 시민 혁명

필수 예제 1

(1) 빈칸 ㉠에 들어갈 용어를 쓰시오.

> 모든 인간은 태어날 때부터 인간으로서의 존엄과 가치를 존중받을 권리를 하늘로부터 부여받았다는 사상을 (㉠) 사상이라고 한다.

(2) 영국의 명예혁명, 미국의 독립 혁명, 프랑스 혁명 등 인권 보장의 시대를 여는 데 기여한 역사적 사건을 쓰시오.

풀이 | (1)

천부 인권	하늘이 준 권리로, 다른 사람에게 양도하거나 포기할 수 없음.
자연권	법으로 정하기 이전에 자연적으로 주어짐.
보편적 권리	모든 사람이 동등하게 누릴 수 있음.
불가침 권리	다른 사람, 국가 기관이 침해할 수 없음.

답 | 천부 인권

(2)

영국 명예혁명	권리 장전에 국왕의 권력 행사에 의회의 동의를 받도록 규정하여 시민의 자유와 권리를 보장함.
미국 독립 혁명	독립 선언서에 천부 인권과 저항권을 명시함.
프랑스 혁명	프랑스 인권 선언에 시민의 권리로 자유권, 재산권, 저항권 등이 규정됨.

답 | 시민 혁명

1-1 인권에 대해 옳게 설명을 한 학생은?

> 가을: 태어날 때부터 인간에게 주어진 권리야.
>
> 나미: 법으로 보장해야 누릴 수 있는 권리야.
>
> 다정: 타인이 침해할 수 없는 권리야.
>
> 라현: 타인에게 양도할 수 있는 권리야.

① 가을, 나미
② 가을, 다정
③ 나미, 다정
④ 나미, 라현
⑤ 다정, 라현

1-2 다음 문서에 대한 설명으로 옳지 <u>않은</u> 것은?

> **인간과 시민의 권리 선언(1789년)**
> 제1조 인간은 자유롭고 평등하게 태어나 생활할 권리를 가진다.
> 제3조 모든 주권은 국민에게 있다.
> 제17조 재산은 신성하며 누구도 침범할 수 없다.

① 천부 인권을 명시하였다.
② 프랑스 혁명 과정에서 선포되었다.
③ 사회적 약자의 권리 보호를 강조하였다.
④ 인권 보장 사상을 확립하는 데 크게 기여하였다.
⑤ 국가의 최고 권력이 국민에게 있다고 명시하였다.

전략 2 기본권

- **인간의 존엄과 가치 및 행복 추구권**: 모든 기본권이 지향하는 근본 가치이며, 모든 기본권의 토대임.
- **종류**

자유권	국가 권력의 간섭을 받지 않을 권리	참정권	정치 과정에 참여할 수 있는 권리
평등권	불합리한 ❶____ 을 받지 않을 권리	❷____	기본권이 침해되었을 때 국가에 이에 대한 구제를 요구할 수 있는 권리
사회권	국가에 인간다운 생활의 보장을 요구할 권리		

❶차별 ❷청구권

필수 예제 **2**

(1) 다음 헌법 조항을 통해 보장하고자 하는 기본권을 쓰시오.

> 제12조 ① 모든 국민은 신체의 자유를 가진다. 누구든지 법률에 의하지 아니하고는 체포·구속·압수·수색 또는 심문을 받지 아니하며, 법률과 적법한 절차에 의하지 아니하고는 처벌·보안 처분 또는 강제 노역을 받지 아니한다.

(2) 다음 그림과 관련된 기본권을 쓰시오.

과거와 달리 모두 미용고등학교에 입학할 수 있어요.

풀이 | (1)

의미	국가 권력의 간섭을 받지 않고 자유롭게 생활할 수 있는 권리
의의	소극적 권리, 역사가 가장 오래된 기본권
종류	신체의 자유, 정신적 자유, 사회·경제적 자유

답 | 자유권

(2)

의미	모든 국민이 차별받지 않고 동등하게 대우받을 권리
의의	다른 기본권을 실현하기 위한 전제 조건
종류	법 앞의 평등, 성별·종교·사회적 신분에 의해 차별받지 않을 권리 등

답 | 평등권

2-1 (가)에 들어갈 기본권에 대한 설명으로 옳은 것은?

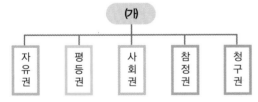

(가) — 자유권 / 평등권 / 사회권 / 참정권 / 청구권

① 모든 기본권이 지향하는 근본 가치이다.
② 국가의 부당한 간섭을 받지 않을 권리이다.
③ 국가의 적극적인 개입을 필요로 하는 권리이다.
④ 국가에 대해 일정한 행위를 요구할 수 있는 권리이다.
⑤ 최소한의 인간다운 생활을 국가로부터 보장받을 권리이다.

2-2 (가), (나)의 헌법 조항이 보장하는 기본권을 옳게 연결한 것은?

> (가) 모든 국민은 능력에 따라 균등하게 교육을 받을 권리를 가진다.
> (나) 모든 국민은 헌법과 법률이 정한 법관에 의하여 법률에 의한 재판을 받을 권리를 가진다.

	(가)	(나)
①	자유권	청구권
②	평등권	참정권
③	사회권	청구권
④	참정권	평등권
⑤	청구권	사회권

전략 3 인권 및 노동권 침해와 구제

- **인권 침해에 대한 구제 방법**

국가 기관에 의한 인권 침해	법원의 행정 소송, ❶ [ ] 에 위헌 법률 심판이나 헌법 소원 심판 청구, 국가 기관에 청원, 국가 인권 위원회에 진정 등
다른 시민에 의한 인권 침해	법원의 민사 소송, 경찰이나 검찰에 고소, 국가 인권 위원회에 진정 등

- **노동권 침해와 구제 방법**

부당 해고 및 부당 노동 행위	❷ [ ] 에 구제 신청, 법원에 소송 제기
임금을 제때 받지 못한 경우	고용 노동부에 진정, 법원에 민사 소송 제기

노동 삼권에는 노동조합을 결성할 수 있는 단결권, 사용자와 집단적으로 교섭할 수 있는 단체 교섭권, 교섭이 원만하게 이루어지지 않을 때 쟁의 행위를 할 수 있는 단체 행동권이 있어.

❶ 헌법 재판소 ❷ 노동 위원회

필수 예제 3

(1) 다음에서 설명하는 국가 기관을 쓰시오.

> 인권 침해와 차별 행위를 개선하기 위해 설립된 국가 기관으로, 입법, 행정, 사법 어디에도 속하지 않는 독립된 기관이다.

(2) 노동 삼권을 침해하는 사용자의 행위를 무엇이라고 하는지 쓰시오.

풀이 | (1) 인권 보장을 위한 국가 기관

법원	인권 보장의 대표 기관, 재판
헌법 재판소	위헌 법률 심판, 헌법 소원 심판
국가 인권 위원회	독립적 국가 기관, 진정
국민 권익 위원회	잘못된 행정 처분 취소

답 | 국가 인권 위원회

(2) 부당 노동 행위

의미	근로자가 노동조합에 가입했다는 이유로 불이익을 주거나 노동조합과의 단체 교섭을 거부하는 등 정당한 노동조합 활동을 방해하는 것
구제 방법	• 노동 위원회에 구제 신청 • 법원에 소송 제기

답 | 부당 노동 행위

3-1 다음 국가 기관들이 공통으로 추구하는 목적은?

> • 법원   • 헌법 재판소
> • 국가 인권 위원회   • 국민 권익 위원회

① 범죄자를 처벌하고자 한다.

② 공정한 재판을 하고자 한다.

③ 국가의 안전을 보장하고자 한다.

④ 국민의 인권을 보호하고자 한다.

⑤ 행정 기관의 부패를 방지하고자 한다.

3-2 다음 신문 기사와 관련된 근로자의 권리는?

> **○○ 신문**
>
> △△ 자동차 노동자들은 임금 인상안 협상이 결렬되자 파업에 돌입하였다. 노동 조합측은 사용자와 의견이 일치하지 않으면 쟁의 행위를 통해 자신들의 주장을 관철할 권리가 있다고 주장하였다.

① 참정권   ② 단결권   ③ 단체 행동권

④ 단체 교섭권   ⑤ 최저 임금 요구권

전략 4 국회의 권한

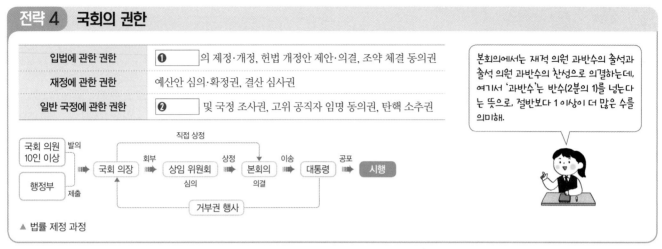

입법에 관한 권한	❶ 의 제정·개정, 헌법 개정안 제안·의결, 조약 체결 동의권
재정에 관한 권한	예산안 심의·확정권, 결산 심사권
일반 국정에 관한 권한	❷ 및 국정 조사권, 고위 공직자 임명 동의권, 탄핵 소추권

본회의에서는 재적 의원 과반수의 출석과 출석 의원 과반수의 찬성으로 의결하는데, 여기서 '과반수'는 반수(2분의 1)를 넘는다는 뜻으로, 절반보다 1 이상이 더 많은 수를 의미해.

▲ 법률 제정 과정

❶ 법률 ❷ 국정 감사

필수 예제 4

(1) 국회의 권한을 | 보기 |에서 있는 대로 골라 쓰시오.

보기
ㄱ. 국정 감사권 ㄴ. 법률 제정권
ㄷ. 탄핵 소추권 ㄹ. 법률안 거부권

(2) (가)~(라)의 법률 제정 과정을 순서대로 쓰시오.

(가) 법률안 공포 (나) 법률안 제출
(다) 본회의 의결 (라) 상임 위원회 심의

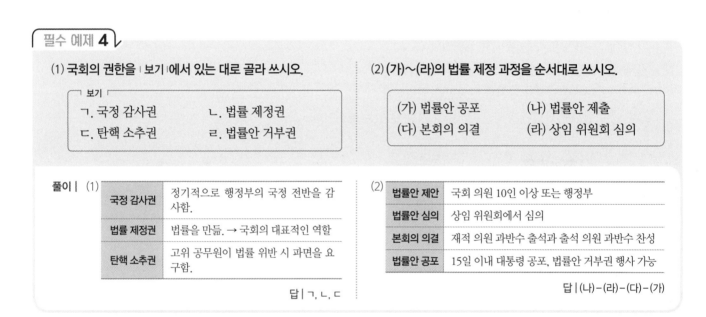

풀이 | (1)

국정 감사권	정기적으로 행정부의 국정 전반을 감사함.
법률 제정권	법률을 만듦. → 국회의 대표적인 역할
탄핵 소추권	고위 공무원이 법률 위반 시 파면을 요구함.

답 | ㄱ, ㄴ, ㄷ

(2)

법률안 제안	국회 의원 10인 이상 또는 행정부
법률안 심의	상임 위원회에서 심의
본회의 의결	재적 의원 과반수 출석과 출석 의원 과반수 찬성
법률안 공포	15일 이내 대통령 공포, 법률안 거부권 행사 가능

답 | (나)-(라)-(다)-(가)

4-1 (가), (나)와 관련된 국회의 권한을 옳게 연결한 것은?

(가) 국회는 임시회에서 대법원장 후보자 임명 동의안을 처리하였다.
(나) 국회는 학교 주변에서 유해 식품 판매 금지 법안을 발의하였다.

	(가)	(나)
①	입법에 관한 권한	재정에 관한 권한
②	재정에 관한 권한	입법에 관한 권한
③	재정에 관한 권한	일반 국정에 관한 권한
④	일반 국정에 관한 권한	입법에 관한 권한
⑤	일반 국정에 관한 권한	재정에 관한 권한

4-2 다음은 국회의 입법 절차이다. ㉠ 기구의 기능을 옳게 설명한 것은?

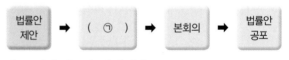

① 국민의 여론을 반영한다.
② 직접 법률안을 상정한다.
③ 법률안의 의결 즉시 공포한다.
④ 의결된 법률안에 대해 거부권을 행사한다.
⑤ 본회의에서 결정할 안건을 미리 조사·심의한다.

1 다음은 세계 인권 선언의 일부이다. 이 선언에 나타난 인권의 특징에 대한 설명으로 옳지 <u>않은</u> 것은?

> 제1조 모든 사람은 태어날 때부터 자유롭고, 존엄하며, 평등하다. 모든 사람은 이성과 양심을 가지고 있으므로 서로에게 형제애의 정신으로 대해야 한다.
> 제2조 모든 사람은 인종, 피부색, 성별, 언어, 종교 등 어떤 이유로도 차별받지 않으며, 이 선언에 나와 있는 모든 권리와 자유를 누릴 자격이 있다.

① 인간답게 살 권리이다.
② 인간으로서 당연히 누려야 할 권리이다.
③ 태어나면서부터 자연적으로 주어진 권리이다.
④ 인간으로서 존엄성과 가치를 존중받을 권리이다.
⑤ 본인이 원하면 타인에게 양도하거나 포기할 수 있는 권리이다.

문제 해결 전략

세계 인권 선언은 제 ❶　 차 세계 대전으로 인한 인권 침해에 대한 반성에서 등장했으며, ❷　 문제를 세계 차원의 보편적 원칙으로 확장시켰다.

❶ 2 ❷ 인권

2 다음 사례에서 침해당한 기본권(㉠)과 구제 방법(㉡)을 옳게 연결한 것은?

> Q. 얼마 전 우리 아파트 맞은편에 새 아파트가 건설되고 있습니다. 이 새로 생기는 아파트는 저희 아파트보다 높은 지대에 위치해 있고, 거리도 지나치게 가까워 낮에도 전등을 켜 놓아야 할 정도로 햇빛을 차단하고 있습니다. 이러한 상황에서 저희 아파트 주민은 어떻게 해야 할까요?

	㉠	㉡
①	자유권	법원의 행정 소송
②	자유권	헌법 재판소에 위헌 법률 심판 청구
③	사회권	법원의 민사 소송
④	사회권	국가 인권 위원회에 진정
⑤	청구권	국가 기관에 청원

문제 해결 전략

국민이 국가에 대하여 인간다운 생활의 보장을 요구할 수 있는 권리는 ❶　 이다. 다른 시민에 의한 인권 침해에 대한 구제 방법으로는 법원의 ❷　 소송, 경찰이나 검찰에 고소, 국가 인권 위원회에 진정 등이 있다.

❶ 사회권 ❷ 민사

3 다음 사례에서 침해된 노동권을 구제받는 방법으로 옳은 것은?

노동조합에 가입하면 회사를 그만두겠다는 근로 계약서를 쓰고 입사했는데, 계약을 어겼으니 해고입니다.

이건 말도 안됩니다.

① 고용노동부에 진정한다.

② 경찰서에 찾아가서 신고한다.

③ 노동위원회에 구제 신청을 한다.

④ 국가 인권 위원회에 진정서를 제출한다.

⑤ 헌법 재판소에 헌법 소원 심판을 청구한다.

4 (가), (나)는 우리나라 국회 의원을 뽑는 투표 용지 견본이다. (가), (나)의 투표를 통해 선출되는 의원에 대한 설명으로 옳은 것은?

(가)

국회 의원 선 거
(종로구선거구)

1	갑	당	박율유
2	을	당	안정희
3	병	당	장신오
4	정	당	최한양
5	무	당	김이박
6	무 소 속		홍길정

투표관리선
견본

(나)

비례대표국회의원선거

1	갑 을 병 정 당
2	갑 을 병 정 무 당
3	신 미 임 진 당
4	계 유 을 해 당
5	정 유 무 인 당
6	기 묘 경 진 당

투표관리선
견본

① (가)는 정당이 얻은 득표율에 비례하여 선출된다.

② (나)는 후보자에 대한 직접 투표를 통해 선출된다.

③ (가)는 각 선거구에서 가장 많은 표를 얻은 한 명이 선출된다.

④ (가)와 (나)의 선거는 동시에 이루어지지 않는다.

⑤ (가)와 (나)로 선출되는 국회 의원의 임기는 5년이다.

전략 1 대통령의 권한

- **국가 원수로서의 권한**: 외교에 관한 권한(외국과 ❶ ⬚ 체결 등), 헌법 기관 구성 (대법원장, 대법관, 헌법 재판소장, 감사원장 등 임명) 권한, 국민 투표 제안, 긴급 명령 및 계엄 선포 권한
- **행정부 수반으로서의 권한**: 행정부 지휘·감독, 고위 공무원(국무총리, 국무 위원, 행정 각부의 장) 임면권, ❷ ⬚ 의 의장, 국군 통수, 대통령령 제정, 법률안 거부권

우리나라 대통령은 국민의 선거로 선출되며, 임기는 5년이고, 중임이 금지돼.

❶ 조약 ❷ 국무 회의

필수 예제 1

(1) 다음 |보기|의 대통령의 권한을 국가 원수로서의 권한(㉠)과 행정부 수반으로서의 권한(㉡)으로 구분하여 쓰시오.

| 보기 |
| ㄱ. 계엄 선포   ㄴ. 국군 통수   ㄷ. 조약 체결   ㄹ. 대통령령 제정 |

(2) 빈칸 ㉠에 들어갈 용어를 쓰시오.

우리나라 대통령은 국회를 견제하기 위해 법률 제정 과정에서 (㉠)을/를 행사할 수 있다.

풀이 | (1)

국가 원수 권한	외국과 조약 체결, 외교 사절 임명·접수 또는 파견, 헌법 기관의 장(長) 임명, 국민 투표 제안, 긴급 명령 및 계엄 선포
행정부 수반 권한	행정부 지휘·감독, 고위 공무원 임면, 국무 회의 의장, 국군 통수, 대통령령 제정, 법률안 거부권

답 | ㉠ - ㄱ, ㄷ, ㉡ - ㄴ, ㄹ

(2) 행정부의 입법부, 사법부 견제 권한

입법부 견제 권한	법률안 거부권(입법부에서 의결된 법률안을 대통령이 거부하여 재의결할 것을 요구하는 권한)
사법부 견제 권한	대법원장 및 대법관 임명권(대법원을 구성하는 대법원장과 대법관을 임명하는 권한)

답 | 법률안 거부권

1-1 다음 헌법 조항의 ㉠에 들어갈 국가 기관에 대한 설명으로 옳은 것은?

제66조 ① (㉠)은/는 국가의 원수이며, 외국에 대하여 국가를 대표한다.

① 국무 회의의 부의장이 된다.
② 국민의 직접 선거로 선출한다.
③ 임기는 5년이며 중임이 가능하다.
④ 입법부, 사법부, 행정부를 총괄한다.
⑤ 국정 감사와 국정 조사를 실시한다.

1-2 다음 대통령의 권한이 갖는 공통적인 성격으로 옳은 것은?

- 외국과 조약 체결
- 긴급 명령이나 계엄 선포
- 대법원장, 헌법 재판소장, 감사원장 임명

① 입법에 관한 권한이다.
② 국정을 통제하는 권한이다.
③ 국가 원수로서의 권한이다.
④ 행정부 수반으로서의 권한이다.
⑤ 사법부를 견제하기 위한 권한이다.

전략 2 헌법 재판소

- **헌법 재판소**: 국회에서 만든 ❶ [   ]이나 공권력의 행사가 국민의 기본권을 침해하는지 등을 판단하는 국가 기관
- **지위**: 독립된 국가 기관, 헌법을 수호하고 국민의 ❷ [   ]을 보장함.
- **구성**: 법관의 자격을 가진 9명의 재판관으로 구성
- **역할**: 위헌 법률 심판, 헌법 소원 심판, 탄핵 심판, 권한 쟁의 심판, 정당 해산 심판

헌법 재판소장은 국회의 동의를 얻어 대통령이 임명해.

❶ 법률 ❷ 기본권

필수 예제 2

(1) 다음과 같은 지위를 갖는 국가 기관을 쓰시오.

- 헌법 수호 기관이다.
- 국민의 기본권 보장 기관으로서 독립적인 지위를 가진다.

(2) 다음에서 설명하는 헌법 재판소의 권한을 쓰시오.

국회가 법률이 정한 공무원(대통령, 장관, 법관 등)이 직무상 위법한 행위를 한 이유로 탄핵을 의결했을 때 탄핵의 정당성을 심판한다.

풀이 | (1)

지위	헌법 수호 기관, 기본권 보장 기관
구성	법관의 자격을 가진 9명의 재판관(대통령과 대법원장이 각각 3명씩 지명, 국회에서 3명 선출, 대통령이 임명) → 정치적 중립을 보장하기 위해

답 | 헌법 재판소

(2)

탄핵 소추	고위 공직자가 헌법, 법률을 위반했을 때 파면을 신청하는 것으로, 국회가 행정부를 견제하는 권한임.
탄핵 심판	국회가 의결한 탄핵의 정당성을 심판하는 것으로, 헌법 재판소의 역할임.

답 | 탄핵 심판

2-1 다음 밑줄 친 ㉠, ㉡의 재판의 종류는?

- 법원은 ㉠ 재혼 등으로 가족 관계가 바뀌어도 자녀의 성을 바꾸지 못하게 하는 민법 조항이 헌법에 위반되는지 심판해 달라고 제청하였다.
- ㉡ ○○시를 지나는 고속 철도역의 이름을 정하는 것이 정부 기관의 권한인지, ○○시의 권한인지 심판을 청구하기로 하였다.

	㉠	㉡
①	탄핵 심판	위헌 법률 심판
②	위헌 법률 심판	권한 쟁의 심판
③	위헌 법률 심판	헌법 소원 심판
④	헌법 소원 심판	권한 쟁의 심판
⑤	헌법 소원 심판	위헌 법률 심판

2-2 다음 사례에 해당하는 헌법 재판의 종류는?

지나치게 좁은 구치소 방에 수용하는 행위는 인간의 존엄과 가치를 침해하는 것입니다.

① 탄핵 심판　　② 권한 쟁의 심판
③ 위헌 법률 심판　　④ 정당 해산 심판
⑤ 헌법 소원 심판

전략 3 희소성과 합리적 선택

- **희소성**: 인간의 ❶ [   ]는 무한한 데 비해 이를 충족해 줄 수 있는 재화와 서비스는 한정되어 있는 것 → 시대와 장소에 따라 희소성이 달라짐(상대성).
- **희소성과 경제 문제**: 희소성 때문에 선택의 문제와 경제 문제(무엇을 얼마나, 어떻게, 누구를 위하여 생산할 것인가)를 겪게 됨.
- **기회비용**: 어떤 것을 선택함으로써 포기하는 것들 중에서 가장 가치가 큰 것
- **합리적 선택**: 가장 적은 비용으로 가장 큰 ❷ [   ]을 얻을 수 있는 선택

합리적 선택을 위해서 편익이 기회비용보다 크도록 선택해야 해.

❶ 욕구 ❷ 편익

필수 예제 3

(1) 빈칸 ㉠에 공통으로 들어갈 용어를 쓰시오.

> 인간의 욕구에 비해 자원이 부족한 것을 자원의 (㉠)(이)라고 한다. 이러한 (㉠) 때문에 우리는 항상 선택의 문제에 부딪히게 된다.

(2) 다음 가족 활동에서 영화 관람에 대한 기회 비용을 쓰시오.

가족 활동	만족감
캠핑	80
영화 관람	100
외식	70

풀이 | (1)

의미	인간의 욕구는 무한한 데 비해 이를 충족해 줄 수 있는 재화와 서비스가 한정되어 있는 것
상대성	• 희소성은 자원의 절대적인 양을 의미하는 것이 아니라 인간의 필요와 욕구에 의해 달라짐. • 같은 재화와 서비스라도 시대와 장소에 따라 희소성이 달라짐.

답 | 희소성

(2)

기회비용	어떤 것을 선택함으로써 포기하는 가치 중 가장 큰 것
합리적 선택	최소 비용으로 최대 편익을 얻을 수 있는 선택 → 비용이 같은 경우 가장 큰 편익을 제공하는 것을, 편익이 같은 경우 비용이 가장 적게 드는 것을 선택해야 함.

답 | 캠핑 만족감 80

3-1 다음과 같은 현상들을 설명하는 데 사용할 수 있는 개념으로 가장 적절한 것은?

> • 물보다 다이아몬드가 더 비싸다.
> • 포도는 여름보다 겨울에 더 비싸다.
> • 생선은 해안 지방보다 산간 지방이 더 비싸다.

① 기회비용　　　② 비용과 편익
③ 합리적 선택　　④ 생산과 소비
⑤ 자원의 희소성

3-2 다음 그림에 나타난 기본적인 경제 문제는?

밀가루를 손으로 반죽할까, 비싸더라도 밀가루 반죽하는 기계를 구입할까?

① 누가 생산할 것인가?
② 얼마나 생산할 것인가?
③ 어떻게 생산할 것인가?
④ 무엇을 생산할 것인가?
⑤ 누구를 위하여 생산할 것인가?

전략 **4** 생애 주기에 따른 경제생활

유소년기	주로 부모의 소득에 의존하여 생활하는 시기로, ❶ [ ] 활동을 주로 함.	
청년기	본격적으로 생산 활동에 참여하는 시기로, 소득과 소비가 모두 적음.	
❷	소득이 많이 증가하지만, 자녀 양육, 주택 마련, 노후 대비 등에 따라 소비도 늘어남.	
노년기	소득이 크게 줄거나 없어져 모아 둔 돈으로 여생을 보냄.	

▲ 생애 주기에 따른 소득과 소비

❶ 소비 ❷ 장년기

필수 예제 **4**

(1) 다음과 같은 경제 활동이 이루어지는 생애 주기를 쓰시오.

> • 소득과 소비가 모두 적음.
> • 돈을 모아 결혼과 출산에 대비함.
> • 취업하여 소득이 발생하는 시기임.

(2) 다음과 같은 특징이 나타나는 생애 주기를 쓰시오.

> 경제 활동이 왕성하여 소득이 크게 증가하는 시기이다. 자녀 교육, 주택 구입, 노후 대비 등에 따른 소비도 많은 시기이다.

풀이 | (1)

소득과 소비	소득과 소비가 모두 적은 편이지만 취업하면서 안정적인 소득을 얻는 시기임(소득 < 소비).
특징	저축을 통해 결혼과 자녀 출산 등에 대비하는 시기임.

답 | 청년기

(2)

소득과 소비	소득은 가장 높지만, 자녀 양육과 자녀 결혼 등으로 소비도 늘어남(소득 > 소비).
특징	소득이 많이 늘어나지만, 지출 또한 가장 많은 시기로, 은퇴 이후를 준비해야 함.

답 | 장년기

4-1 다음 그림의 (가) 시기에 대한 설명으로 옳은 것은?

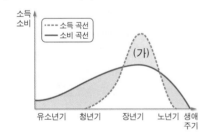

① 소득이 소비보다 적은 시기이다.

② 은퇴로 인해 소득이 줄어드는 시기이다.

③ 주로 부모의 소득에 의존하는 시기이다.

④ 지출이 다른 시기보다 가장 많은 때이다.

⑤ 본격적으로 생산 활동에 참여하여 소득이 발생하는 시기이다.

4-2 다음 생애 주기에 나타난 소득과 소비에 대한 설명으로 옳지 <u>않은</u> 것은?

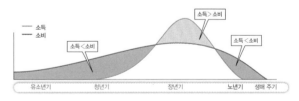

① 유소년기에는 부모의 소득에 의존하여 소비한다.

② 청년기는 소득이 가장 많은 시기이다.

③ 장년기에는 자녀 양육, 주택 구입 등으로 인해 소비가 많다.

④ 노년기에는 소득보다 소비가 많다.

⑤ 노년기를 대비한 자산 관리가 필요하다.

1 다음 정부 조직도에서 ㉠, ㉡에 들어갈 기관에 대한 설명으로 옳은 것은?

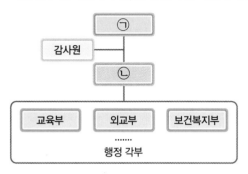

① ㉠은 법률을 제정할 수 있다.

② ㉠은 국무 회의의 의장, ㉡은 부의장이다.

③ ㉠, ㉡ 모두 국민의 직접 선거에 의해 선출된다.

④ ㉠, ㉡ 모두 임명 전에 국회의 동의를 얻어야 한다.

⑤ ㉡은 국가에 위태로운 상황이 발생한 경우 긴급 명령이나 계엄을 선포할 수 있다.

2 A 씨가 바로 다음에 받게 될 재판 유형에 해당하는 것은?

> A 씨는 이웃에 사는 B 씨와 시비를 벌이다 그를 다치게 했고, 상해 혐의로 구속 기소되어 3명의 법관이 진행한 1심 재판에서 징역 2년을 선고받았다. 자신이 징역형을 선고받은 것이 억울하다고 생각한 A 씨는 항소하고자 한다.

구분	형사 재판	민사 재판
지방 법원	㉠	㉡
고등 법원	㉢	㉣
대법원	㉤	

① ㉠　　② ㉡　　③ ㉢　　④ ㉣　　⑤ ㉤

3 (가), (나) 사례에 나타난 경제 문제를 옳게 연결한 것은?

> (가) 학습지 출판사를 운영하는 김 사장은 작년에 출간한 문제집이 베스트
> 셀러가 되면서 큰 수익을 올렸다. 김 사장은 직원들의 월급을 올려줄
> 것인지, 회사 규모를 확장할 것인지 고민하고 있다.
> (나) 카펫 제조업체를 운영하는 박 사장은 국내에서 기계로 카펫을 대량
> 생산할지, 인건비가 싼 해외에서 수작업으로 품질 좋은 카펫을 생산
> 할지 고민하고 있다.

	(가)	(나)
①	생산 방법	생산물의 분배
②	생산 방법	생산물의 종류와 양
③	생산물의 분배	생산 방법
④	생산물의 분배	생산물의 종류와 양
⑤	생산물의 종류와 양	생산 방법

문제 해결 전략

기본적인 경제 문제에는 생산물의 종류
와 수량의 문제(무엇을 얼마나 생산할
것인가?), 생산 ❶ [　　　]의 문제(어떻
게 생산할 것인가?), 생산물 ❷ [　　　]
의 문제(누구를 위하여 생산할 것인가?)
가 있다.

❶ 방법 ❷ 분배

4 다음 밑줄 친 현상이 나타나는 이유로 적절한 것은?

> 북태평양 연안에서 잡히는 집게발이 하나인 바닷가재는 두 개의 집게발
> 을 가진 바닷가재보다 개체 수가 더 적은 희귀종이다. 하지만 두 발 가재
> 가 외발 가재보다 더 비싼 가격으로 팔리고 있다.

① 두 발 가재의 무게가 더 나가기 때문이다.
② 두 발 가재의 생산 비용이 더 크기 때문이다.
③ 소비자들이 외발 가재 요리를 더 선호하기 때문이다.
④ 두 발 가재보다 외발 가재의 희귀성이 더 크기 때문이다.
⑤ 외발 가재보다 두 발 가재의 희소성이 더 크기 때문이다.

문제 해결 전략

자원의 ❶ [　　　]은 시대와 장소에 따
라 달라지며, 자원의 절대적인 양의 많
고 적음을 의미하는 것이 아니라 필요
와 ❷ [　　　]에 비해 달라진다.

❶ 희소성 ❷ 욕구

5 다음은 우리나라 헌법 제119조이다. 이와 관련된 설명으로 옳은 것은?

> 제1항 대한민국의 경제 질서는 개인과 기업의 경제상의 자유와 창의를
> 　　　 존중함을 기본으로 한다.
> 제2항 국가는 …(중략)… 경제 주체 간의 조화를 통한 경제의 민주화를
> 　　　 위하여 경제에 관한 규제와 조정을 할 수 있다.

① 정부는 시장에 개입하여 규제할 수 없다.
② 우리나라는 혼합 경제 체제를 채택하고 있다.
③ 헌법상 경제 활동의 자유를 인정하지 않는다.
④ 우리나라는 시장 경제 체제의 요소만 가지고 있다.
⑤ 계획 경제 체제를 기본으로 시장 경제 체제 요소를 받아들였다.

문제 해결 전략

우리나라의 경제 체제는 ❶ [　　　] 경
제 체제를 기본으로 계획 경제 체제의
일부 요소를 받아들인 ❷ [　　　] 경제
체제이다.

❶ 시장 ❷ 혼합

대표 예제 1

다음 헌법 조항에 대한 설명으로 옳지 <u>않은</u> 것은?

> 제10조 모든 국민은 인간으로서의 존엄과 가치를 가지며, 행복을 추구할 권리를 가진다. 국가는 개인이 가지는 불가침의 기본적 인권을 확인하고 이를 보장할 의무를 진다.

① 헌법에 명시된 기본권 규정의 토대가 된다.
② 인권 보장을 위한 국가의 의무를 강조하고 있다.
③ 국가 기관이 인권을 침해하지 못하도록 규제한다.
④ 헌법에 명시되지 않은 기본권은 보장되지 않는다.
⑤ 모든 기본권이 지향하는 근본 가치가 나타나 있다.

개념 가이드

인권을 실질적으로 보장하기 위해 대부분의 민주 국가에서는 [❶]에 국민의 기본적인 인권을 규정하고 있다.　❶ 헌법

대표 예제 2

다음 그림에서 침해당한 기본권에 대한 설명으로 옳은 것은?

① 국가의 간섭을 받지 않을 권리
② 차별받지 않고 동등하게 대우받을 권리
③ 국가의 의사 결정에 참여할 수 있는 권리
④ 국가에 인간다운 생활을 요구할 수 있는 권리
⑤ 기본권이 침해되었을 때 구제를 요구할 수 있는 권리

개념 가이드

우리 헌법에 모든 국민은 법 앞에 [❶]하며, 누구든지 성별, 종교 또는 사회적 신분 등에 의하여 불합리한 [❷]을 받아서는 안 된다고 규정하고 있다.　❶ 평등 ❷ 차별

대표 예제 3

(가), (나)의 기본권 제한 사유를 옳게 연결한 것은?

(가)　　　　　　(나)

	(가)	(나)
①	공공복리	질서 유지
②	질서 유지	공공복리
③	질서 유지	국가 안전 보장
④	국가 안전 보장	공공복리
⑤	국가 안전 보장	질서 유지

개념 가이드

우리나라 헌법은 [❶], 질서 유지, 공공복리를 위해 필요한 경우에 한하여 법률로써 [❷]을 제한할 수 있도록 명시하고 있다.　❶ 국가 안전 보장 ❷ 기본권

대표 예제 4

국가 인권 위원회에 대한 옳은 설명을 l 보기 l에서 고르면?

> **보기**
> ㄱ. 인권 보호와 구제를 위한 법률을 제정한다.
> ㄴ. 인권을 침해한 행정 기관에 대한 행정 심판을 제기한다.
> ㄷ. 진정이 제기된 사안을 조사하여 잘못된 부분을 고치도록 권고한다.
> ㄹ. 인권 침해와 차별 행위를 개선하기 위해 설립된 독립적 국가 기관이다.

① ㄱ, ㄴ　　② ㄱ, ㄷ　　③ ㄴ, ㄷ
④ ㄴ, ㄹ　　⑤ ㄷ, ㄹ

개념 가이드

[❶]는 독립된 국가 기관으로, 인권을 침해할 우려가 있는 법, 제도의 문제점을 찾아 개선을 권고한다.　❶ 국가 인권 위원회

대표 예제 5

다음은 사회 수업 시간에 노동권 침해 사례에 대해 발표한 것이다. 이 중 적절하지 <u>않은</u> 것은?

① 우진: 근로자와 협의 없이 일주일에 40시간을 초과 하여 일을 하게 했어요.
② 동화: 채용 조건으로 근로자가 노동조합에 가입하 지 않을 것을 내세웠어요.
③ 미숙: 월급날이 되었는데 사장님이 돈이 없다고 급 여를 절반만 지급했어요.
④ 승희: 오전 9시부터 오후 6시까지 근무하면서, 근 무 시간 중 휴게 시간을 1시간만 주었어요.
⑤ 정화: 회사에 결혼을 한다고 말하자, 결혼한 여성은 회사를 그만두어야 한다며 사표를 내라고 했어요.

개념 가이드

노동권 침해 사례에는 정당한 이유 없이 해고하는 ❶[   ], 사용자가 근로자에게 노동조합에 가입했다는 이유로 불이익을 주는 행위인 ❷[   ], 최저 임금보다 적은 임금을 지급하거나 제때 지급하지 않는 것 등이 해당한다. ❶부당 해고 ❷부당 노동 행위

대표 예제 6

다음 헌법 조항의 ㉠에 들어갈 국가 기관에 대한 설명으로 옳은 것은?

제40조 입법권은 (㉠)에 속한다.
제41조 ① (㉠)은(는) 국민의 보통·평등·직접·비밀 선거에 의하여 선출된 (㉠) 의원으로 구성된다.

① 법률의 위헌 여부를 심판한다.
② 법을 집행하며 정책을 세워 시행한다.
③ 법을 해석·적용하여 분쟁을 해결한다.
④ 헌법을 수호하고 국민의 기본권을 보장한다.
⑤ 대통령이 행사하는 일정 권한에 대해 동의권을 갖는다.

개념 가이드

❶[   ]는 국민이 직접 선출한 의원들로 구성된 국민의 대표 기관이며, 국가 정책의 바탕이 되는 법률을 만드는 ❷[   ] 기관이다. ❶국회 ❷입법

대표 예제 7

다음 밑줄 친 ㉠~㉣ 중 국회의 일반 국정에 관한 권한을 고르면?

> ○○ 신문
>
> 9월 20일부터 노동 분야 관련 ㉠국정 감사가 진행된다. 국정 감사가 끝나면 ㉡내년도 예산안 심의가 시작된다. 한편 오늘 본회의에서 계속 계류 중이던 ㉢△△법 개정안이 의결되었다. 그러나 ㉣박□□ 대법관 후보 임명 동의안은 쉽게 통과하지 못하며 한때 고성이 오가기도 하였다.

① ㉠, ㉡   ② ㉠, ㉢   ③ ㉠, ㉣
④ ㉡, ㉢   ⑤ ㉢, ㉣

개념 가이드

국회의 일반 국정에 관한 권한으로는 국정 조사권, ❶[   ], 헌법 기관 구성원 임명 동의권, ❷[   ] 의결권 등이 있다. ❶국정 감사권 ❷탄핵 소추

대표 예제 8

행정부의 조직에 대한 옳은 설명을 |보기|에서 고르면?

> **보기**
> ㄱ. 감사원 – 대통령 직속의 행정부 최고 감사 기관이다.
> ㄴ. 국무총리 – 국가를 대표하며 행정 각부를 관리하고 감독한다.
> ㄷ. 국무 회의 – 행정부의 최고 심의 기관으로, 국무총리가 의장을 맡는다.
> ㄹ. 행정 각부 – 각부 장관의 지휘 아래 구체적인 행정 사무를 처리한다.

① ㄱ, ㄴ   ② ㄱ, ㄹ   ③ ㄴ, ㄷ
④ ㄴ, ㄹ   ⑤ ㄷ, ㄹ

개념 가이드

❶[   ]은 행정부의 최고 감사 기관으로, 독립적인 지위를 가진다. ❷[   ]는 대통령, 국무총리, 행정 각부의 장을 비롯한 국무 위원으로 구성되는 행정부의 최고 심의 기관이다. ❶감사원 ❷국무 회의

대표 예제 9

다음 헌법 조항과 관련된 대통령의 권한으로 옳은 것은?

> 제66조 ① 대통령은 국가의 원수이며, 외국에 대하여 국가를 대표한다.

① 국군을 통솔할 권한이 있다.
② 행정부를 지휘하고 감독한다.
③ 긴급 명령을 내리거나 계엄을 선포한다.
④ 법률이 정하는 공무원을 임명하거나 해임한다.
⑤ 법률에서 위임받은 사항과 법률 집행에 필요한 사항에 대하여 대통령령을 만든다.

개념 가이드

우리나라 대통령은 ❶ [   ]와 행정부 ❷ [   ]의 각각의 지위에 따른 권한을 지닌다.

❶ 국가 원수 ❷ 수반

대표 예제 10

다음 (가) 법원에 대한 설명으로 옳지 <u>않은</u> 것은?

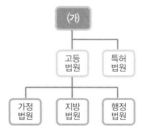

```
          (가)
           │
    ┌──────┴──────┐
  고등          특허
  법원          법원
    │
 ┌──┼──────┐
가정    지방    행정
법원    법원    법원
```

① 사법부의 최고 법원이다.
② 모든 사건의 최종적인 재판을 담당한다.
③ 기본권 보장 기관인 동시에 헌법 수호 기관이다.
④ 법원의 내부 규율이나 사무 처리에 관한 규칙을 제정한다.
⑤ 명령과 규칙이 헌법이나 법률에 위반되는지가 재판의 전제가 될 때 최종적으로 심사한다.

개념 가이드

❶ [   ]은 사법부의 최고 법원으로, 대법원장과 ❷ [   ]으로 구성되어 있다.

❶ 대법원 ❷ 대법관

대표 예제 11

다음 사례와 관련된 헌법 재판에 대한 설명으로 옳은 것은?

> 셧다운제는 청소년의 '게임할 권리'를 침해한다. 다른 취미 활동은 심야 시간 제한이 없는데, 인터넷 게임이 취미인 학생들만 차별하는 것이다.

① 법원의 제청을 거친 후에 이루어진다.
② 국민이 직접 신청하는 것은 불가능하다.
③ 인권을 구제받기 위한 최후의 방법이다.
④ 재판의 전제가 된 법률의 위헌 여부를 심판한다.
⑤ 대법원에 제기하는 기본권 구제 수단에 해당한다.

개념 가이드

국민이 ❶ [   ]이나 국가 권력에 의해서 헌법에 보장된 기본권을 침해당하고 있는지를 심판하는 재판은 ❷ [   ]이다.

❶ 법률 ❷ 헌법 소원 심판

대표 예제 12

(가)~(라)와 관련된 경제 활동으로 옳은 것을 ⎢보기⎢에서 고르면?

> (가) 나는 버스를 타고 학교에 간다.
> (나) 엄마가 회사에서 월급을 받았다.
> (다) 하교 후 친구와 떡볶이를 사 먹었다.
> (라) 아버지는 치과 의사라서 매일 환자들의 충치를 치료하신다.

⎡ 보기 ⎤
ㄱ. (가) – 분배 활동이다.
ㄴ. (나) – 생산 활동이다.
ㄷ. (다) – 재화를 소비한다.
ㄹ. (라) – 서비스를 생산한다.

① ㄱ, ㄴ 　② ㄱ, ㄷ 　③ ㄴ, ㄷ
④ ㄴ, ㄹ 　⑤ ㄷ, ㄹ

개념 가이드

❶ [   ]는 인간의 필요와 욕구를 충족해 주는 구체적인 형태가 있는 물건이고, ❷ [   ]는 인간의 가치 있는 행위를 말한다.

❶ 재화 ❷ 서비스

대표 예제 13

다음 사례를 통해 알 수 있는 내용으로 옳은 것은?

> 무더운 열대 지방에서 에어컨은 누구나 가지고 싶어하는 물건이지만, 추운 극지방에서는 에어컨의 수량이 적더라도 원하는 사람이 거의 없다.

① 자원의 희소성은 변하지 않는다.
② 자원의 희소성과 가격은 관련이 낮다.
③ 자원의 양이 적으면 희소성이 커진다.
④ 자원의 희소성이 높을수록 가치는 낮아진다.
⑤ 인간의 욕구에 비해 자원의 양이 상대적으로 부족할 때 희소성을 갖는다.

개념 가이드

인간의 욕구는 무한한 데 비해 이를 충족할 수 있는 자원의 양이 ❶ 으로 부족한 현상을 자원의 ❷ 이라고 한다.

❶ 상대적 ❷ 희소성

대표 예제 14

(가), (나) 경제 체제의 특징을 비교한 것으로 옳지 않은 것은?

(가)	(나)
 소비자 반응이 좋으니 이 디자인의 상품을 더 생산해야겠어.	 정부에서 올해도 이 디자인의 신발만 생산하래.

구분	(가)	(나)
생산 수단 소유	개인	① 국가
경제 문제 해결	② 시장 가격	국가의 계획
장점	③ 자원의 효율적 배분	④ 개인의 창의성 발휘
단점	⑤ 빈부 격차 심화	근로 의욕 저하

개념 가이드

❶ 경제 체제에서는 국가가 채택한 주요 목적을 신속히 달성할 수 있지만, 근로자의 ❷ 이 저하되는 단점이 있다.

❶ 계획 ❷ 근로 의욕

대표 예제 15

다음 글과 관련된 기업의 사례로 적절하지 않은 것은?

> • 기술 혁신을 통해 새로운 것을 창조하는 '창조적 파괴' 과정이 기업의 원동력이다.
> • 변화를 탐구하고, 변화에 대응하며, 변화를 기회로 이용하는 정신이 기업가 정신이다.

① 조직 개편을 통해 경영의 효율을 높인 기업
② 수출을 다변화하여 새로운 시장을 개척한 기업
③ 마스크 수요가 증가하자 직원 채용을 늘린 기업
④ 집안일을 도와 주는 가족용 로봇을 개발하여 판매하는 기업
⑤ 드론을 이용한 택배 사업을 새로 시작하여 수익을 높인 기업

개념 가이드

❶ 이란 새로운 아이디어로 새로운 상품을 개발하고 새로운 시장을 개척하려는 기업가의 ❷ 적인 자세이다.

❶ 기업가 정신 ❷ 혁신

대표 예제 16

다음 두 사람에게 추천해 줄 자산 관리 방법을 옳게 연결한 것은?

 저는 안전한 투자 성향을 가지고 있어서 원금 손실 가능성이 없는 상품에 가입하고 싶어요.

나성실

 저는 수익이 큰 상품을 추천해 주세요. 원금 손실의 위험성은 감수하겠어요.

김용기

	나성실	김용기		나성실	김용기
①	예금	보험	②	예금	주식
③	주식	채권	④	적금	보험
⑤	부동산	주식			

개념 가이드

일반적으로 수익성이 ❶ 자산은 위험성도 높으며, 수익성이 낮은 자산은 위험성도 ❷ .

❶ 높은 ❷ 낮다

1 다음 권리를 포괄하는 기본권에 대한 설명으로 옳은 것은?

> • 근로의 권리   • 사회 보장을 받을 권리
> • 교육을 받을 권리   • 쾌적한 환경에서 살 권리

① 다른 기본권을 실현하기 위한 전제 조건이다.

② 다른 기본권을 보장하기 위한 수단적 권리이다.

③ 모든 기본권을 포괄하는 성격을 갖는 권리이다.

④ 국가의 적극적인 행위를 요구할 수 있는 권리이다.

⑤ 국가 기관의 구성 및 운영에 참여할 수 있는 권리이다.

Tip

사회권은 ❶ [ ]에 인간다운 생활의 보장을 요구할 수 있는 적극적 권리이다.

❶ 국가

2 다음 상황에 대한 설명으로 옳지 <u>않은</u> 것은?

① 부당 해고에 해당한다.

② 갑 대신에 갑이 속해 있는 노동조합도 구제를 신청할 수 있다.

③ 갑은 1개월 이내에 지방 노동 위원회에 구제를 신청할 수 있다.

④ 지방 노동 위원회의 결정에 불복할 경우 중앙 노동 위원회에 재심을 청구할 수 있다.

⑤ 중앙 노동 위원회의 판정에도 불복할 경우 15일 이내에 행정 소송을 제기할 수 있다.

Tip

결혼, 출산 등으로 퇴직을 강요하거나 정당한 이유 없이 해고하는 경우는 ❶ [ ]에 해당한다.

❶ 부당 해고

3 법률 제정 절차에 대한 옳은 설명을 |보기|에서 고르면?

(가)	(나)	(다)	(라)
법률안 제출	심의	의결	공포

> **보기**
> ㄱ. (가) – 정부 또는 국회 의원 10인 이상
> ㄴ. (나) – 상임 위원회에서 심의
> ㄷ. (다) – 재적 의원 과반수의 찬성으로 의결
> ㄹ. (라) – 대통령은 30일 이내에 공포하거나, 법률안을 거부할 수 있다.

① ㄱ, ㄴ   ② ㄱ, ㄷ   ③ ㄴ, ㄷ
④ ㄴ, ㄹ   ⑤ ㄷ, ㄹ

Tip

❶ [ ]는 본회의에 앞서 해당 분야에 속하는 법률안 등을 심사하고, 심사한 법률안은 ❷ [ ]에서 최종적으로 결정한다.

❶ 상임 위원회 ❷ 본회의

4 ㉠, ㉡에 해당하는 법원으로 옳은 것은?

> • 특허 법원의 재판에서 패소한 ○○ 회사는 판결에 불복하여 (㉠)에 상고하려고 한다.
> • 형사 합의부 1심에서 징역 2년을 선고받은 A 씨는 형벌이 과하다고 생각하여 (㉡)에 항소하기로 결정하였다.

	㉠	㉡
①	대법원	가정 법원
②	대법원	고등 법원
③	고등 법원	대법원
④	특허 법원	고등 법원
⑤	행정 법원	대법원

Tip

❶ [ ]은 지방 법원 합의부의 1심 판결에 관한 항소 사건을 재판한다.

❶ 고등 법원

5 다음은 국가 기관의 권력 분립을 나타낸 것이다. ⓐ~ⓔ에 해당하는 권한을 옳게 연결한 것은?

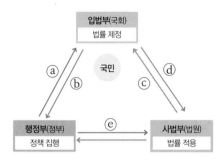

① ⓐ - 국정 감사권

② ⓑ - 탄핵 소추권

③ ⓒ - 법률안 거부권

④ ⓓ - 명령·규칙 심사권

⑤ ⓔ - 위헌 법률 심사 제청권

> **Tip**
> 국회는 국정 감사권, 탄핵 소추권을 통해 **❶** ☐☐☐를 견제하고, 대법원장 임명 동의권을 통해 **❷** ☐☐☐를 견제한다.
> **❶** 행정부 **❷** 사법부

6 (가)~(다)에 대한 설명으로 옳지 <u>않은</u> 것은?

① 자원의 희소성 때문에 기본 경제 문제를 겪는다.

② (가)~(다)를 시장 가격을 통해 해결하는 경제 체제를 시장 경제 체제라고 한다.

③ (가)는 생산 방법에 대한 문제이다.

④ (나)는 '무엇을 어떻게 생산할 것인가?'에 대한 문제이다.

⑤ (다)는 '누구를 위하여 생산할 것인가?'에 대한 문제이다.

> **Tip**
> 자원의 **❶** ☐☐☐ 때문에 선택의 문제가 발생하며, 여러 경제 문제 중에서 어느 사회에서나 공통으로 해결해야 하는 경제 문제를 **❷** ☐☐☐라고 한다. **❶** 희소성 **❷** 기본 경제 문제

7 연우의 기회비용에 대한 분석으로 옳은 것은?

> 연우가 이번 주말 동안 할 수 있는 일은 놀이 공원 가는 것, 영화 관람하는 것, 박물관 답사가는 것이다. 각각의 행위에서 얻을 수 있는 만족감을 수치화하면 놀이 공원에 가는 것은 100, 영화 관람은 80, 박물관 답사는 70이다.

① 영화 관람을 할 때의 편익이 가장 크다.

② 놀이 공원을 갈 때의 기회비용은 150이다.

③ 박물관 답사를 갈 때의 기회비용은 100이다.

④ 놀이 공원을 갈 때의 기회비용이 가장 크다.

⑤ 놀이 공원을 갈 때와 박물관 답사를 갈 때의 기회비용은 같다.

> **Tip**
> 어떤 것을 선택함으로써 포기하는 대안 중에 가장 가치가 큰 것을 **❶** ☐☐☐이라고 한다.
> **❶** 기회비용

8 다음 그래프는 생애 주기에 따른 소득과 소비의 변화를 나타낸 것이다. 이에 대한 설명으로 옳지 <u>않은</u> 것은?

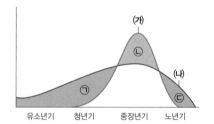

① (가)는 소득 곡선, (나)는 소비 곡선이다.

② 소득을 얻는 시기는 한정되어 있지만 소비는 평생에 걸쳐 이루어진다.

③ ㉠ 시기는 본격적으로 생산 활동에 참여하는 시기로 소득과 소비가 모두 적다.

④ ㉡ 시기는 자녀 교육, 주택 마련 등 소비가 집중적으로 증가한다.

⑤ ㉢ 시기는 직장에서 은퇴한 시기이기 때문에 자산 관리의 필요성이 적다.

> **Tip**
> 지속 가능한 소비 생활을 영위하려면 소득이 소비보다 많은 시기에 저축하여 재산을 만들고 크기를 늘려나가는 **❶** ☐☐☐가 필요하다. **❶** 자산 관리

1 다음 헌법 조항의 (가)에 들어갈 내용으로 옳은 것을 │보기│에서 고르면?

> 제37조 ② 국민의 모든 자유와 권리는 ___(가)___ 를 위하여 필요한 경우에 한하여 법률로써 제한할 수 있으며, 제한하는 경우에도 자유와 권리의 본질적 내용을 침해할 수 없다.

┌ 보기 ┐
ㄱ. 공공복리　　　　ㄴ. 경제 발전
ㄷ. 질서 유지　　　　ㄹ. 정의 실현
ㅁ. 국가 권력 강화　　ㅂ. 국가 안전 보장

① ㄱ, ㄴ, ㄹ
② ㄱ, ㄷ, ㅂ
③ ㄴ, ㄹ, ㅁ
④ ㄷ, ㄹ, ㅂ
⑤ ㄹ, ㅁ, ㅂ

3 (가), (나)에 해당하는 노동자의 권리를 옳게 연결한 것은?

(가)

(나)

	(가)	(나)
①	단결권	단체 교섭권
②	단결권	단체 행동권
③	단체 교섭권	단결권
④	단체 교섭권	단체 행동권
⑤	단체 행동권	단결권

2 다음 중 인권 침해 사례에 해당하지 <u>않는</u> 것은?

① 시가 조례를 바꾸게 되어 나이가 많다는 이유로 해고됐어요.

② 허락도 없이 내 개인 정보를 게시하다니.

③ 정수가 잘못 나온 학생은 말하세요. 성적을 공개하지 않았으면 좋겠어.

④ 우리 학교는 장애 학생을 위한 편의 시설을 갖추고 있지 않아 입학할 수 없습니다.

⑤ 저는 이 학교의 학생이 되고 싶어요. 입학 시험에 합격하지 못하면 우리 대학 학생이 되지 못합니다.

4 다음 신문 기사와 관련된 국회의 권한에 해당하는 사례는?

> **○○ 신문**
>
> 이르면 내년 7월부터 의사·치과 의사·한의사가 수술·수혈·전신 마취를 할 때 환자에게 수술법과 후유증 등을 반드시 설명하고 서면 동의를 받아야 한다. 국회는 1일 본회의를 열어 이 같은 내용을 담은 의료법 개정안을 비롯하여 75개 법안을 통과시켰다.

① 내년도 예산안을 심의하고 확정한다.
② 외국과 조약 체결 시 동의권을 행사한다.
③ 헌법 재판소장 인사 청문회를 실시한다.
④ 국무총리에 대한 탄핵 소추권을 행사한다.
⑤ 국정 감사 및 국정 조사권을 통하여 국정 운영을 살펴본다.

5 우리나라 대통령에 대한 옳은 설명을 ⎡보기⎤에서 고르면?

⎡ 보기 ⎤
ㄱ. 임기는 5년이며, 중임할 수 있다.
ㄴ. 대법원장, 대법관, 국회의장을 임명한다.
ㄷ. 행정 작용에 대한 최종적인 권한과 책임을 지닌다.
ㄹ. 외교나 국방 등에 관한 중요 정책을 국민 투표에 부칠 수 있다.

① ㄱ, ㄴ   ② ㄱ, ㄷ   ③ ㄴ, ㄷ
④ ㄴ, ㄹ   ⑤ ㄷ, ㄹ

6 다음 헌법 조항을 두는 목적으로 적절한 것은?

제103조 법관은 헌법과 법률에 의하여 그 양심에 따라 독립하여 심판한다.
제106조 법관은 탄핵 또는 금고 이상의 형의 선고에 의하지 아니하고는 파면하지 아니하며, 징계 처분에 의하지 아니하고는 정직·감봉 기타 불리한 처분을 받지 아니한다.

① 신속한 재판을 위해서
② 공정한 재판을 위해서
③ 효율적인 재판을 위해서
④ 법관의 권리 보호를 위해서
⑤ 소송 비용의 절감을 위해서

7 다음 사례와 관련된 헌법 재판은?

① 탄핵 심판   ② 권한 쟁의 심판
③ 위헌 법률 심판   ④ 정당 해산 심판
⑤ 헌법 소원 심판

8 (가)에 해당하는 경제 주체에 대한 설명으로 옳은 것은?

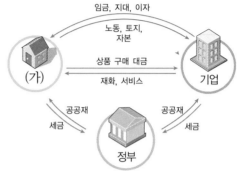

① 생산의 주체이다.
② 경제 전체를 관리하는 주체이다.
③ 세금을 바탕으로 공공재를 제공한다.
④ 적은 비용으로 상품을 생산하여 최대 이윤을 얻고자 한다.
⑤ 기업에 생산 요소를 제공하고 그 대가로 소득을 얻어 소비한다.

9 합리적 선택에 대한 옳은 설명을 ⎡보기⎤에서 고르면?

⎡ 보기 ⎤
ㄱ. 모든 사람들의 기회비용은 동일하다.
ㄴ. 같은 비용이라면 편익이 큰 것을 선택한다.
ㄷ. 가장 적은 비용으로 가장 큰 편익을 얻을 수 있는 선택을 의미한다.
ㄹ. 비용은 선택하여 얻게 되는 이익이나 만족감을, 편익은 선택함으로써 치르는 대가를 말한다.

① ㄱ, ㄴ   ② ㄱ, ㄷ   ③ ㄴ, ㄷ
④ ㄴ, ㄹ   ⑤ ㄷ, ㄹ

10 다음과 같은 경제 활동이 이루어지는 시기는?

• 생산 활동에 참여하여 소득이 발생하는 시기이나 소득과 소비가 모두 적은 편이다.
• 저축을 해서 미래에 대비해야 하며, 신용 관리에 주의가 필요하다.

① 유소년기   ② 청년기
③ 장년기   ④ 노년기
⑤ 유소년기와 청년기

1 다음 미로의 출구로 옳은 것은?

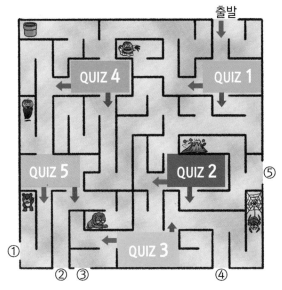

	QUIZ	➡	➡
1	인권은 한 국가의 국민들에게만 주어진 권리이다.	○	×
2	인간의 존엄과 가치 및 행복 추구권은 다른 기본권을 포함하는 포괄적 성격의 기본권이다.	○	×
3	인간다운 생활의 보장을 국가에 요구할 수 있는 권리이다.	사회권	평등권
4	인간은 존엄하기 때문에 기본권은 무제한으로 보장해야 한다.	○	×
5	○○○에는 선거권, 공무 담임권, 국민 투표권 등이 있다.	청구권	참정권

Tip

❶ 은 국민이 국가 기관의 형성과 국가의 정치적 의사 형성 과정에 참여할 수 있는 권리로, **❷** , 공무 담임권, 국민 투표권 등이 있다.

❶ 참정권 ❷ 선거권

2 다음은 여러 기관들의 약도이다. 사람들이 권리를 구제받기 위해 각각 도착하는 곳으로 옳은 것은?

영숙: 임금을 몇 달째 못 받고 있어요.

가희: 행정 기관의 잘못된 처분으로 권리를 침해당했어요.

병섭: 교복에 고정된 명찰 때문에 학교 밖에서도 이름이 공개되고 있어요.

을용: 노동조합에 가입했다고 승진에서 불이익을 받았어요.

①  ②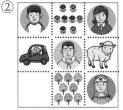

③ 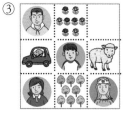 ④

⑤

Tip

노동 삼권이 침해당했을 때 근로자 또는 노동조합이 **❶** 에 구제 신청을 할 수 있다.

❶ 노동 위원회

3 혜정이가 먹을 간식은 무엇인가?

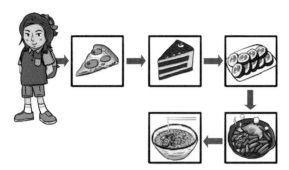

〈간식 먹는 법〉

• 화살표 방향으로 이동한다.
• ㄱ, ㄴ, ㄷ, ㄹ, ㅁ의 설명이 옳으면 1칸 앞으로 이동하고, 옳지 않으면 이동할 수 없다.
• 최종적으로 도착한 곳의 간식을 먹을 수 있다.

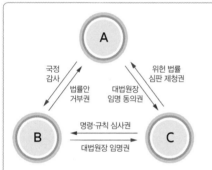

ㄱ. A는 국민이 직접 뽑은 대표들로 구성된 국민의 대표 기관이다.
ㄴ. B는 현대 복지 국가에서 국민의 요구가 늘면서 영향이 커지고 있다.
ㄷ. B의 최고 심의 기관은 감사원으로 정부의 주요 정책을 심의한다.
ㄹ. C의 가장 중요한 권한은 입법에 관한 권한이다.
ㅁ. C의 최고 법원은 대법원으로, 최종 재판인 3심 판결을 담당한다.

① 피자　　② 케이크　　③ 김밥
④ 떡볶이　　⑤ 라면

Tip

❶　　　은 정부의 예산 사용을 감독하고 행정부와 공무원의 업무 처리를 감찰하는 행정부 최고 **❷**　　　기관이다.

❶ 감사원 ❷ 감사

---

4 사물함 자물쇠의 비밀번호로 옳은 것은?

• 첫 번째 자리 : 국회가 구성되면 의장 1인과 부의장 □인을 선출한다.
• 두 번째 자리 : 우리나라 대통령은 국민의 직접 선거를 통해 선출하며, 임기는 □년이고, 중임할 수 없다.
• 세 번째 자리 : 헌법 재판소는 법관의 자격을 가진 □명의 재판관으로 구성된다.
• 네 번째 자리 : 헌법 재판소의 재판관은 대통령이 임명하는데, □명은 국회에서 선출하고, □명은 대법원장이 지명한다. (단, 두 빈칸의 숫자는 같다.)

---

① 2493　　② 3563　　③ 1593
④ 3462　　⑤ 2593

Tip

우리나라 대통령의 임기는 **❶**　　　년이고 중임할 수 없다. 중임을 제한하는 이유는 장기 집권에 따른 **❷**　　　를 방지하고, 평화적인 정권 교체를 통해 민주 정치를 실현하기 위해서이다.

❶ 5 ❷ 독재

5 헌법 재판소호의 낚시꾼은 헌법 재판소의 역할과 관련된 물고기만 잡을 수 있다. 다음 중 잡을 수 <u>없는</u> 물고기는?

6 다음 중 올바른 코딩 결과는?

〈코딩 방법〉

ㄱ	ㄴ	ㄷ	ㄹ	ㅁ	ㅂ

- ㄱ, ㄴ, ㄷ, ㄹ, ㅁ, ㅂ 중 시장 경제 체제의 내용에는 1, 계획 경제 체제의 내용에는 0 값을 입력한다.
- 1이 입력된 칸의 전구에는 불이 들어오고(☒), 0이 입력된 칸의 전구에는 불이 들어오지 않는다(●).

ㄱ. 근로 의욕이 저하된다.
ㄴ. 자원의 효율성이 떨어진다.
ㄷ. 소득이 불평등하게 분배된다.
ㄹ. 경제 주체들의 자유로운 경제 활동을 보장한다.
ㅁ. 이익을 추구하는 과정에서 환경 오염이 심해질 수 있다.
ㅂ. 국가가 경제 활동에 대해 계획하고 명령함으로써 경제 문제를 해결한다.

① ● ☒ ● ● ☒ ☒
② ● ☒ ● ☒ ☒ ●
③ ☒ ● ☒ ● ● ☒
④ ● ● ☒ ☒ ☒ ●
⑤ ● ☒ ☒ ● ☒ ●

> **Tip**
> ❶ 는 법률이나 공권력의 행사가 국민의 기본권을 침해하는지 등을 판단하는 국가 기관으로, 독립된 국가 기관이며, ❷ 을 수호하고 국민의 기본권을 보장한다.
>
> ❶ 헌법 재판소 ❷ 헌법

> **Tip**
> 시장 경제 체제는 경제 문제를 ❶ 을 통해 해결하지만, 계획 경제 체제는 경제 문제를 ❷ 의 계획이나 명령에 의해 해결한다.
>
> ❶ 시장 가격 ❷ 국가

7 다음 편집장님의 지시에 따라 기업을 취재하려 할 때, 기사로 실을 수 <u>없는</u> 사례는?

이번 달 기획 취재는 〈기업의 사회적 책임〉으로 결정됐으니 열심히 취재하세요.

① □□ 슈즈는 소비자가 신발 한 켤레를 구매할 경우에 신발 없이 생활하는 제3세계 어린이에게 한 켤레의 신발을 기부한다.

② 직원의 80% 이상이 발달 장애인인 ○○ 기업은 발달 장애인의 특징을 고려하여 작업 과정을 세밀하게 나누어 단순한 일을 반복할 수 있도록 하였다.

③ △△ 의류는 제품의 생산 비용을 줄이기 위한 방안으로 저개발 국가에 생산 공장을 건설하여 저렴한 임금으로 10~16세 아이들을 고용해 옷을 생산하고 있다.

④ ■■ 기업은 정부가 정한 탄소 배출 기준을 지키더라도 탄소 농도가 높아질 것이라 생각하여 자발적으로 현행 기준보다 탄소 배출량을 더 줄이기 위해 설비 투자를 아끼지 않았다.

⑤ ◉◉ 분유는 소화 장애 아기들이 먹을 특수 분유를 만들기 위해 1년에 하루는 일반 분유의 생산을 멈춘다. 특수 분유는 이윤이 남지 않지만, 아픈 아이들을 위해 일반 분유의 생산을 멈추는 것이다.

Tip
기업의 **❶**⎯⎯⎯⎯이란 기업이 이윤을 추구하는 활동 이외에 법령과 윤리를 준수하고 소비자, 주주, 지역 사회 등 기업의 유지 기반이 되는 사회에 구성원의 역할을 다하는 것을 의미한다.

❶ 사회적 책임

8 다음 그림의 조선의 역사를 통해 배울 수 있는 자산 관리의 방법으로 옳은 것은?

① 불필요한 낭비를 줄인다.
② 신용 관리를 철저히 한다.
③ 여러 자산에 분산하여 투자한다.
④ 생애 주기를 고려하여 자산 관리를 한다.
⑤ 무조건 안전성이 높은 금융 상품을 선택한다.

Tip
❶⎯⎯⎯를 할 경우 어느 한 곳에서 손해를 보더라도 다른 곳에서 그 손해를 보충할 수 있어 좀더 **❷**⎯⎯⎯적으로 자산을 운용할 수 있다.

❶ 분산 투자 **❷** 안정

IV. 시장 경제와 가격~
VI. 국제 사회와 국제 정치

개념 1 시장 가격의 결정 원리

(1) **수요 법칙** 가격이 상승하면 수요량은 ❶⬜⬜⬜ 하고, 가격이 하락하면 수요량은 증가함. → 상품의 가격과 수요량은 반대 방향으로 움직임.

(2) **공급 법칙** 가격이 상승하면 공급량은 ❷⬜⬜⬜ 하고, 가격이 하락하면 공급량은 감소함. → 상품의 가격과 공급량은 같은 방향으로 움직임.

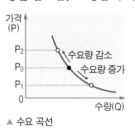

▲ 수요 곡선

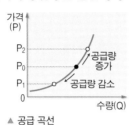

▲ 공급 곡선

Ⅰ 시장 가격의 결정

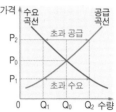

▲ 균형 가격은 시장에서 수요량과 공급량이 일치하는 지점의 가격이다. 초과 수요가 발생하면 상품 가격이 상승하고, 초과 공급이 발생하면 상품 가격이 하락한다.

Quiz

상품의 가격과 수요량은 (같은, 반대) 방향으로 움직인다.

❶ 감소 ❷ 증가

답 | 반대

개념 2 수요의 변동과 공급의 변동

(1) **수요의 변동**

구분	수요 증가	수요 감소
변동 요인	소득·기호·인구수 증가, 대체재의 가격 ❶⬜⬜⬜, 보완재의 가격 하락, 수요자의 상품 가격 인상 예상 등	소득·기호·인구수 감소, 대체재의 가격 하락, 보완재의 가격 상승, 수요자의 상품 가격 인하 예상 등
가격 변동	수요 곡선의 오른쪽 이동 → 균형 가격 상승, 균형 거래량 증가	수요 곡선의 왼쪽 이동 → 균형 가격 하락, 균형 거래량 감소

(2) **공급의 변동**

구분	공급 증가	공급 감소
변동 요인	생산 기술의 발전, 생산 요소 가격의 하락, 공급자 수의 증가, 공급자의 상품 가격 인하 예상 등	생산 요소 가격의 상승, 공급자 수의 ❷⬜⬜⬜, 공급자의 상품 가격 인상 예상 등
가격 변동	공급 곡선의 오른쪽 이동 → 균형 가격 하락, 균형 거래량 증가	공급 곡선의 왼쪽 이동 → 균형 가격 상승, 균형 거래량 감소

Ⅰ 수요의 변동

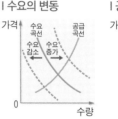

Ⅰ 공급의 변동

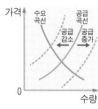

Quiz

수요가 증가하면 수요 곡선이 (오른쪽, 왼쪽)으로 이동한다.

❶ 상승 ❷ 감소

답 | 오른쪽

개념 3 국내 총생산과 물가 상승

(1) **국내 총생산** 한 나라 안에서 일정 기간 동안 생산된 ❶⬜⬜⬜ 의 가치를 시장 가격으로 계산하여 모두 더한 것

(2) **인플레이션** ❷⬜⬜⬜ 가 지속해서 상승하는 현상

유리한 사람	실물 자산 보유자, 돈을 빌린 사람(채무자), 수입업자 등
불리한 사람	은행 예금 보유자, 돈을 빌려준 사람(채권자), 수출업자 등

(3) **실업** 일할 능력과 의사가 있는데도 일자리를 갖지 못한 상태

```
                              ┌─ 취업자
               경제 활동 ─────┤
               인구           └─ 실업자
노동 가능 ─────┤
인구
(15세 이상)     비경제 활동
               인구
```

◀ 실업자의 구분

Quiz

일정 기간 동안 한 국가 안에서 생산된 재화와 서비스의 가치를 모두 합한 것은?

❶ 최종 생산물 ❷ 물가

답 | 국내 총생산

1-1 수요·공급 법칙에 대한 설명으로 옳은 것은?

① 가격이 상승하면 수요량은 증가한다.

② 가격이 상승하면 공급량은 감소한다.

③ 수요 곡선은 우상향하는 모습을 보인다.

④ 공급 곡선은 우하향하는 모습을 보인다.

⑤ 가격과 수요량은 반대 방향으로 움직인다.

풀이 | 수요 법칙은 가격이 상승하면 수요량이 감소하고, 가격이 하락하면 수요량이 증가하는 현상이다. 따라서 가격과 수요량은 ❶〔　　　〕 방향으로 움직인다. 공급 법칙은 가격이 상승하면 공급량이 증가하고, 가격이 하락하면 공급량이 감소하는 현상이다. 따라서 가격과 공급량은 ❷〔　　　〕 방향으로 움직인다.

❶ 반대 ❷ 같은　답 | ⑤

1-2 표는 볼펜의 수요량과 공급량을 나타낸 것이다. 볼펜의 균형 가격(㉠)과 균형 거래량(㉡)을 쓰시오.

수요량(개)	가격(원)	공급량(개)
30	500	10
20	1,000	20
10	1,500	30

2-1 다음과 같은 상황에서 커피의 수요와 공급의 변화를 옳게 연결한 것은?

> • 녹차와 홍차의 가격이 크게 올랐다.
> • 커피 원산지의 기상 이변으로 원두의 가격이 크게 올랐다.

	수요	공급		수요	공급
①	감소	감소	②	감소	증가
③	증가	감소	④	증가	증가

⑤ 변화 없음　변화 없음

풀이 | 커피의 대체재인 녹차와 홍차의 가격이 올랐으므로 커피 수요는 ❶〔　　　〕 하고, 커피의 원료인 원두 가격이 올랐으므로 커피 공급은 ❷〔　　　〕 한다.

❶ 증가 ❷ 감소　답 | ③

2-2 수요 감소 요인을 | 보기 |에서 고르면?

> ┌ 보기 ┐
> ㄱ. 소득 증가
> ㄴ. 선호도 증가
> ㄷ. 가격 하락 예상
> ㄹ. 보완재 가격 상승

① ㄱ, ㄴ　　② ㄱ, ㄷ　　③ ㄴ, ㄷ

④ ㄴ, ㄹ　　⑤ ㄷ, ㄹ

3-1 그림은 A 국에서 일정 기간 동안 발생한 모든 생산 활동을 나타낸 것이다. A 국의 국내 총생산은?

빵값 24만 원
밀값 10만 원
밀가루값 19만 원

① 5만 원

② 9만 원

③ 10만 원

④ 19만 원

⑤ 24만 원

풀이 | 그림의 국내 총생산은 최종 생산물인 ❶〔　　　〕의 가치인 ❷〔　　　〕만 원이다. 다른 방법으로 계산하면 각 생산 단계마다 더해진 가치인 10만 원, 9만 원, 5만 원의 합이다.

❶ 빵 ❷ 24　답 | ⑤

3-2 다음 경제 활동 중 국내 총생산에 포함되는 것은?

① 어머니의 가사 노동 가치

② 인도 현지 공장에서 생산된 우리나라 A 사의 자동차

③ 미국계 보험 회사의 한국 지점에 근무하는 아버지의 연봉

④ 김밥 가게에서 김밥을 만들 때 재료로 들어가는 달걀의 가격

⑤ 작년에 생산된 컴퓨터를 인터넷 중고 장터에서 구입한 가격

개념 1 환율

(1) 환율의 결정 외환 시장에서 외화의 수요와 공급에 의해 결정됨.

외화의 수요	외화가 해외로 나가는 것 → 외국 상품 수입, 자국민의 해외여행 및 유학, 해외 투자, 외채 상환 등
외화의 공급	외화가 국내로 들어오는 것 → 상품 수출, 외국인의 국내 여행 및 유학, 외국인의 국내 투자, 차관 도입 등

(2) 환율 변동 요인

환율 상승	외화 수요가 증가하거나 공급 감소 → 외화 가치 상승, 원화 가치 ❶
환율 하락	외화 수요가 감소하거나 공급 증가 → 외화 가치 하락, 원화 가치 상승

(3) 환율 변동의 영향

구분	무역	물가	여행	외채 상환 부담
환율 상승	수출 증가 수입 감소	상승	해외여행 감소, 외국인 관광객 증가	❷
환율 하락	수출 감소 수입 증가	안정	해외여행 증가, 외국인 관광객 감소	감소

❶ 하락 ❷ 증가

| 외화 수요의 이동

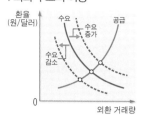

| 외화 공급의 이동

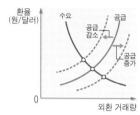

Quiz

두 나라 화폐 사이의 교환 비율을 무엇이라고 하는가?

답 | 환율

개념 2 국제 사회

(1) 특성 주권 국가로 구성, ❶ 의 논리 작용, 자국의 이익 추구, 중앙 정부의 부재, 국제 사회의 질서 유지, 국제 협력 강화

(2) 행위 주체

국가	국제 사회의 기본적인 행위 주체 → 독립적인 주권 행사
국제기구	• 정부 간 국제기구: 각 나라의 정부가 회원국임(예 국제 연합 등). • 국제 비정부 기구: 개인이나 민간단체를 회원으로 하는 국제기구(예 국경 없는 의사회, 그린피스 등)
다국적 기업	해외 여러 국가에 자회사, 지점, 제조 공장을 두고 생산과 판매 활동을 하는 기업 → 경제력을 바탕으로 국제 관계에 큰 영향을 미침.

(3) 경쟁과 갈등 냉전 체제 종식 이후에 이념 대립에서 벗어나 자국의 경제적 ❷ 중시, 자원 및 민족, 종교 등 다양한 분야에서 갈등 발생

(4) 외교 한 국가가 국제 사회에서 자국의 정치적 목적이나 이익을 평화적으로 실현하기 위해 수행하는 모든 행위

❶ 힘 ❷ 이익

| 국제 사회의 갈등 양상

◀ 자원을 둘러싼 국제 갈등
석유와 천연가스가 풍부한 카스피해를 바다로 볼지, 호수로 볼지에 따라 각국의 영역이 달라짐.

◀ 종교와 관련한 국제 갈등
카슈미르 지역은 주민의 70%가 이슬람교이지만 힌두교를 믿는 인도의 영역에 포함되어 있음.

Quiz

국제 사회에는 분쟁에 제재를 가할 중앙 정부가 (있다, 없다).

답 | 없다

개념 3 우리나라의 국제 관계

(1) 일본과의 갈등 ❶ 영유권 주장, 역사 교과서 왜곡, 일본군 '위안부' 문제, 야스쿠니 신사 참배, 동해 표기 갈등 등

(2) 중국과의 갈등 ❷ 으로 역사 왜곡, 중국 어선의 불법 조업, 한류 저작권 침해 등

❶ 독도 ❷ 동북공정

Quiz

중국이 자국 영토 안의 과거사를 중국의 역사라고 주장하며 고조선, 고구려, 발해 역사를 중국사로 편입하려는 활동은?

답 | 동북공정

>> 정답과해설 14쪽

1-1 다음 신문 기사와 같은 변화의 원인으로 옳은 것은?

> **○○ 신문**
>
> **일주일 간 환율 하락 계속돼**
>
> 원/달러 환율이 일주일 동안 하락세를 유지하며 1,100원선 근처에서 움직이고 있다. (후략)

① 정부가 외채를 빌려왔다.

② 수입량이 크게 증가하였다.

③ 상당수의 외채를 상환하였다.

④ 우리나라 기업의 해외 투자가 증가하였다.

⑤ 우리나라 사람들의 해외여행이 증가하였다.

풀이 | 환율의 하락은 외화 수요가 ❶ [   ] 하거나 외화 공급이 증가할 경우에 나타난다. ① 우리나라가 외국에서 돈을 빌리면 외화 공급이 ❷ [   ] 하게 되므로 환율은 하락한다.

❶ 감소 ❷ 증가 **답 |** ①

1-2 외화 수요 증가 요인을 | 보기 |에서 고르면?

> **보기**
> ㄱ. 상품 수입 증가
> ㄴ. 상품 수출 증가
> ㄷ. 자국민의 해외여행 증가
> ㄹ. 외국인의 국내 투자 증가

① ㄱ, ㄴ   ② ㄱ, ㄷ   ③ ㄴ, ㄷ

④ ㄴ, ㄹ   ⑤ ㄷ, ㄹ

2-1 다음에서 설명하는 국제 사회의 행위 주체는?

> • 세계화로 국제 사회에서 영향력이 커지고 있다.
> • 세계 여러 나라에 진출해 생산·판매 활동을 한다.
> • 경제력을 바탕으로 국제 관계에 큰 영향을 미치기도 한다.

① 국가   ② 다국적 기업

③ 정부 간 국제기구   ④ 국제 비정부 기구

⑤ 국제적으로 영향력 있는 개인

풀이 | 해외 여러 국가에 자회사, 지점, 제조 공장을 두고 ❶ [   ] 과 판매 활동을 하는 기업을 ❷ [   ] 이라고 한다.

❶ 생산 ❷ 다국적 기업 **답 |** ②

2-2 다음에서 설명하는 국제 사회의 행위 주체는?

> • 조약에 의해 만들어진다.
> • 각 나라의 정부가 회원국이다.

① 국가

② 다국적 기업

③ 정부 간 국제기구

④ 국제 비정부 기구

⑤ 국가 내 지방 자치 단체

3-1 빈칸 ㉠, ㉡에 들어갈 용어를 쓰시오.

> 현재 우리나라가 직면한 대표적인 국제 문제에는 일본이 일방적으로 (㉠) 영유권을 주장하는 문제와, 중국이 고구려와 발해의 역사를 중국의 역사로 왜곡시키는 (㉡)이 있습니다.

풀이 | 우리나라와 일본과의 갈등으로는 ❶ [   ] 영유권 주장, 역사 교과서 왜곡, ❷ [   ] 표기 문제 등이 있고, 중국과의 갈등으로는 동북공정, 불법 조업 등의 문제가 있다.

❶ 독도 ❷ 동해 **답 |** ㉠ 독도 ㉡ 동북공정

3-2 다음은 우리나라와 주변국의 갈등 사례를 나타낸 것이다. ㉠, ㉡에 해당하는 국가를 쓰시오.

㉠	동북공정으로 역사 왜곡, 어선의 불법 조업 등
㉡	독도 영유권 주장, 역사 교과서 왜곡, 동해 표기 문제, 야스쿠니 신사 참배 등

2주 1일 개념 돌파 전략 ②

바탕 문제

가격이 상승하면 공급량이 증가하고, 가격이 하락하면 공급량이 감소하는 현상을 무엇이라고 하는가?

➡ 공급 법칙은 상품의 ❶ [____]과 공급량이 ❷ [____] 방향으로 움직이는 현상이다.

답 | ❶ 가격 ❷ 같은

1 오른쪽 그래프는 아이스크림 시장의 수요와 공급을 나타낸 것이다. 이에 대한 설명으로 옳지 <u>않은</u> 것은?

① 공급 곡선은 우상향한다.

② 가격이 하락하면 아이스크림 수요량은 증가한다.

③ 가격이 상승하면 아이스크림 공급량은 감소한다.

④ 균형 가격은 1,500원이고, 균형 거래량은 30개이다.

⑤ 아이스크림 가격이 500원일 때 초과 수요가 발생한다.

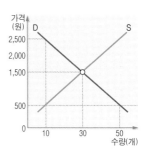

바탕 문제

농작물의 경우 날씨가 좋으면 공급이 (증가, 감소)한다.

➡ 농작물은 날씨가 좋으면 수확량이 증가하므로 공급이 ❶ [____]하게 된다. 따라서 농작물의 균형 가격은 ❷ [____]하고, 균형 거래량은 증가한다.

답 | ❶ 증가 ❷ 하락

2 다음과 같은 경우 시금치의 균형 가격과 균형 거래량의 변화는?

> 시금치 수확이 한창인 때에 폭염으로 인해 잎이 노랗게 타들어 가거나 구멍이 뚫리는 일이 많아지고 있다. 한 시금치 재배 농민은 시금치 수확량이 지난해의 60%밖에 안 된다고 말하였다.

① 균형 가격 상승, 균형 거래량 증가

② 균형 가격 상승, 균형 거래량 감소

③ 균형 가격 하락, 균형 거래량 증가

④ 균형 가격 하락, 균형 거래량 감소

⑤ 균형 가격과 균형 거래량 변동 없음

바탕 문제

인플레이션이 발생하면 유리해지는 사람은 누구인가?

➡ 부동산 등 ❶ [____] 자산 보유자, 돈을 빌린 사람(❷ [____]), 수입업자 등이다.

답 | ❶ 실물 ❷ 채무자

3 다음에서 인플레이션 상황으로 불리해지는 사람을 있는 대로 고르면?

가영: 지난해에 상가 건물을 사 두었어요.
나영: 퇴직하고 연금으로 생활하고 있어요.
다영: 운동화를 수입해서 판매하고 있어요.
라영: 친구에게 5,000만 원을 빌려줬어요.

① 가영, 나영   ② 가영, 다영   ③ 나영, 다영

④ 나영, 라영   ⑤ 다영, 라영

바탕 문제

산업 구조가 변화하여 발생하는 실업을 무엇이라고 하는가?

➡ 산업 구조의 변화로 기존의 기술이 필요 없어지면서 관련 부문의 **❶** 가 사라지는 실업을 **❷** 실업이라고 한다.

답 | ❶ 일자리 ❷ 구조적

4 다음 그림에 해당되는 실업의 유형은?

공장 자동화 시스템이 도입되면서 저처럼 수작업으로 일하던 노동자들의 일자리가 없어졌어요.

① 경기적 실업   ② 구조적 실업   ③ 계절적 실업
④ 마찰적 실업   ⑤ 일시적 실업

바탕 문제

환율이 하락하면 외화 가치가 하락하고 원화 가치가 (하락, 상승)한다.

➡ 환율이 하락하면 1달러를 얻기 위해 더 **❶** 원화가 필요하므로 원화 가치는 **❷** 한다.

답 | ❶ 적은 ❷ 상승

5 다음과 같이 환율이 변동했다면 불리한 사람은?

 1달러 =1,500원 ➡ 1달러 =1,200원

① 미국 여행을 계획하고 있는 한국인 우진
② 수입 과자를 판매하고 있는 한국인 태강
③ 미국 대학에서 공부하고 있는 한국인 예은
④ 한국 여행을 계획하고 있는 미국인 마이클
⑤ 미국에 있는 가족에게 생활비를 보내주고 있는 세훈

바탕 문제

주권을 가진 국가들로 이루어진 사회를 무엇이라고 하는가?

➡ **❶** 는 세계 여러 나라가 상호 교류하고 **❷** 하면서 함께 살아가는 사회이다.

답 | ❶ 국제 사회 ❷ 의존

6 다음 사례를 통해 알 수 있는 국제 사회의 특성으로 가장 적절한 것은?

국제 연합(UN) 안전 보장 이사회 15개국 중 5개 상임 이사국(중국, 미국, 영국, 프랑스, 러시아)은 중요 안건에 대해 거부권이 있어서 한 나라라도 거부하면 안건이 통과되지 않는다.

① 국력에 따른 힘의 논리가 작용한다.
② 대부분의 국가들이 국제법을 존중한다.
③ 각국은 자국의 이익을 최우선으로 추구한다.
④ 국제 문제 해결을 위해 국제 협력이 증가한다.
⑤ 개별 국가를 강제할 힘을 가진 중앙 정부가 존재하지 않는다.

전략 1 시장 가격의 결정

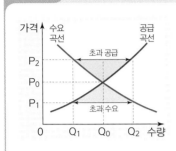

가격	변화
P₂	수요량 < 공급량 → ❶ [ ] 발생 → 공급자 간 경쟁 발생 → 상품 가격 하락
P₀	수요량 = 공급량 → 균형 가격과 균형 거래량 형성
P₁	수요량 > 공급량 → ❷ [ ] 발생 → 수요자 간 경쟁 발생 → 상품 가격 상승

> 수요량은 상품의 가격과 반대 방향으로 움직이므로 수요 곡선은 우하향하지만, 공급량은 상품의 가격과 같은 방향으로 움직이므로 공급 곡선은 우상향하게 돼.

❶ 초과 공급 ❷ 초과 수요

필수 예제 1

(1) 표는 수요 법칙과 공급 법칙을 정리한 것이다. ㉠, ㉡에 들어갈 용어를 쓰시오.

구분	가격 상승	가격 하락
수요 법칙	수요량 (㉠)	수요량 증가
공급 법칙	공급량 증가	공급량 (㉡)

(2) 그래프에서 균형 가격(㉠)과 균형 거래량(㉡)을 쓰시오.

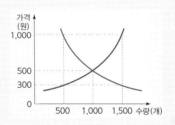

풀이 | (1)

수요 법칙	가격이 상승하면 수요량이 감소하고, 가격이 하락하면 수요량이 증가하는 현상
공급 법칙	가격이 상승하면 공급량이 증가하고, 가격이 하락하면 공급량이 감소하는 현상

답 | ㉠ 감소, ㉡ 감소

(2)

균형 가격	시장에서 수요량과 공급량이 맞아떨어지는 상태에서의 가격
균형 거래량	시장에서 수요량과 공급량이 맞아떨어지는 상태에서의 거래량

답 | ㉠ 500원, ㉡ 1,000개

1-1 다음 사례에 나타난 경제 원리로 옳은 것은?

> 과자의 가격이 하락하여 이윤이 줄어들자 과자 회사에서는 과자를 이전보다 적게 생산하였다.

① 가격이 하락하면 수요량이 증가한다.
② 가격이 하락하면 공급량이 감소한다.
③ 가격이 상승하면 공급량이 증가한다.
④ 가격이 상승하면 수요량이 감소한다.
⑤ 공급량이 감소하면 가격이 하락한다.

1-2 다음 시장에 대한 설명으로 옳지 <u>않은</u> 것은?

가격(원)	600	800	1,000	1,200	1,400
수요량(개)	180	160	140	120	100
공급량(개)	100	120	140	160	180

① 균형 가격에서의 총거래액은 140,000원이다.
② 가격이 1,200원일 때, 초과 공급이 발생한다.
③ 가격이 600원일 때, 수요자 간 경쟁이 발생한다.
④ 가격이 800원일 때, 40개의 초과 수요가 발생한다.
⑤ 가격이 1,400원일 때, 공급자 간의 경쟁으로 가격이 상승한다.

전략 2 시장 가격의 변동

구분	수요 증가	수요 감소	공급 증가	공급 감소
변동 요인	소득·기호·인구수 증가, 대체재 가격 상승, 보완재 가격 **❶** , 수요자의 상품 가격 인상 예상 등	소득·기호·인구수 감소, 대체재 가격 하락, 보완재 가격 상승, 수요자의 상품 가격 인하 예상 등	생산 기술의 발전, 생산 요소 가격의 하락, 공급자 수 증가, 공급자의 상품 가격 인하 예상 등	생산 요소 가격 **❷** , 공급자 수 감소, 공급자의 상품 가격 인상 예상 등
가격 변동	가격 / 수량 (그래프)	가격 / 수량 (그래프)	가격 / 수량 (그래프)	가격 / 수량 (그래프)

❶ 하락 ❷ 상승

필수 예제 2

(1) 다음 그림을 보고 김밥의 균형 가격 변동(㉠)과 균형 거래량의 변동(㉡)을 쓰시오.

김밥 가게가 두 개나 생겼네.

(2) 빈칸 ㉠, ㉡에 들어갈 용어를 쓰시오.

- 돼지고기와 닭고기는 (㉠) 관계이기 때문에 돼지고기의 가격이 오르면 닭고기의 수요는 증가하게 된다.
- 자동차와 휘발유는 (㉡) 관계이기 때문에 자동차의 가격이 오르면 휘발유의 수요도 함께 감소하게 된다.

풀이 | (1)

공급 증가 요인	공급자 수 증가, 생산 기술 발전, 생산 요소 가격 하락, 공급자의 상품 가격 인하 예상 등
가격 변동	공급이 증가하면 균형 가격은 하락하고, 균형 거래량은 증가함.

답 | ㉠ 가격 하락, ㉡ 거래량 증가

(2)

대체재	대신 소비해도 비슷한 만족감을 얻을 수 있는 재화 (예) 콜라와 사이다, 밥과 빵 등)
보완재	함께 소비할 때 더 큰 만족감을 얻을 수 있는 재화 (예) 승용차와 휘발유, 삼겹살과 상추 등)

답 | ㉠ 대체재, ㉡ 보완재

2-1 밑줄 친 상품 시장의 수요-공급의 변화로 옳은 것은?

> 휴대 전화 배터리의 핵심 원료인 콜탄 가격이 상승하였다.

① 공급이 감소한다.
② 공급이 증가한다.
③ 수요가 감소한다.
④ 수요가 증가한다.
⑤ 수요와 공급이 모두 증가한다.

2-2 오른쪽 그래프와 같은 변동에 영향을 주는 요인으로 적절하지 않은 것은?

① 소득이 증가하였다.
② 인구가 증가하였다.
③ 선호도가 증가하였다.
④ 생산 비용이 하락하였다.
⑤ 보완재 가격이 하락하였다.

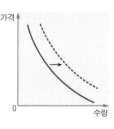

전략 3 국내 총생산

• 의미

한 나라 안에서	일정 기간 동안 생산된	최종 생산물의	시장 가치의 합
생산자의 국적에 상관 없이 한 나라의 국경 안 에서 생산된 것만 포함	보통 ❶☐년을 기 준으로 하며, 그해에 새 롭게 생산한 것만 포함	재료나 부품은 제외하 고 최종 생산물만 포함	시장에서 거래되는 것 만 포함

• 한계: 시장에서 거래되는 재화와 서비스의 가치만 측정, 삶의 질 수준을 파악하기 어려움, 소득 ❷☐ 상태를 파악하기 어려움.

교통사고나 환경 오염은 고통과 불편함을 주는데, 이를 처리하는 비용이 오히려 국내 총생산을 증 가시키는 한계가 있어.

❶ 1 ❷ 분배

필수 예제 3

(1) 다음 내용이 설명하는 경제 용어를 쓰시오.

> 한 나라의 국경 안에서 1년 동안 생산된 최종 생산 물의 가치를 시장 가격으로 계산하여 모두 더한 것

(2) (가)~(다)에서 국내 총생산에 포함되는 것을 쓰시오.

> (가) 교통사고 처리에 포함되는 비용
> (나) 가구업체가 가구를 만들려고 구입한 목재
> (다) 한국 국적의 야구 선수가 미국에서 받은 연봉

풀이 | (1) 국내 총생산

의의	한 나라의 전체적인 생산 수준 및 경제 활 동 규모를 보여 주는 지표
1인당 국내 총생산	• 국내 총생산을 그 나라의 인구수로 나 눈 것 • 한 나라 국민의 평균적인 소득 수준 파 악 가능

답 | 국내 총생산

(2) 국내 총생산 제외 사례

한 나라 안에서 생산된 것만	• 외국에서 생산된 우리나라 회사 제품 • 우리나라 국민이 외국에서 얻은 수입 등
그해에 생산된 것만	과거에 생산된 제품, 중고 거래 등
최종 생산물만	중간 생산물, 재료나 부품의 가격 등
시장에서 거래되는 것만	• 가사 노동이나 봉사 활동, 지하 경제 • 자기 소비를 위한 생산 활동 등

답 | (가)

3-1 밑줄 친 ㉠~㉢에서 국내 총생산에 포함되는 것은?

> 아내와 두 아들과 함께 살고 있는 A 씨는 중국집 을 운영하는데, 직접 만든 ㉠ 자장면을 한 그릇에 4,000원에 판매한다. 매주 수요일에는 동네 중국집 사장님들이 모여 ㉡ 노인정으로 봉사 활동을 간다. 일요일에는 아내와 집안일을 분담하는데 A 씨는 ㉢ 청소와 빨래를 한다. 아내는 동네 아이들에게 ㉣ 무료로 과외를 하고, 취미로 ㉤ 물고기를 기르고 있다.

① ㉠　② ㉡　③ ㉢　④ ㉣　⑤ ㉤

3-2 (가)~(라)가 어느 해 우리나라의 총생산물이라고 가정할 때, 국내 총생산은 얼마인가?

> (가) 해외에 진출한 축구 선수 K 씨의 연봉 30억 원
> (나) 국내 P 기업의 연간 최종 생산물의 총액 80억 원
> (다) 캐나다에서 일하고 있는 우리나라 근로자의 연 소득 2억 원
> (라) 국내에 진출한 미국 기업의 연간 최종 생산물 의 총액 60억 원

① 112억 원　② 140억 원　③ 142억 원
④ 170억 원　⑤ 172억 원

전략 4 인플레이션

- **의미**: 총수요 증가, 통화량 증가, 임금이나 원자재 가격 상승으로 공급 감소
- **영향**

화폐 가치 하락	일정 금액으로 살 수 있는 재화와 서비스의 양 감소
소득과 부의 불공정한 분배	• 유리한 사람: 부동산, 금 등 ❶ □□□ 자산 소유자, 채무자, 수입업자 • 불리한 사람: 은행 예금 보유자, 임금 근로자, 연금 생활자, 채권자, 수출업자
경제 성장 어려움	저축 기피, 부동산 투기 등 불건전한 거래 증가 → 기업의 투자 활동 위축
국제 거래에 영향	국내 상품 가격이 외국 상품에 비해 상대적으로 비싸짐 → 수출 감소, 수입 ❷ □□로 무역 적자 발생

물가 안정을 위해 정부는 지출을 줄이거나 세금을 늘리는 등 국가 재정을 관리하여 수요를 억제하고 공공요금의 인상을 억제해야 해. 중앙은행은 이자율을 높여 저축을 유도하는 등 적정한 수준에서 통화량을 관리하는 정책을 실시해야 해.

❶ 실물 ❷ 증가

필수 예제 4

(1) 다음 내용이 설명하는 경제 용어를 쓰시오.

> • 물가가 지속적으로 상승하는 현상
> • 경제 전체의 총수요가 총공급보다 많은 경우에 발생함.

(2) 인플레이션 발생으로 유리한 사람을 | 보기 |에서 골라 쓰시오.

> | 보기 |
> ㄱ. 채권자   ㄴ. 수입업자
> ㄷ. 임금 근로자   ㄹ. 건물 소유자

풀이 | (1)

물가	시장에서 거래되는 여러 상품의 가격을 종합한 평균적인 가격 수준
물가 지수	물가 변동을 숫자로 나타낸 지표

답 | 인플레이션

(2)

유리한 사람	실물 자산 보유자, 돈을 빌린 사람(채무자), 수입업자
불리한 사람	은행 예금 보유자, 임금 근로자, 돈을 빌려준 사람(채권자), 수출업자

답 | ㄴ, ㄹ

4-1 다음은 한 나라의 경제 상황을 나타낸 것이다. 이와 같은 상황이 경제에 미칠 영향으로 적절한 것은?

> • 경제 전체의 수요가 경제 전체의 공급보다 크게 증가하였다.
> • 수입 원유와 국제 원자재의 가격이 크게 상승하였다.

① 기업의 생산비가 크게 감소할 것이다.
② 실업이 증가하여 고용이 불안정할 것이다.
③ 물가 상승으로 화폐 가치가 하락할 것이다.
④ 정부는 세율을 인하하는 정책을 추진할 것이다.
⑤ 수출품의 가격이 하락하여 수출이 증가할 것이다.

4-2 인플레이션의 영향에 대해 옳게 설명한 학생은?

① 친구에게 100만 원을 빌린 사람은 불리해져.

② 토지나 건물 등을 가지고 있는 사람은 불리해져.

③ 소형 청소기를 수출하는 업체의 사장은 유리해져.

④ 연금을 받아 생활하시는 우리 할아버지는 유리해져.

⑤ 운동화를 수입해서 판매하는 업체의 사장은 유리해져.

1 (가)~(라)는 시장의 종류를 나타낸 것이다. 이에 대한 설명으로 옳지 <u>않은</u> 것은?

(가) (나)

(다) (라)

① (가)에서는 재화를 판매한다.
② (나)는 보이지 않는 시장에 해당한다.
③ (다)는 구직자가 수요자이고, 기업이 공급자이다.
④ (라)는 정보 통신 기술의 발달로 증가하고 있다.
⑤ (나)는 거래 형태 면에서 볼 때 (라)와 비슷한 시장이다.

문제 해결 **전략**

시장은 거래 ❶ 에 따라 보이는 시장과 보이지 않는 시장으로 나누고, 거래 상품에 따라 ❷ 시장과 생산물 시장으로 나눈다.

❶ 형태 ❷ 생산 요소

2 다음 그래프와 관련 있는 사례를 ㅣ보기ㅣ에서 고르면?

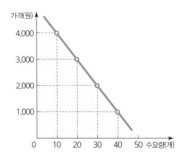

┌ 보기 ┐
ㄱ. 배추 가격이 오르자 어머니는 지난해보다 김장을 적게 하셨다.
ㄴ. 명품 가방이나 수입 자동차의 경우에는 가격이 비쌀수록 많이 팔린다.
ㄷ. 스마트폰의 가격이 내리자 천재는 그동안 갖고 싶었던 스마트폰을 구입하였다.
ㄹ. 꽃가게를 운영하는 김 씨는 장미 가격이 오르자 도매상에서 장미를 더 주문하였다.

① ㄱ, ㄴ ② ㄱ, ㄷ ③ ㄴ, ㄷ
④ ㄴ, ㄹ ⑤ ㄷ, ㄹ

문제 해결 **전략**

❶ 법칙은 가격이 상승하면 수요량이 감소하고, 가격이 하락하면 수요량이 증가하는 현상이다. ❷ 법칙은 가격이 상승하면 공급량이 증가하고, 가격이 하락하면 공급량이 감소하는 현상이다.

❶ 수요 ❷ 공급

3 다음과 같은 상황에서 과일 시장에 나타날 변화로 옳은 것은?

> 지난주 한반도를 강타한 태풍의 영향으로 과수업계에 비상이 걸렸다. 강한 비바람으로 인해 손상된 과일을 시장에 내다팔 수 없게 되자 농민들의 시름이 깊어지고 있다. 곧 추석을 앞두고 있어 정부 역시 해결책을 고심하고 있다.

① 수요 감소로 인해 가격이 하락한다.

② 공급 감소로 인해 가격이 상승한다.

③ 초과 수요로 인해 가격이 하락한다.

④ 가격 상승으로 과일의 공급이 빠르게 증가한다.

⑤ 정부는 과일 가격을 높이기 위한 정책을 제시한다.

문제 해결 **전략**

태풍 피해로 인해 과일의 공급이 ❶ 하고, 명절로 인해 농작물의 수요가 증가하면 균형 가격은 ❷ 하게 된다.

❶ 감소 ❷ 상승

4 다음 그림을 통해 알 수 있는 시장 가격의 기능은?

① 정부의 합리적인 경제 활동을 유도한다.

② 초과 공급을 발생시켜 공급자 간 경쟁을 유도한다.

③ 경제 주체의 의사 결정을 돕는 신호등 역할을 한다.

④ 소득 분배 격차를 감소시켜 분배의 형평성을 실현한다.

⑤ 한정된 자원을 가장 필요로 하는 소비자에게 배분한다.

문제 해결 **전략**

가격 ❶ 은 수요자에게는 수요량을 줄이라는 신호로 작용하고, ❷ 에게는 공급량을 늘리라는 신호로 작용한다.

❶ 상승 ❷ 공급자

5 그림의 (가)에 해당되는 사람은?

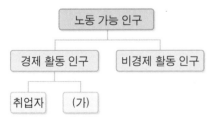

① 몸이 아파서 일하기 어려운 A 씨

② 육아를 위해 회사를 그만둔 B 씨

③ 근무하던 회사가 도산해서 할 일이 없어진 C 씨

④ 학자가 되기 위해 열심히 공부하는 대학원생 D 씨

⑤ 취업 준비를 하다가 서류 심사 단계에서 계속 탈락하여 취업을 포기한 E 씨

문제 해결 **전략**

❶ 은 일할 능력과 의사가 있는데도 일자리를 갖지 못한 상태이다. 일할 능력이 없는 사람이나 일할 의사가 없는 사람, 구직 단념자 등은 ❷ 에 해당하지 않는다.

❶ 실업 ❷ 실업자

전략 1 국제 거래

- **특징**: 거래 규모가 큼, 국내 거래보다 자유롭지 못함, ❶ [   ]라는 세금 부과, 환율 고려 등
- **필요성**: 국가 간 생산 조건 차이로 생산 비용 차이 발생 → 비교 우위 제품을 ❷ [   ]하여 교역 → 국제 거래의 이익 발생
- **세계화와 국제 거래**: 국제 거래의 확대, 세계 무역 기구(WTO) 출범, 자유 무역 협정(FTA) 체결, 지역 경제 협력체 구성

❶ 관세 ❷ 특화

필수 예제 1

(1) 빈칸 ㉠에 공통으로 들어갈 용어를 쓰시오.

> 한 나라가 다른 나라에 비해 상대적으로 적은 기회비용으로 상품을 생산할 수 있을 때 그 나라는 그 상품의 생산에 (㉠)이/가 있다고 한다. (㉠)에 있는 상품을 생산하여 무역을 하면 무역 당사국 모두에게 이익이 된다.

(2) 국가 간 자유로운 무역과 세계 교역 증진을 목적으로 설립된 국제기구는 무엇인지 쓰시오.

풀이 |

(1)
비교 우위	한 나라가 다른 나라에 비해 상대적으로 낮은 비용으로 상품을 생산할 수 있는 경우
절대 우위	한 나라가 다른 나라에 비해 절대적으로 낮은 비용으로 상품을 생산할 수 있는 경우

답 | 비교 우위

(2)
역할	관세 인하 및 무역 장벽 제거, 특정 산업에 대한 국가의 보호나 지원 금지, 세계 무역 분쟁의 조정 등
영향	자유 무역 확대, 국가 간 상호 의존성 심화 등

답 | 세계 무역 기구(WTO)

1-1 다음 대화의 주제로 적절한 것은?

> 나라마다 천연자원, 노동, 자본, 기술 수준이 달라서 생산에 유리한 물품과 불리한 물품이 있어.

> 각국은 생산에 유리한 조건에 있는 품목을 특화하여 교역하면 이득이야.

① 각국의 무역 의존도
② 국가 간의 거래 방식
③ 각국의 수출 주력 상품
④ 오늘날 국제 거래의 규모
⑤ 국제 거래가 발생하는 이유

1-2 다음 질문에 옳은 댓글을 단 사람을 고르면?

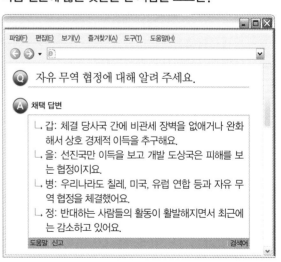

파일(F) 편집(E) 보기(V) 즐겨찾기(A) 도구(T) 도움말(H)

Q 자유 무역 협정에 대해 알려 주세요.

A 채택 답변

ㄴ 갑: 체결 당사국 간에 비관세 장벽을 없애거나 완화해서 상호 경제적 이득을 추구해요.
ㄴ 을: 선진국만 이득을 보고 개발 도상국은 피해를 보는 협정이지요.
ㄴ 병: 우리나라도 칠레, 미국, 유럽 연합 등과 자유 무역 협정을 체결했어요.
ㄴ 정: 반대하는 사람들의 활동이 활발해지면서 최근에는 감소하고 있어요.

도움말 신고   검색어

① 갑, 을   ② 갑, 병   ③ 을, 병
④ 을, 정   ⑤ 병, 정

전략 2 환율

- **환율의 결정:** 외환 시장에서 외화의 수요와 공급에 의해 결정

외화의 수요	외화가 해외로 나가는 것 → 외화의 수요가 증가하면 환율은 ❶ ⬚ 함.
외화의 공급	외화가 국내로 들어오는 것 → 외화의 공급이 증가하면 환율은 하락함.

- **환율 변동의 영향**

환율 상승	외화 가치의 상승 및 원화 가치의 ❷ ⬚ → 수출 증가, 수입 감소, 물가 상승, 해외여행 감소, 외국인 관광객 증가, 외채 상환 부담 증가
환율 하락	외화 가치의 하락 및 원화 가치의 상승 → 수출 감소, 수입 증가, 물가 안정, 해외여행 증가, 외국인 관광객 감소, 외채 상환 부담 감소

환율이 상승하면 외화로 표시되는 국산품의 수출 가격이 하락하여 수출이 증가하는 반면에, 수입품의 원화 표시 가격은 상승하여 판매량이 줄어들어 수입이 감소하게 돼.

❶ 상승 ❷ 하락

필수 예제 2

(1) 빈칸 ㉠, ㉡에 들어갈 용어를 쓰시오.

> 국가 간 화폐 교환 비율을 (㉠)(이)라고 한다. 미국 1달러를 얻기 위해서 우리나라 원화 1,000원을 주어야 한다면 미국 달러화와 우리나라 원화 사이의 환율은 달러당 (㉡)원이고, '(㉡)원 /달러' 로 표기한다.

(2) (가), (나)의 환율 변동 방향을 각각 쓰시오.

> (가) 외국 유학 및 외국으로 여행을 가는 사람들이 증가하고 있다.
> (나) 우리나라 스마트폰의 인기 상승으로 스마트폰 수출이 증가하였다.

풀이 | (1)

환율	국가 간 화폐의 교환 비율
사례	미국 1달러를 얻기 위해 우리나라 원화 1,100원을 주어야 한다면 환율은 달러당 1,100원임.

답 | ㉠ 환율, ㉡ 1,000

(2)

환율 상승	외화 수요 증가, 외화 공급 감소
환율 하락	외화 수요 감소, 외화 공급 증가

답 | (가) 환율 상승, (나) 환율 하락

2-1 빈칸 ㉠, ㉡에 들어갈 용어를 옳게 연결한 것은?

환율이 1달러당 1,100원에서 1,000원이 되었을 경우 환율이 (㉠)했다고 하는데, 이 경우 원화의 가치는 (㉡)한 것입니다.

	㉠	㉡
①	상승	상승
②	상승	하락
③	하락	상승
④	하락	하락
⑤	하락	불변

2-2 다음은 사회 수업 시간에 판서한 내용이다. ㉠~㉤ 중 옳지 <u>않은</u> 것은?

> [학습 주제] 환율 상승이 경제에 미치는 영향
> [학습 내용]
> ㉠ 우리나라 국민의 해외여행이 감소한다.
> ㉡ 수입 상품의 원화 표시 가격이 상승한다.
> ㉢ 우리나라 수출 상품의 가격 경쟁력이 높아진다.
> ㉣ 원화 가치 상승으로 외채 상환 부담이 감소한다.
> ㉤ 수입 원자재 가격 상승으로 국내 물가가 상승한다.

① ㉠   ② ㉡   ③ ㉢   ④ ㉣   ⑤ ㉤

전략 3 국제 사회의 행위 주체

국가	국제 사회의 가장 기본적인 행위 주체 → 독립적인 ❶ [ ]을 행사하며, 외교 활동 및 국제기구에 참여함.
국제기구	• 정부 간 국제기구: 각 나라의 정부를 회원국으로 하며, 국가 간 조약에 의해 만들어짐. 예 국제 연합(UN), 유럽 연합(EU), 국제 통화 기금(IMF), 세계 무역 기구(WTO), 경제 협력 개발 기구(OECD) 등 • ❷ [ ]: 개인이나 민간단체를 회원으로 하는 국제기구 예 그린피스, 국경 없는 의사회, 세이브 더 칠드런, 국제 사면 위원회(AI), 국제 적십자 연맹 등
다국적 기업	여러 국가에 자회사, 지점, 제조 공장을 두고 생산·판매 활동을 하는 기업
기타	국제적으로 영향력 있는 개인, 소수 인종, 소수 민족 등

❶ 주권 ❷ 국제 비정부 기구

필수 예제 3

(1) 다음에 해당하는 국제 사회의 행위 주체를 쓰시오.

> 일정한 영토와 국민을 바탕으로 하여 주권을 가진 행위 주체로, 국제 사회의 가장 기본적인 행위 주체이다.

(2) 정부 간 국제기구를 l 보기 l에서 골라 쓰시오.

> 보기
> ㄱ. 그린피스 　　　　 ㄴ. 국제 연합
> ㄷ. 유럽 연합 　　　　 ㄹ. 국경 없는 의사회
> ㅁ. 세계 무역 기구 　 ㅂ. 국제 사면 위원회

풀이 l (1)

특징	국제 사회의 가장 기본적인 행위 주체로, 각국은 동등한 행위 주체로 인정됨.
활동	• 자국의 이익 추구와 자국민 보호를 위한 외교 활동 수행 • 여러 국제기구에 회원국으로 활동

답 l 국가

(2)

정부 간 국제기구	국제 연합(UN), 유럽 연합(EU), 국제 통화 기금(IMF), 세계 무역 기구(WTO), 경제 협력 개발 기구(OECD) 등
국제 비정부 기구	그린피스, 국경 없는 의사회, 세이브 더 칠드런, 국제 사면 위원회, 국제 적십자 연맹 등

답 l ㄴ, ㄷ, ㅁ

3-1 다음에서 설명하는 국제 사회의 행위 주체에 해당되는 것은?

> • 특정 지역이 아닌 전 세계를 무대로 활동한다.
> • 자발적으로 참여하는 개인이나 단체로 구성된다.
> • 최근 시민 사회의 목소리가 높아지면서 역할이 확대된다.

① 국제 연합　　　　　② 다국적 기업
③ 국제 통화 기금　　　④ 국경 없는 의사회
⑤ 경제 협력 개발 기구

3-2 다음 그룹 대화의 내용 중 옳은 것은?

> 국제 사회의 행위 주체에 대해 얘기해 볼까?
> ㉠ 가장 기본이 되는 행위 주체는 각국 원수야.
> ㉡ 국제 연합(UN)은 국제 비정부 기구에 해당해.
> ㉢ 국가는 독립적인 주권을 행사하는 동등한 행위 주체야.
> ㉣ 그린피스, 국제 사면 위원회는 정부 간 국제기구에 해당해.
> ㉤ 세계화로 인해 다국적 기업의 영향력이 점점 줄어들고 있어.

① ㉠　　② ㉡　　③ ㉢　　④ ㉣　　⑤ ㉤

전략 4 우리나라가 직면한 국가 간 갈등의 대표 사례

• 일본의 독도 영유권 주장

| 양상 | 독도를 국제 사회에서 영토 분쟁 지역으로 인식시켜 ❶ □□□ 를 통해 힘의 논리로 해결하려 함. |
| 목적 | 독도의 해양 자원 선점, 주변 지역을 군사적 거점으로 활용 의도 등 |

독도는 역사적·지리적·국제 법적으로 명백한 우리 영토이며, 우리나라가 주권을 행사하고 있어.

• 중국의 동북공정

| 내용 | 고조선, 고구려, 발해의 역사를 ❷ □□□ 로 포함하여 고대 중국의 지방 정권의 일부로 역사 왜곡 |
| 목적 | 중국 소수 민족의 독립 방지, 한반도 통일 후 영토 분쟁 방지 등 |

❶ 국제 사법 재판소 ❷ 중국사

필수 예제 4

(1) 우리나라와 일본의 갈등 사례를 | 보기 |에서 골라 쓰시오.

┌ 보기 ┐
ㄱ. 동북공정　　　ㄴ. 동해 표기 문제
ㄷ. 역사 교과서 왜곡　ㄹ. 어선의 불법 조업
ㅁ. 한류 저작권 침해

(2) 빈칸 ㉠에 들어갈 용어를 쓰시오.

> **우리나라와 중국의 갈등**
> 1. (㉠): 현재 중국의 국경 안에서 전개된 과거의 모든 역사를 중국의 역사로 편입시키려는 연구 프로젝트

풀이 | (1) 일본과의 갈등 사례

역사 교과서 왜곡	고대 한일 관계 왜곡
일본군 '위안부'	일본군 '위안부'의 강제성 부인
야스쿠니 신사 참배	전쟁 범죄자들에 대한 참배 문제
동해 표기	세계 지도에 일본해로 표기 주장

답 | ㄴ, ㄷ

(2) 중국과의 갈등 사례

| 동북공정 | 중국 동북 3성 지역의 역사 연구를 의미함. |
| 어선의 불법 조업 | 중국 어선이 우리의 배타적 경제 수역을 침범하여 불법 조업을 하면서 중국 어선과 우리나라 해양 경찰의 긴장감이 고조됨. |

답 | 동북공정

4-1 교사의 질문에 대한 답변으로 옳은 것은?

> 일본 정부는 독도 문제를 국제 사법 재판소를 통해 국제 분쟁화하여 여론을 일본에 유리한 방향으로 조성하려고 해요. 그 목적이 무엇일까요?

① 소수 민족의 독립을 막기 위해
② 일본의 원래 영토를 회복하기 위해
③ 우리나라에 대한 침략을 강행하기 위해
④ 고구려의 역사를 일본의 역사로 만들기 위해
⑤ 독도가 지닌 군사적·경제적 이득을 선점하기 위해

4-2 다음과 같은 국가 간 갈등에 대응하는 우리의 자세로 적절하지 <u>않은</u> 것은?

• 중국의 동북공정
• 일본의 독도 영유권 문제, 역사 교과서 왜곡 등

① 논리적 접근 자세를 갖춘다.
② 정부는 적극적인 외교 활동을 전개한다.
③ 우리 측 주장의 정당성을 국제 사회에 홍보한다.
④ 역사 인식의 차이이므로 경제적 실리 추구에 집중한다.
⑤ 개인이나 시민 단체가 나서서 잘못된 내용을 바로잡기 위해 노력한다.

1 다음 그래프는 세계 무역 규모의 변화를 나타낸 것이다. 이와 같은 현상이 나타난 배경으로 옳지 <u>않은</u> 것은?

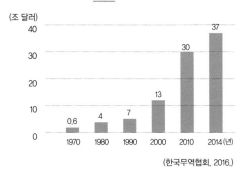

(조 달러)

(한국무역협회, 2016.)

① 세계 무역 기구가 등장하였다.

② 교통이 발달하면서 운송 비용이 낮아졌다.

③ 국가별로 무역에 대한 규제가 완화되었다.

④ 통신의 발달로 외국 고객과 쉽게 접근할 수 있다.

⑤ 상품을 제외한 자본이나 노동의 이동 규제가 강화되었다.

> **문제 해결 전략**
>
> 개방화, ❶ ⬜⬜⬜ 추세에 따라 국제 거래의 규모가 커지고, ❷ ⬜⬜와 서비스 및 자본과 노동의 국가 간 이동도 활발하게 이루어지고 있다.
>
> ❶ 세계화 ❷ 재화

2 다음 그래프와 같은 변동을 가져오는 요인을 | 보기 |에서 고르면?

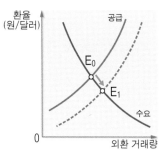

> 보기
>
> ㄱ. 제주도에 외국인 관광객이 증가하였다.
>
> ㄴ. 우리나라 전자 회사가 외국에 반도체를 수출하였다.
>
> ㄷ. 우리나라의 자동차 회사가 중국에 공장을 건설하였다.
>
> ㄹ. 정부가 지진으로 어려움을 겪고 있는 일본에 구호금을 보냈다.

① ㄱ, ㄴ   ② ㄱ, ㄷ   ③ ㄴ, ㄷ

④ ㄴ, ㄹ   ⑤ ㄷ, ㄹ

> **문제 해결 전략**
>
> 외화의 공급은 외화가 국내로 들어오는 것을 말하며, 외화의 공급이 증가하면 환율은 ❶ ⬜⬜ 한다. 이는 원화 가치의 ❷ ⬜⬜ 을 의미한다.
>
> ❶ 하락 ❷ 상승

3 다음과 같은 국제 사회의 갈등이 발생하는 근본적인 원인으로 가장 적절한 것은?

> 기후 변화, 도시화 등으로 물이 점점 고갈되면서 수자원 확보를 둘러싼 국가 간의 갈등이 세계 곳곳에서 벌어지고 있다. 이집트가 나일 강 상류에 댐을 건설해 강물을 차단하려고 하자 나일 강 인접 국가들이 강하게 반발하고 있다. 또한 미국과 멕시코는 리오그란데 강을, 동남아시아 국가들과 중국은 메콩 강을 둘러싸고 대립하고 있다.

① 국제 여론을 의식하기 때문에
② 민족과 인종이 다르기 때문에
③ 신념과 가치관이 다르기 때문에
④ 이념적 대립이 끊이지 않고 있기 때문에
⑤ 각 국가들이 자국의 이익을 우선시하기 때문에

문제 해결 전략

국제 사회는 각국이 자국의 **❶** ☐ 을 우선시하고, 국가 간 **❷** ☐ 가 증가하면서 경쟁과 갈등이 다양한 양상으로 나타난다.

❶ 이익 **❷** 교류

4 다음 사례에서 알 수 있는 국제 사회의 특징은?

> 영화 「포레스트 검프」에는 미국 국가 대표인 주인공이 중국 국가 대표와 탁구 시합을 하는 장면이 나온다. 이는 적대국이던 중국과 미국이 관계를 개선하는 데 동의한 후, 1971년 최초로 미국 탁구 국가 대표단이 중국을 방문한 역사적 사건을 배경으로 한다.

① 이념을 중심으로 끊임없이 대립한다.
② 힘의 논리가 지배하는 약육강식의 사회이다.
③ 외교를 통해 국제 사회의 평화와 공존을 추구한다.
④ 지나친 경쟁이 갈등을 불러일으켜 분쟁과 전쟁으로 이어진다.
⑤ 강대국이 국방력과 경제력을 바탕으로 국제 사회에서 지배력을 발휘한다.

문제 해결 전략

❶ ☐ 는 한 국가가 국제 사회에서 자국의 정치적 목적이나 이익을 **❷** ☐ 적으로 실현하기 위해 수행하는 모든 행위이다.

❶ 외교 **❷** 평화

5 다음 신문 기사에 나타난 문제의 양상과 이를 해결하기 위한 우리의 노력으로 적절하지 <u>않은</u> 것은?

> ○○ 신문
>
> 일본은 일본사 교과서에 독도는 일본 땅이라는 주장을 담기로 하였다. 이로써 새 학기부터 배포하는 일본사 교과서에는 일본의 독도 영유권을 주장하는 서술이 포함된다.

① 일본의 주장에 대해 정부가 적극적으로 대응한다.
② 독도를 분쟁 지역으로 삼아 국제적 우위를 확보해야 한다.
③ 독도 문제의 진실을 국제 사회에 알리기 위해 노력해야 한다.
④ 독도가 우리나라 영토임을 증명할 수 있는 증거를 수집한다.
⑤ 한국과 일본의 학자들이 공동으로 역사를 연구하여 객관적인 사실을 밝히도록 한다.

문제 해결 전략

❶ ☐ 는 우리나라가 확고한 주권을 행사하는 우리의 영토이다. 일본은 국제 사법 재판소를 통해 **❶** ☐ 를 영토 분쟁 지역으로 인식시켜 **❷** ☐ 의 논리로 해결하려고 한다.

❶ 독도 **❷** 힘

대표 예제 1

시장에 대한 옳은 설명을 ┌보기┐에서 고르면?

┌ 보기 ┐
ㄱ. 거래 비용과 시간을 절약해 준다.
ㄴ. 반드시 눈에 보이는 구체적인 장소가 있어야 한다.
ㄷ. 수요자와 공급자가 만나 자유로운 거래가 이루어진다.
ㄹ. 거래하는 모습에 따라 생산물 시장과 생산 요소 시장으로 구분한다.

① ㄱ, ㄴ   ② ㄱ, ㄷ   ③ ㄴ, ㄷ
④ ㄴ, ㄹ   ⑤ ㄷ, ㄹ

개념 가이드

❶ □□ 은 재화와 서비스를 사려는 사람과 팔려는 사람이 만나 ❷ □□ 하는 곳이다.　　　　　❶ 시장 ❷ 거래

대표 예제 2

그래프의 점(A → B)의 이동에 대한 설명으로 옳은 것은?

① 수요량이 증가하여 가격이 상승하였다.
② 수요량이 증가하여 가격이 하락하였다.
③ 가격이 상승하여 수요량이 감소하였다.
④ 가격이 하락하여 수요량이 증가하였다.
⑤ 가격과 수요량은 같은 방향으로 움직인다.

개념 가이드

일반적으로 가격이 상승하면 수요량은 ❶ □□ 하고, 가격이 하락하면 수요량은 ❷ □□ 한다.　　　　　❶ 감소 ❷ 증가

대표 예제 3

다음은 초코 과자의 수요·공급 곡선이다. 이에 대한 설명으로 옳지 <u>않은</u> 것은?

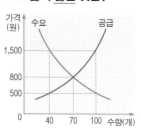

① 초코 과자의 수요 곡선은 우하향한다.
② 초코 과자의 균형 가격은 800원이다.
③ 초코 과자가 500원이면 초과 공급이 발생한다.
④ 초코 과자의 가격이 상승하면 공급량이 증가한다.
⑤ 초코 과자가 1,500원이면 공급자 간의 경쟁이 발생하여 가격이 하락한다.

개념 가이드

초과 공급이 발생한 경우에는 ❶ □□ 간의 경쟁으로 상품의 가격은 ❷ □□ 한다.　　　　　❶ 공급자 ❷ 하락

대표 예제 4

닭고기 튀김의 공급 곡선을 다음과 같이 이동시키는 요인을 ┌보기┐에서 고르면?

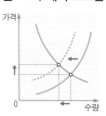

┌ 보기 ┐
ㄱ. 생닭 가격의 상승
ㄴ. 소비자들의 소득 감소
ㄷ. 닭고기 튀김 가격의 하락
ㄹ. 닭고기 튀김 공급자 수의 감소

① ㄱ, ㄴ   ② ㄱ, ㄹ   ③ ㄴ, ㄷ
④ ㄴ, ㄹ   ⑤ ㄷ, ㄹ

개념 가이드

공급이 감소하면 공급 곡선은 ❶ □□ 으로 이동한다. 이때 균형 가격은 ❷ □□ 하고, 균형 거래량은 감소한다.　❶ 왼쪽 ❷ 상승

대표 예제 5

다음 대화를 통해 예상되는 아이스크림의 균형 가격 지점은?

요즘 날씨가 더워지면서 아이스크림을 찾는 사람들이 늘어나고 있어.

그런데 아이스크림의 원료인 우유의 가격이 많이 인상되었대.

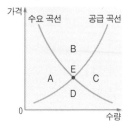

① A
② B
③ C
④ D
⑤ E

개념 가이드

수요가 증가하면 수요 곡선은 ❶ [　　　]으로 이동하고, 생산 요소 가격이 상승하면 공급 곡선은 ❷ [　　　]으로 이동하여 균형 가격은 상승한다.

❶오른쪽 ❷왼쪽

대표 예제 6

다음 사례를 통해 알 수 있는 시장 가격의 기능은?

A국의 왕은 국민에게 스마트폰을 보급하려고 수십만 원짜리 스마트폰을 1만 원에 판매하도록 명령하였다. 이에 스마트폰이 필요하지 않은 사람들도 스마트폰을 구입하였고, 제조 회사는 손실이 두려워 생산을 망설였다. 결국 매장에는 스마트폰이 하나도 남지 않았고, 스마트폰이 꼭 필요한 사람들은 구매하지 못해 안타까워했다.

① 수요량과 공급량을 조절한다.
② 자원을 효율적으로 배분한다.
③ 소득 불균형 문제를 해결한다.
④ 시장 경제의 신호등 역할을 한다.
⑤ 상품에 관한 정보를 쉽게 얻을 수 있게 한다.

개념 가이드

❶ [　　　]은 자원이 꼭 필요한 사람에게 돌아가게 하는 역할을 함으로써 자원을 ❷ [　　　]적으로 배분한다. ❶시장 가격 ❷효율

대표 예제 7

(가)에 들어갈 사례로 옳은 것을 |보기|에서 고르면?

국내 총생산은 일정 기간 동안 한 나라 안에서 새롭게 생산된 시장 가치를 합한 것이다. 그러므로 ___(가)___ 는 우리나라 국내 총생산에서 제외된다.

┌ 보기 ┐
ㄱ. 외국 기업이 국내 공장에서 만든 자동차
ㄴ. 자기가 직접 소비하기 위해 재배한 배추
ㄷ. 우리나라에서 영어를 가르치는 미국인의 연봉
ㄹ. 우리나라 음료 회사가 주스를 만들기 위해 사용한 포도

① ㄱ, ㄴ　　② ㄱ, ㄷ　　③ ㄴ, ㄷ
④ ㄴ, ㄹ　　⑤ ㄷ, ㄹ

개념 가이드

❶ [　　　]은 일정 기간 동안 한 나라 안에서 새롭게 생산된 ❷ [　　　] 가치를 합한 것이다. ❶국내 총생산 ❷시장

대표 예제 8

물가가 지속해서 상승할 때, 유리한 사람과 불리한 사람을 옳게 구분한 것은?

봄이: 지난해에 건물을 사두었어요.

여름: 회사에서 정해진 월급을 받고 있어요.

가을: 외국에서 과일을 수입해서 국내에 판매하고 있어요.

겨울: 3개월 전 친구에게 돈을 빌려 주었어요.

	유리한 사람	불리한 사람
①	봄이, 여름	가을, 겨울
②	봄이, 가을	여름, 겨울
③	봄이, 겨울	여름, 가을
④	여름, 가을	봄이, 겨울
⑤	여름, 겨울	봄이, 가을

개념 가이드

인플레이션이 발생하면 화폐 자산 소유자는 ❶ [　　　]해지고, 실물 자산 소유자는 ❷ [　　　]해진다. ❶불리 ❷유리

대표 예제 **9**

빈칸 ㉠에 해당하는 사람은?

 (㉠)은/는 일할 능력과 일할 의사가 있는데도 일자리를 구하지 못한 사람을 의미해.

① 초등학교에 다니고 있는 열 살 어린이

② 공무원이 되기 위해 시험 공부 중인 사람

③ 결혼 후 가사 활동에 전념하는 전업주부

④ 계속된 구직 실패로 취업을 포기한 청년

⑤ 다니던 회사를 그만두고 다른 회사에 이력서를 제출한 사람

개념 가이드

일할 능력과 의사가 있는데도 일자리를 구하지 못하는 상태를 ❶[   ]이라고 한다.

❶ 실업

대표 예제 **10**

다음과 같은 상황을 극복하기 위한 방안으로 옳은 것을 ㅣ보기ㅣ에서 고르면?

경기 활성화 정책 절실

최근 수년간 □□국 경제의 저성장 흐름이 뚜렷하다. 가계 소비 지출은 계속 감소하고 있으며, 기업들은 고용을 줄이고 있다. 이로 인해 올해 실업률은 작년도보다 높을 것으로 예상되어 경기 활성화를 위한 여러 조치들이 시급하다는 목소리가 높다.

ㅣ보기ㅣ

ㄱ. 정부의 재정 지출을 확대한다.

ㄴ. 중앙은행은 이자율을 인상한다.

ㄷ. 생활 필수품의 가격 상승을 규제한다.

ㄹ. 공공 사업을 확대하고 세율을 인하한다.

① ㄱ, ㄴ   ② ㄱ, ㄹ   ③ ㄴ, ㄷ

④ ㄴ, ㄹ   ⑤ ㄷ, ㄹ

개념 가이드

대규모 실업이 발생할 경우 정부는 재정 지출을 ❶[   ]하여 일자리를 늘려야 한다.

❶ 확대

대표 예제 **11**

다음 그래프와 같은 변화의 원인으로 옳은 것은?

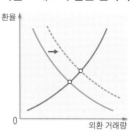

① 외국 상품의 수입이 감소하였다.

② 외국으로부터 차관을 도입하였다.

③ 외국인 유학생의 수가 줄어들었다.

④ 우리나라 상품의 수출이 증가하였다.

⑤ 우리나라 국민의 해외여행이 증가하였다.

개념 가이드

외화의 ❶[   ]는 외화가 해외로 나가는 것을 의미하며, 외화의 ❶[   ]가 증가하면 그래프는 ❷[   ]으로 이동한다.

❶ 수요 ❷ 오른쪽

대표 예제 **12**

다음과 같은 환율 변동이 우리 경제에 미치는 영향으로 옳지 <u>않은</u> 것은?

① 국내 물가가 상승한다.

② 원화의 가치가 하락한다.

③ 수출이 감소하고 수입이 증가한다.

④ 우리나라를 찾는 외국인 관광객이 증가한다.

⑤ 외화로 빚을 진 경우 외국에 갚아야 할 빚이 늘어난다.

개념 가이드

환율의 ❶[   ]은 외국 화폐 1단위를 얻기 위해 더 많은 원화가 필요하다는 것으로, 이는 원화 가치의 ❷[   ]을 뜻한다.

❶ 상승 ❷ 하락

대표 예제 13

다음 글을 통해 추론한 국제 사회의 특성으로 적절한 것은?

> '코펜하겐 회의'에서 지구 온난화 문제에 책임이 큰 몇몇 선진국은 자국의 산업 보호와 경제 발전을 이유로 온실가스 감축 협의에 합의하지 않았다.

① 국가 이익의 관철이 국제 규범 준수보다 중요하다.
② 개별 국가의 이익과 국제 사회 전체의 이익은 일치한다.
③ 각 국가는 국제기구를 통해 체결한 국제 협약을 중요시한다.
④ 국제 사회에서 개별 국가보다 국제기구가 더 큰 영향력을 갖는다.
⑤ 국제 사회에서 국가는 국력 신장보다 인류의 보편적인 가치를 추구한다.

개념 가이드

세계 각국은 평화, 안전, 환경 등의 이념보다 자국의 ❶　　　　을 우선한다.
❶ 이익

대표 예제 14

다음 국제 사회의 행위 주체에 대한 설명으로 옳은 것은?

- 그린피스
- 국경 없는 의사회
- 국제 사면 위원회
- 국제 적십자사 연맹

┌ 보기 ┐
ㄱ. 각국 정부를 회원으로 한다.
ㄴ. 국제 비정부 기구에 해당한다.
ㄷ. 국제 사회에서 가장 기본적이고 대표적인 행위 주체이다.
ㄹ. 개인이나 민간단체가 중심이 되어 만들어진 국제기구이다.

① ㄱ, ㄴ　　　　② ㄱ, ㄷ　　　　③ ㄴ, ㄷ
④ ㄴ, ㄹ　　　　⑤ ㄷ, ㄹ

개념 가이드

❶　　　　는 국경을 넘어 활동하는 ❷　　　　이나 민간단체를 회원으로 하는 국제기구이다.
❶ 국제 비정부 기구 ❷ 개인

대표 예제 15

오늘날 국제 사회의 갈등 양상에 대한 옳은 설명을 ┤보기├에서 고르면?

┌ 보기 ┐
ㄱ. 국가 간 교류가 늘어난 만큼 국제 사회의 경쟁과 갈등도 확대되고 있다.
ㄴ. 국제 사회의 갈등은 원인이 분명하므로 국제기구를 통해 해결하기 수월하다.
ㄷ. 인종, 종교, 자원 확보, 환경 오염 문제 등으로 인한 갈등도 증가하고 있다.
ㄹ. 오늘날 국제 사회는 자국의 경제적 이해관계와 관련된 경쟁과 갈등만 발생한다.

① ㄱ, ㄴ　　　　② ㄱ, ㄷ　　　　③ ㄴ, ㄷ
④ ㄴ, ㄹ　　　　⑤ ㄷ, ㄹ

개념 가이드

1990년대 냉전 체제가 종식되면서 국제 사회의 ❶　　　　대립은 줄어들었고, 오늘날은 자국의 ❷　　　　을 우선시하며 경쟁하고 갈등으로 이어지기도 한다.
❶ 이념 ❷ 이익

대표 예제 16

다음 밑줄 친 국가와 우리나라가 겪는 갈등으로 옳은 것은?

> 서해 어업 관리단은 두 달간 꽃게 성어기를 맞이하여 서쪽 해역의 수산 자원을 보호하기 위한 감시 활동을 강화한다. 특히 이 나라 어선이 주로 침범하는 해역에서 불법 조업을 집중 단속하기로 하였다. 해경도 영해를 침범하여 싹쓸이 조업을 하는 이 나라 어선을 단속하고 있지만, 무력 저항에 대처하기가 쉽지 않은 실정이다.

① 동해 표기 문제
② 독도 영유권 분쟁
③ 동북공정 역사 왜곡
④ 일본군 '위안부' 문제
⑤ 야스쿠니 신사 참배 문제

개념 가이드

❶　　　　은 중국 국경 안에서 이루어진 과거사를 모두 중국의 역사로 만들기 위해 중국이 추진하던 연구 사업이다.
❶ 동북공정

1 (가), (나)에 대한 설명으로 옳은 것은?

(가)   (나)

사과가 세 개에 5,000원입니다.

인터넷 쇼핑몰에서 운동화를 사야지.

① (가)는 생산 요소 시장에 해당한다.

② (나)는 보이는 시장에 해당한다.

③ (가)와 같은 종류의 시장으로 노동 시장 등이 있다.

④ (나)와 같은 종류의 시장으로 백화점 등이 있다.

⑤ (가), (나) 모두 대가를 지불하고 상품이 거래되는 시장이다.

Tip

시장은 거래 ❶ ☐ 에 따라 보이는 시장과 보이지 않는 시장으로 구분된다.

❶ 형태

2 다음과 같은 상황에 대한 설명으로 옳은 것은?

돼지 사육 농가가 감소했다더니 삼겹살 가격이 너무 올랐어.

삼겹살 대신 오늘 저녁은 닭갈비를 먹어야겠어.

삼겹살 판매량 3.2% 감소   닭고기 판매량 4.2% 증가

① 삼겹살과 닭갈비는 보완재 관계이다.

② 공급 증가가 삼겹살의 가격에 영향을 끼쳤다.

③ 수요 증가가 삼겹살의 가격에 영향을 끼쳤다.

④ 삼겹살의 가격이 수요자의 결정에 영향을 주었다.

⑤ 이런 현상이 지속되면 닭갈비의 가격은 점차 하락하게 된다.

Tip

서로 용도가 비슷하여 대신 소비해도 비슷한 만족감을 얻을 수 있는 재화를 ❶ ☐ 라고 한다.

❶ 대체재

3 다음 상황이 공기 청정기 시장에 끼치는 영향으로 옳지 <u>않</u>은 것은?

실내 공기가 나빠도 미세먼지 때문에 환기를 하기 어려운 날이 많아지자 공기 청정기를 사려는 소비자가 늘고 있습니다.

9세 뉴스

① 수요 증가의 요인이 발생하였다.

② 수요 곡선이 오른쪽으로 이동한다.

③ 수요를 변화시키는 상황이 발생하였다.

④ 균형점이 수요 곡선상에서 위로 올라가게 된다.

⑤ 균형 가격이 상승하고, 균형 거래량은 증가한다.

Tip

소비자의 선호 증가는 ❶ ☐ 증가 요인으로, ❶ ☐ 곡선이 ❷ ☐ 으로 이동하게 된다.

❶ 수요 ❷ 오른쪽

4 다음의 경제 지표를 발표하는 이유와 관련된 국내 총생산의 한계점으로 옳은 것은?

• 참진보 지수(GPI): 개인 소비 지출, 가사 노동·육아의 긍정적 가치, 범죄·환경 오염 등 부정적 비용도 포함
• 인간 개발 지수(HDI): 국민 소득, 교육 수준, 평균 수명 등을 조사해 인간 개발 성취 정도 평가
• 더 나은 삶 지수(BLI): 주거, 소득, 직업, 교육, 환경, 건강, 삶의 만족도, 안전 등 11개 부문 평가

① 1인당 소득 수준을 파악할 수 없다.

② 국민의 삶의 질을 제대로 평가할 수 없다.

③ 물가 상승, 실업률 등을 반영하지 않는다.

④ 한 나라의 경제 성장률을 파악할 수 없다.

⑤ 해외 거주 국민의 생산 활동을 알 수 없다.

Tip

국내 총생산은 ❶ ☐ 을 통하지 않은 경제 행위를 포함하지 않으며, 국민의 삶의 질 수준이나 소득 ❷ ☐ 상태 등도 파악하기 어렵다.

❶ 시장 ❷ 분배

5 (가), (나)에 대한 설명으로 옳지 <u>않은</u> 것은?

① (가)는 일할 능력과 의지가 있으나 일자리를 구하지 못한 사람이다.

② (나)는 비경제 활동 인구이다.

③ 주부, 학생, 노약자 등은 (나)에 포함된다.

④ 한 나라의 실업률을 살펴볼 때 (나) 인구는 고려하지 않는다.

⑤ 실업률은 ((가)÷노동 가능 인구)×100(%)으로 구한다.

> **Tip**
> 실업률은 **❶** [ ] 가운데 실업자가 차지하는 비율을 측정한 것이다.
> **❶** 경제 활동 인구

6 환율이 다음과 같이 변할 때 유리한 사람을 고르면?

> 1달러 =1,200원 ➡ 1달러 = 1,000원

> 마크: 저는 미국인이지만 한국 주식에 투자하려고 합니다.
> 인수: 수입 가구를 판매하는 가구점 주인입니다.
> 민철: 외장형 하드 디스크를 미국으로 수출하는 회사를 운영하고 있어요.
> 수영: 딸이 미국의 대학에서 유학 중인데, 곧 다음 학기 등록금을 송금해야 해요.
> 홍민: 미국 메이저리그에서 야구 선수로 뛰고 있어요. 여기서 번 돈을 한국의 부모님께 보내드리죠.

① 마크, 인수   ② 마크, 민철

③ 인수, 수영   ④ 인수, 홍민

⑤ 민철, 수영

> **Tip**
> 환율이 **❶** [ ] 하면 외화 구입의 부담이 낮아져 수출이 감소하고 수입이 **❷** [ ] 한다.
> **❶** 하락 **❷** 증가

7 다음 국제 사회의 행위 주체에 대한 설명으로 옳은 것은?

> 세계 여러 나라에 자회사, 지사, 생산 공장을 건립하여 국제적인 규모로 상품을 생산하고 판매한다.

① 각국의 정부를 회원으로 한다.

② 국제법상 평등하고 독립적인 주체이다.

③ 개별 국가의 정책에 영향력을 행사하기도 한다.

④ 세계화가 진전될수록 그 수와 영향력은 감소한다.

⑤ 국제적으로 시민 사회의 참여가 활발해짐에 따라 역할이 증대되고 있다.

> **Tip**
> **❶** [ ] 로 인해 다국적 기업의 수와 규모는 확대되고, 국가 간 교류가 늘어나 **❷** [ ] 이 더욱 높아지고 있다.
> **❶** 세계화 **❷** 상호 의존성

8 (가), (나)의 국제 사회 갈등에 대한 옳은 설명을 | 보기 |에서 고르면?

> (가) 카스피해는 석유와 천연가스의 보고이다. 카스피해를 바다로 볼지, 호수로 볼지에 따라 각국의 영역이 달라지므로 각국의 주장이 서로 다르다.
> (나) 카슈미르 지역은 주민 대다수가 이슬람교도이지만, 힌두교를 믿는 인도의 영역에 편입되어 있다. 이 때문에 카슈미르를 둘러싸고 인도와 파키스탄 간에 갈등이 발생하였다.

> ┌ 보기 ┐
> ㄱ. (가)는 자원과 관련된 분쟁이다.
> ㄴ. (나)는 외교를 통한 해결이 불가능하다.
> ㄷ. (가)와 비슷한 발생 원인으로 중국과 위구르·티베트 등 소수 민족 간의 갈등이 있다.
> ㄹ. (가), (나)와 같은 갈등을 해결하기 위해서 국제 사회 행위 주체들의 국제적인 협력이 필요하다.

① ㄱ, ㄴ   ② ㄱ, ㄹ   ③ ㄴ, ㄷ

④ ㄴ, ㄹ   ⑤ ㄷ, ㄹ

> **Tip**
> 카스피해는 주변국들이 **❶** [ ] 을 둘러싼 갈등을 빚고 있는 곳이다. 카슈미르는 힌두교와 **❷** [ ] 간의 갈등이 나타나고 있다.
> **❶** 자원 **❷** 이슬람교

1 (가), (나) 그래프의 사례로 옳은 것을 ⎢보기⎢에서 고르면?

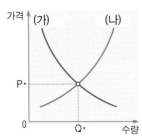

보기
ㄱ. (가) – 이번 달 용돈을 많이 받아서 떡볶이를 자주 사 먹었다.
ㄴ. (가) – 김밥의 가격이 하락하자 김밥을 사 먹는 사람들이 늘었다.
ㄷ. (나) – 과일 주스의 가격이 하락하여 사장님은 주스 생산을 줄였다.
ㄹ. (나) – 공장에서 초콜릿의 생산량을 늘리자 초콜릿의 가격이 하락하였다.

① ㄱ, ㄴ   　② ㄱ, ㄷ   　③ ㄴ, ㄷ
④ ㄴ, ㄹ   　⑤ ㄷ, ㄹ

2 표는 티셔츠 시장의 수요량과 공급량을 정리한 것이다. 이에 대한 설명으로 옳지 <u>않은</u> 것은?

(단위: 원, 개)

가격	10,000	20,000	30,000	40,000	50,000
수요량	250	200	150	100	50
공급량	50	100	150	200	250

① 균형 가격은 30,000원이다.
② 균형 거래량은 150개이다.
③ 총 판매액은 4,500,000원이다.
④ 티셔츠가 20,000원일 때 100개의 초과 수요가 발생한다.
⑤ 티셔츠가 50,000원일 때 공급자 간의 경쟁으로 티셔츠의 가격은 상승한다.

3 빈칸 ㉠, ㉡에 들어갈 용어를 옳게 연결한 것은?

콜라와 닭고기는 함께 소비되어야 더 큰 만족을 얻을 수 있는 (㉠) 관계의 재화이고, 콜라와 사이다는 서로 대신할 수 있는 (㉡) 관계의 재화이다.

　　㉠　　　㉡　　　　　　㉠　　　㉡
① 경제재　 대체재　　② 대체재　 경제재
③ 대체재　 보완재　　④ 보완재　 경제재
⑤ 보완재　 대체재

4 다음과 같은 상황이 가져올 승용차의 균형 가격 변화 그래프로 옳은 것은?

해외 원자재 가격의 하락과 부품 조립 기술의 혁신으로 자가용 승용차의 생산비가 감소하였다.

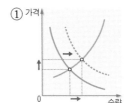
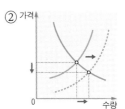
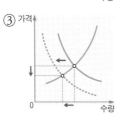
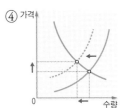
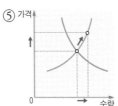

5 다음은 국내 총생산의 의미이다. 밑줄 친 ㉠~㉤을 옳게 해석한 것은?

> ㉠ 한 국가의 국경 안에서 ㉡ 일정 기간 동안에 ㉢ 새로이 생산된 ㉣ 최종 생산물의 ㉤ 시장 가치의 합

① ㉠ – 해외에 거주하는 자국민이 생산한 것도 포함된다.
② ㉡ – 일정 생산량에 도달할 때까지의 기간을 의미한다.
③ ㉢ – 중고품의 가격이 원래 가격보다 높으면 포함된다.
④ ㉣ – 중간 생산물의 가치는 포함되지 않는다.
⑤ ㉤ – 지하 경제에서 거래되는 생산물도 포함된다.

6 가훈이와 나영이의 실업 유형을 옳게 연결한 것은?

	가훈	나영
①	경기적 실업	구조적 실업
②	경기적 실업	마찰적 실업
③	구조적 실업	경기적 실업
④	구조적 실업	마찰적 실업
⑤	마찰적 실업	경기적 실업

7 오늘날 국제 거래의 양상을 보기에서 고르면?

> **보기**
> ㄱ. 거래의 대상이 되는 품목이 다양해지고 있다.
> ㄴ. 자본이나 노동과 같은 생산 요소는 거래되지 않는다.
> ㄷ. 국제적 이해관계를 같이하는 국가끼리 경제 협력체를 구성한다.
> ㄹ. 세계 무역 기구(WTO)가 주도하여 관세 비율을 높이고 보호 무역을 강화한다.

① ㄱ, ㄴ ② ㄱ, ㄷ ③ ㄴ, ㄷ
④ ㄴ, ㄹ ⑤ ㄷ, ㄹ

8 빈칸 ㉠에 들어갈 용어로 옳은 것은?

> 1. (㉠)의 의미: 한 국가가 자국의 이익을 평화적으로 실현하기 위해 수행하는 모든 행위
> 2. (㉠)의 중요성: 자국의 정치·경제적 이익 실현, 자국의 위상 상승 등

오늘은 (㉠)에 대해 학습해 봅시다.

① 무역 ② 외교 ③ 환율
④ 국제법 ⑤ 국제기구

9 다음과 같은 갈등을 해결하기 위한 방안으로 옳지 않은 것은?

> • 중국은 동북공정으로 역사를 왜곡하고 있다.
> • 일본은 독도의 영유권을 주장하며 독도를 분쟁 지역으로 인식시키려 한다.

① 상대국의 주장을 면밀히 검토 후 대응한다.
② 정부와 학계는 체계적으로 역사를 연구한다.
③ 감정적 대응보다는 논리적으로 접근해야 한다.
④ 국제 사법 재판소를 통해 공개적으로 해결한다.
⑤ 국제 사회에 우리 입장을 알리는 홍보 활동과 외교 활동을 한다.

1 다음과 같이 시장을 분류할 때 옳은 설명을 ⌜보기⌟에서 있는 대로 고르면?

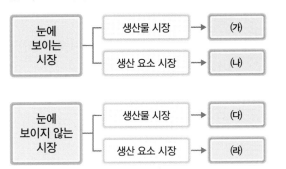

⌜보기⌟

ㄱ. 재래시장, 백화점, 대형 할인 마트 등은 (가)에 속한다.

ㄴ. (가), (다)는 노동, 토지, 자본 등이 거래되는 시장이다.

ㄷ. 한국의 소비자들이 인터넷을 이용하여 미국의 할인 행사 때 물건을 직접 구매했다면 (다) 시장을 이용한 것이다.

ㄹ. 숙소를 검색하고 예약하는 애플리케이션으로 호텔을 예약했다면 (라) 시장을 이용한 것이다.

ㅁ. 오늘날은 정보 통신 기술과 인터넷의 발달로 (다), (라)와 같은 시장의 규모가 점점 더 커지고 있다.

① ㄱ, ㄴ ② ㄴ, ㄷ ③ ㄷ, ㄹ
④ ㄱ, ㄷ, ㅁ ⑤ ㄴ, ㄹ, ㅁ

Tip

시장은 거래하는 상품의 종류에 따라 ❶ ▢▢▢ 시장과 생산 요소 시장으로 구분한다. 오늘날은 소비자, 생산자, 중개인이 디지털 통신망을 이용하여 상호 거래하는 가상의 시장인 ❷ ▢▢▢ 의 규모가 점차 확대되고 있다.

❶ 생산물 ❷ 전자 상거래

2 미로 안의 생쥐는 주어진 조건으로 이동을 한다. 생쥐가 최종적으로 도착하는 곳은?

· 생쥐는 오른쪽, 왼쪽, 상승(위), 하락(아래)으로 이동한다.
· 생쥐는 괄호 안에 들어갈 방향으로 이동을 한다.

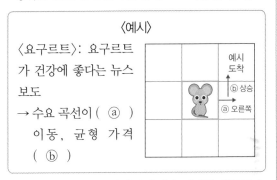

〈예시〉

〈요구르트〉: 요구르트가 건강에 좋다는 뉴스 보도
→ 수요 곡선이 (ⓐ) 이동, 균형 가격 (ⓑ)

· 생쥐는 각 단계의 도착점에서 다음 단계를 이동한다.

〈생쥐 이동〉

1단계 〈초콜릿〉: 원료인 카카오의 생산량이 감소 → 공급 곡선이 (ⓐ) 이동, 균형 가격 (ⓑ)

2단계 〈승용차〉: 휘발유 가격이 상승 → 수요 곡선이 (ⓒ) 이동, 균형 가격 (ⓓ)

3단계 〈닭고기 튀김〉: 새로운 튀김기가 발명되어 닭을 튀기는 시간 단축 → 공급 곡선이 (ⓔ) 이동, 균형 가격 (ⓕ)

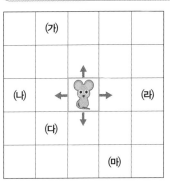

① (가) ② (나) ③ (다) ④ (라) ⑤ (마)

Tip

수요가 증가하거나 공급이 감소하면 가격은 ❶ ▢▢ 하고, 수요가 감소하거나 공급이 증가하면 가격은 ❷ ▢▢ 한다.

❶ 상승 ❷ 하락

3 다음 뉴스 기사에 달린 댓글로 옳지 <u>않은</u> 것은?

> 1960년부터 2014년까지 54년간 우리나라 실질 국내 총생산(GDP)은 52배 커졌고, 경제는 연평균 7.6% 성장했다. 2015년 국내 총생산은 세계 11위, 1인당 국내 총생산은 28위이다.

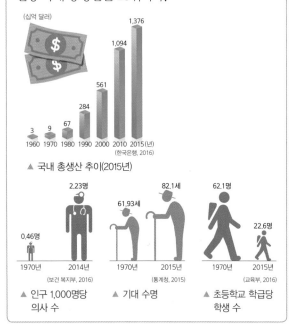

(십억 달러)

1960	1970	1980	1990	2000	2010	2015 (년)
3	9	67	284	561	1,094	1,376

(한국은행, 2016)

▲ 국내 총생산 추이(2015년)

0.46명	2.23명	61.93세	82.1세	62.1명	22.6명
1970년	2014년	1970년	2015년	1970년	2015년
(보건 복지부, 2016)		(통계청, 2015)		(교육부, 2016)	

▲ 인구 1,000명당 의사 수　　▲ 기대 수명　　▲ 초등학교 학급당 학생 수

태정태세문단세 10분 전

① 국내 총생산이 커졌다는 것은 우리나라의 경제 규모가 커졌다는 것을 의미하니, 매우 자랑스러워.

많이먹어재민아 30분 전

② 경제 성장은 한 나라의 생산 능력이 늘어나는 것이니 국내 총생산의 증가를 의미해.

영희 1시간 전

③ 경제 성장은 행복한 삶의 실현에 필요한 기본 여건을 마련하여 주므로 모든 사회의 중요 과제인 것 같아.

오리날다 1시간 전

④ 경제 성장은 반드시 삶의 질 향상으로 이어지는군요.

---

qkrgPwjd 2시간 전

⑤ 경제 성장의 혜택이 적절하게 분배되지 않으면 빈부 격차와 계층 간 갈등도 나타날 수 있어요.

Tip

❶☐☐☐은 국내 총생산이 증가하여 나라의 생산 능력과 경제 ❷☐☐가 커진 것을 의미한다.

❶ 경제 성장 ❷ 규모

---

4 다음과 같은 배경으로 연극의 대본을 쓰려고 한다. 각 등장 인물의 대사로 옳지 <u>않은</u> 것은?

> **제목 : 그때 서울**
> • 때: 1980년대 후반
> • 장소: 서울
> • 배경: 한국은 빠르게 고도의 경제 성장을 이루었으나 평균 소득의 증가 이상의 가파른 물가 상승이 함께 나타나 시민들의 상황은 예전과 달라지는데…
> • 등장 인물: 봉급 생활자 김 씨, 돈을 빌린 박 씨, 부동산 소유자 최 씨, 수출업자 이 씨, 정부 관료 강 사무관

① 김 씨　　② 박 씨　　③ 최 씨
④ 이 씨　　⑤ 강 사무관

Tip

물가가 지속적으로 상승하면 ❶☐☐의 가치가 하락하여 소득이 같아도 전보다 구매력이 낮아지게 된다. 또한 경제 전체적으로 수출이 ❷☐☐ 수입이 늘어난다.

❶ 화폐 ❷ 줄고

5 다음은 어느 실업자의 뇌 구조이다. 뇌 구조에 들어갈 내용으로 옳은 것을 | 보기 |에서 고르면?

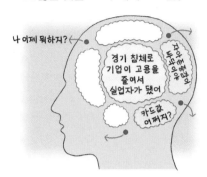

나 이제 뭐하지?

경기 침체로 기업이 고용을 줄여서 실업자가 됐어

집 안 한 달의 두 달이요

카드값 어쩌지?

| 보기 |

ㄱ. 나와 같은 실업을 마찰적 실업이라고 해.

ㄴ. 일할 능력과 의사가 있는데 일자리를 구하지 못하고 있어.

ㄷ. 실업자가 늘어나면 사회적으로 인적 자원이 낭비되는 거야.

ㄹ. 중앙은행이 이자율을 높이면 경기 침체 해결에 도움이 될 거야.

ㅁ. 가계 소득이 감소해서 소비가 줄어들면, 기업의 생산과 투자도 위축될 거야.

① ㄱ, ㄴ, ㄹ
② ㄱ, ㄷ, ㅁ
③ ㄴ, ㄷ, ㄹ
④ ㄴ, ㄷ, ㅁ
⑤ ㄷ, ㄹ, ㅁ

6 천재 유치원 아이들이 체험 농장을 방문하여 선생님 말씀대로 감자와 사과를 수확할 때 아이들이 수확하는 작물의 종류와 개수로 옳은 것은?

환율이 하락하는 상황을 말한 어린이들은 감자를 캐고, 환율이 상승하는 상황을 말한 어린이들은 사과를 따요. 한 사람 당 한 개씩만!

체험농장

감자

현아: 한류 열풍으로 외국인 관광객과 외국인 유학생이 급증했어.

주혜: 코로나 상황이 끝나서 해외여행을 떠나려는 우리나라 국민이 증가했어.

원준: 남미 금융 시장의 투자 수익이 높아져 우리나라의 남미 투자가 증가했어.

승훈: 경제 위기로 수입품의 소비가 줄어들어 외국 상품의 수입이 감소했어.

① 감자 4개, 사과 0개

② 감자 3개, 사과 1개

③ 감자 2개, 사과 2개

④ 감자 1개, 사과 3개

⑤ 감자 0개, 사과 4개

Tip

❶ [ ] 실업이란 경기 침체로 기업이 고용을 줄여 나타나는 실업이다. 이를 해결하기 위해서 정부는 ❷ [ ] 를 확대하는 정책을 펴서 기업이 생산과 고용을 늘리도록 유도해야 한다.

❶ 경기적 ❷ 총수요

Tip

외화의 ❶ [ ] 는 외국에서 상품을 수입하거나 외국에 투자를 할 때 또는 해외여행 및 유학 등을 가는 과정에서 발생한다. 외화의 ❷ [ ] 은 상품을 수출하거나 외국인의 국내 여행 및 유학, 국내 투자와 차관 도입 등의 경우에 발생한다.

❶ 수요 ❷ 공급

7 다음은 국제 사회에 관한 문제들이다. 문제를 정확히 풀었다면 도착하는 곳은 어디인가?

문제	내용
1	제2차 세계 대전 이후 이스라엘이 건국되면서 유대인과 팔레스타인 사람들 간의 민족·종교 분쟁이 계속되고 있다.
2	외교 활동은 전통적으로 국가를 중심으로 이루어졌지만, 오늘날은 민간 외교도 활발하게 전개되고 있다.
3	외교는 국가가 국제 사회에서 자국의 정치적·경제적 이익을 달성하기 위해 수행하는 모든 활동을 의미하며, 비평화적인 방법이라도 상관없다.
4	국제 사회에도 국가 간의 관계를 규율하는 국제법이 존재하여 국내법처럼 강력한 제재가 가능하다.
5	국제기구는 참여 주체에 따라 정부 간 국제기구와 국제 비정부 기구로 나눌 수 있다.

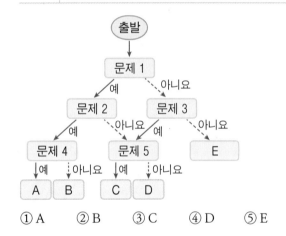

① A   ② B   ③ C   ④ D   ⑤ E

Tip
국제 사회는 국가 간의 관계를 규율하는 ❶[ ]이 존재하지만, 현실적으로는 국내법처럼 강력한 제재를 하기는 어렵다.

❶ 국제법

8 최종 칸 (가)에 들어갈 용어에 대한 설명으로 옳은 것은?

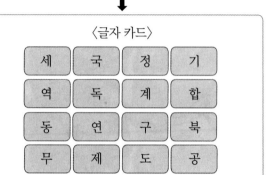

다음에서 설명하는 각각의 용어를 〈글자 카드〉를 사용하여 답하시오. 사용한 〈글자 카드〉는 버리시오.

〈글자 카드〉

세	국	정	기
역	독	계	합
동	연	구	북
무	제	도	공

• 제2차 세계 대전 이후에 설립된 범세계적 국제기구로서 국제 평화와 안전 보장을 위해 노력한다.
• 자유 무역을 확대하고, 국가 간 무역 분쟁을 조정하기 위한 목적으로 설립된 국제기구이다.
• 오늘날 중국 국경 안에서 이루어진 과거 역사를 중국사로 만들기 위해 추진했던 연구 사업으로, 만주 지방의 역사·지리·민족 문제를 대상으로 하였다.

남은 〈글자 카드〉를 모두 활용하여 용어를 산출하시오.

(가)

① 제2차 세계 대전을 일으킨 전쟁 범죄자들의 위패가 있는 곳이다.
② 권력이나 이윤을 추구하지 않고 공공의 이익을 추구하는 시민 사회 단체이다.
③ 일본이 해양 자원과 군사 거점 확보를 위해 영유권을 주장하는 우리나라 영토이다.
④ 해외 여러 국가에 자회사, 지점, 제조 공장을 두고 생산과 판매 활동을 하는 기업이다.
⑤ 세계 3대 석유·가스 매장 지역으로 인접국 간의 영유권 분할에 대한 분쟁이 벌어지고 있다.

Tip
일본은 ❶[ ] 영유권을 주장하고, 중국은 동북공정을 통해 고조선, ❷[ ], 발해를 중국 고대 시기의 지방 정권으로 편입하려 하였다.

❶ 독도 ❷ 고구려

전편 마무리 전략

핵심 개념 1) 기본권의 종류

핵심 개념 2) 우리나라의 권력 분립

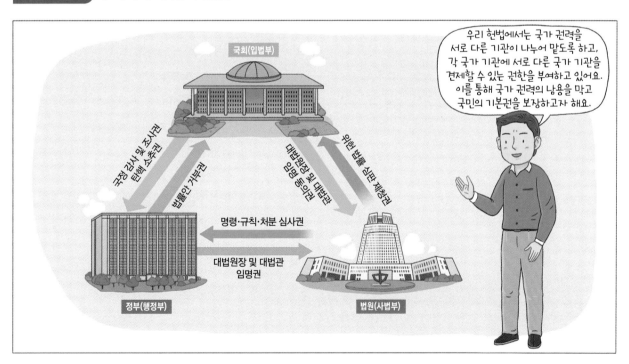

핵심 개념 3 가격의 결정

핵심 개념 4 환율의 변동

1

대학을 졸업하고 재원 씨는 취업을 하게 되었다. 재원 씨에게 해 줄 충고로 옳지 <u>않은</u> 것은?

이번에 처음으로 취직을 하게 됐어. 근로 계약서를 작성해야 하는데 배경 지식이 없어서 걱정이네.

① 아영: 근로 시간을 잘 따져봐야 해. 근로 시간은 휴식 시간을 제외하고 1일 8시간, 1주 40시간을 초과할 수 없어.

② 세정: 정당한 이유 없이 해고할 수 없어. 원칙적으로 근로자를 해고하려면 적어도 30일 전에 알려줘야 해.

③ 준호: 계약서에 최저 임금보다 적게 주는 계약을 하면 계약한 금액밖에 받을 수 없으니, 계약서를 작성할 때부터 잘 살펴봐야 해.

④ 지율: 휴식도 중요해. 원칙적으로 근로 시간이 4시간이면 30분 이상, 8시간이면 1시간 이상의 휴식 시간을 일하는 도중에 주어야 해.

⑤ 주혁: 임금을 받을 때 물건이나 상품권으로 준다고 하면 잘못된 거야. 매달 1회 이상 일정한 날짜에 본인에게 직접 현금으로 전액을 주어야 해.

Tip

우리 헌법은 ❶ ☐☐☐ 의 권리와 이익을 향상하기 위해 근로의 권리를 보장하고 있고, 임금이나 근로 시간 같은 근로 조건의 수준을 ❷ ☐☐ 로 정하도록 규정하고 있다.

❶ 근로자 ❷ 법률

2

다음 사례에 대한 옳은 설명을 ⌐보기⌐에서 고르면?

⌐ 보기 ⌐
ㄱ. 권리 구제를 위한 (가) 기관은 헌법 재판소이다.
ㄴ. 위 사례의 재판은 위헌 법률 심판이다.
ㄷ. 위 재판은 기본권을 침해당한 국민이 직접 요청한다.
ㄹ. 위 재판의 판결은 소송 당사자에게만 영향을 미친다.
ㅁ. 위 재판은 법률이나 국가 권력이 국민의 기본권을 침해하고 있는지 심판한다.

① ㄱ, ㄴ, ㄹ   ② ㄱ, ㄷ, ㅁ
③ ㄴ, ㄷ, ㄹ   ④ ㄴ, ㄹ, ㅁ
⑤ ㄷ, ㄹ, ㅁ

Tip

❶ ☐☐☐ 는 국회에서 만든 법률이나 공권력의 행사가 국민의 기본권을 침해하는지 등을 판단하는 국가 기관이다.

❶ 헌법 재판소

3

다음 글을 읽고 물음에 답하시오.

> (가) 대한민국의 ○○ 기업은 한류 패션에 대한 관심이 증가하여 의류 수출이 급증하자, 생산성을 높이려고 의류 공장의 자동화 설비를 확대하기로 하였다.
>
> (나) △△국의 중앙 정부는 올해 필요한 신발의 양을 10만 개로 예상하고 해당 업체에 생산을 지시하였다. 정부가 정한 디자인의 신발을 생산하여 국민 모두에게 배급하였다.

(1) (가), (나)에 해당하는 경제 체제를 각각 쓰시오.

(2) (가) 경제 체제의 장점과 단점을 각각 <u>한 가지</u> 이상 서술하시오.

(3) (나) 경제 체제의 장점과 단점을 각각 <u>한 가지</u> 이상 서술하시오.

> **Tip**
>
> 시장 경제 체제는 ❶   을 통해 경제 문제를 해결하며, 자유로운 경제 활동을 보장하므로 개인의 ❷   이 발휘될 수 있다.
>
> ❶ 시장 가격 ❷ 창의성

4

(가)~(마)는 다양한 자산 관리 방법들이다. 이에 대한 설명으로 옳지 <u>않은</u> 것은?

> (가) 은행 등 금융기관에 돈을 맡기는 것으로, 사전에 정해진 이자율에 따라 이자가 지급된다.
>
> (나) 정부나 기업 등이 자금을 빌리면서 원금과 이자를 언제까지 갚겠다는 것을 표시하여 발행하는 증서이다.
>
> (다) 주식회사가 자본금 마련을 위해서 투자자들에게 판매하는 것으로, 실적에 따른 이익을 배당받을 수 있다.
>
> (라) 미래에 발생할 수 있는 위험에 대비하기 위해 현재에 미리 돈을 내고, 사고를 당하면 일정 금액을 받는다.
>
> (마) 금융기관이 투자자들에게서 모은 자금을 주식, 채권 등에 투자한 후 그 수익을 투자자에게 나누어 주는 금융 상품이다.

① 안전성은 (가) > (나) > (다)의 순으로 높다.

② 수익성은 (다) > (나) > (가)의 순으로 높다.

③ (라)는 수익을 가져온다기보다 큰 손해를 막아주는 데 의의가 있다.

④ (마)는 간접 투자 상품이다.

⑤ (가), (나), (다)는 정부의 보증으로 원금을 손실 없이 보장받는다.

> **Tip**
>
> ❶   은 투자한 원금이 손실되지 않고 보장되는 정도를, ❷   은 투자를 통해 수익을 얻는 정도를 의미한다.
>
> ❶ 안전성 ❷ 수익성

신유형·신경향·서술형 전략

5

다음 그래프에 나타난 돼지고기 시장의 변화에 대한 옳은 설명을 보기에서 고르면? (단, 원래의 균형점은 E이고, 제시된 변동 요인 외의 다른 요인은 고려하지 않는다.)

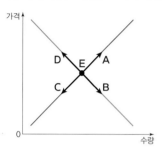

┌─ 보기 ┐

ㄱ. 대체재인 닭고기의 가격이 상승하면 균형점은 A 방향으로 이동한다.

ㄴ. 돼지 사료의 가격이 하락하여 생산 비용이 감소하면 균형점은 B 방향으로 이동한다.

ㄷ. 돼지 전염병이 퍼져 돼지고기의 생산량이 감소하면 균형점은 C 방향으로 이동한다.

ㄹ. 돼지고기가 성인병 유발에 영향을 끼친다는 뉴스로 인해 돼지고기의 선호도가 감소하면 균형점은 D 방향으로 이동한다.

① ㄱ, ㄴ   ② ㄱ, ㄷ   ③ ㄴ, ㄷ
④ ㄴ, ㄹ   ⑤ ㄷ, ㄹ

┌ Tip ┐
상품의 수요는 일정한데 공급이 ❶ [   ] 하면, 공급 곡선은 왼쪽으로 이동하여 시장 가격은 ❷ [   ] 하고 거래량은 감소한다.

❶ 감소 ❷ 상승

6

다음 내용을 읽고 물음에 답하시오. (단, 어떤 나라에서 1년 동안 (가)~(마) 외의 경제 활동은 없다고 가정한다.)

┌──────────────────────────────┐
(가) 국내에서 활약하는 피겨 선수 윤아 씨가 심장병 아동을 돕기 위해 1억 원을 기부하였다.

(나) 전업주부였던 현주 씨는 아기 이불을 직접 만들어 온라인 쇼핑몰을 통해 5,000만 원을 벌었다.

(다) 신발 공장 사장인 안수 씨는 올해 베트남에 공장을 설립하여 4억 원어치의 운동화를 생산하였다.

(라) 피자 가게를 운영하는 민호 씨는 신메뉴를 만들어 팔았는데, 소비자들의 반응이 좋아서 한 해 동안 1억 원의 소득을 얻었다.

(마) 현기 씨는 2년 전에 6,000만 원을 주고 구입한 차량을 가지고 있었는데, 올해 중고차 거래 사이트를 통해 4,000만 원에 판매하였다.
└──────────────────────────────┘

(1) (가)~(마) 중 우리나라의 국내 총생산에 포함되지 않는 것을 그 이유와 함께 서술하시오.

_____

_____

_____

(2) (가)~(마) 중 우리나라 국내 총생산에 해당하는 것과, 국내 총생산액을 서술하시오.

_____

_____

┌ Tip ┐
국내 총생산은 그 나라 국민이 생산했어도 ❶ [   ] 에서 생산된 것은 포함되지 않고, ❷ [   ] 에서 거래되지 않은 것도 포함되지 않는다.

❶ 국외(해외) ❷ 시장

7

다음 뉴스를 보고 물음에 답하시오.

최근 우리나라의 주력 수출 품목인 반도체의 가격이 하락하고, 미·중 간의 무역 분쟁으로 세계 교역량이 줄어 우리나라의 수출액이 크게 감소하였습니다. 또한 우리나라의 불확실한 경제 상황으로 외국인들의 직접 투자액도 많이 줄어 우리 경제에 먹구름이 끼고 있습니다.

(1) 위 상황에서 외화의 수요·공급의 변동과 그에 따른 환율의 변동에 대해 서술하시오.

_____

(2) (1)의 환율 변동이 다음 A~C의 사람들에게 미치는 영향을 각각 서술하시오. (단, 유리, 불리를 포함할 것)

- A: 우리나라에 관광오려는 외국인
- B: 해외여행을 가려는 우리나라 대학생
- C: 우리나라에서 일해서 해외에 있는 가족에게 송금하는 외국인 노동자

_____

_____

_____

Tip

외화의 수요가 증가하거나 공급이 감소할 때 환율은 ❶ [＿＿＿] 하고, 외화의 수요가 감소하거나 공급이 증가할 때 환율은 ❷ [＿＿＿] 한다.

❶ 상승 ❷ 하락

8

(가), (나)는 국제 사회를 바라보는 두 가지 관점이다. 이 관점에 해당되는 사례를 |보기|에서 옳게 연결한 것은?

(가)

국제 사회는 양육강식의 정글이야.

(나)

국제 사회는 가꿀 수 있는 정원이에요.

┌ 보기 ┐

ㄱ. 지구 온난화를 해결하기 위해 온실가스를 의무적으로 줄이기로 합의하였으나 일부 선진국은 자국의 이익을 우선시함에 따라 합의하지 않았다.

ㄴ. 뉴욕 유엔 본부에서 개최된 정상 회담에서 회원국 정상들은 난민 수용과 지원을 위한 책임을 각국이 공평하게 분담한다는 '뉴욕 선언'을 채택하였다.

ㄷ. 상설 중재 재판소는 중국과 필리핀의 남중국해 영유권 분쟁에서 필리핀의 손을 들어주었다. 하지만 중국은 판결을 비판하며 남중국해의 군사 활동을 강화하였다.

ㄹ. 이란 핵 갈등이 외교 협상으로 극적으로 해결되었다. 이란과 주요 6개국 협상단의 합의로 이란은 경제적 이익을 얻고, 국제 사회는 핵 위협의 완화로 세계 평화를 유지하게 되었다.

	(가)	(나)
①	ㄱ, ㄴ	ㄷ, ㄹ
②	ㄱ, ㄷ	ㄴ, ㄹ
③	ㄴ, ㄷ	ㄱ, ㄹ
④	ㄴ, ㄹ	ㄱ, ㄷ
⑤	ㄷ, ㄹ	ㄱ, ㄴ

Tip

국제 사회를 구성하는 각 나라는 자국의 ❶ [＿＿＿]을 우선적으로 추구한다. 그 과정에서 갈등이 일어나 대립하기도 하지만 전 지구적인 문제에 대응하기 위해 ❷ [＿＿＿]하기도 한다.

❶ 이익 ❷ 협력

1 (가)~(다)에 해당하는 기본권을 옳게 연결한 것은?

> (가) 국가 권력의 간섭을 받지 않고 자유롭게 생활할
> 수 있는 권리
> (나) 국가 기관의 형성과 국가의 정치적 의사 형성에
> 참여할 수 있는 권리
> (다) 기본권이 침해되었거나 침해될 우려가 있을 때
> 국가에 일정한 행위를 요구할 수 있는 권리

	(가)	(나)	(다)
①	자유권	사회권	청구권
②	자유권	참정권	청구권
③	참정권	자유권	사회권
④	참정권	평등권	사회권
⑤	평등권	사회권	청구권

2 다음 사례에서 침해된 인권을 구제받기 위한 방법으로 옳은 것은?

"학교가 머리카락 규정을 두어서 그 규정대로 머리카락을 강제로 잘랐어요."

① 형사 고소를 한다.
② 국민 권익 위원회에 고충 민원을 제기한다.
③ 헌법 소원을 청구하여 권리 구제를 요청한다.
④ 언론 중재 위원회를 통해 손해 배상을 받는다.
⑤ 국가 인권 위원회에 잘못된 제도를 개선해 달라고 요청한다.

3 다음 중 근로자에 해당하는 사람과 근로자가 <u>아닌</u> 사람을 옳게 연결한 것은?

> 갑정: 커피 전문점을 운영하고 있어요.
> 을용: 병원에서 간호사로 일하고 있어요.
> 병숙: 국가 기관에서 공무원으로 재직 중입니다.
> 정민: 전업주부로 가사 노동을 전담하고 있어요.
> 무진: 주유소에서 아르바이트를 하는 대학생입니다.

	근로자인 사람	근로자가 아닌 사람
①	을용	갑정, 병숙, 정민, 무진
②	을용, 무진	갑정, 병숙, 정민
③	을용, 병숙	갑정, 정민, 무진
④	을용, 병숙, 무진	갑정, 정민
⑤	갑정, 을용, 병숙, 무진	정민

4 다음 사례에서 침해된 노동권을 구제받기 위한 방법을 보기에서 고르면?

> 갑 사장은 회사의 노동조합이 자신의 비리를 폭로하여 골머리를 앓고 있다. 그러던 차에 직원들에게 성과급을 지급할 시기가 되었다. 갑 사장은 직원들의 노동조합 탈퇴를 유도하기 위해 노동조합 가입자에게는 성과급을 지급하지 않고, 다른 사람들에게는 성과급을 지급하였다.

> 〈 보기 〉
> ㄱ. 법원에 소를 제기한다.
> ㄴ. 고용노동부에 진정한다.
> ㄷ. 경찰서에 찾아가 신고한다.
> ㄹ. 노동 위원회에 구제 신청을 한다.

① ㄱ, ㄴ   ② ㄱ, ㄹ   ③ ㄴ, ㄷ
④ ㄴ, ㄹ   ⑤ ㄷ, ㄹ

5 국회의 권한에 해당되는 사례를 옳게 조사한 학생은?

① 사랑 – 행정부 예산 집행에 대한 결산 심사

② 일용 – 매년 정기적으로 국정 감사 실시

③ 두리 – 국무총리 인사 청문회 실시

④ 다혜 – 법률의 제정 및 개정

⑤ 삼식 – 정부가 편성한 예산안 심의·확정

6 그림은 행정부의 조직도이다. 이에 대한 설명으로 옳은 것은?

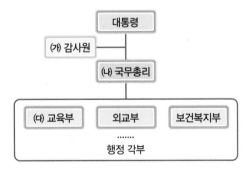

① (가)는 행정부의 최고 심의 기관이다.

② (나)는 업무상 독립된 행정부 최고 감사 기관이다.

③ (나)는 대통령을 보좌하여 행정 각부를 통솔한다.

④ (다)는 교육과 관련된 법률을 제정한다.

⑤ (다)의 장은 국회의 동의를 받아 (나)가 임명한다.

7 (가), (나)에 나타난 대통령의 권한에 대한 옳은 설명을 |보기|에서 있는 대로 고르면?

(가)	(나)
"경제 협력을 논의하기 위해 해외 순방에 나섰어요."	"당면 국정 과제를 해결하기 위해 국무 회의를 주재하였어요."

┌ 보기 ┐
ㄱ. (가)는 국가 원수로서의 권한에 해당한다.
ㄴ. (나)는 행정부 수반으로서의 권한에 해당한다.
ㄷ. (가)와 같은 예로는 국군 통수권, 계엄 선포권 등이 있다.
ㄹ. (나)와 같은 예로는 공무원 임면권과 대통령령 제정권이 있다.

① ㄱ, ㄴ 　② ㄱ, ㄷ 　③ ㄷ, ㄹ

④ ㄱ, ㄴ, ㄹ 　⑤ ㄴ, ㄷ, ㄹ

8 빈칸 ㉠에 들어갈 국가 기관에 대한 설명으로 옳은 것은?

> (㉠)은/는 헌법을 수호하고 국민의 기본권을 보장하기 위해 만들어진 독립된 국가 기관이다.

① 헌법 개정안을 의결한다.

② 국민이 직접 뽑은 재판관으로 구성된다.

③ 특허 재판, 소년 재판, 헌법 소원 재판 등을 담당한다.

④ 9명의 재판관 중 3명은 국회에서, 3명은 대법원장이 지명하는 자를 대통령이 임명한다.

⑤ 세금을 제대로 사용하였는지, 공무원들이 직무를 바르게 수행하는지 등을 조사한다.

9 밑줄 친 ㉠~㉤에 해당하는 사례로 옳지 <u>않은</u> 것은?

> 사람은 생존과 관련된 의식주를 해결하고 다양한 욕구를 채우려면 여러 가지 ㉠ 재화와 ㉡ 서비스가 필요하다. 이러한 재화와 서비스를 ㉢ 생산, ㉣ 분배, ㉤ 소비하는 모든 활동을 경제 활동이라고 한다.

① ㉠ – 농부가 재배한 배추
② ㉡ – BTS(방탄소년단)의 미국 공연
③ ㉢ – 요리사가 스파게티를 만듦
④ ㉣ – 공장에서 만든 빵을 소비자에게 배달함
⑤ ㉤ – 미용실에 가서 머리카락을 자름

10 (가)~(마)를 합리적 선택 과정의 순서대로 나열한 것은?

> (가) 해결해야 할 문제가 무엇인지 분명히 한다.
> (나) 선택이 올바르게 이루어졌는지 평가하고 반성한다.
> (다) 평가 기준을 가장 잘 충족하는 최적의 대안을 선택한다.
> (라) 비용과 편익을 포함한 평가 기준을 세워 각 대안을 평가한다.
> (마) 이용할 수 있는 자원을 확인하고, 선택할 수 있는 다양한 대안들을 찾아본다.

① (가)–(다)–(라)–(나)–(마)
② (가)–(라)–(다)–(마)–(나)
③ (가)–(마)–(라)–(다)–(나)
④ (마)–(다)–(나)–(라)–(가)
⑤ (마)–(라)–(다)–(나)–(가)

11 다음 글에서 알 수 있는 경제 체제의 특징을 | 보기 |에서 있는 대로 고르면?

> 2011년 미국 월가에서는 수백 명의 사람이 "우리는 남녀노소의 구분 없이 99%이며, 더는 1%의 탐욕과 부패를 용납해서는 안 된다."라고 구호를 외치면서 시위를 벌였다. 실제로 미국은 자유로운 경제 활동을 보장하는데, 상위 1%의 소득이 국가 전체 소득의 20% 이상을 차지하고 있다. 이들은 계속해서 재산을 늘려가고 있다.
> – 데이비드 그레이버, 『우리만 모르는 민주주의』

┌ 보기 ┐
ㄱ. 빈부 격차 문제가 심화될 수 있다.
ㄴ. 개인이 생산 수단을 소유할 수 있다.
ㄷ. 개인의 창의성이 억제되어 생산성이 떨어진다.
ㄹ. 자유 경쟁을 통해 재화와 서비스를 최소 비용으로 생산하려고 한다.

① ㄱ, ㄴ   ② ㄴ, ㄷ   ③ ㄷ, ㄹ
④ ㄱ, ㄴ, ㄹ   ⑤ ㄴ, ㄷ, ㄹ

12 다음과 같은 거래 방식에 대한 옳은 설명을 | 보기 |에서 고르면?

> 개인의 경제적 지불 능력을 믿고 돈을 빌리거나 물건을 거래하는 방식

┌ 보기 ┐
ㄱ. 금융 거래에 제약이 없다.
ㄴ. 충동구매나 과소비를 줄일 수 있다.
ㄷ. 현금 없이 편리하게 거래할 수 있다.
ㄹ. 현재의 소득보다 더 많이 소비할 수 있다.

① ㄱ, ㄴ   ② ㄱ, ㄹ   ③ ㄴ, ㄷ
④ ㄴ, ㄹ   ⑤ ㄷ, ㄹ

13 다음 학생들의 대화를 보고 물음에 답하시오.

(1) 빈칸 ㉠에 들어갈 기본권 제한 사유를 <u>세 가지</u> 쓰시오.

_____

(2) 빈칸 ㉡에 들어갈 용어를 쓰시오.

_____

(3) 밑줄 친 ㉢에 대해 서술하시오.

_____

_____

14 다음은 법률의 제·개정 절차이다. 이를 보고 물음에 답하시오.

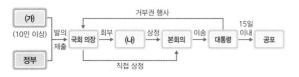

(1) (가)를 선출하는 방식을 <u>두 가지</u> 서술하시오.

_____

_____

(2) (나)에 들어갈 기구를 쓰고, 그 기능을 서술하시오.

_____

_____

15 다음 자료를 보고 물음에 답하시오.

우찬이는 수업을 마치고 분식집으로 갔다. 가진 돈 2천 원으로 한 가지만 사 먹을 수 있어서 우찬이는 무엇을 선택해야 할지 고민이 되었다.

(1) 우찬이가 합리적으로 선택할 분식 메뉴를 쓰시오.

_____

(2) 기회비용의 의미를 서술하고, (1)의 선택 시 기회비용이 무엇인지 쓰시오.

_____

_____

_____

16 그림은 제과점 주인의 고민을 나타낸 것이다. 이를 보고 물음에 답하시오.

▲ (가) 의 문제　　▲ (나) 의 문제　　▲ (다) 의 문제

(1) (가)~(다)에 들어갈 기본적인 경제 문제를 쓰시오.

_____

(2) (1)과 같은 문제가 발생하는 이유를 서술하시오.

_____

적중 예상 전략 | 2회

1 다음은 사람들이 이용한 여러 시장들이다. 이에 대한 설명으로 옳지 <u>않은</u> 것은?

> 가영: '알바월드'라는 온라인 사이트에서 아르바이트를 구했어.
> 나훈: 아빠와 함께 전자상가를 방문하여 새 컴퓨터를 구입했어.
> 다영: 학교 체육 대회를 앞두고 학급 반티를 인터넷 쇼핑몰에 주문하여 구입했어.

① 가영이는 생산 요소 시장을 이용하였다.
② 가영이가 이용한 시장은 거래하는 모습이 구체적으로 드러나지 않는다.
③ 전자 상거래의 규모가 점차 확대되면서 다영이가 이용한 거래 방식이 증가할 것이다.
④ 나훈이와 다영이는 보이는 시장을 이용하였다.
⑤ 나훈이와 다영이는 생산물 시장을 이용하였다.

2 다음과 같은 상황일 때의 균형 가격과 균형 거래량의 변화로 옳은 것은?

> 김밥 재료의 가격이 크게 올라 걱정이야.

① 균형 가격은 상승하고 균형 거래량은 증가한다.
② 균형 가격은 상승하고 균형 거래량은 감소한다.
③ 균형 가격은 하락하고 균형 거래량은 감소한다.
④ 균형 가격은 하락하고 균형 거래량은 증가한다.
⑤ 균형 가격은 상승하고 균형 거래량은 변화 없다.

3 그래프는 사과의 수요·공급 곡선이다. 그래프가 다음과 같이 이동하는 요인으로 옳은 것은?

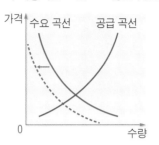

① 사과 재배 농가가 감소하였다.
② 사과의 가격이 하락할 것으로 예상되었다.
③ 사과의 대체재인 배의 가격이 상승하였다.
④ 더 많은 사과가 열리는 묘종이 개발되었다.
⑤ 사과가 건강에 좋다는 연구 결과가 발표되었다.

4 다음 내용에 해당하는 사례로 옳지 <u>않은</u> 것은?

> 시장 가격은 소비자와 생산자에게 경제 활동을 어떻게 조절할 것인지 알려 주는 신호등 같은 기능을 한다.

① 배추의 가격이 너무 낮아지자 농민들이 배추 생산을 줄였다.
② 참외 가격이 오르자 소비자들이 참외 대신 수박 소비를 늘렸다.
③ 아이스크림 가격이 크게 오르자 소비자들이 아이스크림 소비를 줄였다.
④ 감염병 때문에 마스크의 가격이 계속 오르자 기업들이 마스크 생산을 늘렸다.
⑤ 자동차 부품인 반도체의 공급이 원활하지 못해 자동차 생산 기업들은 자동차 생산을 줄였다.

5 국내 총생산에 대한 옳은 설명을 | 보기 |에서 고르면?

┌ 보기 ┐
ㄱ. 국내 총생산만으로 국민의 후생이나 복지 수준을 정확하게 나타내기 어렵다.
ㄴ. 일반적으로 국내 총생산이 클수록 경제 활동의 규모가 큰 나라라고 할 수 있다.
ㄷ. 국내 총생산에는 환경 오염을 처리하는 비용이 포함되므로 국내 총생산과 삶의 질은 비례한다.
ㄹ. 국내 총생산을 인구수로 나눈 1인당 국내 총생산으로 국민 개개인의 소득, 빈부 격차를 파악할 수 있다.

① ㄱ, ㄴ   ② ㄱ, ㄷ   ③ ㄴ, ㄷ
④ ㄴ, ㄹ   ⑤ ㄷ, ㄹ

6 다음 자료에 대해 **잘못** 설명한 학생은?

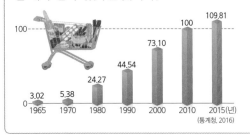

우리나라 소비자 물가 지수는 1965년에 비해 2015년에 약 36배가 상승하였다. 이는 1965년에 1만 원으로 살 수 있었던 상품을 2015년에는 36만 원을 내야 살 수 있다는 뜻이다.

(통계청, 2016)

① 갑진: 물가란 여러 상품의 가격을 종합하여 평균적으로 나타낸 거야.
② 을훈: 소비자 물가 지수란 우리나라에서 생산된 모든 재화와 서비스를 대상으로 조사한 물가 지수야.
③ 병연: 소비자 물가는 가계의 생계비나 화폐 가치 측정, 노사 임금 조정 등의 기초 자료로 사용돼.
④ 정은: 자료에선 2010년을 기준 연도로 설정하여 비교하였어.
⑤ 무열: 2015년은 2010년보다 9.81% 물가가 올랐다는 것을 알 수 있어.

7 다음과 같은 현상이 지속될 때 이를 완화하기 위해 경제 주체들이 해야 할 노력으로 옳지 **않은** 것은?

1920년대 초 독일에서는 극심한 인플레이션이 발생하여 아이들이 장난감 대신 돈다발을 가지고 놀고 있다.

① 기업은 생산 효율성을 높이기 위해 노력한다.
② 근로자는 과도한 임금 인상 요구를 자제한다.
③ 정부는 재정 지출을 늘리고, 조세를 줄이는 정책을 실시한다.
④ 소비자는 과소비를 자제하고, 건전하고 합리적인 소비를 한다.
⑤ 중앙은행은 시중에 유통되는 통화를 거두어들이고, 이자율을 높인다.

8 다음은 15세 이상 노동 가능 인구를 분류한 것이다. 갑과 을의 위치 변화를 옳게 연결한 것은?(단, (가)는 (나)와 (다)에 포함되지 **않는** 인구를 의미한다.)

(가)
(나) 취업자
(다) 실업자

• 갑은 대학원에 진학하기 위해 직장을 그만두었다.
• 구직을 단념했던 을은 경기가 좋아지자 이력서를 다시 제출하기 시작하였다.

	갑	을
①	(가) → (나)	(가) → (다)
②	(가) → (다)	(나) → (가)
③	(나) → (가)	(가) → (다)
④	(나) → (다)	(다) → (나)
⑤	(다) → (가)	(나) → (다)

9 다음 환율 변동에 대한 설명으로 옳지 <u>않은</u> 것은?

① (가)는 환율이 상승한 경우이다.

② 외화의 수요가 증가할 경우 (가)와 같이 환율이 변동한다.

③ 외화의 공급이 증가할 경우 (나)와 같이 환율이 변동한다.

④ (가)와 같이 환율이 변동하면 수출에 유리해진다.

⑤ (나)와 같이 환율이 변동하면 국내 물가가 상승하게 된다.

10 다음 사례를 통해 알 수 있는 국제 사회의 특성으로 옳은 것은?

한국과 대만은 우방 국가로 오랫동안 외교 관계를 유지하였다. 그런데 중국의 국제적 영향력이 강해지자 한국은 중국과 1992년 국교를 수립하고, 대만과는 외교 관계를 단절하였다.

① 국제 문제의 해결은 국제법에 따라 이루어진다.

② 국가 간의 갈등을 해결해 줄 수 있는 중앙 정부가 없다.

③ 힘의 논리가 작용하여 강대국이 더 많은 영향력을 행사한다.

④ 세계 각국은 평화, 안전 등의 이념보다 자국의 이익을 우선적으로 추구한다.

⑤ 국제 사회는 공동의 목표를 세워 정보를 공유하고, 역할을 분담하며 협력한다.

11 다음 글의 A, B에 대한 설명으로 옳은 것은?

A는 제2차 세계 대전 이후 전쟁 방지와 평화 유지를 위해 설립된 국제기구이다. A는 190여 개의 회원국으로 이루어져 있으며, 총회와 미국, 영국, 중국, 프랑스, 러시아가 B로 있는 안전 보장 이사회 등의 6개 주요 기구로 구성되어 있다. 이 중 하나인 국제 사법 재판소는 국제 분쟁을 사법적으로 해결하는 기구이다.

① A는 국제 비정부 기구에 속한다.

② A는 유럽 연합, B는 상임 이사국이다.

③ A에 속한 국가들은 모든 기구에서 동등한 권리를 갖는다.

④ B는 다수결의 원칙으로 의사 결정을 한다.

⑤ B는 국제 사회에서 힘의 논리를 보여 주는 하나의 사례이다.

12 (가), (나)에 해당하는 사례를 옳게 연결한 것은?

① (가) – 냉전 시기의 중국과 미국의 핑퐁 외교

② (가) – 반크(VANK)의 '역사 바로 알리기' 동영상 제작

③ (나) – 파리에서 열린 G20 정상회담

④ (나) – 판문점에서 열린 남북 정상회의

⑤ (나) – 사우디아라비아에서 열린 한국 가수 공연

서술형 전략

13 다음은 떡볶이 시장의 수요와 공급을 나타낸 그래프이다. 이를 보고 물음에 답하시오.

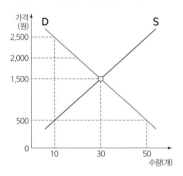

(1) 떡볶이의 균형 가격과 균형 거래량을 쓰시오.

(2) 떡볶이의 가격이 500원일 때 수요와 공급 차원에 따른 가격 변화에 대해 서술하시오.

14 다음 자료를 보고 물음에 답하시오.

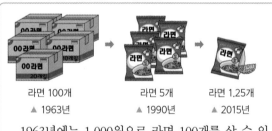

라면 100개 ▲ 1963년　　라면 5개 ▲ 1990년　　라면 1.25개 ▲ 2015년

1963년에는 1,000원으로 라면 100개를 살 수 있었지만, 1990년에는 라면 5개, 2015년에는 라면 1.25개만 살 수 있다. 물가가 상승하여 화폐 가치가 하락하고 구매력이 감소하였기 때문이다.

(1) 위와 같은 상황이 지속되는 현상을 경제 용어로 무엇이라 하는지 쓰시오.

(2) (1)의 현상이 우리나라의 수출·수입에 미치는 영향에 대해 서술하시오.

15 다음 그림을 보고 물음에 답하시오.

(가)　　　　　　　(나)

불경기로 인해 회사가 구조 조정을 하여 일자리를 잃게 되었어요.

공장 자동화 시스템이 도입되면서 저처럼 수작업으로 일하던 노동자들의 일자리가 없어졌어요.

(다)　　　　　　　(라)

저는 겨울철에만 일을 해요. 다른 계절에는 어떤 일을 해야 할지 고민입니다.

다니던 회사의 일이 적성에 맞지 않아 그만두고 새로운 일을 시작해 볼 거예요.

(1) (가)~(라)에 해당하는 실업의 유형을 쓰시오.

(2) (가), (나)의 실업을 해결하기 위한 정부의 노력을 서술하시오.

중등 사회의 성공적인 입문서!

시작은 **하루 사회**
시리즈

완벽한 기초력 향상

교과서의 필수 핵심 개념만
간추려서 쉽게 익히는 교재로
중등 사회·역사 기초력 향상!

1·6·5·4 프로젝트

하루 6쪽, 주 5일, 4주 완성으로
단기간에 체계적으로 끝내자!
매일매일 공부 습관 형성에도 GOOD!

흥미로운 시각 자료

만화, 삽화, 마인드맵 등의
다채롭고 재미있는 비주얼 요소로
중등 사회·역사 필수 개념을 쏙쏙!

사회 과목도 절대 놓치지 마! "시작은 하루 사회" 예비 중1~중3(사회 ①, 사회 ②, 역사 ①, 역사 ②)

book.chunjae.co.kr

교재 내용 문의	·······	교재 홈페이지 ▸ 중학 ▸ 교재상담
교재 내용 외 문의	·······	교재 홈페이지 ▸ 고객센터 ▸ 1:1문의
발간 후 발견되는 오류	·······	교재 홈페이지 ▸ 중학 ▸ 학습지원 ▸ 학습자료실

중간고사 기말고사
고득점을 예약하자!

중학전략
사회②
BOOK 2

천재교육

시장

빈출도 ●○○○

○ 개념 노트

- **의미**: 수요자와 공급자가 만나 자유롭게 재화와 서비스를 거래하는 곳
- **종류**

| 거래 형태에 따라 | - 눈에 보이는 시장: 농수산물 시장, 재래시장, 백화점 등
- 눈에 보이지 않는 시장: 주식 시장, 노동 시장, 외환 시장 등 |
| 거래되는 상품의 종류에 따라 | - 생산물 시장: 재화나 서비스가 거래되는 시장
- 생산 요소 시장: 노동, 토지, 자본 등이 거래되는 시장 |

개념 필수 자료

자료 해석

시장에서 상품을 사려는 사람을 ❶◯◯◯, 상품을 팔려는 사람을 공급자라고 한다. 시장에 기반 교통에 드는 시간과 비용, 즉 거래 비용을 줄일 수 있다. 또한 시장이 발달하면서 ❷◯◯이 촉진되어 상품의 질이 좋아지고 생산량이 증가하게 된다.

답 | ❶ 수요자 ❷ 분업

핵심 개념 체크

1 다음 설명이 맞으면 ◯표, 틀리면 X표 하시오.

(1) 전자 상거래에는 시장이라고 할 수 없다. ( )

(2) 시장이란 수요자와 공급자가 만나 자유롭게 거래하는 곳이다. ( )

(3) 시장은 거래 형태에 따라 상품 시장과 생산 시장으로 구분한다. ( )

2 빈칸 ㉠에 들어갈 시장의 종류로 적절한 것은?

수요자와 공급자가 만나 자유롭게 상품을 거래하는 장소 또는 공간을 시장이라고 한다. 시장이란 어떤 특정한 장소라기보다 상품을 사고팔려고 정부가 교환되고 거래가 이루어지도록 연결해 주는 일련의 시스템이다. 따라서 시장의 유형에는 눈에 보이는 시장이 있는가 하면, (㉠)과 같이 눈에 보이지 않는 시장도 있다.

① 백화점 ② 재활 할인점 ③ 수산물 시장
④ 농수산물 시장 ⑤ 인터넷 쇼핑몰

3 단답형
다음에서 설명하는 시장을 쓰시오.

생산물을 만드는 데 필요한 노동, 토지, 자본 등이 거래되는 시장이며, 노동 시장의 경우에는 기업이 수요자에, 구직 자가 공급자에 해당한다.

1 금융 상품의 종류와 특징을 바르게 연결하시오.

(1) 예금·적금 •
(2) 보험 •
(3) 채권 •

• ㉠ 일정 금액을 내고 만기가 되면 이자와 원금을 받는 상품

• ㉡ 정부, 공공 기관, 회사 등이 돈을 빌리기 위해 발행하는 증서

• ㉢ 매달 일정 금액을 내면 사고나 질병 등이 발생했을 때 경제적 도움을 받음

2 ㉠에 들어갈 용어로 옳은 것은?

통합검색 ▶   ㉠

검색

• 의미: 기업이 자금 조달을 위해 회사 소유권 일부를 투자자에게 주는 증서
• 특징: 가격 변동의 폭이 커서 수익성은 높지만, 안전성이 낮다.

① 예금 ② 적금 ③ 주식 ④ 채권 ⑤ 보험

3 다음 설명에 해당하는 생애 주기를 그래프에서 찾아 기호를 쓰시오.

단답형

소득이 많이 증가하지만 자녀 양육, 주택 마련, 노후 대비 등에 따라 소비도 많이 늘어난다.

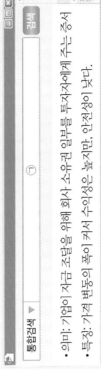

—— 소득
—— 소비

소득＞소비 [㉠]
소득＜소비 [㉡]
소득＞소비 [㉢]

---

12 시장 가격의 결정

빈출도 ●●●

○ 개념 노트

• 수요 법칙과 공급 법칙

수요 법칙	가격이 상승하면 수요량이 감소하고, 가격이 하락하면 수요량이 증가함. → 상품의 가격과 수요량은 반대 방향으로 움직임.
공급 법칙	가격이 상승하면 공급량이 증가하고, 가격이 하락하면 공급량이 감소함. → 상품의 가격과 공급량은 같은 방향으로 움직임.

• 시장 가격의 결정

균형 가격	수요량과 공급량이 일치할 때의 가격
시장 가격의 결정	• 수요량 < 공급량 → 초과 공급 발생 → 시장 가격 하락 • 수요량 = 공급량 → 균형 가격과 균형 거래량 형성 • 수요량 > 공급량 → 초과 수요 발생 → 시장 가격 상승

개념 필수 자료

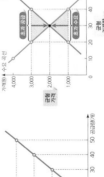

▲ 수요 곡선

▲ 공급 곡선

▲ 균형 가격의 결정

자료 해석

어떤 가격에서 수요량이 공급량보다 많은 상태를 **❶** 라고 하며, 수요자 간의 경쟁으로 가격이 상승한다. 반면에 어떤 가격에서 공급량이 수요량보다 많은 상태를 초과 공급이라고 하며, 공급자 간의 경쟁으로 가격이 **❷** 한다.

답 ❶ 초과 수요 ❷ 하락

○ 개념 노트

• 생애 주기에 따른 경제생활

유소년기	주로 부모의 소득에 의존하여 생활하는 시기로, 소비 활동을 주로 함.
청년기	본격적으로 생산 활동에 참여하는 시기로, 소득과 소비가 모두 적음.
장년기	소득이 많아 증가하지만 자녀 양육, 노후 대비 등에 따라 소비도 늘어남.
노년기	소득이 크게 없어져 모아 둔 돈으로 여생을 보냄.

• 금융 상품의 특징

예금	은행 등의 금융 기관에 돈을 맡기는 것 → 안전성은 높고, 수익성은 낮음.
채권	정부나 공공 기관, 회사 등이 돈을 빌리고 주는 증서 → 주식보다는 안전하지만 원금 손실 가능성이 있음.
주식	기업이 자금 조달을 위해 회사 소유권의 일부를 투자자에게 주는 증서 → 수익성은 높지만 안정성이 낮음.
보험	매달 일정한 금액을 내면 사고가 났을 때 경제적 도움을 받을 수 있음.

개념 필수 자료

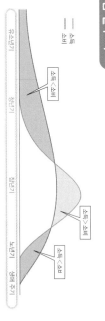

- 소득
- 소비

자료 해석

생산 활동을 통해 **①** 을 얻는 기간은 한정되어 있는 반면, 소비는 평생에 걸쳐 지속되므로 효율적인 자산 관리가 필요하다. 자산을 관리할 때는 투자 원금이 손실되지 않고 보장되는 정도(안전성), 투자를 통하여 이익을 얻을 수 있는 정도(유동성)를 고려해야 하고, 필요할 때 쉽게 현금으로 바꿀 수 있는 정도(유동성)를 고려해야 한다.

답 | **①** 소득 **②** 수익성

---

1 빈칸에 들어갈 알맞은 말을 쓰시오.

(1) 가격이 ( ) 하면 수요량은 감소한다.

(2) 가격이 상승하면 공급량은 ( ) 한다.

(3) 가격과 수요량은 ( ) 방향으로 움직이고, 가격과 공급량은 ( ) 방향으로 움직인다.

2 다음 그래프에 대한 설명으로 옳은 것은?

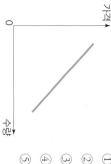

① 우상향 곡선이라고도 한다.
② 공급 법칙을 표현한 것이다.
③ 가격과 수요량의 관계를 나타낸 것이다.
④ 생산 요소 시장의 공급량과 관련이 있다.
⑤ 가격이 상승하면 수요자는 수요량을 늘린다.

3 다음 그래프를 보고 균형 가격과 균형 거래량을 쓰시오.

단답형

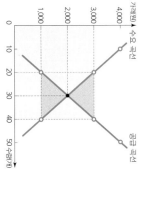

(1) 균형 가격 - ( )
(2) 균형 거래량 - ( )

1 괄호 안의 내용 중 알맞은 말을 골라 ○표 하시오.

(1) 경제 문제는 (희소성, 희귀성) 때문에 발생한다.

(2) 시장 경제 체제는 경제 문제를 (시장 가격, 국가의 계획)으로 해결한다.

(3) 우리나라는 시장 경제 체제를 기본으로 하는 (혼합, 계획) 경제 체제를 채택하고 있다.

2 다음은 분식점 메뉴에 대한 만족도이다. 합리적 선택(㉠)과 기회비용(㉡)을 옳게 연결한 것은?

메뉴	㉡	㉠
떡볶이	80	100
순대	80	50
김밥	150	80

	㉠	㉡
①	김밥	떡볶이
②	떡볶이	순대
③	떡볶이	떡볶이
④	떡볶이	순대
⑤	떡볶이와 순대	떡볶이

단답형

3 다음 그림과 관련된 기본적인 경제 문제를 쓰시오.

자원을 한 개 더 고용하며 자르는 게 좋을까? 자르는 기계를 구매할까?

---

13 시장 가격의 변동

개념 노트

• 수요의 변화에 따른 가격 변동(공급 일정)

구분	수요 증가	수요 감소
변동 요인	소득 증가, 기호 증가, 수요자 수 증가, 대체재 가격 상승, 보완재 가격 하락 등	소득 감소, 기호 감소, 수요자 수 감소, 대체재 가격 하락, 보완재 가격 상승 등
가격 변동	수요 곡선의 오른쪽 이동 → 균형 가격 상승, 균형 거래량 증가	수요 곡선의 왼쪽 이동 → 균형 가격 하락, 균형 거래량 감소

• 공급의 변화에 따른 가격 변동(수요 일정)

구분	공급 증가	공급 감소
변동 요인	생산 기술의 발전, 생산 비용의 감소, 공급자의 수 증가 등	생산 비용 증가, 공급자의 수 감소, 공급자의 상품 가격 인상 예상 등
가격 변동	공급 곡선의 오른쪽 이동 → 균형 가격 하락, 균형 거래량 증가	공급 곡선의 왼쪽 이동 → 균형 가격 상승, 균형 거래량 감소

개념 필수 자료

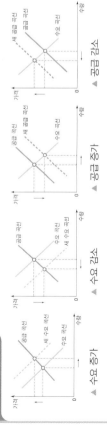

▲ 수요 증가　▲ 수요 감소　▲ 공급 증가　▲ 공급 감소

자료 해석

수요량과 공급량을 변동시키는 것은 상품의 ❶ 이며, 수요량의 변동과 공급량의 변동은 수요 곡선과 공급 곡선상의 점의 이동으로 나타난다. 반면 수요의 변동과 공급의 변동은 상품 가격 이외의 요인에 의해 발생하고, 수요 곡선과 공급 곡선 자체의 ❷ 으로 나타난다.

답 | ❶ 가격 ❷ 이동

9 경제 문제와 경제 체제

개념 노트

• 기본적인 경제 문제: 희소성 때문에 발생함.

생산물의 종류와 수량의 결정 문제	무엇을 얼마나 생산할 것인가?
생산 방법의 결정 문제	어떻게 생산할 것인가?
생산물의 분배 문제	누구를 위하여 생산할 것인가?

• 경제 체제: 기본 경제 문제를 해결하는 방식이 제도로 정착된 것

시장 경제 체제	기본 경제 문제를 시장에서 해결 → 개인, 기업의 자유로운 선택·경쟁
계획 경제 체제	정부가 생산과 분배, 계획을 세우고, 명령과 통제로 경제 문제를 해결
혼합 경제 체제	시장 경제 체제를 기본으로 하면서 정부가 경제에 일정 부분 개입

개념 필수 자료

시장 경제 체제

수리 제품을 찾는 사람이 많아졌으니 더 생산해야겠어요.

음이 10만 원인 물건을 사야지, 예산 내에서 선택해야겠네 괜찮겠죠.

계획 경제 체제

소비자가 반응이 좋으니 이 디자인의 상품을 더 생산해야겠어요.

정부에서 운해도 이 디자인의 신발 만 생산하래.

자료 해석

시장 경제 체제는 **①** 을 통해 경제 문제를 해결하므로 개인의 창의성이 발휘, 자원의 효율적 사용, 사회 전체의 생산성 향상 등의 장점이 있지만, 빈부 격차 발생, 환경 오염 등이 유발할 수 있다. 계획 경제 체제는 국가의 **②** 이나 명령에 의해 경제 문제를 해결하므로 소득의 불평등 완화, 국가가 채택한 주요 목적의 달성 등의 장점이 있지만, 근로 의욕 저하, 경제적 효율성 저하 등의 단점이 있다.

답 ① 시장 가격 ② 계획

---

1 괄호 안의 내용 중 알맞은 말을 골라 ○표 하시오.

(1) 상품의 가격이 상승할 것으로 예상되면 수요가 (감소, 증가)한다.

(2) 원자재 가격, 임금 등 생산 요소의 가격이 상승하면 공급이 (감소, 증가)한다.

(3) 서로 대신해서 소비할 수 있는 재화를 (대체재, 보완재)라고 하고, 함께 소비할 때 만족도가 커지는 재화를 (대체재, 보완재)라고 한다.

2 다음은 빵의 수요와 공급을 나타낸 그래프이다. 화살표와 같은 변화가 나타난 원인을 〈보기〉에서 고르면?

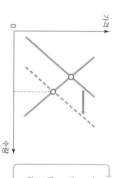

> ┌ 보기 ┐
> ㄱ. 빵을 찾는 사람들이 늘어났다.
> ㄴ. 밀가루의 생산값이 하락하였다.
> ㄷ. 빵값 상승으로 제과점 인테리어가 늘었다.
> ㄹ. 제빵 기계가 도입되어 생산량이 늘었다.

① ㄱ, ㄴ ② ㄱ, ㄷ ③ ㄴ, ㄷ
④ ㄴ, ㄹ ⑤ ㄷ, ㄹ

3 다음과 같은 상황에서 아이스크림의 균형 가격과 균형 거래량이 어떻게 변할지 수요, 공급의 변동을 이용하여 서술하시오.

서술형

• 이상 고온 현상으로 아이스크림을 사 먹는 사람들이 늘어났다.
• 자동화 기계가 발명되어 아이스크림의 생산 비용이 감소하였다.

1 다음 설명이 맞으면 ○표, 틀리면 ×표 하시오.

(1) 비용에 비해 편익이 가장 큰 것을 선택하는 것이 합리적 선택이다. ( )

(2) 매몰 비용은 하나를 선택함으로써 포기하는 것들 중에서 가장 가치가 큰 것이다. ( )

(3) 인간의 욕구는 무한한 데 비해 이를 충족해 줄 자원이 한정된 것을 희귀성이라고 한다. ( )

2 다음 사례에서 민지가 영화 관람을 선택했을 때의 기회비용은?

대형 할인 매장에서 시간제 아르바이트를 하고 있는 민지는 보고 싶었던 영화가 오늘 개봉한다는 소식을 들었다. 민지는 시간당 10,000원을 받을 수 있는 아르바이트를 할지, 2시간 동안 상영되는 영화를 볼지 고민에 빠졌다. (비용과 편익의 크기는 같다고 가정함).

① 5,000원 ② 10,000원 ③ 15,000원

④ 20,000원 ⑤ 25,000원

3 빈칸 ㉠에 들어갈 용어를 쓰시오.

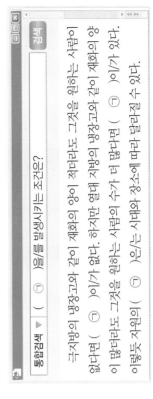

통합검색 ▶ (㉠)을/를 발생시키는 조건은?

검색

국가방의 냉장고와 같이 제화의 양이 제화를 원하는 사람이 없다면 (㉠)이/가 없다. 하지만 열대 지방의 냉장고와 같이 제화의 양이 이를망터라도 그것을 원하는 사람의 수가 더 많다면 (㉠)이/가 있다. 이렇듯 자원의 (㉠)은/는 시대와 장소에 따라 달라질 수 있다.

---

14 시장 가격의 기능

○ 개념 노트

● 신호등 기능

시장 가격 상승	소비자는 소비량을 줄이고, 생산자는 생산량을 늘림.
시장 가격 하락	소비자는 소비량을 늘리고, 생산자는 생산량을 줄임.

● 자원의 효율적 배분 기능: 시장 가격은 경제 주체들의 합리적인 경제 활동 방향을 제시함으로써 자원을 효율적으로 배분함. → 시장에서 가장 큰 만족을 얻을 수 있는 소비자가 상품을 구입하고, 시장에서 가장 저렴한 비용으로 생산할 수 있는 생산자가 상품을 생산함.

개념 필수 자료

(가)

(나)

자료 해석

(가) 경제 주체들은 시장 가격이 주는 신호를 보고 경제 활동을 결정한다. 가격이 ❶ [ ]은 수요자에게는 수요량을 줄이고, 공급자에게는 공급량을 늘리라는 신호로 작용한다. (나) 가격은 생산된 상품을 그 상품에 만족이 큰 소비자에게 돌아가게 한다. 즉 시장 가격은 자원을 ❷ [ ]적으로 배분하는 기능을 한다.

답 | ❶ 상승 ❷ 효율

8 경제 활동과 합리적 선택

빈출도 ●●●○

개념 노트

• 경제 활동의 주체

가계	소비 주체, 기업에 노동, 자본, 토지 등을 제공하고 소득을 얻음.
기업	생산 주체, 적은 비용으로 상품을 생산하여 최대의 이윤을 얻기 위해 노력함.
정부	경제 전체를 관리하는 주체, 세금을 바탕으로 공공재 등을 생산하여 공급함.

• 희소성: 인간의 욕구는 무한한 데 비해 이를 충족해 줄 수 있는 재화와 서비스가 한정되어 있는 것 → 인간의 필요와 욕구에 따라 달라지는 상대성을 지님.

• 기회비용: 하나를 선택함으로써 포기해야 하는 여러 대안의 가치 중 가장 큰 것

개념 필수 자료

생산
생활에 필요한 재화와 서비스를 만들거나 그 가치를 높이는 활동

분배
생산 과정에 참여한 대가를 나누어 가지는 것

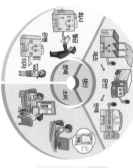

소비
생활에 필요한 재화와 서비스를 구입하여 사용하는 활동

자료 해석

경제 활동은 ❶ [ ]나 서비스를 생산, 분배, 소비하는 활동이다. 생산이란 공장에서 휴대 전화를 생산하는 것, 의사가 환자를 진료하는 것 등이고, 노동을 하고 임금을 받는 것, 은행에서 이자를 받는 것 등이다. 소비의 사례로는 편의점에서 ❷ [ ]의 사례를 본다는 것, 아이스크림을 사 먹는 것 등이다.

답 ❶ 재화 ❷ 분배

---

1 다음 설명이 맞으면 ○표, 틀리면 X표 하시오.

(1) 시장 가격은 경제 주체의 의사 결정 방향을 안내 준다. ( )

(2) 시장 가격이 상승하면 생산자는 생산량을 줄이고, 소비자는 소비량을 ... ( )

2 다음 사례와 관련된 설명으로 옳지 않은 것은?

① 가격은 신호등 역할을 한다.

② 가격은 자원을 효율적으로 배분한다.

③ 애플 스마트폰은 이를 '보이지 않는 손'에 비유하였다.

④ 가격 상승은 수요자에게는 수요량을 줄이라는 신호로 작용한다.

⑤ 가격 하락은 공급자에게는 공급량을 줄이라는 신호로 작용한다.

3 다음 사례를 통해 알 수 있는 시장 가격의 역할을 서술하시오.

[자료형]
A 나라는 국민에게 스마트폰을 보급하려고 수량만 원자리 스마트폰을 1만 원에 판매하도록 하였다. 이에 스마트폰이 큰 인기를 끌어 금지 매장으로 몰려들었다. 경우 매장에는 스마트폰이 하나도 남지 않았고, 스마트폰이 꼭 필요한 사람이 구입하지 못하는 경우가 생겼다.

1 괄호 안의 내용 중 알맞은 말을 골라 ○표 하시오.

(1) 지방 법원에서는 주로 (1심, 2심) 사건을 재판한다.

(2) 우리나라에서는 법원과 헌법 재판소에서 (사법, 행정) 기능을 담당한다.

(3) (대법원, 고등 법원)은 우리나라 최고 법원으로 주로 3심 재판을 담당한다.

(4) (대법원, 헌법 재판소)은/는 헌법 보장 기관이면서 기본권 보장 기관이다.

2 다음 사례와 관련된 법원은?

공무원인 김 씨는 뇌물 수수 혐의로 1심에서 징역 5년을 선고받았다. 그러나 김 씨는 뇌물이 아니라 빌린 돈이라고 혐의를 강하게 부인하며 항소심을 제기하였다.

① 대법원
② 가정 법원
③ 고등 법원
④ 특허 법원
⑤ 행정 법원

정답 ③

3 빈칸 ㉠에 들어갈 용어를 쓰시오.

○○신문

태아 성 감별 금지 헌법 불합치 결정

헌법 재판소가 낙태의 우려가 없는 임신 후반기의 태아 성별 확인조차 전면적으로 금지하는 의료법 제20조에 대해 헌법 불합치 결정을 내렸다. 지난 2004년 12월, 당시 예비 아빠였던 A 씨가 태아의 성별을 알려 주는 것을 금지한 의료법 조항이 부모의 행복 추구권과 알 권리를 침해한다며 헌법 재판소에 (㉠)을 청구한지 4년 만에 나온 결정이다.

---

⑮ 국내 총생산과 경제 성장 빈출도

개념 노트

• 국내 총생산(GDP)

의미	한 나라 안에서 일정 기간 동안 새롭게 생산된 최종 생산물의 가치를 시장 가격으로 계산하여 모두 더한 것
한계	삶의 질 수준을 파악하기 어려움, 소득 분배 상태를 파악하기 어려움.

• 경제 성장: 국내 총생산(GDP)이 증가하는 것

긍정적 영향	물질적 풍요, 일자리 증가, 질 높은 교육과 의료 혜택 등
부정적 영향	자원 고갈, 환경 오염, 빈부 격차, 계층 간 갈등 등

개념 필수 자료

• 국내 총생산(GDP)의 한계

자료 해석

국내 총생산은 ❶ [　　　]에서 거래되는 재화와 서비스의 가치만을 측정하므로 대가를 받지 않는 가사 노동이나 봉사 활동 등은 포함되지 않는다. 또한 환경 오염, 교통사고 등 삶의 질을 떨어뜨리는 문제를 해결하는 데 드는 비용이 오히려 국내 총생산을 증가시키며, 소득 ❷ [　　　] 상태를 파악하기 어려워 빈부 격차에 관한 정보를 제공하지 못한다.

답 ❶ 시장 ❷ 분배

개념 노트

• 법원의 조직

대법원	상고 사건(3심 판결) 담당
고등 법원	항소 사건(2심 판결) 담당
지방 법원	1심 판결 담당

특수 법원	특허 법원	특허 업무 사건 담당
	가정 법원	가사·소년 보호 사건 담당
	행정 법원	잘못된 행정 작용 사건 담당

• 헌법 재판소의 역할

위헌 법률 심판	재판에 적용되는 법률이 헌법에 위반되는지 여부를 심판함.
헌법 소원 심판	국가 기관의 행위가 국민의 기본권을 침해하였는지 여부를 심판함.
정당 해산 심판	민주적 질서에 위배되는 정당의 해산 여부를 심판함.
권한 쟁의 심판	국가 기관 간에 권한에 대한 다툼이 발생했을 때 이를 심판함.
탄핵 심판	헌법이나 법률을 위반한 고위 공무원의 파면 여부를 심판함.

개념 필수 자료
• 법원의 조직

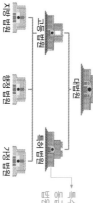

특수 법원 중 특허 법원은 고등 법원과 동급의 법원이고, 가정 법원 및 행정 법원은 지방 법원과 동급의 법원이다.

자료 해석

① ___은 사법부 최고 기관으로, 행정부의 명령이나 규칙이 법률에 어긋나는지를 최종적으로 심사할 수 있는 권한을 가진다. 대법원, 고등 법원, 지방 법원은 기본적인 심 구조를 이룬다.

②

답 | ① 대법원 ② 3

핵심 개념 체크

1 빈칸에 들어갈 알맞은 말을 쓰시오.

(1) 일정 기간 동안 한 나라 안에서 새롭게 생산된 최종 생산물의 가치를 시장 가격으로 환산한 것을 ( )(이)라고 한다.

(2) 한 나라의 국민 경제 규모가 커지는 현상을 ( )(이)라고 한다.

2 다음 우리나라에서 한 해 동안 이루어진 모든 생산 활동으로, 국내 총생산은 얼마인가?

• 가수 K는 여러 차례의 일본 공연으로 50억 원을 벌었다.
• 은행한 I은 유자원 구로동화 제도 기부로 월 10시간을 활동하였다.
• 미국 C 은행의 국내 지점에서 일하는 박 부장은 연봉 10억 원을 받았다.

① 10억 원 　② 50억 　③ 60억
④ 10억 10시간 　⑤ 60억 10시간

3 서술형

다음 그림과 관련하여 국내 총생산의 한계에 대해 서술하시오.

가족들에게 맛있는 요리를 해 주어야지.

1 다음 설명이 맞으면 ○표, 틀리면 X표 하시오.

(1) 행정부의 최고 책임자는 국무총리이다. ( )

(2) 감사원장은 대통령의 동의를 얻어 국무총리가 임명한다. ( )

(3) 대통령, 국무총리, 각부 장관 등으로 구성되는 행정부의 최고 심의 기관은 국무 회의이다. ( )

2 대통령의 행정부 수반으로서의 권한에 해당하는 것을 보기 에서 고르면?

보기
ㄱ. 행정부를 지휘·감독한다.
ㄴ. 외국과의 협정 및 조약을 체결한다.
ㄷ. 법률안에 이의가 있을 때 거부권을 행사한다.
ㄹ. 긴급 명령권을 행사하거나 계엄을 선포한다.

① ㄱ, ㄴ　　② ㄱ, ㄷ　　③ ㄴ, ㄷ
④ ㄴ, ㄹ　　⑤ ㄷ, ㄹ

서술형
3 다음 정부 조직도에서 (가)에 들어갈 국가 기관을 쓰고, 그 역할을 서술하시오.

---

16 인플레이션

◎ 개념 노트

원인	총수요(가계 소비, 정부 지출, 기업 투자) 증가, 통화량 증가, 공급 감소 (임금, 원자재 등 생산 요소의 가격 상승)
영향	화폐 가치의 하락, 소득과 부의 불공정한 분배, 경제 성장의 어려움, 국제 거래에 영향 등
물가 안정을 위한 노력	정부의 국가 재정 관리(정부 지출 축소, 세율 인상), 중앙은행의 통화량 관리(이자율 인상, 통화량 감소) 등

개념 필수 자료

• 인플레이션 영향

자료 해석

시장에서 거래되는 여러 상품의 가격을 종합하여 평균한 것을 물가라고 하고, 물가가 지속해서 오르는 현상을 ❶ [ ]이라고 한다. ❶ [ ]으로 인해 화폐 가치가 하락하여 일정 금액으로 살 수 있는 재화와 서비스의 양은 ❷ [ ]하고, 소득과 부의 불공정한 분배가 발생한다. 부동산 등 실물 자산 보유자, 돈을 빌린 사람(채무자), 수입업자는 유리해지고, 은행 예금 보유자나 임금 근로자, 돈을 빌려준 사람(채권자), 수출업자는 불리해진다.

답 ❶ 인플레이션 ❷ 감소

6 대통령과 행정부

빈출도 ●●●

○ 개념 노트

• 대통령의 권한

| 행정부 수반의 권한 | 행정부 지휘·감독, 고위 공무원 임면 또는 해임, 국무 회의 의장으로서 국무 회의 주재, 대통령령 제정, 법률안 거부권 등 |
| 국가 원수로서의 권한 | 외국과 조약 체결, 긴급 명령 및 계엄 선포권, 국군 통수권, 국정 조정권, 국가 기관의 장 임명, 국민 투표제안 등 |

• 행정부의 조직과 구성

대통령	행정부의 수반(최고 책임자)
국무총리	대통령 보좌, 대통령의 명을 받아 행정 각 부처 지휘·조정
국무 회의	행정부의 주요, 정책을 심의하는 최고 심의 기관
감사원	최고 감사 기관, 공무원의 직무 감찰, 국가의 세입·세출의 결산 검사
행정 각부	구체적인 행정 사무 집행

개념 필수 자료

• 행정부 조직도

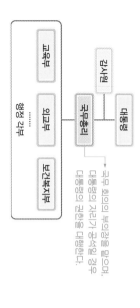

> 국무 회의의 부의장을 맡으며, 대통령이 자리가 공석일 경우 대통령의 권한을 대행한다.

자료 해석

① 은 국가를 대표하는 국가 원수이자 행정부 수반으로서, 국민의 직접 선거로 선출되며, 임기는 5년이고, 중임할 수 없다. **②** 은 대통령 소속의 행정부 최고 감사 기관으로 독립적인 지위를 가진다. 행정 각부의 장은 대통령이 임명한다.

답 | **①** 대통령 **②** 감사원

---

1 괄호 안의 내용 중 알맞은 말을 골라 ○표 하시오.

(1) 시중에 유통되는 통화량이 (증가, 감소)하면 물가가 상승한다.

(2) 물가가 상승하면 화폐 가치가 (상승, 하락)한다.

(3) 인플레이션이 발생하면 중앙은행은 이자율을 (인상, 인하)한다.

2 (가)~(라) 중 인플레이션이 발생하면 유리한 사람을 고르면?

| ▲ 부동산 소유자 (가) | ▲ 돈을 빌린 사람 (나) | ▲ 돈을 빌린 사람 (다) | ▲ 수출업자 (라) |

① (가), (나)   ② (가), (다)   ③ (나), (다)
④ (나), (다)   ⑤ (다), (라)

3 서술형

다음 그래프는 소비자 물가 지수를 나타낸 것이다. 이와 같은 현상이 지속될 때 물가 안정을 위한 정부의 노력을 두 가지 서술하시오.

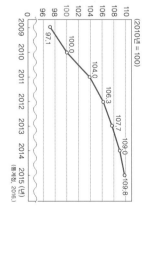

(2010년 = 100)

110	
108	109.8
106	109.0
104	107.7
102	106.3
100	104.0
98	100.0
96	97.1

2009 2010 2011 2012 2013 2014 2015 (년)
(통계청, 2016.)

1 밑줄 안의 내용 중 알맞은 말을 골라 ○표 하시오.

(1) (국회, 정부)는 법률안을 제정·개정하고 예산안을 심의·확정한다.

(2) 국회는 매년 정기 국회 기간에 국정 전반에 대한 (국정 감사, 국정 조사)를 실시한다.

(3) 법률안 의결은 국회 재적 의원의 과반수 출석과 출석 의원의 (과반수, 2/3) 찬성으로 의결된다.

2 다음은 법률의 제정 절차를 나타낸 것이다. ㉠, ㉡에 해당하는 주체를 옳게 연결한 것은?

법률안 제출 → ㉠ 심의·의결 → ㉡ 공포

	㉠	㉡
①	국회	대통령
②	국회	국회 의장
③	법원	대통령
④	법원	대법원장
⑤	행정부	대통령

3 다음 (가)~(다)의 신문 기사와 관련된 국회의 권한을 각각 쓰시오.

(가)	(나)	(다)
○○신문	□□신문	△△신문
2022년 예산안 심의·의결	법률안 개정 심사	2022년도 국정 감사 실시

---

17 실업의 유형

○ 개념 노트

경기적 실업	경기 침체로 기업이 신규 채용을 줄이거나 고용을 감소시킴.
구조적 실업	산업 구조가 변화하여 관련 부문의 일자리가 사라짐.
계절적 실업	계절의 영향을 많이 받는 분야에서 계절에 따라 고용 기회가 줄어듦.
마찰적 실업	새로운 일자리를 구하기 위해 일시적으로 실업 상태가 됨.

개념 필수 자료

▲ 경기적 실업

불황으로 인해 회사가 구조 조정을 하여 일자리를 잃게 되었어요. (구조 조정)

▲ 계절적 실업

저는 농공업에만 익숙해요. 다른 계절에는 어떤 일을 할지 고민입니다.

▲ 구조적 실업

공장 자동화 시스템이 도입되면서 정교하게 수작업으로 일하던 노동자들의 일자리가 사라졌어요.

▲ 마찰적 실업

더 나은 회사의 일이 있을까 싶어 맞지 않아 그만두고 새로운 일을 찾아보려 해요.

자료 해석

실업은 일할 능력과 의사가 있지만 일자리가 없는 상태를 의미하며, 일할 능력이 없는 어린이나 노약자, 학생, 전업주부, 구직 단념자 등은 비경제 활동 인구로서 ❶ 에 포함되지 않는다. 정부는 경기적 실업의 대책으로 일자리 창출 정책을 실시해야 하며, ❷ 실업에 대해서는 재취업을 위해 직업 훈련 프로그램을 지원해야 한다. 한편 계절적 실업과 마찰적 실업에 대해서는 취업 정보를 제공해야 한다.

답 ❶ 실업자 ❷ 구조적

개념 노트

입법	법률의 제정·개정, 헌법 개정안 제안·의결, 조약 체결에 대한 동의권
재정	예산안 심의·확정, 결산 검사
일반 국정	국정 감사 및 국정 조사, 고위 공직자 임명 동의권, 탄핵 소추

개념 필수 자료
• 법률 제정 과정

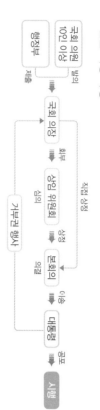

국회 의원 10인 이상의 발의 / 행정부 제출 ⇒ 국회 의원 ⇒ (회부) 상임 위원회 (심의) ⇒ 본회의 (의결) ⇒ (이송) 대통령 (공포) ⇒ 시행

직접 상정 / 거부권 행사

자료 해석

법률안 제안
• 국회 의원 10인 이상이 발의하거나 행정부가 법률안을 제출할 수 있음.

법률안 심의
• 국회 의장은 제안된 법률안이 본회의에서 심의되기 전에 상임 위원회에 회부하여 전문적인 심의를 거치게 함.
• 국회 의장은 상임 위원회의 심의를 거치지 않고 직접 법률안을 상정할 수 있음.
• 상임 위원회를 통과한 법률안은 본회의 토론을 거쳐 의결함.
• 재적 의원 과반수 출석과 출석 의원 과반수 찬성으로 의결함.

법률안 공포
• 국회에서 의결된 법률안에 대해 대통령은 15일 이내에 공포하거나 ❷ 　　　 을 행사할 수 있음.
• 법률안을 일부만 거부하거나 수정하여 공포하는 것은 불가능함. → 거부당한 법률안은 다시 국회로 넘겨져 심의와 의결 과정을 거치게 됨.

시행
• 법률안은 공포한 날로부터 20일 후에 효력이 탄생함.

답 ❶ 본회의 ❷ 거부권

핵심 개념 체크

1 다음 설명이 맞으면 ○표, 틀리면 X표 하시오.
(1) 경기 침체로 인하여 발생하는 실업은 마찰적 실업이다. ( )
(2) 실업은 일하려는 의사와 일할 능력이 있지만, 일자리가 없는 상태이다. ( )
(3) 노동 가능 인구 중 일할 의사나 능력이 없는 사람을 비경제 활동 인구라고 한다. ( )

2 (가)~(라) 중 실업자에 해당하는 사람을 고르면?

(가)

(나) 구조 조정

(다)

(라)

① (가), (나)　② (가), (다)　③ (나), (다)
④ (나), (라)　⑤ (다), (라)

3 서술형
다음은 19세기 초 영국의 신문 기사이다. 당시 영국 노동자들이 겪은 실업의 유형을 쓰고, 이러한 실업을 줄이기 위한 대책을 서술하시오.

영국 일보
○○ 방직 공장에서는 퇴직한 근로자들의 습격으로 생산 기계들이 파괴되는 일이 발생하였다. 산업화 이후 기계의 확산으로 한 대의 기계가 여러 사람이 하던 일을 대신하여 실업자들이 크게 늘자 이런 일들이 빈번해지고 있다.

1 빈칸에 들어갈 알맞은 말을 쓰시오.

(1) 국민이 직접 뽑은 대표로 구성된 국민의 대표 기관은 ( )이다.

(2) 국회는 국민의 다양한 의견을 반영하여 법률을 만드는 ( ) 기관이다.

(3) 국회는 효율적인 의사 진행을 위해 전문 분야별로 조직된 ( ) 위원회를 둔다.

2 우리나라의 국회에 대한 학생들의 대화를 읽고, 잘못 말한 학생은?

 ① 국회는 대의 민주주의를 실현하기 위한 기관이야.

 ② 정치를 전공한 사람만이 국회 의원이 될 수 있어.

 ③ 국회 의원은 지역구 국회 의원과 비례 대표 국회 의원으로 구성돼.

 ④ 비례 대표 국회 의원의 수보다 지역구 국회 의원의 수가 더 많아.

 ⑤ 국회 의원은 4년의 임기가 끝난 후에도 다시 당선이 되면 연임이 가능해.

3 [단답형] 다음은 헌법 조항이다. 빈칸 ㉠, ㉡에 들어갈 알맞은 용어를 쓰시오.

제40조 (㉠)은(는) 국회에 속한다.

제41조 ① 국회는 국민의 보통·평등·직접·비밀 선거에 의하여 선출된 (㉡)(으)로 구성된다.

답 ❶ 권세 ❷ 헌법

---

18 국제 거래

빈출도 ●●○○

◯ 개념 노트

발생 원인	생산 요소의 부존량, 자연환경 등의 차이 → 비교 우위가 있는 상품을 특화하여 생산하면 거래국 모두 이익이 됨.
특징	환율 고려, 관세 부과, 무역 정책, 생산 요소(노동, 자본 등) 이동에 제약이 많음, 법·제도·문화·관습의 차이로 국내 거래보다 자유롭지 못함.
영향	소비자의 상품 선택의 기회 확대, 국내 기업의 생산성과 품질 향상, 시장 확보, 경쟁력이 약한 국내 기업의 피해, 무역 마찰의 가능성 등

개념 필수 자료

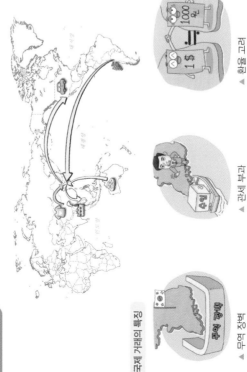

국제 거래의 특징

▲ 무역 정책　　▲ 관세 부과　　▲ 환율 고려

자료 해석

국제 거래는 국가 간에 생산물이나 생산 요소 등을 거래하는 것이다. 국제 거래는 재화와 서비스의 수출과 수입 과정에서 ❶ 라는 세금을 부과한다. 국제 거래를 위해서는 통관 절차를 거쳐야 하고 운송비도 많이 들며, 나라마다 사용하는 화폐가 다른 기 때문에 화폐 간 교환 비율인 ❷ 을 고려해야 한다.

답 ❶ 관세 ❷ 환율

4 국회의 구성과 조직
빈출도 ●●●○

◎ 개념 노트
- 국회의 구성: 지역구 국회 의원, 비례 대표 국회 의원
- 국회의 조직

위원회	• 상임 위원회: 국방, 복지 등 전문 분야를 전담하기 위해 활동하는 위원회 • 특별 위원회: 특별한 안건을 처리하기 위해 일시적으로 활동하는 위원회
본회의	국회의 최종적인 의사 결정이 이루어지며, 정기회와 임시회가 있음.
교섭 단체	일정한 수 이상의 국회 의원으로 구성, 국회 의원의 의사를 사전에 조정

개념 플러스 자료

국회는 어떻게 구성되나요?

국회는 어떻게 구성되나요?

자료 해석

국민이 직접 선출한 대표로 구성된 국가 기관이 의회이며, 우리나라는 ❶ _____ 라고 부른다. 국회 의원은 지역구에서 가장 많은 표를 얻어서 당선되는 지역구 국회 의원과 정당별 득표율에 따라 선출되는 ❷ _____ 국회 의원이 모두 포함되며, 임기는 4년이고, 중임이 가능하다.

답 | ❶ 국회 ❷ 비례 대표

핵심 개념 체크

1 빈칸에 들어갈 알맞은 말을 쓰시오.

(1) 국가 간에 이루어지는 상품, 노동, 자본 등의 거래를 ( )(이)라고 한다.

(2) 재화와 서비스를 수출·수입하는 과정에서 부과되는 세금을 ( )(이)라고 한다.

(3) 국제 거래를 할 때는 ( )의 영향을 받아 수출입 상품의 가격이 달라질 수 있다.

2 빈칸 ㉠에 들어갈 용어로 옳은 것은?

한 나라가 다른 나라에 비해 상대적으로 적은 기회비용으로 상품을 생산할 수 있을 때 그 나라는 그 상품의 생산에 (㉠)가 있다고 한다.

① 특화
② 국제 거래
③ 비교 우위
④ 절대 우위
⑤ 무역 의존도

3 (가)에 들어갈 내용을 두 가지 이상 서술하시오.

서술형

국내 거래도 국제 거래와 비교해서 어떤 특징이 있을까요?

국제 거래는 [(가)]

1 노동 삼권과 그 의미를 바르게 연결하시오.

(1) 단결권 •　　　• ㉠ 근로자가 쟁의 행위를 할 수 있는 권리

(2) 단체 교섭권 •　　• ㉡ 근로자가 노동조합을 결성할 수 있는 권리

(3) 단체 행동권 •　　• ㉢ 근로자가 근로 조건 등에 관하여 사용자와 협의할 수 있는 권리

2 근로자의 권리에 대해 옳게 설명한 학생은?

가나: 법률을 통해 최고 이 금 보장받고 있어요.

미영: 청소년 근로자는 청년과 근로 기준법의 보호를 반드시 못해요.

동화: 적정한 임금과 근로 시간, 휴식과 휴가 등을 법률로 보장받아요.

정인: 근로자가 사용자와 대등한 위치에서 근로 조건을 협의할 수 있도록 노동 삼권을 보장하고 있어요.

① 가나, 미영
② 가나, 동화
③ 미영, 동화
④ 미영, 정인
⑤ 동화, 정인

3 [서술형] 다음 사례에서 침해된 노동권을 구제받기 위한 방법을 한 가지 서술하시오.

노동조합을 아니 나 내일부터 그만 나오세요.

제가 뭘 잘못 했나요?

빈출도 ●●●●

19 환율 변동

○ 개념 노트

• 환율 변동: 환율 상승 → 원화 가치 하락, 환율 하락 → 원화 가치 상승

• 환율 변동의 영향

환율 상승	수출 증가, 수입 감소, 해외여행 감소, 외국인 관광객 증가, 유학 비용 증가, 국내 물가 상승, 외채 상환 부담 증가
환율 하락	수출 감소, 수입 증가, 해외여행 증가, 외국인 관광객 감소, 유학 비용 감소, 국내 물가 안정, 외채 상환 부담 감소

개념 필수 자료

같은 물건을 더 싸게 팔아도 되니 수출이 늘었어.

외국에서 활동하는 우리나라 운동선수는 환율 상승으로 내 연봉의 원화 가치가 높아졌어.

▲ 환율 상승으로 유리한 사람

여행 경비가 넉넉해졌어.

외채 상환에 부담이 커지네.

외국 유학생 자녀를 둔 학부모

▲ 환율 상승으로 불리한 사람

자료 해석

환율이 상승하면 1달러를 얻기 위해 더 많은 원화가 필요하므로 원화 가치가

❶ ▢ 하게 되고 수출이 상승하게 된다. 외화로 표시되는 국산품의 수출 가격이 하락하여 수출이 증가하는 반면, 수입품의 원화 수입품의 가격을 올리면 판매량이 줄어들게 되므로 손해를 본다. 또한 외재는 외화로 값아야 하므로 이제 상환 부담이 증가하고, 수입 원자재의 가격도 상승하여 가격도 ❷ ▢ 하게 된다.

답 ❶ 하락 ❷ 상승

3 근로자의 권리

◎ 개념 노트

노동 삼권

단결권	노동조합을 결성할 수 있는 권리
단체 교섭권	노동조합이 근로 조건에 관하여 사용자와 협상할 수 있는 권리
단체 행동권	교섭이 원만하게 이루어지지 않을 때 쟁의 행위를 할 수 있는 권리

- **국가의 노동권 보장:** 근로자의 적정한 임금과 근로 시간, 휴식과 휴가 등을 법으로 보장하며, 여성과 청소년의 근로를 특별히 보호함.
- **노동권 침해에 대한 구제 발생**

임금을 체불 받지 못한 경우	고용노동부에 진정, 법원에 소 제기 등
부당 해고 및 부당 노동 행위	노동 위원회에 구제 신청, 법원에 소 제기 등

개념 필수 자료

단결권

"노동조합 함께하세요."

OO 노조 결성

단체 교섭권

단체 행동권

임금 인상 고용 보장!

자료 해석

노동 삼권은 근로자가 사용자와 대등한 지위에서 근로 조건을 결정할 수 있도록 한 이 부여하는 권리로, 단결권, ❶⬚, 단체 행동권이 있다. 부당 노동 행위는 사용자가 이러한 근로자의 정당한 교섭 요구에 응하지 않거나 노동조합에 가 ❷⬚의 결성을 방해하거나 근로자의 임금 등에 불이익을 주는 경우를 말한다.

답 | ❶ 단체 교섭권 ❷ 노동조합

---

1 환율 변동에 따른 영향을 바르게 연결하시오.

(1) 환율 상승 •

(2) 환율 하락 •

• ㉠ 수출 증가

• ㉡ 물가 안정

• ㉢ 해외여행 감소

• ㉣ 외제 상품 부담 감소

2 다음과 같은 환율 변동이 지속될 경우 경제에 미치는 영향으로 옳은 것은?

① 수출이 감소한다.

② 국내 물가가 상승한다.

③ 외제 상품이 감소한다.

④ 내국인의 해외여행이 증가한다.

⑤ 수입 부품 및 원자재 가격이 하락한다.

3 단답형 다음 교사의 수업 내용에서 빈칸 ㉠, ㉡에 들어갈 말을 쓰시오.

20 국제 사회의 특성과 행위 주체 빈출도 ●●○

개념 노트

- 국제 사회의 특성: 자국의 이익 추구, 힘의 논리 작용, 중앙 정부의 부재

국제 사회의 행위 주체

국가	국제 사회의 가장 기본적인 행위 주체
정부 간 국제기구	각 나라의 정부를 회원국으로 하며, 국가 간 조약에 의해 만들어짐. ⑩ 국제 연합(UN), 세계 무역 기구(WTO) 등
국제 비정부 기구	국경을 초월하여 활동하는 개인, 민간단체를 회원으로 하는 국제기구 ⑩ 그린피스, 국경 없는 의사회, 세이브 더 칠드런 등
다국적 기업	어느 한 나라에 본사를 두고 여러 나라에 진출해 생산·판매를 하는 기업
기타	강대국의 국가 원수, 국제 연합 사무총장, 교황 등

개념 필수 자료

자료 해석

국제 사회에서 각국은 자국의 ❶ [　　]을 최우선으로 추구한다. 세계 각국은 평화, 환경 등의 이념보다 자국의 ❶ [　　]을 우선함으로써 갈등과 분쟁이 발생한다. 하지만 국가 간 상호 의존성이 심화되고 환경, 인권, 난민 등 국제 문제를 해결하기 위해 국제 협력의 필요성도 증가하고 있다.

❷ [　　]

---

1 다음 설명이 맞으면 ○표, 틀리면 X표 하시오.

(1) 국가 인권 위원회는 행정부에 소속된 기관으로, 인권 보호와 향상을 위한 업무를 수행한다. (　)

(2) 국가 기관이 국민의 기본권을 침해한 경우에는 헌법 재판소에 위헌 법률 심판을 제기할 수 있다. (　)

(3) 개인이 이해 기본권을 침해당했을 때에는 고소나 고발 또는 민사 소송을 제기하여 구제받을 수 있다. (　)

2 다음 국가 기관들이 공통적으로 추구하는 목적으로 가장 적절한 것은?

- 법원
- 헌법 재판소
- 국가 인권 위원회

① 국민의 인권 보호
② 사법권의 독립 보장
③ 권력 분립의 원리 실현
④ 국가 권력의 남용 방지
⑤ 재판의 공정성과 효율성 확보

3 서술형 그림과 같이 침해된 기본권을 구제받을 수 있는 방법을 국가 기관의 명칭을 포함하여 서술하시오.

> 시가 소래를 바꾸게 도와주어나 많다는 이유로 해고되었어요.

○ 개념 노트

법원	재판 청구 → 침해된 권리 구제, 인권 침해 행위 처벌 • 조정과 화해를 통해 신청 → 권리 침해로 발생한 분쟁 해결
헌법 재판소	• 헌법 소원 심판: 공권력 또는 법률에 의해 기본권을 침해당한 국민이 신청하면 해당 사건이 위헌 여부를 판단함. • 위헌 법률 심판: 법원이 재판 과정에서 어떤 법률의 위헌 여부가 문제 가 될 때 이를 심판함.
국가 인권 위원회	• 인권 침해와 차별 행위를 개선하기 위해 설립한 독립적 국가 기관 • 진정을 하면 필요한 사항을 권고하여 침해된 인권을 구제해 줌.

개념 필수 자료

• 인권 침해 사례

자료 해석

(가)는 법원의 ❶[   ] 또는 제3자가 개입하여 당사자 간의 분쟁 해결을 도모하는 조정, 당사자 간의 화해를 통해 해결할 수 있다. (나)는 공권력이 기본권을 침해했든 지를 심판하기 위해 헌법 소원을 제기할 수 있다. (다)는 ❷[   ]에 진정할 수 있다.

 는 사건을 조사하여 심의를 진행하고, 심의 결과 인권 침해나 차별 행위가 인정되면 인권을 침해한 개인이나 기관에 시정, 개선, 구제 조치를 권고한다.

답 ❶ 재판 ❷ 국가 인권 위원회

---

1 다음 설명이 맞으면 ○표, 틀리면 ×표 하시오.

(1) 국제 사회에서 가장 기본적인 행위 주체는 국제기구이다. ( )

(2) 국제 사회에는 이해관계의 충돌에 의한 경쟁과 갈등이 존재한다. ( )

(3) 국제 비정부 기구는 국경을 넘어 활동하는 개인이나 민간단체들이 조직한 기구이다. ( )

2 다음 신문 기사에 나타나는 국제 사회의 행위 주체는?

> ○○일보
>
> 국제 민간 의료 단체인 국경 없는 의사회는 애볼라의 위험성을 경고하고, 애볼라 발생 지역에 의료진 290명을 상주시켰으며, 방상 600개를 제공하였다. 또한 애볼라 조기 발견 목표로 지표제 개발에 적극적으로 참여하였다.

① 국가   ② 다국적 기업   ③ 정부 간 국제기구
④ 국제 비정부 기구   ⑤ 영향력이 강한 개인

3 ㉠에 들어갈 용어를 쓰시오.

• 의미: 세계 여러 나라에 자회사, 지사, 생산 공장을 설립하여 국제적인 규 모로 상품을 생산하고 판매하는 기업

• 영향: 세계화로 인해 기업의 규모가 커지고 있음. → 경제력을 바탕으로 세계 정치, 경제 및 국제 관계에 큰 영향을 미치기도 함.

핵심 개념 체크

1 기본권과 그 의미를 바르게 연결하시오.

(1) 자유권 •

(2) 평등권 •

(3) 참정권 •

(4) 청구권 •

(5) 사회권 •

• ㉠ 부당한 차별을 받지 않을 권리

• ㉡ 국가의 의사 결정 과정에 참여할 수 있는 권리

• ㉢ 침해된 기본권의 구제를 요구할 수 있는 권리

• ㉣ 국가 권력의 간섭을 받지 않고 자유롭게 생활할 수 있는 권리

• ㉤ 국가에 대하여 인간다운 생활의 보장을 요구할 수 있는 권리

2 다음 사례와 관련된 기본권은?

① 자유권   ② 평등권   ③ 사회권

④ 청구권   ⑤ 참정권

3 다음 그림에서 제한된 기본권의 종류(㉠)와 제한 사유(㉡)를 쓰시오.

---

21 국제 사회의 갈등과 협력   빈출도 ●●●○

◇ **개념 노트**

• **외교**: 한 국가가 국제 사회에서 자국의 정치적 목적이나 이익을 평화적으로 실현하기 위해 수행하는 모든 행위

• **우리나라와 주변국의 갈등과 해결 노력**

주변국과의 갈등	• 일본: 독도 영유권 문제, 역사 왜곡, 일본군 '위안부' 문제 등 • 중국: 동북공정, 중국 어선의 불법 조업 등
해결 노력	적극적인 외교 활동, 홍보 활동, 민간 교류 확대 등

개념 필수 자료

(가) 독도가 우리 영토인 증거

『삼국사기』	512년, 신라가 우산국을 복속함.
『세종실록』「지리지」	울릉도와 독도가 강원도 울진현에 속한 두 섬이라고 기록함.
『연합군 최고 사령관 각서』	일본의 영역에서 울릉도와 독도가 제외된다고 규정함.
『대한 제국 칙령 제41호』	울릉도가 독도를 관할하게 함.

(나) 동북공정

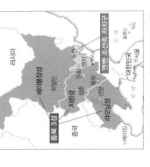

▲ 동북 3성으로, 동북공정이 진행되고 있는 지역이다.

자료 해석

일본은 ❶ 의 해양 지역을 선점하고, 그 주변 지역을 군사적 거점으로 활용하기 위해 ❶ 영유권을 주장하고 있으며, 국제 사법 재판소를 통해 힘의 논리로 해결하려고 한다. 한편 중국은 ❷ 을 추진함으로써 중국 내의 여러 소수 민족의 독립을 막고, 한반도 통일 후 우리나라와 발생할 수 있는 영토 분쟁을 방지하려고 한다.

답 ❶ 독도 ❷ 동북공정

개념 노트

- **인권**: 천부 인권, 자연권, 보편적 권리, 불가침의 권리
- **인간의 존엄과 가치 및 행복 추구권**: 모든 기본권이 지향하는 근본 가치
- **기본권의 종류**: 자유권, 평등권, 참정권, 사회권, 청구권
- **기본권의 제한**: 국가 안전 보장, 질서 유지, 공공복리를 위해 법률로 제한 가능함.
  → 자유와 권리의 본질적 내용은 침해할 수 없음.

개념 필수 자료

평등권
이유 성별과 종교 등에 의해 차별받지 않을 권리입니다.

청구권
국가에 일정한 행위를 신청하는 청구할 수 있는 권리로, 청원권, 재판 청구권, 국가 배상 청구권 등이 있어요.

자유권
교육을 받을 권리, 근로의 권리 등 인간다운 생활을 보장받을 수 있는 권리랍니다.

사회권
신체의 자유, 종교의 자유, 거주 이전의 자유 등 국가로부터 간섭을 받지 않고 자유롭게 생활할 수 있는 권리예요.

참정권
국가의 의사 결정 과정에 참여할 수 있는 권리로, 선거권, 공무 담임권 등이 있어요.

자료 해석

자유권은 국가의 부당한 간섭을 받지 않을 ❶ ____ 권리로, 역사가 가장 오래된 기본권이다. 평등권은 다른 기본권을 실현하기 위한 전제 조건이고, 사회권은 국가에 대해 인간다운 생활의 보장을 요구할 수 있는 권리이므로 적극적 권리이다. ❷ ____ 은 국민 주권의 원리를 실현할 수 있는 권리이다. 청구권은 다른 기본권을 보장하기 위한 수단적 성격의 권리이다.

답 ❶ 소극적 ❷ 참정권

1 빈칸에 들어갈 알맞은 말을 쓰시오.

(1) 인권은 태어날 때부터 하늘이 준 권리라는 ( )을 통해 해결하려고 한다.

(2) 중국의 ( )은/는 소수 민족의 독립을 방지하려는 목적으로 추진되고 있다.

2 빈칸 ㉠, ㉡에 들어갈 용어를 옳게 연결한 것은?

- (㉠)는/은 동남쪽에 위치하고 있는 섬으로, 현재 우리나라가 유효하게 행사하고 있는 명백한 우리나라 방임에도 불구하고 일본은 이 ㉠의 영유권이 자기들에게 있다는 주장을 하고 있다.

- 중국은 중국 동북 지방의 역사를 연구하는 (㉡)을 통해 고구려와 발해를 중국 고대 시기 지방 정권의 하나라고 주장하고 있다.

	㉠	㉡
①	독도	서남공정
②	독도	동북공정
③	독도	서남공정
④	대마도	동북공정
⑤	대마도	서북공정

3 다음에서 설명하는 용어를 쓰시오.

국제 사회에서 지구의 이익을 평화적으로 달성하기 위해 수행하는 모든 행위로, 정치, 경제, 사회, 문화, 군사, 스포츠 등 거의 전 분야에서 이루어진다.

정답과 해설 BOOK 1

1 1 (1)-② (2)-⑦ (3)-ⓒ (4)-ⓒ (5)-⑩ 2 ② 3 ⑦자유권, ⓒ-국가안전 보장

2 1 (1) × (2) ○ (3) ○ 2 ① 3 국가 인권 위원회에 진정한다.

3 1 (1)-ⓒ (2)-ⓒ (3)-⑦ 2 ⑤ 3 노동 위원회에 구제 신청을 한다. 법원에 소를 제기한다.

4 1 (1) 국회 (2) 입법 (3) 상임 2 ② 3 ⑦임법권, ⓒ 국회 의원

5 1 (1) 국회 (2) 국정 감사 (3) 과반 수 2 ① 3 (가) 제정에 관한 권한, (나) 임법에 관한 권한, (다) 일반 국정에 관한 권한

6 1 (1) × (2) ○ (3) ○ 2 ② 3 국무회의, 대통령을 보좌하며, 대통령의 명을 받아 행정 각부를 지휘·조정한다.

7 1 (1) 1심 (2) 사법 (3) 대법원 (4) 헌법재판소 2 ③ 3 헌법 소원

8 1 (1) ○ (2) × (3) × 2 ④ 3 의 소성

9 1 (1) 희소성 (2) 시장 가격 (3) 혼합 2 ③ 3 어떻게 생산할 것인가?(생산 방법의 결정 문제)

10 1 (1)-⑦ (2)-ⓒ (3)-ⓒ 2 ③ 3 ⓒ

11 1 (1) × (2) ○ (3) × 2 ⑤ 3 생산 요소 시장

12 1 (1) 상승 (2) 증가 (3) 반대, 같은 2 ③ 3 (1) 2,000원 (2) 30개

13 1 (1) 증가 (2) 감소 (3) 대체재, 보완재 2 ④ 3 아이스크림에 대한 선호도가 상승하여 수요가 증가하므로 수요 곡선은 오른쪽으로 이동한다. 한편 생산 비용 감소로 공급이 증가하였으므로 공급 곡선도 오른쪽으로 이동한다. 수요와 공급이 모두 증가하면 거래량은 증가하지만 가격은 수요와 공급이 얼마만큼 증가하느냐에 따라 달라질 수도 있으므로 가격의 변화는 알 수 없다.

14 1 (1) ○ (2) × 2 ② 3 시장 가격은 꼭 필요한 사람만 상품을 소비할 수 있게 하여 자원을 효율적으로 배분한다.

15 1 (1) 국내 총생산 (2) 경제 성장 2 ① 3 국내 총생산은 시장에서 거래되는 재화와 서비스의 가치를 더한 것이기 때문에 가정에서의 여가는 육아나 가사 활동 등 시장을 통하지 않는 경제 활동은 국내 총생산에 반영되지 않는다.

16 1 (1) 증가 (2) 하락 (3) 인상 2 ② 3 정부는 물가 안정을 위해 정부 지출을 줄이거나 세금을 인상하는 등 국가 재정을 관리해야 한다.

go! go!

쫑학 전략

사회 ②

시험에 잘 나오는
개념BOOK1

MEMO

고득점을 예약하는 내신 대비서

중학전략

사회②

시험에 잘 나오는

개념BOOK1

중학전략

사회①

천재교육

Chunjae
Makes
Chunjae

▼

[중학전략] 사회 ②

개발총괄	조영호
편집개발	권경화, 김태현
제작	황성진, 조규영
조판	어시스트하모니
디자인총괄	김희정
표지디자인	윤순미, 권오현
내지디자인	박희춘, 우혜림

발행일	2022년 9월 15일 초판 2022년 9월 15일 1쇄
발행인	(주)천재교육
주소	서울시 금천구 가산로9길 54
신고번호	제2001-000018호
고객센터	1577-0902
내용 문의	(02)6333-1881

#내신 대비서
#고득점 예약하기

사회전략

공부할 내용

인구 분포 / 인구 이동 / 인구 문제 / 도시 내부 구조 / 도시화 / 농업의 세계화 / 다국적 기업의 공간적 분업 / 서비스업의 세계화

개념 1 인구 분포와 인구 이동

(1) 세계의 인구 분포

① 요인: 자연적 요인(기후, 지형, 식생 등)과 인문적 요인(정치, 경제, 사회 등)의 영향을 받음. → 세계의 인구는 공간상에 불균등하게 분포함.

② 밀집 지역: 동아시아와 남부아시아의 ❶_____ 지역, 산업이 발달한 서부 유럽 및 미국 북동부 연안 등

③ 희박 지역: 너무 춥거나 건조해 농업 활동이 불리한 지역, 산업 시설과 일자리가 부족한 지역 등 → 시베리아, 사하라 사막, 히말라야 산맥 등

(2) 우리나라의 인구 분포

1960년대 이전	전통적 농업 사회로 평야가 발달한 ❷_____ 지역에 인구가 밀집함.
1960년대 이후	수도권과 대도시 및 남동 임해 지역에 인구 밀집 → 이촌 향도 현상 발생

(3) 인구 이동의 요인

흡인 요인	풍부한 일자리, 높은 임금, 쾌적한 생활 환경, 정치적 안정 등
배출 요인	빈곤, 일자리 부족, 낮은 임금, 열악한 생활 환경, 전쟁과 분쟁 등

❶ 벼농사 ❷ 남서부

 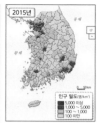

▲ 우리나라의 인구 분포

▲ 이동 원인에 따른 인구 이동의 유형

Quiz

산업화와 도시화에 따라 농촌의 인구가 일자리를 찾아 도시로 이동하는 현상은?

답 | 이촌 향도

개념 2 인구 문제

선진국	• 문제 : 저출산·고령화 현상 → 인구 정체 및 감소 • 대책 : 출산 ❶_____ 정책 시행, 노인 복지 정책 확대 등
개발 도상국	• 문제 : 인구 과잉, 도시 과밀, 일부 국가의 성비 불균형 → 급격한 인구 증가 • 대책 : 출산 억제 정책 시행, 인구 부양력 증대, 지방 분산 정책 시행 등
우리나라	• 문제 : 저출산·고령화 현상 → 인구 감소, ❷_____ 부족, 경제 성장 둔화 • 대책 : 출산 장려 정책 시행, 노인 복지 제도 확대 등

❶ 장려 ❷ 노동력

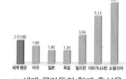

▲ 세계 국가들의 합계 출산율

Quiz

한 사회에서 노년층 인구의 비율이 높아지는 현상은?

답 | 고령화

개념 3 도시의 특징과 도시 내부 구조

(1) 도시 내부 구조

도심	• 도시 중심에 위치, 교통 편리, 고층 건물 밀집, 인구 ❶_____ 현상 • 중심 업무 지구(주요 관공서, 대기업 본사, 은행 본점, 백화점 본점 위치)
부도심	도심과 주변 지역을 연결하는 교통이 편리한 곳, ❷_____ 의 기능을 분담
중간 지역	도심과 주변 지역 사이에 주택, 학교, 공장 등이 혼재
주변 지역	저렴한 지가, 넓은 땅 확보, 주거 및 공업 지역 형성
개발 제한 구역	도시의 무질서한 팽창을 막고 녹지 공간 확보를 위해 개발을 제한하는 공간
위성 도시	대도시 주변에서 대도시의 일부 기능을 분담

(2) 도시 내부의 지역 분화 → 접근성과 지가의 차이의 영향

도심	높은 지가 지불 가능한 기능 입지(대기업, 금융 기관 등), 고층 건물이 많음.
주변 지역	높은 지가 지불이 어렵거나 넓은 땅이 필요한 기능 입지(주택, 공장 등)

❶ 공동화 ❷ 도심

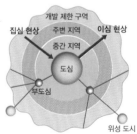

▲ 도시 내부 구조

Quiz

도심과 주변 지역을 연결하는 교통이 편리한 곳에 위치하는 것은?

답 | 부도심

1-1 다음 세계의 인구 분포 지도의 A~E에서 인구가 밀집한 지역의 기호를 쓰시오.

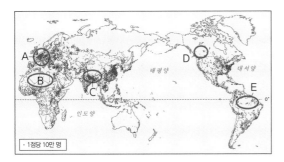

풀이 | 전 세계 인구의 90% 이상은 **❶** ⬚, 기후가 온화한 위도 20° ~ 40°의 **❷** ⬚ 지역에 분포하고 있다. 오늘날 경제가 발달하고 일자리가 풍부한 지역, 교통이 편리한 지역, 2·3차 산업이 발달한 지역에 인구가 집중되어 있다.

❶북반구 **❷**중위도 **답|** A, C

2-1 다음의 인구 피라미드를 보이는 국가에서 나타날 수 있는 인구 문제를 두 가지 쓰시오.

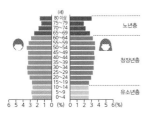

풀이 | 저출산과 고령화 현상이 지속되면 인구 감소로 **❶** ⬚ 이 부족해 경제 성장이 어려워지고, **❷** ⬚ 인구를 부양하기 위한 비용이 커지게 된다.

❶노동력 **❷**노인 **답|** 저출산, 고령화

3-1 다음에 제시된 곳을 볼 수 있는 지역은 어디인지 도시 내부 구조 모식도에서 찾아 기호와 이름을 쓰시오.

> • 은행 본점   • 대기업 본사   • 백화점 본점

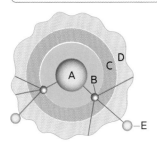

풀이 | 도심은 도시 중심에 위치하여 **❶** ⬚ 이 편리하며 **❷** ⬚ 이 가장 좋다. 고층 빌딩이 밀집되어 있으며 중심 업무 지구(CBD)를 형성하여 주요 관공서, 대기업 본사, 은행 본점, 백화점 본점 등이 밀집해 있다.

❶교통 **❷**접근성 **답|** A, 도심

1-2 다음과 같은 특징을 보이는 지역을 왼쪽 **1-1**번 문제 지도의 A~E에서 고르면?

> 기온이 온화하고 일찍부터 산업이 발달하여 인구가 밀집했다.

① A   ② B   ③ C
④ D   ⑤ E

2-2 다음에서 설명하는 용어는?

> 한 여성이 평생 낳을 것으로 예상되는 평균 자녀 수를 말한다. 최소 2.1명이 되어야 인구 유지가 가능하다.

① 고령화   ② 저출산
③ 다양화   ④ 성비 불균형
⑤ 합계 출산율

3-2 다음 내용에 해당하는 곳을 볼 수 있는 도시 내부 지역은?

> 도시의 무질서한 팽창을 막고, 녹지 공간을 확보하기 위해 개발을 제한하는 공간이다.

① 도심   ② 부도심
③ 위성 도시   ④ 주변 지역
⑤ 개발 제한 구역

개념 1 도시화 과정

(1) 도시화의 의미 도시의 수가 증가하거나 도시에 거주하는 인구 비율이 높아지면서 도시적 생활 양식이 ❶ [　　] 되는 과정

(2) 도시화 과정

초기 단계	❷ [　　] 중심 → 도시화율이 낮고 도시화가 천천히 진행
가속화 단계	산업화 및 이촌 향도 현상 활발 → 도시 인구가 늘어나 급격한 도시화 진행
종착 단계	도시 인구 비율 약 80% → 도시화 속도 둔화, 역도시화 현상 발생

Quiz

도시화 과정 단계 중 산업화와 이촌 향도 현상이 활발한 단계는?

❶ 확대 ❷ 농업

답 | 가속화 단계

개념 2 선진국과 개발 도상국의 도시화와 도시 문제

(1) 선진국과 개발 도상국의 도시화

| 선진국 | 18세기 산업 혁명 이후 서서히 진행, 현재 도시화율은 ❶ [　　] 단계 |
| 개발 도상국 | 제2차 세계 대전 이후 짧은 기간에 빠른 속도로 진행, 이촌 향도 현상 발생 |

(2) 선진국과 개발 도상국의 도시 문제

| 선진국 | 오랜 시간에 걸쳐 도시화 → 도심의 ❷ [　　] 주택 문제, 교통 체증 문제, 도시 주거 및 경제 활동 비용 상승 등 |
| 개발 도상국 | 급속한 도시화 → 특정 지역 개발 집중, 주택 부족, 도시 기반 시설 부족, 일자리 부족, 위생 및 공공 서비스 부족, 환경 오염, 빈부 격차 등 |

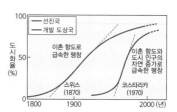

▲ 선진국과 개발 도상국의 도시화 과정

Quiz

제2차 세계 대전 이후 도시화가 짧은 기간에 빠른 속도로 진행되어진 지역은?

❶ 종착 ❷ 노후

답 | 개발 도상국

개념 3 농업의 기업화와 세계화 및 다국적 기업의 발달

(1) 농업의 기업화와 세계화

| 농업의 기업화 | 기업이 막대한 자본과 뛰어난 기술로 기계를 이용해 대량으로 재배 |
| 농업의 세계화 | • 전 세계를 대상으로 농산물의 생산 및 판매가 이루어지는 현상
• 교통·통신의 발달, 세계 무역 기구(WTO) 체제 출범, 자유 무역 확대, 다국적 농업 기업의 등장, 농업 기술의 발달 등으로 이루어짐. |

(2) 다국적 기업의 발달과 생산 공간의 변화

① 다국적 기업의 의미: 국경을 넘어 제품 기획과 생산·판매 활동을 하는 기업

② 다국적 기업의 공간적 분업

본사, 연구소	다양한 정보 수집, 자본 확보에 유리한 ❶ [　　] 입지
연구소	고급 인력 확보에 유리한 선진국 입지
생산 공장	땅값과 노동력이 저렴한 ❷ [　　] 에 주로 입지
판매 지점	수요가 많은 지역

③ 다국적 기업 활동에 따른 지역 변화: 생산 공장 입지 지역(자본 유입, 일자리 증가, 지역 경제 활성화), 생산 공장 폐쇄 지역(실업자 증가, 지역 경제 침체)

(3) 서비스업의 세계화의 배경: 경제 성장과 소득 수준의 향상으로 수요 증가, 교통과 정보 통신의 발달 및 세계화로 인한 국가 간의 활발한 교류, 다국적 기업의 영향력 증가 등

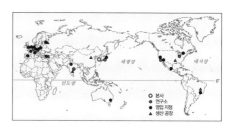

▲ 다국적 기업의 공간 분포와 입지 특성

관광의 세계화로 스마트폰으로 관광 정보도 쉽게 검색하고, 관광지 예약도 빠르게 할 수 있어 좋아!

Quiz

전 세계 여러 국가에서 생산 및 판매 활동을 하는 기업은?

❶ 선진국 ❷ 개발 도상국

답 | 다국적 기업

1-1 오른쪽 도시화 과정 그래프에서 산업화로 인해 도시화가 가장 빠르게 진행되는 단계를 쓰시오.

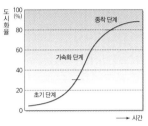

▲ 도시화 과정

풀이 | 도시화 초기 단계는 도시화율이 **❶** [ ] 도시화가 천천히 진행된다. 가속화 단계는 산업화가 **❷** [ ] 진행되면서 이촌 향도 현상이 활발해진다. 종착 단계는 도시 인구 비율이 80%로 도시화의 속도가 느려진다.

❶ 낮고 **❷** 빠르게　**답 |** 가속화 단계

1-2 오른쪽 도시화 과정 그래프의 B에서 가장 활발하게 볼 수 있는 것은?

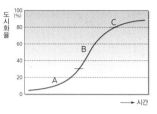

① 촌락　　　　　② 농경지
③ 농업 종사자　　④ 어업 종사자
⑤ 이촌 향도 현상

2-1 다음 그래프의 A, B에 들어갈 알맞은 말을 쓰시오.

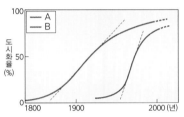

▲ 선진국과 개발 도상국의 도시화 과정

풀이 | 선진국의 도시화는 산업 혁명 이후 오랜 기간에 걸쳐 **❶** [ ] 진행된 반면, 개발 도상국의 도시화는 제2차 세계 대전 이후 짧은 기간에 **❷** [ ] 속도로 진행되었다.

❶ 서서히 **❷** 빠른　**답 |** A 선진국, B 개발 도상국

2-2 왼쪽 **2-1**번 문제 그래프의 A에 해당하는 지역을 ┤보기├에서 고르면?

┌─ 보기 ─────────────
ㄱ. 유럽
ㄴ. 아프리카
ㄷ. 동남아시아
ㄹ. 북아메리카
└────────────────

① ㄱ, ㄴ　　② ㄱ, ㄹ　　③ ㄴ, ㄷ
④ ㄴ, ㄹ　　⑤ ㄷ, ㄹ

3-1 다음 지도를 보고 ㉠, ㉡에 들어갈 알맞은 말을 쓰시오.

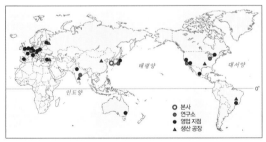

▲ H 자동차 회사의 공간적 분업

┌─────────────────────
　다국적 기업의 본사와 연구소는 주로 (㉠)에 위치하며, 다국적 기업의 생산 공장이 들어선 지역에서는 일자리가 (㉡)하고 경제가 활성화된다.
└─────────────────────

풀이 | 다국적 기업이 들어서는 지역은 자본 유입, **❶** [ ] 증가, 지역 경제 활성화 등이 나타나고, 다국적 기업이 떠나가는 지역은 **❷** [ ] 증가, 지역 경제 침체 등이 나타난다.

❶ 일자리 **❷** 실업자　**답 |** ㉠ 선진국 ㉡ 증가

3-2 다국적 기업이 들어선 지역의 변화 모습에 해당하는 것을 ┤보기├에서 고르면?

┌─ 보기 ─────────────
ㄱ. 실업자 증가
ㄴ. 일자리 증가
ㄷ. 지역 경제 침체
ㄹ. 지역 경제 활성화
└────────────────

① ㄱ, ㄴ　　② ㄱ, ㄹ　　③ ㄴ, ㄷ
④ ㄴ, ㄹ　　⑤ ㄷ, ㄹ

바탕 문제

세계에서 인구가 밀집하여 분포하는 지역은?

➡ ❶ 이 발달한 서부 유럽과 미국 북동부, ❷ 가 활발한 동·남부 아시아 지역은 대표적인 인구 밀집 지역이다.

답 | ❶ 산업 ❷ 벼농사

1 다음 물음에 알맞은 답을 고르면?

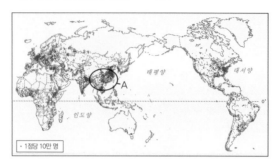

지도의 A 지역에서 인구가 조밀하게 나타나는 이유는 무엇일까요?

① 지하자원이 풍부하기 때문에

② 산지가 많은 지역이기 때문에

③ 하천과 평야가 발달했기 때문에

④ 고도의 첨단 산업이 발달했기 때문에

⑤ 급속한 경제 발달을 이루었기 때문에

바탕 문제

우리나라의 인구 문제는?

➡ 우리나라는 저출산·고령화 문제가 나타나고 있다. 저출산 문제가 지속되면 ❶ 감소, 노동력 부족, 경제 성장 둔화, 경기 침체 등 문제가 나타날 수 있다. 고령화 현상이 지속되면 노인 부양 비용 및 사회 복지 비용 ❷ , 국가 경쟁력 약화 등의 문제가 나타난다.

답 | ❶ 인구 ❷ 증가

2 다음 그래프에 대한 설명으로 옳지 않은 것을 ┃보기┃에서 고르면?

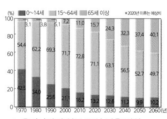

▲ 우리나라의 인구 구성 비율 변화

┌ 보기 ┐
ㄱ. 출산율이 점점 높아진다.
ㄴ. 전체 인구수가 빠르게 증가한다.
ㄷ. 노인 인구 부양비는 계속 증가한다.
ㄹ. 우리나라는 노동력 부족으로 경제 성장이 둔화된다.

① ㄱ, ㄴ   ② ㄱ, ㄷ   ③ ㄴ, ㄷ   ④ ㄴ, ㄹ   ⑤ ㄷ, ㄹ

바탕 문제

도시의 특징은?

➡ 도시는 일정한 지역의 정치·경제·문화의 ❶ 역할을 한다. 도시는 많은 사람이 모여 살기 때문에 인구 ❷ 가 높다. 토지의 이용이 매우 집약적이고, 2·3차 산업에 종사하는 사람들이 많다. 또한 도시에는 생활 편의 시설과 각종 기능이 집중되어 있다.

답 | ❶ 중심지 ❷ 밀도

3 다음 사진에 나타난 지역의 특징으로 옳지 않은 것은?

▲ 프랑스 파리

▲ 미국 뉴욕

① 인구 밀도가 낮은 편이다.

② 토지의 이용이 매우 집약적이다.

③ 2·3차 산업에 종사하는 사람들이 많다.

④ 생활 편의 시설과 각종 기능이 집중되어 있다.

⑤ 지역의 정치·경제·문화의 중심지 역할을 한다.

도시 내부의 지역 분화는?

➡ 도심은 ❶ [　　] 이 편리하고 접근성이 높아 상업과 업무 기능이 발달하여 지가가 비싼 편이다. 도심에서 주변 지역으로 가면서 접근성이 낮아지면서 건물의 높이가 낮아지고, 주거와 공업 기능 중심으로 변화하며 지가가 ❷ [　　] 편이다.

답 | ❶ 교통 ❷ 낮은

4 다음 (가), (나) 지역에 대한 설명으로 옳은 것을 ⏐보기⏐에서 고르면?

(가)　　　　　(나)

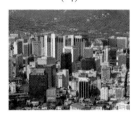 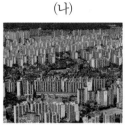

┌─ 보기 ┐

ㄱ. (가)는 (나)보다 지가가 비싸다.

ㄴ. (가)보다 (나)의 접근성이 더 높다.

ㄷ. (가)는 교통이 편리한 곳에 위치한다.

ㄹ. (나)는 (가)보다 업무 및 상업 기능이 발달해 있다.

① ㄱ, ㄴ　　② ㄱ, ㄷ　　③ ㄴ, ㄷ　　④ ㄴ, ㄹ　　⑤ ㄷ, ㄹ

선진국의 도시 문제는?

➡ 선진국은 대도시의 ❶ [　　] 감소, 시설 노후화, 도심의 ❷ [　　] 주택 문제, 교통 체증 문제, 실업률 상승, 범죄 문제, 노숙자 문제, 이주민과의 갈등 등 다양한 문제를 가지고 있다.

답 | ❶ 인구 ❷ 노후

5 선진국과 개발 도상국의 도시 문제에 대한 대화 내용으로 옳지 <u>않은</u> 것은?

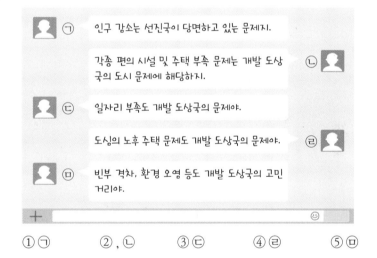

ⓗ 인구 감소는 선진국이 당면하고 있는 문제지.

ⓛ 각종 편의 시설 및 주택 부족 문제는 개발 도상국의 도시 문제에 해당하지.

ⓒ 일자리 부족도 개발 도상국의 문제야.

ⓡ 도심의 노후 주택 문제도 개발 도상국의 문제야.

ⓜ 빈부 격차, 환경 오염 등도 개발 도상국의 고민거리야.

① ㉠　　② ㉡　　③ ㉢　　④ ㉣　　⑤ ㉤

서비스업의 세계화는?

➡ 서비스업의 세계화는 서비스업이 국가의 경계를 넘어 세계적으로 확대되는 현상을 말한다. 경제 성장과 소득 수준의 향상으로 인한 수요 증가, ❶ [　　] 과 정보 통신의 발달 및 세계화로 인한 국가 간의 활발한 ❷ [　　], 다국적 기업의 영향력 증가 등으로 서비스업의 세계화가 이루어지고 있다.

답 | ❶ 교통 ❷ 교류

6 다음은 해외 직접 구매의 모습이다. 이와 같은 현상이 나타나게 된 배경을 ⏐보기⏐에서 고르면?

┌─ 보기 ┐

ㄱ. 국가 간의 교류 감소

ㄴ. 교통과 정보 통신의 발달

ㄷ. 경제 성장과 소득 수준의 향상

ㄹ. 다국적 기업의 활동 비중 축소

① ㄱ, ㄴ　　② ㄱ, ㄷ　　③ ㄴ, ㄷ　　④ ㄴ, ㄹ　　⑤ ㄷ, ㄹ

전략 1 세계의 인구 분포

- 세계의 인구 분포: 산업 혁명 이후 과학 기술의 발달로 ❶ [ ] 요인보다 인문·사회적 요인의 영향이 커짐.
- 우리나라의 인구 분포: 산업화 이전은 농업 중심 사회로 기후가 온화하고 평야가 발달한 ❷ [ ] 지역에 인구가 밀집, 산업화 이후는 이촌 향도 현상으로 수도권과 대도시, 남동 임해 공업 지역에 인구가 밀집

❶ 자연적 ❷ 남서부

필수 예제 1

(1) 다음에 제시된 지역에 인구가 밀집한 공통적인 원인으로 가장 알맞은 것을 | 보기 |에서 골라 기호를 쓰시오.

| • 서부 유럽 | • 미국의 북동부 지역 |

┌ 보기 ┐
ㄱ. 산지 발달　　　　ㄴ. 산업 발달
ㄷ. 많은 강수량　　　ㄹ. 풍부한 천연자원

(2) 다음 ㉠, ㉡에 들어갈 알맞은 말을 쓰시오.

> 우리나라는 산업화 이전에 벼농사 중심의 농업 사회였다. 따라서 기후가 온화하고 평야가 발달한 (㉠) 지역은 벼농사에 유리하여 인구가 밀집했다. 반면 기온이 낮고 산지가 많은 (㉡) 지역은 인구가 희박했다.

풀이 | (1) 인구 밀집 지역

자연적 요인	기후가 온화한 지역, 평야가 넓은 지역, 토양이 비옥한 지역 → 농업에 유리
인문적 요인	산업 발달로 일자리가 풍부한 지역, 교통이 편리한 지역, 교육과 문화 시설을 갖춘 지역

답 | ㄴ

(2) 우리나라의 인구 분포

산업화 이전	기후가 온화하고 평야가 발달한 남서부 지역은 인구 밀집, 기온이 낮고 산지가 많은 북동부 지역은 인구 희박
산업화 이후	대도시와 수도권 및 남동 임해 공업 지역(이촌 향도 현상 발생)은 인구 밀집, 산지 지역과 농어촌 지역은 인구 희박

답 | ㉠ 남서부 ㉡ 북동부

1-1 A, B 지역의 인구 분포에 대한 설명으로 옳지 <u>않은</u> 것은?

① A는 일찍부터 산업화가 이루어진 지역이다.
② A는 좁은 지역에 많은 인구가 밀집되어 있다.
③ B는 계절풍 기후 지역으로 벼농사에 유리하다.
④ A는 온대 기후가 주로 나타나 거주에 유리하다.
⑤ B는 해발 고도가 높은 곳에 위치하고 있으며 고산 도시가 발달하였다.

1-2 오른쪽 지도에 나타난 시기의 우리나라의 인구 분포 특징으로 옳지 <u>않</u>은 것을 고르면?

① 농촌 지역에 인구가 밀집하였다.
② 자연적인 요인이 큰 영향을 주었다.
③ 강원도 산간 지역의 인구가 많았다.
④ 남서부 지역에 많은 인구가 집중하고 있다.
⑤ 평야의 발달이 인구 분포에 큰 영향을 끼쳤다.

전략 2 인구 이동

- 인구 이동의 유형: 강제적 이동, 종교적 이동, 경제적 이동, 정치적 이동, 환경적 이동 등
- 우리나라의 국내 인구 이동: 1960년대 ❶ [   ] 현상(수도권, 대도시, 신흥 공업 도시로 이동), 1990년대 역도시화 현상
  (쾌적한 생활 환경을 찾아 도시 ❷ [   ] 지역이나 농촌으로 이동)

❶ 이촌 향도 ❷ 주변

필수 예제 2

(1) 인구 이동의 흡인 요인을 |보기|에서 모두 골라 기호를 쓰시오.

> **보기**
> ㄱ. 자연재해   ㄴ. 높은 임금
> ㄷ. 일자리 부족   ㄹ. 편리한 교통
> ㅁ. 정치적 혼란   ㅂ. 다양한 문화 시설

(2) 다음 (가), (나) 사진에 해당하는 인구 이동의 유형을 쓰시오.

(가)

▲ 시리아 난민 구조 보트

(나)

▲ 싱가포르의 차이나타운

풀이 | (1) 인구 이동의 요인

인구 이동의 흡인 요인	풍부한 일자리, 높은 임금, 좋은 교육 및 문화 시설, 쾌적한 생활 환경, 정치적 안정 등
인구 이동의 배출 요인	빈곤, 일자리 부족, 낮은 임금, 열악한 생활 환경, 교육 및 문화 시설의 부족, 전쟁과 분쟁 등

답 | ㄴ, ㄹ, ㅂ

(2) 세계의 인구 이동

강제적 이동	과거 노예 무역으로 아프리카 흑인들이 아메리카로 이동
종교적 이동	과거 영국 청교도들의 아메리카 이동
경제적 이동	• 과거: 신항로 개척 이후 유럽인들이 아메리카로 이동, 중국인들의 동남아시아 이동 • 오늘날: 개발 도상국에서 선진국으로 이동
정치적 이동	전쟁이나 분쟁을 피하기 위한 난민의 이동
환경적 이동	지구 온난화와 자연재해의 증가로 이동

답 | (가) 정치적 이동 (나) 경제적 이동

2-1 오른쪽 지도에 나타난 모로코 지역의 인구 유출 요인으로 적절한 것을 |보기|에서 고르면?

> **보기**
> ㄱ. 낮은 임금
> ㄴ. 노동력 부족
> ㄷ. 일자리 부족
> ㄹ. 쾌적한 생활 환경

▲ 모로코 출신 이주자의 도착 국가(2015년)

① ㄱ, ㄴ   ② ㄱ, ㄷ   ③ ㄴ, ㄷ
④ ㄴ, ㄹ   ⑤ ㄷ, ㄹ

2-2 다음 그림에 나타나고 있는 인구 이동의 유형으로 옳은 것은?

▲ 노예 무역

① 경제적 이동
② 강제적 이동
③ 정치적 이동
④ 종교적 이동
⑤ 환경적 이동

전략 3 인구 문제

- 선진국: 저출산·❶ [   ] 현상 → 인구 정체 및 감소, 경제 성장 둔화, 노인 인구 부양 비용 증가
- 개발 도상국: 인구 급증, 도시 과밀 문제(이촌 향도 현상), 일부 국가의 성비 불균형
- 우리나라: 저출산·고령화 현상 → 인구 감소, ❷ [   ] 부족, 경제 성장 둔화

❶ 고령화 ❷ 노동력

필수 예제 3

(1) 다음 빈칸에 들어갈 알맞은 말을 쓰시오.

> 선진국에서는 여성의 사회 참여 증가, 결혼 및 출산에 대한 가치관 변화로 출산율이 낮아졌다. 또한 의학의 발달과 생활 수준의 향상으로 평균 수명이 늘어나면서 노인 인구 비율이 (   )하고 있다. 이와 같이 선진국에서 저출산·고령화 현상이 나타나고 있다.

(2) 다음 두 가지 포스터를 통해 알 수 있는 1960~1970년대 우리나라의 인구 문제 대책은 무엇인지 쓰시오.

풀이 | (1) 선진국의 인구 문제와 대책

저출산	• 의미: 아이를 적게 낳는 현상, 산업 구조 변화 및 결혼과 자녀에 대한 가치관 변화 등으로 발생 • 대책: 양성평등 문화, 출산 장려 정책
고령화	• 의미: 한 사회에서 노인 인구의 비율이 높아지는 현상, 생활 수준 향상 및 의학 기술 발달로 평균 수명이 연장되어 발생 • 대책: 노인 복지 정책 시행(정년 연장, 연금 제도 개선, 실버산업 확대, 노인 일자리 창출 등)

답 | 증가

(2) 개발 도상국의 인구 문제와 대책

인구 급증	• 낮은 인구 부양력으로 기아, 빈곤 등 발생 • 출산 억제 정책 실시, 인구 부양력 증대
성비 불균형	• 남아 선호 사상 • 양성평등 정책 실시
대도시 인구 과밀	• 산업화에 따른 이촌 향도 현상 • 도시 인구 및 기능 분산 정책 실시

답 | 출산 억제 정책

3-1 다음 합계 출산율 그래프를 통해 알 수 있는 선진국의 인구 문제에 대한 대책으로 옳지 <u>않은</u> 것은?

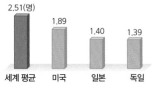

▲ 주요 선진국의 합계 출산율

① 양성평등 문화   ② 보육 시설 확충
③ 육아 휴직 제도   ④ 외국인 근로자 고용
⑤ 출산 억제 정책 실시

3-2 다음 합계 출산율 그래프를 통해 알 수 있는 개발 도상국의 인구 문제로 옳은 것은?

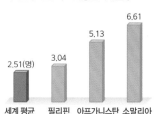

▲ 주요 개발 도상국의 합계 출산율

① 인구 급증   ② 고령화 현상
③ 저출산 현상   ④ 경제 성장 둔화
⑤ 인구 정체 및 감소

전략 4 세계의 다양한 도시 및 도시 내부 경관

• 도시: 일정한 지역에 정치·경제·문화의 중심지 역할을 하고, 인구 밀도가 높으며, 사람들이 2·3차 산업에 종사함.
• 도시 내부 구조: 도심(중심 업무 지구), ❶ [   ](도심의 기능을 분담), 중간 지역(주택, 학교, 공장 등 혼재), 주변 지역(주거 및 공업 지역 형성), 개발 제한 구역(도시의 무질서한 팽창을 막기 위해 개발 제한), ❷ [   ](대도시의 일부 기능 분담)

❶ 부도심 ❷ 위성 도시

필수 예제 **4**

(1) 다음 빈칸에 들어갈 알맞은 말을 쓰시오.

> (   )는 세계적 영향력을 가진 금융 기관, 다국적 기업의 본사, 각종 국제기구 등이 집중된 곳으로, 세계 경제 활동의 중심지 역할을 한다. 미국 뉴욕, 영국 런던, 일본 도쿄 등을 예로 들 수 있다.

(2) 다음 빈칸에 공통으로 들어갈 알맞은 말을 쓰시오.

> 도심은 어디에서나 쉽게 접근할 수 있어서 (   )가 높고, 도심에서 멀어질수록 접근성이 낮아지면서 (   )도 낮아진다.

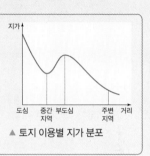
▲ 토지 이용별 지가 분포

풀이 | (1) 세계적으로 유명하거나 매력적인 도시

세계 도시	국제 금융 기관, 다국적 기업의 본사, 각종 국제기구가 집중된 곳으로, 세계 경제 활동의 중심지 역할을 하는 도시(미국 뉴욕, 영국 런던, 일본 도쿄 등)
역사 유적 도시	오랜 세월에 걸쳐 만들어진 유물과 유적이 많은 도시(이탈리아 로마, 그리스 아테네, 터키 이스탄불 등)
생태 도시	자연과 인간이 조화롭게 공존하는 도시(독일 프라이부르크, 브라질 쿠리치바 등)

답 | 세계 도시

(2) 도시 내부의 지역 분화

의미	같은 종류의 기능은 모이고 다른 종류의 기능은 분리되면서 비슷한 기능끼리 모이는 현상
원인	• 접근성: 교통이 편리한 지역일수록 접근성이 높음. • 지가: 접근성이 높은 지역일수록 땅값인 지가가 비싸짐.
과정	도시의 규모가 작을 때는 각종 기능이 도시 내부에 섞여 있지만, 도시의 규모가 커지면서 지역 분화가 나타남.

답 | 지가

4-1 다음 중 세계 도시의 특징으로 옳은 것을 | 보기 |에서 고르면?

> ┌ 보기 ┐
> ㄱ. 자연과 인간이 조화롭게 공존한다.
> ㄴ. 미국 뉴욕, 영국 런던 등이 해당한다.
> ㄷ. 세계 경제 활동의 중심지 역할을 한다.
> ㄹ. 오랜 세월에 걸쳐 만들어진 유물, 유적이 많다.

① ㄱ, ㄴ   ② ㄱ, ㄷ   ③ ㄴ, ㄷ
④ ㄴ, ㄹ   ⑤ ㄷ, ㄹ

4-2 다음 ㉠에 들어갈 현상에 영향을 미치는 원인으로 알맞은 것을 | 보기 |에서 고르면?

> 도시가 점차 성장하면서, 비슷한 기능끼리는 모이고, 서로 다른 기능끼리는 분리되는 도시 내부의 (㉠   ) 현상이 나타난다.

> ┌ 보기 ┐
> ㄱ. 지대   ㄴ. 서비스
> ㄷ. 접근성   ㄹ. 넓은 용지

① ㄱ, ㄴ   ② ㄱ, ㄷ   ③ ㄴ, ㄷ
④ ㄴ, ㄹ   ⑤ ㄷ, ㄹ

1 다음 세계 인구 분포 지도에 나타난 특징으로 옳지 <u>않은</u> 것은?

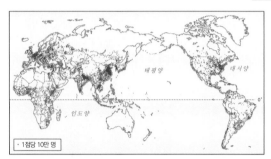

・1점당 10만 명

┌─ 보기 ─────────────────────────────┐
ㄱ. 세계 인구의 90%가 북반구에 분포한다.
ㄴ. 고위도 지역에 많은 인구가 분포하고 있다.
ㄷ. 해안 지역보다 내륙 지역의 인구 밀도가 높다.
ㄹ. 세계의 인구는 모든 지역에 매우 불균등하게 분포한다.
└────────────────────────────────┘

① ㄱ, ㄴ   ② ㄱ, ㄹ   ③ ㄴ, ㄷ   ④ ㄴ, ㄹ   ⑤ ㄷ, ㄹ

문제 해결 전략

세계의 인구는 특정 지역에 집중적으로 분포하여 불균등하게 분포하고 있다. 전 세계 인구의 90% 이상은 ❶◻◻◻◻, 기후가 온화한 위도 20°∼40°의 ❷◻◻◻ 지역에 분포하고 있다. 그리고 해발 고도가 낮은 평야 지대나 해안 지역에 많은 사람들이 산다.

❶ 북반구 ❷ 중위도

2 다음 지도와 같이 우리나라 인구 분포가 변화하게 된 요인으로 옳지 <u>않은</u> 것은?

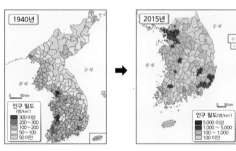

① 산업의 발달   ② 도시의 발달   ③ 풍부한 일자리
④ 이촌 향도 현상   ⑤ 적합한 기후 조건

문제 해결 전략

과거에 우리나라는 기후가 온화하고 평야가 발달하여 ❶◻◻◻에 유리한 남서부 지역에 인구가 밀집하였다. 하지만, 1960년대 이후 산업화와 도시화가 진행되면서 ❷◻◻◻가 풍부한 도시로 이동하는 이촌 향도 현상으로 인해 수도권과 대도시 및 남동 임해 지역에 인구가 밀집하고 있다.

❶ 벼농사 ❷ 일자리

3 다음 내용에 해당하는 인구 이동을 지도의 A∼E에서 고르면?

┌──┐
신항로 개척 이후 유럽인들은 신대륙을 개척하려고 신대륙으로 이동하였다.
└──┘

① A   ② B   ③ C   ④ D   ⑤ E

문제 해결 전략

과거 노예 무역으로 아프리카 흑인들의 아메리카 대륙 이동은 ❶◻◻◻ 이동, 과거 영국 청교도들이 종교의 자유를 찾아 아메리카 대륙으로 이동한 것은 ❷◻◻◻ 이동, 전쟁이나 분쟁을 피하기 위한 난민의 이동은 정치적 이동에 해당한다.

❶ 강제적 ❷ 종교적

4 다음과 같은 노년층의 인구 변화로 나타나게 될 문제로 알맞은 것을 |보기|에서 고르면?

2015년   2060년

▲ 노인 1명을 부양하는 생산 가능 인구의 변화

┌ 보기 ┐
ㄱ. 노동력 부족   ㄴ. 일자리 부족
ㄷ. 식량 및 자원 부족   ㄹ. 노인 복지 비용 증가

① ㄱ, ㄴ   ② ㄱ, ㄹ   ③ ㄴ, ㄷ   ④ ㄴ, ㄹ   ⑤ ㄷ, ㄹ

---

5 다음 자료와 같은 모습이 도시에서 나타나는 이유로 가장 적절한 것은?

도시는 촌락에 비해 고층 빌딩과 높은 건물이 많다. 도시는 이렇게 높은 건물을 지어 토지를 매우 집약적으로 이용하고 있다.

① 녹지의 비율이 낮기 때문이다.
② 주민들의 소득이 높기 때문이다.
③ 주민들이 2·3차 산업에 종사하기 때문이다.
④ 촌락에 비해 젊은 인구 비율이 높기 때문이다.
⑤ 한정된 공간을 효율적으로 이용해야 하기 때문이다.

---

6 다음 (가), (나), (다)에 해당하는 것을 아래 도시 내부 구조 모식도에서 찾아 바르게 연결한 것은?

(가) 대도시의 일부 기능을 분담한다.
(나) 교통이 편리해 도시 내부에서 접근성이 가장 크다.
(다) 도심과 주변 지역을 연결하는 교통이 편리한 곳에 형성된다.

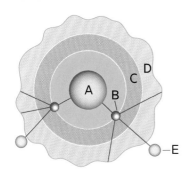

	(가)	(나)	(다)
①	A	B	E
②	A	C	B
③	B	A	E
④	E	B	A
⑤	E	A	B

전략 1 · 도시화의 의미 및 도시화 과정

- 도시화: 도시의 수가 증가하거나 도시에 거주하는 인구 비율이 높아지면서 도시적 생활 양식이 ❶ □□ 되는 과정
- 도시화 과정: 도시화 곡선은 S자 형태로 나타나며, 도시화율에 따라 초기 단계, ❷ □□ 단계, 종착 단계로 나뉨. ➡ 한 국가의 산업 및 경제 수준을 파악할 수 있음.

❶ 확대 ❷ 가속화

필수 예제 1

(1) 다음 빈칸에 들어갈 알맞은 말을 쓰시오.

( )는 도시의 수가 증가하거나 도시에 사는 사람의 비율이 높아지면서 도시적 생활 양식이 확대되는 과정이다.

(2) 미국, 영국, 독일과 같은 국가의 현재 도시화 단계를 도시화 과정 그래프의 A~C에서 찾아 쓰시오.

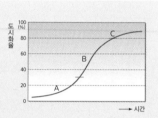

풀이 | (1) 도시화의 의미와 특징

의미	도시의 수가 증가하거나 도시에 거주하는 인구 비율이 높아지면서 도시적 생활 양식이 확대되는 과정
특징	일반적으로 산업화와 함께 진행됨, 인구가 증가하고 도시의 면적이 넓어짐, 주민의 경제 활동은 공업과 서비스업 위주로 변화함.

답 | 도시화

(2) 도시화의 단계별 특징

초기 단계	농업 중심 → 도시화율이 낮고 도시화가 천천히 진행
가속화 단계	산업화 및 이촌 향도 현상 활발 → 도시 인구가 늘어나 급격한 도시화 진행
종착 단계	도시 인구 비율 약 80% → 도시 간 인구 이동 활발, 도시화 속도 둔화, 역도시화 현상

답 | C

1-1 다음 검색창의 빈칸에 들어갈 내용과 관련이 <u>없는</u> 것은?

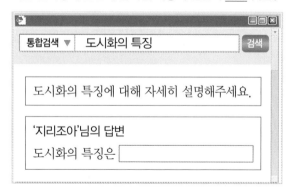

① 도시 면적이 넓어진다.
② 도시적 생활 양식이 확대된다.
③ 일반적으로 산업화와 함께 진행된다.
④ 공업과 서비스업 위주의 경제 활동을 한다.
⑤ 도시의 수는 줄지만 인구의 비율은 증가한다.

1-2 다음 도시화 과정 그래프에 대한 설명으로 옳은 것은?

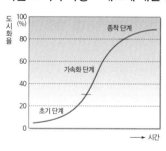

① 초기 단계에서는 이촌 향도 현상이 나타난다.
② 가속화 단계에서는 1차 산업이 중심을 이룬다.
③ 종착 단계에서 도시화 진행 속도가 가장 빠르다.
④ 초기 단계에서는 도시의 인구가 급격히 증가한다.
⑤ 빠르게 성장 중인 개발 도상국은 현재 가속화 단계에 해당한다.

전략 2 선진국과 개발 도상국의 도시화와 도시 문제

- 도시화와 도시 문제
  - 선진국은 18세기 ❶ [_____] 이후 오랜 기간에 걸쳐 서서히 진행(인구 감소 및 정체, 도심 노후 주택 문제)
  - 개발 도상국은 제2차 세계 대전 이후 짧은 기간에 ❷ [_____] 속도로 진행(과밀 도시화, 각종 시설 부족 문제, 환경 문제)
- 살기 좋은 도시: 거주민의 삶의 질이 좋은 도시 ➡ 쾌적한 자연환경, 높은 사회적 안정성, 풍부한 일자리 등

❶ 산업 혁명 ❷ 빠른

필수 예제 2

(1) 오른쪽 그래프의 A의 현재 도시화 과정과 관련 있는 내용을 | 보기 |에서 골라 기호를 쓰시오.

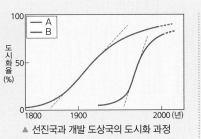
▲ 선진국과 개발 도상국의 도시화 과정

┌ 보기 ─────────────
ㄱ. 종착 단계   ㄴ. 급속하게 진행
ㄷ. 역도시화 현상 발생   ㄹ. 이촌 향도 현상 발생
└──────────────────

(2) 살기 좋은 도시의 조건을 | 보기 |에서 골라 기호를 쓰시오.

┌ 보기 ─────────────
ㄱ. 자연환경이 쾌적하다.
ㄴ. 일자리가 부족한 편이다.
ㄷ. 건물이 오래되어 노후화되었다.
ㄹ. 생활 편의 시설이 잘 갖추어져 있다.
└──────────────────

풀이 | (1) 선진국과 개발 도상국의 도시화

선진국	18세기 산업 혁명 이후 오랜 기간에 걸쳐 서서히 진행, 현재 도시화율은 종착 단계, 역도시화 현상 발생
개발 도상국	제2차 세계 대전 이후 짧은 기간에 빠른 속도로 진행, 이촌 향도 현상 발생, 인구의 자연적 증가도 발생

답 | ㄱ, ㄷ

(2) 살기 좋은 도시

의미	거주민의 삶의 질이 높은 도시
조건	쾌적한 자연환경, 높은 사회적 안정성, 풍부한 일자리, 다양한 생활 편의 시설, 도시 문제의 해결 역량 등
대표 도시	오스트리아 빈, 오스트레일리아 멜버른, 브라질 쿠리치바, 캐나다 밴쿠버 등

답 | ㄱ, ㄹ

2-1 다음 선진국과 개발 도상국의 도시화 과정 그래프에 대한 설명으로 옳은 것은?

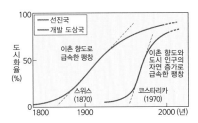

① 도시화율은 개발 도상국이 더 높다.
② 선진국의 도시화는 서서히 이루어졌다.
③ 도시화 속도는 선진국이 훨씬 더 빠르다.
④ 선진국의 도시화는 인구의 자연적 증가 때문이다.
⑤ 개발 도상국의 도시화는 19세기 후반부터 시작되었다.

2-2 다음과 같은 도시들의 공통점으로 적절한 것은?

- 오스트리아의 빈
- 브라질의 쿠리치바
- 오스트레일리아의 멜버른

① 삶의 질이 높은 살기 좋은 도시이다.
② 최근 공업이 발달한 신흥 공업 도시이다.
③ 행정 기능을 분담하고 있는 위성 도시이다.
④ 환경 오염이 심각하게 나타나고 있는 지역이다.
⑤ 대도시의 인구 분산을 목적으로 건설된 신도시이다.

전략 3 농업 생산의 기업화와 세계화 및 지역 변화

• 농업의 기업화와 세계화: 농업의 기업화(많은 자본과 기술을 투입 → 기계를 이용해 ❶ [   ]으로 농작물을 재배), 농업의 세계화(교통의 발달 → 전 세계를 대상으로 한 농작물의 생산과 판매)
• 농산물 생산 지역의 변화: 생산 지역의 변화(❷ [   ] 농업의 확대), 소비 지역의 변화(다양한 농산물의 소비 증가)

❶ 대량 ❷ 상업적

필수 예제 3

(1) 다음 미국 미네소타의 밀 수확 사진과 관련 있는 것을 ┃보기┃에서 골라 기호를 쓰시오.

┃보기┃
ㄱ. 대량 생산
ㄴ. 소량 생산
ㄷ. 기업적 농업
ㄹ. 소규모 자영 농업

(2) 다음 빈칸에 들어갈 알맞은 말을 쓰시오.

> (   )는 한 나라의 식량 소비량 중 국내 생산량이 차지하는 비율을 말한다. 우리나라에서는 다른 작물에 비해 쌀의 자급률이 높은 편이다.

풀이 | (1) 농업 생산의 기업화와 세계화

농업의 기업화	기업이 많은 자본과 기술을 투입해서 기계를 이용해 대량으로 농산물을 재배, 판매
농업의 세계화	• 전 세계를 대상으로 농작물의 생산과 판매 • 배경: 교통·통신의 발달, 세계 무역 기구(WTO) 체제 출범, 자유 무역 확대, 다국적 농업 기업 등장, 농업 기술 발달, 다양한 농산물에 대한 수요 증가

답 | ㄱ, ㄷ

(2) 농업 생산의 기업화와 세계화에 따른 변화

생산 지역 변화	• 생산 구조: 상업적 농업의 확대, 소규모 자영 농 감소 • 토지 이용: 상품 작물 재배 면적 확대
소비 지역 변화	다양한 농산물의 소비 증가, 농산물의 해외 의존도 증가, 식량 자급률 하락에 따른 안정적인 식량 확보의 어려움, 농산물의 안전성 문제 발생, 식생활 변화(육류, 커피 등의 소비량 증가 및 식량 작물 소비량 감소)

답 | 식량 자급률

3-1 다음은 세계적 농업 회사의 생산과 판매 시스템을 나타낸 지도이다. 이와 같이 농업의 세계화가 나타나게 배경으로 옳지 않은 것은?

① 자유 무역의 확대
② 교통과 통신의 발달
③ 다국적 농업 기업의 등장
④ 다양한 농산물에 대한 수요 감소
⑤ 세계 무역 기구(WTO) 체제의 출범

3-2 농산물 소비 지역 변화에 대한 내용으로 옳은 것을 ┃보기┃에서 고르면?

┃보기┃
ㄱ. 안정적인 식량 확보 가능
ㄴ. 농산물의 안전성 문제 발생
ㄷ. 농산물의 해외 의존도 증가
ㄹ. 전체적인 식량 자급률의 증가

① ㄱ, ㄴ   ② ㄱ, ㄹ   ③ ㄴ, ㄷ
④ ㄴ, ㄹ   ⑤ ㄷ, ㄹ

전략 4 **다국적 기업과 생산 지역 변화 및 서비스업의 세계화**

- 다국적 기업의 의미: 두 개 이상의 국가에서 전 세계를 대상으로 ❶ ▢▢▢▢▢ 및 판매 활동을 하는 기업
- 서비스업의 세계화: 서비스업이 범위를 확장하며, 서비스업의 분화가 이루어짐.(교통과 정보 통신의 발달, 세계화로 인한 국가 간의 활발한 교류, 경제 성장과 소득 수준의 향상, ❷ ▢▢▢▢ 기업의 영향력 증대 등이 배경)

❶ 생산 ❷ 다국적

필수 예제 4

(1) 다음 빈칸에 들어갈 알맞은 말을 쓰시오.

> 다국적 기업은 생산비가 저렴하거나 기업 활동이 유리한 곳을 찾아 ( )을 이전한다. 본국보다 임금이 저렴한 국가로 이전하였다가 그 국가의 임금이 오르면 더 낮은 국가로 이전하고, 소비 시장이 더 넓은 국가로 이전하기도 한다.

(2) 다음 설명에 해당하는 것은 무엇인지 쓰시오.

> 1·2차 산업에서 생산한 상품이나 서비스를 다른 산업이나 사람에게 제공하는 3차 산업이다.
> 상업, 금융업, 보험업, 통신업, 관광업 등이 해당한다.

풀이 | (1) 다국적 기업의 기능별 입지 특성

본사	정보 수집과 자본 확보에 유리한 선진국
연구소	전문 인력 확보에 유리한 선진국
생산 공장	지가가 낮고 저임금 노동력이 풍부한 개발 도상국, 무역 장벽 극복과 시장 개척에 유리한 일부 선진국
판매 지점	수요가 많은 대도시

답 | 생산 공장

(2) 서비스업의 변화와 생활 모습의 변화

서비스업의 변화	• 전 세계를 대상으로 범위 확장 • 서비스업의 분화(서비스의 생산, 판매, 사후 관리 등 단계를 나누어 제공)
생활 모습의 변화	• 인터넷과 스마트폰을 이용한 서비스 제공 → 온라인 주문 확대, 물리적 거리에 관계없이 상품 구매 • 국외로 범위 확대 → 해외 직접 구매 증가

답 | 서비스업

4-1 다음에 제시된 다국적 기업의 공간적 분업 지도에 대한 설명으로 옳지 <u>않은</u> 것은?

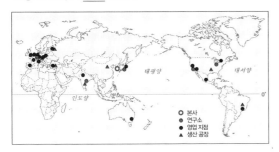

① 다국적 기업이 영향력이 줄어들고 있다.
② 교통과 정보 통신 기술이 발달하면서 등장했다.
③ 세계화로 국가 간 교류가 활발해지면서 등장했다.
④ 세계 여러 국가에서 연구소, 생산 공장을 운영한다.
⑤ 전 세계를 대상으로 제품 생산과 판매 활동을 한다.

4-2 다음 그래프와 같이 해외 직접 구매가 점점 늘어나는 까닭으로 옳지 <u>않은</u> 것은?

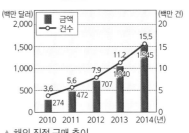

▲ 해외 직접 구매 추이

① 국내 기업의 경쟁력이 커졌다.
② 저렴한 가격으로 구매할 수 있다.
③ 인터넷 쇼핑몰에서 구매할 수 있다.
④ 인터넷과 같은 정보 통신이 발달하였다.
⑤ 다양한 물건을 원하는 시간에 구매할 수 있다.

1 오른쪽 도시화 단계 그래프의 A 단계에서 일어나는 현상을 | 보기 |에서 고르면?

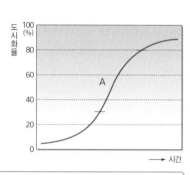

| 보기 |
ㄱ. 도시화의 속도가 둔화된다.
ㄴ. 이촌 향도 현상이 나타난다.
ㄷ. 1차 산업의 비중이 높아진다.
ㄹ. 도시로 인구가 집중하여 도시 문제가 발생한다.

① ㄱ, ㄴ   ② ㄱ, ㄷ   ③ ㄴ, ㄷ   ④ ㄴ, ㄹ   ⑤ ㄷ, ㄹ

> **문제 해결 전략**
>
> 도시화 단계 중 초기 단계는 도시화율이 매우 낮고 완만하게 상승한다. 가속화 단계는 본격적으로 **❶**   가 진행되면서 도시화율이 급격하게 상승한다. 또한 제조업과 서비스업이 발달하면서 **❷**   현상이 나타난다. 종착 단계는 도시화율이 약 80%로 도시화율 증가가 점차 느려지고 역도시화 현상이 나타난다.
>
> ❶ 산업화 ❷ 이촌 향도

2 오른쪽 그래프를 통해 본 우리나라의 도시화에 대한 설명으로 옳지 않은 것은?

① 현재 도시화율은 약 90%이다.
② 산업 발달로 급속하게 진행되었다.
③ 현재 도시화의 속도가 점점 둔화되고 있다.
④ 현재 우리나라는 도시화의 종착 단계에 해당한다.
⑤ 우리나라의 도시화는 1990년대 위성 도시의 건설로 도시화가 본격적으로 시작되었다.

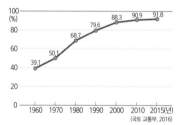

▲ 우리나라의 도시화율 변화

> **문제 해결 전략**
>
> 우리나라의 도시화는 1960년대 이후 **❶**   를 본격적으로 추진하면서 시작되었다. 1970년대부터는 우리나라 인구의 절반 이상이 도시에서 살게 되었으며, 1990년대 이후부터 도시화의 속도가 늦어지기 시작하였다. 현재 우리나라의 도시화율은 약 90% 정도로, 대부분의 인구가 도시에 거주하고 있어 도시화의 **❷**   단계에 해당한다.
>
> ❶ 산업화 ❷ 종착

3 다음과 같은 지역의 또 다른 도시 문제에 해당하지 않는 것은?

▲ 인도 뭄바이

① 환경 오염
② 일자리 부족 문제
③ 열악한 위생 문제
④ 도시의 기반 시설 부족
⑤ 도심의 노후 주택 문제

> **문제 해결 전략**
>
> **❶**   의 도시 문제는 급속한 도시화와 산업화로 특정 도시에 인구가 집중하면서 발생한다. 주택 부족, 도시 기반 **❷**   부족, 일자리 부족, 위생 및 공공 서비스 부족, 환경 오염 등의 문제가 나타난다.
>
> ❶ 개발 도상국 ❷ 시설

4 오른쪽 자료에 대한 설명으로 옳은 것은?

① 자급적 농업 방식이 활성화되었다.

② 국가 간 농산물 거래량이 줄어들었다.

③ 수출용 상품 작물의 재배가 줄어들었다.

④ 외국산 농산물에 대한 수요가 감소하였다.

⑤ 여러 국가의 다양한 농산물을 구매할 수 있게 되었다.

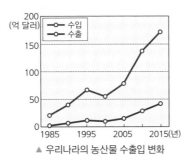
▲ 우리나라의 농산물 수출입 변화

문제 해결 전략

소규모로 자급자족하던 농업 방식은 산업화와 도시화로 농산물을 ❶ 으로 판매하는 방식으로 변화하였다. 또한 농작물 시장이 ❷ 되면서 소비자들은 여러 국가의 다양한 농산물을 구매할 수 있게 되었다.

❶ 상업적 ❷ 개방

5 다음 글과 같이 다국적 기업의 생산 공장이 들어선 지역의 변화에 대한 설명으로 옳지 **않은** 것은?

제○○○호　　　　　　**○○ 신문**　　　　　○○○○년 ○○월 ○○일

우리나라에 본사를 둔 세계적인 다국적 기업인 ○○ 전자는 최근 들어 우리나라에 있던 생산 공장을 동남아시아로 이전하고 있다. 2010년 세탁기의 생산 라인을 해외로 이전한 데 이어, 2014년에는 청소기의 생산 라인을 베트남으로 옮겼으며, 올해 1월에는 냉장고의 일부 생산 라인까지 베트남으로 이전하기로 하였다.

– 「노컷뉴스」, 2016. 1. 16.

---

① 새로운 산업 단지가 조성된다.

② 일자리가 증가하고 관련 산업이 발달한다.

③ 자본이 유입되고 지역 경제가 활성화된다.

④ 기업의 핵심 기술이 생산 공장이 들어선 지역으로 이전된다.

⑤ 경쟁력이 우수한 다국적 기업에 밀려 기존 현지 기업 활동이 침체될 수 있다.

문제 해결 전략

다국적 기업의 생산 공장이 들어선 지역에서는 자본이 유입되고 일자리가 ❶ 하며, 경제가 활성화된다. 반면, 다국적 기업의 생산 공장이 빠져나간 지역에서는 실업자가 ❷ 하고 일거리가 감소하는 등 지역 경제가 침체된다.

❶ 증가 ❷ 증가

6 다음 물음에 대한 대답으로 옳지 **않은** 것은?

▲ 뉴질랜드 호비튼

2001년 개봉한 영화 「반지의 제왕」 촬영지인 뉴질랜드 호비튼과 같은 지역에서 관광의 세계화가 나타나게 된 배경은 무엇일까요?

① 여가 시간이 증가했다.

② 교통과 통신 기술이 발달했다.

③ 경제적으로 소득 수준이 감소했다.

④ 손쉽게 관광 관련 정보를 얻을 수 있다.

⑤ 국내 및 해외 관광에 대한 관심이 증가했다.

문제 해결 전략

교통과 ❶ 기술의 발달, 관광 관련 정보의 편리한 획득, ❷ 수준의 향상, 여가 시간의 증가, 국내 및 해외 관광에 대한 관심 증가 등을 바탕으로 관광의 세계화가 이루어지고 있다.

❶ 통신 ❷ 소득

대표 예제 1

다음은 세계의 인구 분포를 나타낸 지도이다. A~E 지역에 대한 설명으로 옳은 것은?

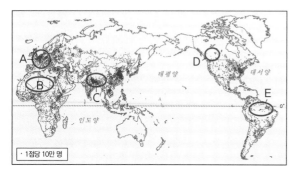

· 1점당 10만 명

① A - 벼농사에 유리한 자연 조건을 지녀 인구가 밀집했다.

② B - 고온 다습하고 열대 밀림이 우거져 있어 인구가 희박하다.

③ C - 기후가 온화하고 산업이 발달하여 인구가 밀집했다.

④ D - 기온이 매우 낮아 농업에 불리하여 인구가 희박하다.

⑤ E - 강수량이 매우 적어 물을 구하기 어렵기 때문에 인구가 희박하다.

개념 가이드

풍부한 강수량, 비옥한 평야, 온화한 기후 등 자연환경이 유리한 곳은 인구 **❶** 지역이며, 사막이나 밀림, 극지방 등 극한 환경이 나타나는 지역은 인구 **❷** 지역이다.   ❶ 밀집 ❷ 희박

대표 예제 2

다음 수행 평가지에서 학생이 얻을 총 점수는?

〈 수행 평가지 〉

설명이 옳으면 ○표, 틀리면 ×표를 하시오. (각 1점)

번호	문제	답안
1	인구 유입이 많은 지역은 북아메리카와 유럽, 오세아니아 등의 선진국이다.	○
2	인구 유입 지역에서는 새로운 노동력의 유입으로 경제가 활성화된다.	○
3	빈곤, 낮은 임금, 일자리 부족, 전쟁과 분쟁 등은 인구 흡인 요인이다.	×
4	인구 유출 지역에서는 노동력 유출로 실업률은 높아진다.	○

① 0점   ② 1점   ③ 2점   ④ 3점   ⑤ 4점

개념 가이드

높은 임금과 풍부한 일자리는 인구의 **❶** 요인이고, 낮은 임금, 빈곤, 전쟁 등은 인구의 **❷** 요인이다.   ❶ 흡인 ❷ 배출

대표 예제 3

다음 글에서 밑줄 친 '외국인'의 인구 이동 유형에 해당하는 것을 ㅣ보기ㅣ에서 고르면?

경기도 안산시 단원구 원곡동에서는 중국어, 베트남어, 인도네시아어 등 다양한 언어를 구사하는 <u>외국인</u>들을 쉽게 볼 수 있다. 안산시는 수도권의 주요 공업 도시로 일자리를 찾아온 <u>외국인</u> 근로자가 많다.

┌ 보기 ┐
ㄱ. 국내 이동   ㄴ. 국제 이동
ㄷ. 경제적 이동   ㄹ. 종교적 이동

① ㄱ, ㄴ   ② ㄱ, ㄷ   ③ ㄴ, ㄷ
④ ㄴ, ㄹ   ⑤ ㄷ, ㄹ

개념 가이드

인구 이동의 유형은 이동 범위에 따라 **❶** 이동과 국내 이동으로 구분한다. 또한 이동 원인에 따라 **❷** 이동, 정치적 이동, 종교적 이동으로 나눌 수 있다.   ❶ 국제 ❷ 경제적

대표 예제 4

다음 제시된 [자료1], [자료2]의 국가들에서 나타나는 인구 문제로 옳은 것을 〈보기〉에서 고르면?

[자료1] 인구 1,000명당 출생아 수 하위 5개국

순위	국가	인구 1,000명당 출생아 수(명)	인구 1,000명당 사망자 수(명)	인구 증가율(‰)
1	일본	8.3	10.0	−1.7
2	독일	8.3	10.8	−2.5
3	포르투갈	8.5	8.5	−1.8
4	이탈리아	8.6	8.6	−1.1
5	그리스	8.9	8.9	−1.6

[자료2] 합계 출산율의 변화

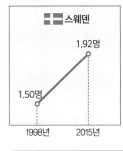

스웨덴
1.92명
1.50명
1998년   2015년

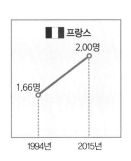

프랑스
2.00명
1.66명
1994년   2015년

→ 스웨덴과 프랑스는 육아 휴직 제도, 아동 수당 지급, 출산 지원 정책 등을 실시하고 있다.

〈보기〉
ㄱ. 기아와 빈곤 문제
ㄴ. 남아 선호 사상 심화
ㄷ. 노인 인구 부양 비용 증가
ㄹ. 외국인 근로자 증가로 인한 문화적 갈등

① ㄱ, ㄴ　　② ㄱ, ㄷ　　③ ㄴ, ㄷ
④ ㄴ, ㄹ　　⑤ ㄷ, ㄹ

개념 가이드

선진국에서는 출산율이 낮아지는 **❶**　　문제와 노인 인구 비율이 증가하는 **❷**　　현상으로 여러 인구 문제가 발생하고 있다.

❶ 저출산 ❷ 고령화

대표 예제 5

다음 우표를 통해 알 수 있는 우리나라의 인구 정책 및 현상으로 옳은 것은?

(가)　　　　(나)

① (가)는 출산 장려 정책을 실시하였다.
② (가)는 인구가 정체 및 감소하는 시기이다.
③ (가)는 (나)보다 시기적으로 먼저 나타났다.
④ (나)는 출산 억제 정책이 실시되는 시기이다.
⑤ (나)는 인구 급증을 제한하기 위해 실시되었다.

개념 가이드

❶　　현상이 계속되면 우리나라의 전체 인구 감소, 노동력 부족 문제, 경제 성장 둔화 등이 발생한다.　　❶ 저출산

대표 예제 6

다음 글에서 설명하는 도시의 위치를 A~E에서 고르면?

　　세계 도시에 속하는 도시로 국제 연합(UN)의 본부가 위치하고 있으며, 세계 경제·문화·금융의 중심지이다.

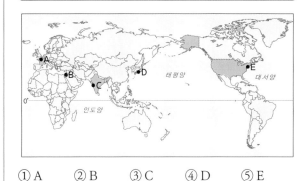

① A　　② B　　③ C　　④ D　　⑤ E

개념 가이드

❶　　는 세계 경제의 중심지 역할을 하는 도시로 뉴욕, 런던, 도쿄 등이 속하며 세계적 영향력을 가진 금융 기관, 다국적 기업의 **❷**　　, 각종 국제기구의 활동이 이루어진다. ❶ 세계 도시 ❷ 본사

대표 예제 7

오른쪽 그래프는 어느 도시의 평균 지가를 나타낸 자료이다. A구와 B구를 비교하여 예측한 내용으로 옳은 것은?

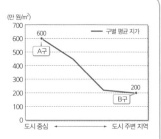

(만 원/㎡)
— 구별 평균 지가
도시 중심 ← → 도시 주변 지역

	접근성 좋음	건물 높음	야간 인구 비율 높음
①	A구	A구	A구
②	A구	A구	B구
③	A구	B구	B구
④	B구	A구	B구
⑤	B구	B구	A구

개념 가이드

도심은 ❶ 이 좋아 지가가 높지만 주변 지역으로 갈수록 접근성이 낮아지고 지가도 낮아진다. 도심은 낮에 활동 인구가 많지만 밤에 주변 지역으로 빠져나가는 ❷ 현상이 나타난다.

❶ 접근성 ❷ 인구 공동화

대표 예제 8

오른쪽은 도시화의 과정을 나타낸 그래프이다. A~C 단계에 대한 설명으로 옳은 것은?

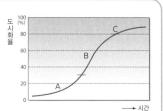

도시화율 (%)
시간

① A단계에서는 도시화율이 급격하게 상승한다.
② A단계에서는 대부분의 인구가 도시에 분포한다.
③ B단계에서는 이촌 향도 현상이 나타난다.
④ B단계에서는 대부분 1차 산업에 종사한다.
⑤ C단계에서는 도시의 성장 속도가 빨라진다.

개념 가이드

❶ 란 도시의 수가 증가하거나 도시에 거주하는 인구의 비율이 높아지면서 도시적인 생활 양식이 확대되는 과정이다.

❶ 도시화

대표 예제 9

다음은 온라인 학습 장면의 일부이다. 학습 내용에 관련된 댓글을 바르게 쓴 학생을 모두 고르면?

강좌명	사회② Ⅸ-1-1. 세계화와 농업 생산의 변화
과제 제출	20○○.○○.○○까지
닉네임	여러분의_사회_선생님(geo_love)

〈 과제 〉 아래 자료는 우리나라의 과일 수입 현황을 나타낸 자료입니다. 이를 보고 농업의 세계화와 지역 변화에 대한 자기 생각을 댓글로 써보세요.

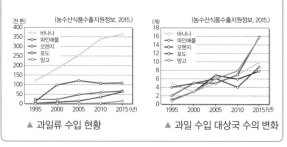

(천 톤) (농수산식품수출지원정보, 2015.)
바나나 / 파인애플 / 오렌지 / 포도 / 망고
1995 2000 2005 2010 2015(년)
▲ 과일류 수입 현황

(개) (농수산식품수출지원정보, 2015.)
바나나 / 파인애플 / 오렌지 / 포도 / 망고
1995 2000 2005 2010 2015(년)
▲ 과일 수입 대상국 수의 변화

한별 10분 전
생활 수준의 향상으로 다양한 농산물에 대한 수요는 감소하고 있어요.

우주 20분 전
농업의 세계화가 진행되면서 상품 작물을 재배하는 상업적 농업이 발달했어요.

가인 30분 전
기후가 적당하고 임금이 비싼 나라에서 농업이 발전하고 있을 것 같아요.

영웅 1시간 전
교통·통신의 발달로 지역 간 교류가 증가하며 농업의 세계화가 진행되고 있어요.

① 한별, 우주 ② 한별, 가인 ③ 우주, 가인
④ 우주, 영웅 ⑤ 가인, 영웅

개념 가이드

교통과 통신 기술의 발달로 국가 간 교류가 활발해지면서, 농업의 ❶ 가 이루어지고 있다. 이 과정에서 세계 곳곳에서 곡물을 재배하거나 유통을 주도하는 ❷ 가 등장하였다.

❶ 세계화 ❷ 곡물 메이저

대표 예제 10

다음은 어느 자동차 기업의 공간적 분업을 나타낸 지도이다. A와 B에 대한 설명으로 옳은 것은?

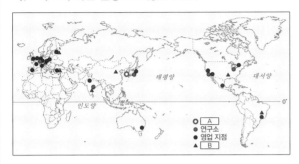

① A는 임금이 저렴한 국가에 입지한다.
② A는 원료 확보 및 생산이 유리한 곳에 입지한다.
③ B는 편의 시설이 풍부한 곳에 입지한다.
④ B는 정보 수집과 자본 확보가 유리한 곳에 입지한다.
⑤ A는 주로 선진국, B는 주로 개발 도상국에 입지한다.

개념 가이드

다국적 기업은 ❶〔   〕에 본사를 두고 ❷〔   〕에 생산 공장을 세운다.
❶ 선진국 ❷ 개발 도상국

대표 예제 11

다음 밑줄 친 지역에서 나타날 수 있는 변화의 모습으로 옳은 것은? (단, 뉴스가 작성된 시점의 상황만을 고려할 것)

미국의 F사와 G사에 이어 일본의 T사도 오스트레일리아에서 자동차 생산을 중단할 예정이다. 오스트레일리아 달러의 강세와 높은 임금, 정부의 노동 규제로 생산 조건이 불리해진 것이 주된 원인이다.
– 「파이낸셜뉴스」, 2013.12.12.–

① 새로운 산업 단지가 조성된다.
② 자동차 관련 산업이 발달한다.
③ 제조업에 종사하는 주민들이 증가한다.
④ 일자리가 감소하여 실업률이 늘어난다.
⑤ 지역 경제가 활성화되어 도시가 성장한다.

개념 가이드

지역의 기반을 이루던 산업이 없어지거나 해외로 이전함으로써 국내 산업이 쇠퇴하는 현상을 ❶〔   〕현상이라고 한다.
❶ 산업 공동화

대표 예제 12

다음 글은 관광의 세계화 사례이다. 이에 대한 설명으로 옳은 것을 l 보기 l에서 고르면?

2001년 개봉한 「해리포터」의 촬영지였던 영국 안위크성은 영화 개봉 이후 관광객이 세 배 가까이 증가하는 효과를 거두었고, 2014년 개봉한 「인터스텔라」의 배경이 된 아이슬란드 스비나펠스요쿨 또한 빙하를 걸어 볼 수 있는 '글래시어 워크' 관광 상품을 개발하여 주목받고 있다.

▲ 영국 안위크성　▲ 아이슬란드 스비나펠스요쿨

┌ 보기 ┐
ㄱ. 관광 산업의 발달은 지역 주민의 일자리를 감소시켰을 것이다.
ㄴ. 관광객들이 영화 소재를 체험해 볼 수 있는 관광이 발달하고 있다.
ㄷ. 영화 개봉 이후 관광객이 증가하면서 이 지역의 소득은 증가하였을 것이다.
ㄹ. 영화 개봉 이후 안위크성과 스비나펠스요쿨의 1차 산업 비중이 증가하였을 것이다.

① ㄱ, ㄴ　　② ㄱ, ㄷ　　③ ㄴ, ㄷ
④ ㄴ, ㄹ　　⑤ ㄷ, ㄹ

개념 가이드

❶〔   〕의 발달로 이동이 편리해지고 정보 통신의 발달로 관광 관련 ❷〔   〕를 쉽게 얻을 수 있게 되면서 전 세계적으로 관광 활동이 확대되고, 이에 따라 관광 산업이 발달하였다.
❶ 교통 ❷ 정보

1 오른쪽 지도에 나타난 우리나라 인구 분포에 대한 설명으로 옳지 <u>않은</u> 것은?

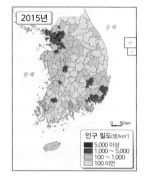

① 전체 인구의 절반 정도가 수도권에 분포한다.

② 남동 임해 공업 지역에도 인구가 집중하였다.

③ 부산, 대구 등의 대도시에 인구가 밀집되었다.

④ 태백산맥과 소백산맥 일대는 인구가 희박하다.

⑤ 남서부 지역은 산지가 발달하여 인구가 희박하다.

> **Tip**
> 1960년대 이후 산업화가 진행되면서 농촌 사람들이 일자리를 찾아 도시로 이동하는 **❶** 현상이 일어났다.
>
> ❶ 이촌 향도

2 우리나라의 (가) 시기보다 (나) 시기에 높게 나타나는 수치로 옳은 것을 ⌐보기⌐에서 고르면?

> ⌐ 보기 ⌐
> ㄱ. 중위 연령   ㄴ. 인구 성장률
> ㄷ. 평균 출산 연령   ㄹ. 유소년층 비율

① ㄱ, ㄴ   ② ㄱ, ㄷ   ③ ㄴ, ㄷ

④ ㄴ, ㄹ   ⑤ ㄷ, ㄹ

> **Tip**
> **❶** 현상이 계속되면 우리나라의 총인구가 감소하여, 노동력 부족 문제가 발생하고 경제 성장이 둔화할 것이다.
>
> ❶ 저출산

3 다음은 시기별 우리나라의 인구 이동을 나타낸 것이다. (가)~(마)를 시기별로 바르게 나열한 것은?

(가)   (나)

(다)   (라)

(마)

① (가) - (나) - (다) - (라) - (마)

② (나) - (다) - (라) - (마) - (가)

③ (다) - (나) - (가) - (라) - (마)

④ (라) - (나) - (다) - (마) - (가)

⑤ (마) - (나) - (가) - (라) - (다)

> **Tip**
> 1960년대 이후 우리나라는 산업화로 경제가 성장하면서 촌락의 인구가 도시로 이동하는 **❶** 현상이 뚜렷하게 나타났으며, 1990년대 이후에는 도시 인구가 주변 지역이나 촌락으로 이동하는 **❷** 현상이 나타났다.
>
> ❶ 이촌 향도 ❷ 역도시화

4 다음 (가), (나) 사진을 비교한 내용으로 옳지 <u>않은</u> 것은?

(가)   (나)

	구분	(가)	(나)
①	인구 수	많음.	적음.
②	인구 밀도	낮음.	높음.
③	건물 높이	높음.	낮음.
④	토지 이용	많은 도로와 건물	많은 농경지
⑤	산업 구조	2·3차 산업 종사	1차 산업 종사

Tip

❶☐☐☐는 인구 밀도가 높고 집약적인 토지 이용이 이루어진다. 사람들의 직업과 생활 모습이 다양하게 나타나며 주로 ❷☐☐차 산업에 종사한다.

❶ 도시 ❷ 2·3

6 다음 ㉠~㉢에 들어갈 내용이 바르게 연결된 것은?

> 다국적 기업은 정보 수집과 자본 확보에 유리한 (㉠)에 본사를 두고, 노동력과 원료 등이 저렴한 (㉡)에 생산 공장을 세우는 경우가 많다. 연구소는 기술을 갖춘 고급 인력이 풍부한 (㉢)에 입지하는 경우가 많다.

	㉠	㉡	㉢
①	선진국	선진국	개발 도상국
②	선진국	개발 도상국	선진국
③	선진국	개발 도상국	개발 도상국
④	개발 도상국	선진국	개발 도상국
⑤	개발 도상국	개발 도상국	선진국

Tip

다국적 기업은 기업의 본사, 생산 공장, 연구소 등이 각각의 기능을 수행하는 데 적합한 지역을 찾아 분산되는 ❶☐☐☐☐ 현상이 나타난다.   ❶ 공간적 분업

5 다음은 선진국과 개발 도상국의 도시화 곡선을 나타낸 것이다. 이에 대한 설명으로 옳은 것은?

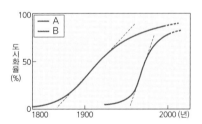

① A는 B보다 산업화가 먼저 시작되었다.
② A는 현재 도시화의 가속화 단계에 있다.
③ A는 B보다 도시화가 더 급속하게 진행되었다.
④ B는 산업 혁명 이후 도시화가 서서히 진행되었다.
⑤ B의 가속화 단계에서는 도시에서 촌락으로 이동하는 사람이 급증한다.

Tip

❶☐☐☐의 도시화는 오랜 기간에 걸쳐 서서히 진행된 반면, ❷☐☐☐의 도시화는 제2차 세계 대전 이후 짧은 기간에 빠른 속도로 진행되었다.   ❶ 선진국 ❷ 개발 도상국

7 서비스업의 세계화로 다음과 같은 변화가 나타났을 때, 성장할 것이라 예측되는 산업을 「보기」에서 고르면?

> 교통과 통신의 발달은 다양한 서비스 산업의 세계화를 촉진하고 있다. 정보 통신의 발달은 생산과 소비를 연결하는 유통 분야의 세계화를 가속화한다. 특히 인터넷이나 텔레비전 등을 통한 온라인 쇼핑으로 상품을 사는 사람들이 늘어나고 있다.

「보기」
ㄱ. 창고업   ㄴ. 택배업
ㄷ. 전통 시장   ㄹ. 소규모 서점

① ㄱ, ㄴ   ② ㄱ, ㄷ   ③ ㄴ, ㄷ
④ ㄴ, ㄹ   ⑤ ㄷ, ㄹ

Tip

인터넷 통신망을 이용하여 물건을 사고파는 ❶☐☐☐☐☐의 발달로 소비자에게 직접 물건을 배송해 주는 택배업 등의 ❷☐☐ 산업이 성장하고 있다.

❶ 전자 상거래 ❷ 유통

1 다음은 세계 인구 분포를 나타낸 지도이다. 이를 통해 알 수 있는 세계 인구 분포의 특징으로 옳은 것은?

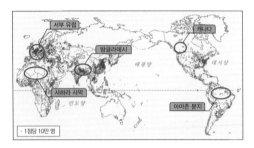

① 아시아와 유럽에는 인구가 적게 분포한다.

② 세계 인구의 대부분은 남반구에 살고 있다.

③ 사람들은 전 세계에 고르게 분포하여 살고 있다.

④ 기후가 온화한 북위 20°~40° 사이에 많이 살고 있다.

⑤ 사막이나 밀림, 극지방 등 극한 환경에서도 많이 살고 있다.

2 다음 (가), (나)와 관련된 인구 이동의 유형을 바르게 연결한 것은?

(가)	(나)

▲ 아프리카 노예 무역	▲ 싱가포르의 차이나타운

	(가)	(나)
①	국내 이동	국제 이동
②	자발적 이동	강제적 이동
③	강제적 이동	경제적 이동
④	종교적 이동	자발적 이동
⑤	정치적 이동	경제적 이동

3 다음은 두 국가의 인구 피라미드 자료이다. (가) 국가에서 (나) 국가보다 중요하게 실시해야 하는 인구 정책을 ｜보기｜에서 고르면?

보기
ㄱ. 보육 시설 확충
ㄴ. 연금 제도 정비
ㄷ. 출산 억제 정책
ㄹ. 농업의 기계화 및 산업화 정책

① ㄱ, ㄴ 　② ㄴ, ㄷ 　③ ㄷ, ㄹ

④ ㄱ, ㄴ, ㄹ 　⑤ ㄴ, ㄷ, ㄹ

4 (가)~(다)에 해당하는 곳을 순서대로 바르게 연결한 것은?

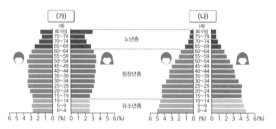

(가) 도시의 중심으로, 교통이 편리하고 고층 건물이 밀집해 있다. 주요 관공서, 대기업 본사, 은행 본점, 백화점 본점 등이 모여 중심 업무 지구를 이룬다.

(나) 도시가 성장하면서 도시의 중심과 주변부를 연결하는 교통이 편리한 곳에 형성된다.

(다) 도시의 무질서한 팽창을 막고, 녹지 공간을 확보하려고 개발을 제한하는 공간이다.

	(가)	(나)	(다)
①	도심	부도심	개발 제한 구역
②	도심	주변 지역	부도심
③	부도심	주변 지역	개발 제한 구역
④	부도심	도심	주변 지역
⑤	개발 제한 구역	부도심	도심

5 다음 도시 내부 구조 모식도에서 A와 B 지역 및 주간 인구와 야간 인구의 이동 방향을 바르게 연결한 것은?

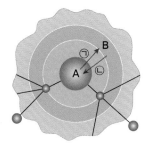

	A	B	주간 인구 이동 방향	야간 인구 이동 방향
①	도심	부도심	㉡	㉠
②	도심	주변 지역	㉡	㉠
③	도심	중간 지역	㉠	㉡
④	부도심	도심	㉡	㉠
⑤	부도심	주변 지역	㉠	㉡

6 다음은 살기 좋은 도시에 대한 글이다. 밑줄 친 내용에 해당하지 <u>않는</u> 것은?

2015년 영국의 한 경제 주간지에서 조사한 '세계에서 가장 살기 좋은 도시' 보고서를 살펴보면, 오스트레일리아의 멜버른이 5년 연속 1위 도시로 선정되었다. 오스트리아의 빈, 캐나다의 밴쿠버와 토론토 등도 각각 그 뒤를 이었다. 이 기관은 해마다 <u>여러 분야</u>를 평가해 '살기 좋은 도시' 순위를 매긴다.

◀ 오스트레일리아의 멜버른

① 의료 서비스 ② 문화와 환경
③ 많은 인구 수 ④ 사회적 안정성
⑤ 도시 기반 시설

7 다음 자료를 통해 유추할 수 있는 생산 공간 변화에 대한 설명으로 옳은 것은?

〈 ○○ 하이브리드 자동차 〉		〈 □□ 콜라 〉	
기업명	A 자동차 회사	기업명	C 음료 회사
본사	프랑스 파리	본사	미국 애틀랜타
생산 지역	부산광역시	생산 지역	경기도 여주시
주요 부품	엔진(일본산) 타이어(한국산) 강판(일본산)	주요 부품	정제수, 백설탕, 탄산 가스, 캐러멜 색소 등

① 세계적 차원에서 경제적 상호 의존도는 낮아졌다.
② 교통과 통신의 발달로 국가 간 교류는 감소하였다.
③ 세계 무역 기구(WTO)의 등장으로 국가 간 무역 장벽은 높아졌다.
④ 생산, 소비와 같은 경제 활동이 전 세계를 대상으로 하고 있다.
⑤ 두 개 이상의 국가에서 생산 및 판매 활동을 하는 기업의 수는 감소하고 있다.

8 다음 자료의 밑줄 친 부분에 들어갈 내용으로 적절한 것은?

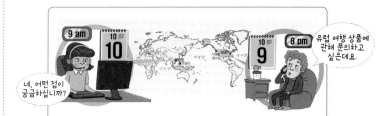

필리핀의 탄자이 지역 경제는 최근 눈부시게 성장하고 있다. 그 이유는 콜센터 산업 때문이다. 과거 농어업에 의존하던 필리핀은 최근 서비스 산업으로 눈을 돌렸다. 그 중 '콜센터'가 대표적이다. 콜센터는 주로 고객 상담을 하는 등 전화와 온라인으로 업무를 처리하기 때문에 고객과 근접한 거리에 있을 필요가 없다는 특징이 있다. 필리핀이 다국적 기업들의 콜센터로 주목받는 이유는 _____.

① 비싼 인건비 때문이다.
② 노동력이 부족하기 때문이다.
③ 영어를 공용어로 사용하기 때문이다.
④ 미국과 지리적으로 가깝기 때문이다.
⑤ 고급 연구 인력이 풍부하기 때문이다.

1 다음 자료의 ㉠, ㉡ 인구 이동의 특징으로 가장 적절한 것을 A~D에서 고른 것은?

- 영화 '노예 12년'은 음악가 '솔로몬 노섭'의 이야기를 다루고 있다. 1841년 자유로운 삶을 누리던 음악가 솔로몬 노섭은 ㉠ 어느 날 갑자기 납치되어 노예로 팔려간다. 그가 도착한 곳은 노예주 중에서도 악명 높은 루이지애나였다. 신분을 증명할 방법이 없는 그에게 노예 신분이 주어지고, 12년 동안 노예로서의 삶을 살게 된다.

- 영화 '미나리'는 ㉡ 미국 아칸소로 이주해 온 한국 가족의 이야기이다. 아빠 제이콥은 자신의 땅에서 농장주가 되고자 아칸소라는 마을로 이주하고, 엄마 모니카도 다시 일자리를 찾는다. 어린아이들을 돌보기 위해 고춧가루, 멸치, 한약, 그리고 미나리씨를 들고 할머니가 도착한다.

소득 향상을 위한 경제적 목적의 이주입니까? → 예 → A

↓ 아니오

자연재해로 인한 환경 난민의 이주입니까? → 예 → B

↓ 아니오

종교의 자유를 찾기 위한 이주입니까? → 예 → C

↓ 아니오

D

	㉠	㉡		㉠	㉡
①	A	B	②	B	D
③	C	A	④	D	A
⑤	D	C			

Tip
오늘날 세계의 인구 이동 중 국제 이동은 대부분 개발 도상국에서 ❶ 으로 이동하는 경제적 이동이다. ❶선진국

2 다음은 2020년 출생 건수 및 각 지방자치단체에서 시행하고 있는 출산 장려금 지원 현황을 일부 정리한 표이다. 이를 통해 알 수 있는 내용으로 옳은 것을 |보기|에서 고르면?

시	출산 장려금 지원 금액(단위: 만원)				
	첫째	둘째	셋째	넷째	다섯째 이상
경기 파주시	10	30	100	100	100
경기 광명시	70	70	70	70	70
경기 양평군	300	500	1,000	2,000	2,000
충북 제천시	200	800	3,200	3,200	3,200
경북 봉화군	600	900	1,500	1,800	1,800
경남 하동군	440	1,100	1,700	3,000	3,000

보기

ㄱ. 출생 건수가 낮은 지역들의 출산 장려금 지원 금액이 크다.

ㄴ. 출산 장려금 지급을 통해 도시 과밀화 문제를 해결하려고 한다.

ㄷ. 같은 행정 구역(도 단위)에서 출산 장려금은 모두 동일하게 지급된다.

ㄹ. 출산 장려금이 많은 지역들의 노인 인구 비율은 그렇지 않은 지역보다 높다.

① ㄱ, ㄷ   ② ㄱ, ㄹ   ③ ㄴ, ㄷ
④ ㄱ, ㄴ, ㄹ   ⑤ ㄴ, ㄷ, ㄹ

Tip
우리나라에서는 ❶ 문제를 해결하기 위해 출산 장려금 지급, 자녀 양육비 지원, 보육 시설 확충 등의 정책을 펼치고 있다.
❶저출산

3 다음 자료는 세계적으로 유명한 도시들과 관련된 해시태 그의 일부이다. (가), (나) 도시를 지도의 A~D에서 고르 면?

(가)

#세계 도시
#상업·금융 도시
#브로드웨이
#자유의 여신상

(나)

#문화 관광 도시
#루브르 박물관
#노트르담 대성당
#에펠탑

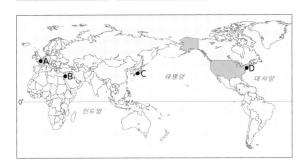

	(가)	(나)
①	A	B
②	A	D
③	B	C
④	C	D
⑤	D	A

4 다음 도시 내부 구조에 대한 수업 중 완성된 단어 ⑭에 대 한 설명으로 옳은 것은?

[1단계] 다음에서 설명하는 용어를 〈글자판〉에서 하 나씩 지우세요.

〈글자판〉

개	♡	주	중	간
역	도	위	역	심
발	시	구	도	변
심	한	성	역	♡
제	도	지	부	지

- ㉠ 도심의 일부 기능을 분담하는 지역
- ㉡ 대도시의 일부 기능을 분담하는 도시
- ㉢ 오래된 주택, 상가, 공장이 혼재되어 있는 지역
- ㉣ 도시 중심부에 있고 교통이 편리하며 고층 건 물들이 빽빽하게 들어선 지역
- ㉤ 주거 단지와 함께 곳곳에 녹지가 조성되어 있 어 도시와 농촌이 함께 나타나는 지역

[2단계] 남은 글자를 활용하여 만들 수 있는 글자를 쓰세요.

- ⑭

① 교통이 편리한 곳에 발달한다.

② 접근성과 지가가 높게 나타나는 지역이다.

③ 도시의 무질서한 팽창을 막기 위해 설정되는 구역 이다.

④ 대도시 인근에 있으면서 주거, 공업, 행정 등의 기 능을 한다.

⑤ 주간 인구 밀도와 야간 인구 밀도 차이가 큰 인구 공동화 현상이 나타난다.

Tip

❶ 는 일정한 지역에 정치·경제·문화의 중심지 역 할을 하는 곳으로, 이중 세계의 경제, 문화, 정치의 중심지 역 할을 하는 도시를 ❷ 라고 부른다.

❶도시 ❷세계 도시

Tip

❶ 은 도시 내부에서 접근성이 가장 높은 곳으로 고 층 건물이 밀집해 있다. ❷ 는 대도시 주변에서 주거, 공업, 행정 등 대도시의 일부 기능을 분담하는 역할을 한다.

❶도심 ❷위성 도시

5 다음은 한 정치인의 선거 포스터이다. 이를 통해 이 정치인이 출마한 지역에서 나타나는 도시 문제에 대한 예측으로 옳지 <u>않은</u> 것은?

① 주택 부족 문제
② 교통 혼잡 문제
③ 낡은 시설 문제
④ 높은 범죄율 문제
⑤ 하천 오염 등의 환경 문제

Tip

최근 들어 도시 사람들의 생활 수준과 삶의 질에 대한 기대가 높아지면서 세계 여러 도시는 이를 위해 노력하고 있다. 오염된 하천을 ❶　　　으로 복원하거나, ❷　　　문제를 해결하기 위해 대중교통과 자전거의 이용 장려, 혼잡 통행료의 부과 등의 정책을 펼치고 있다.

❶ 생태 하천 ❷ 교통 혼잡

6 다음 신문 기사를 읽고, 농업 생산의 기업화와 세계화의 긍정적인 기능으로 옳은 것을 ┌보기┐에서 고르면?

제○○○호　　　　○○ **신문**　　　　○○○○년 ○○월 ○○일

– 불안한 대한민국 '식량 안보'… –

조류인플루엔자(AI)를 통해 본 한국의 불안한 '식탁'

　요즘 계란이 귀한 몸이 됐다. 사상 최악의 조류인플루엔자(AI)로 인해 계란 30구(특란 기준) 가격이 한때 1만 5천원에 육박했다. AI 파동이 장기화될 경우 계란을 원료로 사용하는 제빵·제과의 가격 상승은 불가피할 것으로 예상된다. 정부는 외국산 계란 수입 조치를 통해 계란값 상승세에 제동을 걸었다.

농식품 총 수입액 매년 증가

　2015년 기준 우리나라의 식량 자급률은 50.2%, 곡물 자급률은 23.8%로 집계된다. 특히 주요 곡물 자급률은 보리 21.9%, 밀 0.7%, 옥수수 0.8%, 콩 9.4%로 매우 불안한 수준이다. 소비자의 식생활 변화도 식량 안보를 위협하는 요인이다. 육류와 열대 수입 과일의 1인당 소비량은 증가하는 반면 국산 농산물 소비량은 지속적으로 감소하는 상황이다.

– 2017.01.25. ○○일보

┌ 보기 ┐

ㄱ. 국산 농산물 소비량의 감소로 국내 생산자들의 소득이 줄어든다.

ㄴ. 자연재해나 정치적 관계가 악화된다면 농산물 수입에 어려움을 겪을 수 있다.

ㄷ. 농업 생산의 세계화로 소비자는 다양한 농산물을 손쉽게 접할 수 있게 되었다.

ㄹ. 국내 농산물 가격이 상승했을 때 외국산 농산물 수입을 통해 가격을 조절할 수 있다.

① ㄱ, ㄴ　　　② ㄱ, ㄷ　　　③ ㄴ, ㄷ
④ ㄴ, ㄹ　　　⑤ ㄷ, ㄹ

Tip

농업의 세계화로 세계 각지의 다양한 농산물을 쉽고, 저렴하게 접할 수 있게 되었다. 그러나 ❶　　　농산물의 수입으로 국내 농가의 농산물 생산이 줄어들게 되면 외국산 농산물에 대한 의존도가 높아질 수 있다. 국제 농산물 가격이 급등할 경우 안정적인 식량 ❷　　　에 어려움을 겪을 수도 있다.

❶ 외국산 ❷ 확보

7 다음은 의류 디자이너들이 나눈 대화와 디자인 노트이다. 이러한 바지 제작이 가능해진 이유로 가장 적절한 것은?

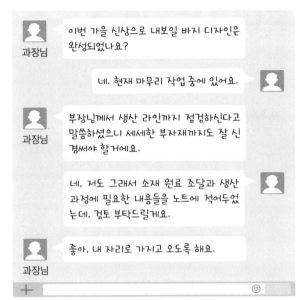

과장님: 이번 가을 신상으로 내보일 바지 디자인은 완성되었나요?

네. 현재 마무리 작업 중에 있어요.

과장님: 부장님께서 생산 라인까지 점검하신다고 말씀하셨으니 세세한 부자재까지도 잘 신경써야 할거에요.

네, 저도 그래서 소재 원료 조달과 생산 과정에 필요한 내용들을 노트에 적어두었는데, 검토 부탁드릴게요.

과장님: 좋아, 내 자리로 가지고 오도록 해요.

황동 리벳 (나미비아산 구리와 오스트레일리아산 아연으로 제조)

바느질 (튀니지에서 이루어짐.)

세탁 (터키의 화산 지대 돌을 이용하여 세탁)

염색 (이탈리아 밀라노에서 염색)

판매 (영국에서 판매)

지퍼 (일본에서 제조)

면직물 (아프리카의 베냉에서 생산)

실 (영국에서 제조)

〈○○ 청바지 제조〉

① 다국적 기업 수의 감소
② 시간적·공간적 제약의 심화
③ 세계화로 인한 문화적 획일화
④ 선진국과 개발 도상국의 경제적 불평등
⑤ 경제 활동의 세계화에 따른 국제적 분업

Tip

❶_____은 세계 여러 지역을 대상으로 생산, 판매 등의 활동을 하는 기업이다. 교통·통신의 발달로 국가 간 교류가 활발해지면서 상품, 자본, 노동 등이 국경을 초월하여 자유롭게 이동하고 있는데, 이를 경제 활동의 ❷_____ 라고 한다.

❶ 다국적 기업 ❷ 세계화

8 다음은 '서비스업의 세계화, 공간과 삶을 변화시키다' 다큐멘터리 대본의 일부이다. 촬영지가 있는 국가를 순서대로 바르게 나열한 것은?

첫 번째 촬영지

필리핀, 전 세계 콜센터의 메카가 되다!
필리핀에서 살고 있는 조아나 마르칸씨는 과거 사탕수수 농장에서 일을 했지만, 현재 콜센터에서 근무하고 있습니다. "저희 동네에 콜센터 산업을 유치하자 일자리도 늘어나면서 인구가 급속도로 늘어났어요! 이에 맞추어 주택도, 상업 시설도 많이 생기며 도시가 활력을 띠고 있죠."

두 번째 촬영지

언제든 콜센터를 이용할 수 있지요!
"예전에는 구입한 물건에 대해 문의할 것이 있어도 퇴근 후에 콜센터도 문을 닫기 때문에 전화를 할 수 없었어요. 하지만 시차가 있는 다른 나라에 콜센터가 생기니 늦은 시간에 언제든 전화할 수 있게 되었네요." 미국에 사는 앤드류 베이커씨는 서비스업의 세계화에 긍정적인 입장입니다.

세 번째 촬영지

전자 상거래와 유통의 세계화!
대한민국에 살고 있는 천지리씨는 전자 상거래를 매우 자주 이용하는 소비자입니다. "아이를 키우다보니 나가기 힘들 때가 많거든요. 잠시 틈이 날 때 인터넷으로 아이 기저귀, 옷, 분유 등을 언제든지 살 수 있어서 전자 상거래를 자주 이용하고 있어요."

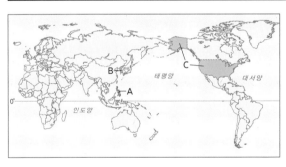

① A → B → C
② A → C → B
③ B → A → C
④ B → C → A
⑤ C → A → B

Tip

정보 통신 기술의 발달로 업무 수행에 따른 시·공간적 제약이 완화되면서 선진국과 개발 도상국 간에 ❶_____이 이루어지고 있다. 또한 인터넷 통신망을 이용하여 물건을 사고 파는 ❷_____도 증가하고 있다.

❶ 분업 ❷ 전자 상거래

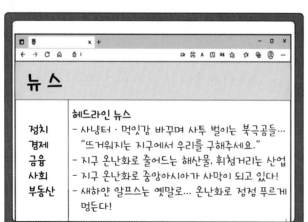

공부할 내용

기후 변화 / 환경 문제 유발 산업의 이동 / 환경 이슈 / 독도 / 지역화 전략 / 통일의 필요성 / 지리적 문제 / 지역 간 불평등 완화를 위한 노력

개념 1 기후 변화와 지역 변화

(1) **기후 변화**: 자연적 원인(태양 활동의 변화 등)과 인위적 원인(온실가스 증가, 무분별한 개발 등)에 의해 기후가 변하는 현상 → 지구 온난화가 주요 원인임.

(2) **기후 변화의 영향**: 빙하와 만년설 감소, 해수면 ❶ [   ]으로 저지대 침수, 자연재해 발생 빈도와 피해 규모 증가

(3) **기후 변화 문제 해결을 위한 노력**

① 전 지구적 노력: 개인, 지역, 국가, 국제 사회가 함께 ❷ [   ]해야 함.

② 국제적 노력: 기후 변화 협약, 교토 의정서, 파리 협정

❶ 상승 ❷ 협력

▲ 기후 변화로 인해 나타나는 주요 현상

Quiz

대기 중에 온실가스의 양이 많아지면서 지구의 평균 기온이 높아지는 현상은?

답 | 지구 온난화

개념 2 환경 문제 유발 산업 및 일상생활 속 환경 이슈

(1) **환경 문제 유발 산업의 이동**

① 생산 시설뿐만 아니라 ❶ [   ] 문제도 함께 옮겨가게 됨.

② 선진국에서 개발 도상국으로, 환경 오염에 관한 사회적 인식이 높은 나라에서 그렇지 못한 나라로 이동함.

(2) **일상생활 속 환경 이슈**

① 환경 이슈의 의미: 환경 문제 중에서 원인, 영향, 해결 방안 등을 서로 다르게 생각하여 논쟁이 벌어지는 환경 문제

② 환경 이슈의 사례: 유전자 ❷ [   ] 식품(GMO), 로컬 푸드 운동, 미세 먼지 등

❶ 환경 ❷ 재조합

▲ 석면 공장의 이동

Quiz

지역에서 생산된 먹거리를 그 지역에서 소비하자는 운동은?

답 | 로컬 푸드 운동

개념 3 우리나라의 영역과 독도

(1) **우리나라의 영역**

① 영역: 한 국가의 주권이 미치는 공간적 범위 → 영토, 영해, ❶ [   ]

영토	한반도와 주변 섬들로 구성
영해	• 영토 주변 바다로, 기선(영해의 기준이 되는 선)으로부터 12해리까지로 정함. • 동해안: 섬이 적어서 썰물 때의 해안선(통상 기선)으로부터 12해리 • 서해안, 남해안: 섬이 많아서 가장 바깥에 위치한 섬의 기점들을 직선으로 그은 선(직선 기선)으로부터 12해리
영공	영토와 영해의 수직 상공

② 배타적 경제 수역(EEZ): 영해 기선으로부터 200해리의 수역 중 영해를 제외한 수역

(2) **독도**

① 위치 : 우리나라 영토의 동쪽 끝에 위치, 행정 구역상 경상북도에 속함.

② 형성 과정 : 화산 활동으로 분출한 용암이 굳어져 형성된 ❷ [   ]

③ 가치 : 군사적 요충지, 조경 수역, 풍부한 수산 자원, 해저 자원(메탄 하이드레이트, 해양 심층수), 다양한 동식물 서식, 천연 보호 구역

❶ 영공 ❷ 화산섬

▲ 영역의 구성

Quiz

영해를 설정한 기준선으로부터 200해리까지의 바다 중 영해를 제외한 바다를 말하는 것은?

답 | 배타적 경제 수역

1-1 다음 빈칸에 공통으로 들어갈 알맞은 말을 쓰시오.

기후 변화 협약	브라질 리우 환경 회의(1992년)에서 (　　)를 줄이기 위해 최초로 채택
교토 의정서	기후 변화 협약의 구체적인 감축 방안을 제시하여 1997년 채택, 37개 선진국의 (　　) 배출량 감축 목표 규정, 온실가스 배출권 거래제 도입
파리 협정	2020년 이후 적용될 새로운 기후 협약으로 2015년 체결, 197개국(개발 도상국 포함) 기후 변화 당사국이 (　　) 감축 이행 방안 제출

풀이 | 기후 변화를 해결하기 위한 **❶**　　　적 노력으로 세계 각국은 국제 협약에 합의하였다. 1992년 기후 변화 협약을 채택하였고, 이후 **❷**　　　 배출량을 감축하기 위한 교토 의정서(1997년)와 파리 협정(2015년)이 체결되었다.

❶ 국제 **❷** 온실가스　**답 |** 온실가스

1-2 기후 변화 문제 해결을 위한 개인적 노력으로 옳은 것을 | 보기 |에서 고르면?

┌ 보기 ┐
ㄱ. 자원 재활용
ㄴ. 파리 협정 체결
ㄷ. 친환경 제품 사용
ㄹ. 기후 변화 협약 채택

① ㄱ, ㄴ　　　② ㄱ, ㄷ　　　③ ㄴ, ㄷ
④ ㄴ, ㄹ　　　⑤ ㄷ, ㄹ

2-1 다음 ㉠, ㉡에 들어갈 알맞은 말을 쓰시오.

> 유전자 재조합 식품(GMO)은 인체의 (㉠) 가능성과 생물 다양성 훼손의 문제점을 가지고 있다. 반면에 유전자를 조작하여 병충해에 강하고, 수확량이 많아 농가 (㉡)이 증대되며, 식량 문제 해결에 기여할 수 있다.

풀이 | 유전자 **❶**　　　 식품(GMO)은 생물체의 유용한 **❷**　　　를 다른 생물체의 유전자와 결합하여 특정 목적에 맞도록 일부를 변형시킨 식품이다.

❶ 재조합 **❷** 유전자　**답 |** ㉠ 유해 ㉡ 소득

2-2 다음과 같은 유전자 재조합 식품(GMO)의 문제점에 해당하는 것은?

> • 옥수수 통조림, 팝콘, 시리얼
> • 두부, 장류, 콩가루 함유 가공 식품

① 수확량이 많다.
② 병충해에 강하다.
③ 인체에 유해하다.
④ 생물 다양성이 증대된다.
⑤ 식량 문제 해결에 기여한다.

3-1 다음 A~D에 들어갈 알맞은 말은 무엇인지 쓰시오.

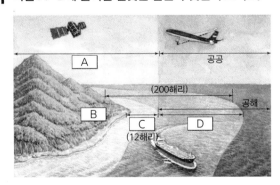

풀이 | **❶**　　　은 국가의 주권이 미치는 범위로 영토, 영해, 영공으로 구성되며, 동해안과 울릉도, 독도, 제주도는 통상 기선으로부터 12해리까지를 영해로 설정하고, 서해안과 남해안은 **❷**　　　으로부터 12해리까지를 영해로 설정한다.

❶ 영역 **❷** 직선 기선　**답 |** A 영공 B 영토 C 영해 D 배타적 경제 수역

3-2 다음 설명에 해당하는 지역으로 알맞은 지역은?

> 섬이 많아서 가장 바깥에 위치한 섬의 기점들을 직선으로 그은 선을 기선(직선 기선)으로 하여 영해를 정한다.

① 독도　　　　　② 동해안
③ 서해안　　　　④ 울릉도
⑤ 제주도

개념 1 세계화 시대의 지역화 전략 및 통일과 국토 공간

(1) 세계화 시대의 지역화 전략

지역 브랜드	상표 개념을 지역에 적용하여 지역의 고유한 가치와 정체성이 드러나도록 개발한 것 → 로고, 캐릭터, 표어 등
장소 마케팅	장소가 지닌 유형·무형의 자산이나 고유한 특징을 활용하여 지역(장소) 자체를 상품으로 홍보하고 판매하는 것
지리적 표시제	특정 상품의 품질과 특성이 해당 지역에서 비롯되는 경우 해당 지역의 지명(이름)을 상표권으로 인정하는 제도

(2) 통일의 필요성: 국토 균형 발전 저해, 과도한 ❶ □□□ 지출, 전쟁에 대한 불안과 위험, 이산가족 발생 및 문화적 이질성 심화(민족의 정체성, 동질성 약화)

(3) 통일 이후의 미래 모습: 국토의 효율적인 활용(육로를 통한 대륙 진출 → 아시안 하이웨이, 유라시아 횡단 철도 건설), 군사 비용의 축소, 남한의 ❷ □□□ 과 기술 및 북한의 자원과 노동력을 이용, 전쟁 위험 탈피 및 세계 평화에 이바지, 이산가족의 고통 해소 및 문화적 이질감 극복(민족의 정체성과 동질성 회복)

❶ 군사비 ❷ 자본

▲ 우리나라의 위치적 특징

개념 2 지리적 문제의 현황과 원인

(1) 지리적 문제의 원인: 국가 및 지역 간 경제 격차와 사회적 불평등 심화, 종교와 민족 차이에 따른 대립, 영역 및 한정된 자원을 둘러싼 국가 간 이해관계 대립, 대규모 자연재해, 환경 오염 물질의 장거리 이동 등

(2) 다양한 지리적 문제

기아 문제	• 인간이 생존하는 데 필요한 물과 영양소가 결핍된 상태를 말하며 중남부 ❶ □□□ 와 남부 아시아에 집중 • 자연재해, 인구 급증, 잦은 분쟁, 식량 분배의 불균형 등이 원인
생물 다양성 감소 문제	• 자연계에 존재하는 생물과 그들의 서식 환경의 다양성이 손실되는 것 • 원인: 산업화, 인구 증가, 환경 오염, 삼림 파괴, 무분별한 남획, 외래종 침입 → 동물 및 곤충 등의 서식지 파괴, 야생 동물 멸종 및 개체 수 감소
영역 분쟁	영토·영해 확장을 둘러싼 ❷ □□ 과 분쟁이 끊임없이 발생

❶ 아프리카 ❷ 갈등

▲ 세계의 주요 영역 갈등 지역

개념 3 지역 간 불평등 완화를 위한 노력

(1) 지역 간 발전 수준의 차이: 발전 지표에는 1인당 국내 총생산 및 1인당 국민 총소득, ❶ □□ 지수(HDI), 영아 사망률, 교사 1인당 학생 수 등이 있음.

(2) 지역 간 불평등 완화를 위한 노력

국제기구	국제 연합 안의 여러 전문 기구들이 활동
공적 개발 원조 (ODA)	선진국에서 개발 도상국의 경제 발전과 복지 증진 등을 목적으로 개발 도상국이나 국제기구에 도움을 주는 것
국제 비정부 기구	❷ □□□ 가 중심이 되어 만든 조직 예 그린피스, 국경 없는 의사회 등
공정 무역	개발 도상국에서 생산되는 제품들에 대해 선진국의 소비자가 정당한 가격을 지급하여 생산자들에게 무역의 혜택이 돌아가도록 하자는 운동

❶ 인간 개발 ❷ 민간단체

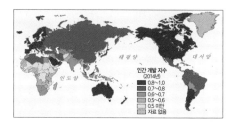

1-1 다음 자료의 (가), (나)에 해당하는 지역화 전략을 각각 쓰시오.

(가)   (나)

풀이 | 지역에서 생산되는 상품과 서비스 또는 지역 자체에 하나의 고유한 상표나 브랜드를 부여하는 것은 **❶** 이고, 특정 지역의 생산품에 그 우수성이 인정될 때 국가가 해당 지역의 지명(이름)을 상표권으로 인정해 주는 제도를 **❷** 표시제라고 한다.

❶ 지역 브랜드 ❷ 지리적   답 | (가) 지역 브랜드 (나) 지리적 표시제

1-2 다음과 같은 사례에 해당하는 지역화 전략은?

- 함평 나비 축제
- 보령 머드 축제
- 부산 국제 영화제

① 광고   ② 차별화
③ 장소 마케팅   ④ 지역 브랜드
⑤ 지리적 표시제

2-1 다음 지도를 보고 알 수 있는 지리적 문제는 무엇인지 쓰시오.

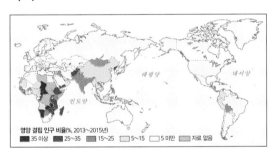

영양 결핍 인구 비율(%, 2013~2015년)
■ 35 이상 ■ 25~35 ■ 15~25 ▨ 5~15 ☐ 5 미만 ▨ 자료 없음

풀이 | **❶** 는 인간이 생존하는 데 필요한 물과 영양소를 충분히 섭취하지 못하여 발생한다. 아프리카와 일부 아시아 국가 등지에서 기아 문제가 심각한데, 식량은 부족하지만 **❷** 증가율은 높아 그 상황이 더욱 악화되고 있다.

❶ 기아 문제 ❷ 인구   답 | 기아 문제

2-2 다음 ㉠, ㉡에 들어갈 알맞은 지리적 문제는 무엇인지 쓰시오.

(㉠)	자연재해, 인구 급증, 잦은 분쟁, 식량 분배의 불평등이 원인이 되어 발생
(㉡)	산업화, 인구 증가, 환경 오염, 삼림 파괴, 무분별한 남획, 외래종의 침입 등이 원인이 되어 발생

3-1 다음 자료의 A에 들어갈 알맞은 말은 무엇인지 쓰시오.

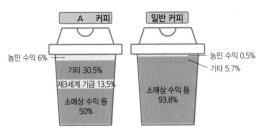

A 커피	일반 커피
농민 수익 6%	농민 수익 0.5%
기타 30.5%	기타 5.7%
제3세계 기금 13.5%	소매상 수익 등 93.8%
소매상 수익 등 50%	

풀이 | **❶** 은 선진국과 저개발 국가 사이의 불공정한 무역을 개선하여 저개발 국가의 **❷** 에게 정당한 가격을 지급하는 무역 방식이다.

❶ 공정 무역 ❷ 생산자   답 | 공정 무역

3-2 다음과 같은 내용의 지역 간 불평등 완화를 위한 노력으로 옳은 것은?

선진국에서 개발 도상국의 경제 발전과 복지 증진 등을 목적으로 개발 도상국이나 국제기구에 도움을 주는 것을 말한다.

① 공정 무역   ② 국제기구 활동
③ 시민단체 활동   ④ 공적 개발 원조
⑤ 비정부 기구 활동

바탕 문제

기후 변화 문제를 해결하기 위한 국제적 노력이 필요한 까닭은?

➡ 기후 변화 문제는 문제의 원인이 복합적이고 **❶** 범위가 매우 넓으며, 원인 지역과 발생 지역이 다르기 때문에 기후 변화를 해결하기 위해서는 **❷** 노력이 필요하다.

답 | ❶ 피해 ❷ 국제적

1 기후 변화 문제의 해결을 위한 노력 중 다음 글의 노력과 같은 것을 고르면?

2015년 프랑스 파리에서 열린 제21차 국제 연합 기후 변화 협약 당사국 총회에서 기후 변화 문제에 대한 국제적 공동 대응을 위해 '파리 협정(Paris Agreement)'이 채택되었다. 파리 협정은 2020년부터 적용될 새로운 기후 변화 협약으로, 국제 사회에서 높은 관심을 받고 있다.

① 쓰레기 분리배출을 생활화한다.
② 사용하지 않는 가전제품 플러그를 뽑는다.
③ 에너지 효율 등급이 높은 제품을 사용한다.
④ 국제 규모의 환경 단체에 가입해 활동한다.
⑤ 선진국의 온실가스 배출량 감축 목표를 규정한다.

바탕 문제

공해 유발 산업의 유출 지역과 유입 지역은?

➡ **❶** 은 환경 규제가 엄격하고 환경 오염에 대한 주민의 저항이 강하다. 이로 인해 공해 유발 산업은 환경 규제가 엄격하지 않고 경제 성장이 필요(저렴한 임금과 지가)한 **❷** 으로 이전하고 있다.

답 | ❶ 선진국 ❷ 개발 도상국

2 오른쪽 지도와 같이 환경 문제를 유발하는 산업이 유입되는 지역의 특징으로 옳은 것을 ㅣ보기ㅣ에서 고르면?

ㅣ보기ㅣ
ㄱ. 높은 지가
ㄴ. 경제 우선 정책
ㄷ. 엄격한 환경 규제
ㄹ. 저렴한 노동 비용

① ㄱ, ㄴ   ② ㄱ, ㄷ   ③ ㄴ, ㄷ   ④ ㄴ, ㄹ   ⑤ ㄷ, ㄹ

바탕 문제

독도의 위치는?

➡ 독도는 우리나라의 **❶** 끝에 위치한 섬으로 **❷** 에서 87.4km, 일본 오키섬에서 약 158km 떨어져 있다. 맑은 날에는 울릉도에서 독도를 볼 수 있다.

답 | ❶ 동쪽 ❷ 울릉도

3 오른쪽 지도에 대해 옳은 말을 한 친구는?

① 인정: 독도는 한반도에 바로 붙어 있어.
② 경수: 독도는 남해 한가운데 위치한 섬이야.
③ 윤진: 독도는 일본보다 우리나라에 인접해 있어.
④ 지혜: 독도는 울릉도보다 오키 섬에 가까운 섬이야.
⑤ 재연: 독도는 울릉도에서 육안으로 관찰할 수 없는 거리에 있어.

우리나라 국토의 위치적 특징은?

➡ 우리나라는 유라시아 대륙과 태평양을 연결하는 **❶**□□□으로, 북쪽으로는 유라시아 대륙으로 진출할 수 있고 남쪽으로는 **❷**□□□으로 진출할 수 있는 동아시아 교통의 요지에 위치하고 있다. 따라서 대륙과 해양으로 인적·물적·문화적 교류에 유리하다.

답 | **❶** 반도국 **❷** 태평양

---

4 오른쪽 지도를 통해서 본 우리나라의 위치적 특성으로 옳은 것은?

▲ 우리나라의 위치적 특징

① 유라시아 대륙의 중심에 위치한다.

② 뚜렷한 강대국이 없어 안정적으로 성장할 수 있었다.

③ 해양을 통한 진출은 불리하나 대륙을 통한 진출은 유리하다.

④ 유라시아 대륙과 대서양을 연결하는 지리적 요충지에 위치한다.

⑤ 대륙을 바탕으로 해양을 향해 열려 있어 동아시아 교통의 중심지로 성장할 수 있다.

생물 다양성의 의미와 생물 다양성 감소의 원인은?

➡ 생물 다양성은 지구 각지의 자연계에 존재하는 생물과 그들이 서식하는 환경의 다양성을 말한다. 생물 다양성 **❶**□□□ 문제는 산업화, 인구 증가, 환경 오염, 삼림 **❷**□□□, 무분별한 남획, 외래종의 침입 등으로 발생한다.

답 | **❶** 감소 **❷** 파괴

---

5 다음 질문에 대한 대답으로 옳은 것을 ┃보기┃에서 고르면?

생물 다양성 감소의 원인으로 알맞은 것은 무엇일까요?

┌ 보기 ┐

ㄱ. 민족 갈등　　　　　　　ㄴ. 외래종 유입

ㄷ. 무분별한 남획　　　　　ㄹ. 농업 기반 시설의 부족

① ㄱ, ㄴ　　② ㄱ, ㄷ　　③ ㄴ, ㄷ　　④ ㄴ, ㄹ　　⑤ ㄷ, ㄹ

공정 무역의 목적은?

➡ 공정 무역(fair trade)은 저개발 국가의 가난한 생산자가 만든 상품을 **❶**□□□한 가격으로 사고파는 방식의 무역이다. 공정 무역의 목적은 생산자의 **❷**□□□에 대한 공정한 대가를 주는 것이다.

답 | **❶** 공정 **❷** 노동

---

6 다음 그림의 공정 무역 커피에 대한 설명으로 옳은 것을 ┃보기┃에서 고르면?

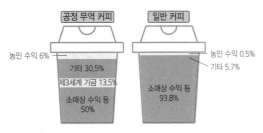

┌ 보기 ┐

ㄱ. 생산자의 수익을 높여 줄 수 있다.

ㄴ. 저렴한 가격에 대량 생산을 하는 방식이다.

ㄷ. 선진국에서 생산하여 소비자의 만족감을 높인다.

ㄹ. 저개발 국가의 생산자에게 정당한 가격을 지급한다.

① ㄱ, ㄴ　　② ㄱ, ㄹ　　③ ㄴ, ㄷ　　④ ㄴ, ㄹ　　⑤ ㄷ, ㄹ

전략 1 기후 변화 및 기후 변화 문제 해결 노력

- 기후 변화의 의미: 자연적 원인(태양 활동의 변화 등)과 인위적 원인(온실가스 증가 등)에 의해 기후가 변하는 현상
- 기후 변화의 영향: 빙하 ❶   와 해수면 상승, 기상 이변 증가, 생태계 변화(식생 분포 변화, 동물 서식지 변화) 등
- 기후 변화 해결을 위한 노력: 국가적 노력(대체 에너지 개발, 온실가스 배출량 감축 정책 실시), ❷   노력(기후 변화를 해결하기 위한 국제 협약 체결 ➡ 온실가스 감축을 위해 기후 변화 협약, 교토 의정서, 파리 협정 체결)

❶ 감소 ❷ 국제적

필수 예제 1

(1) 다음에서 설명하는 것은 무엇인지 쓰시오.

> 과도한 온실 효과로 인해 지구의 평균 기온이 점점 높아지는 현상이다. 주요 원인으로는 화석 연료 사용의 급격한 증가, 무분별한 삼림 벌채 등을 들 수 있다.

(2) 다음 자료에서 설명하는 국제 협약을 쓰시오.

> 2020년 이후 적용될 새로운 기후 협약으로 기후 변화 당사국인 197개국(개발 도상국 포함) 모두 온실가스 감축 이행 방안을 제출해야 한다.

풀이 | (1) 지구 온난화

의미	과도한 온실 효과로 인해 지구의 평균 기온이 점점 높아지는 현상
원인	화석 연료의 사용 급증으로 인한 이산화 탄소 등의 온실가스가 증가, 무분별한 삼림 벌채 등

답 | 지구 온난화

(2) 기후 변화 해결을 위한 국제적 노력

기후 변화 협약	브라질 리우 환경 회의(1992년)에서 온실가스를 줄이기 위한 기후 변화 협약을 최초로 채택
교토 의정서	1997년 채택, 37개 선진국의 온실가스 배출량 감축에 초점, 온실가스 배출권 거래제 도입
파리 협정	2015년 체결, 197개국(개발 도상국 포함) 기후 변화 당사국이 온실가스 감축 이행 방안 제출, 2020년부터 적용될 기후 변화 협약

답 | 파리 협정

1-1 다음 그래프를 통해서 볼 때, 지구의 평균 기온이 올라가면서 최근에 나타나고 있는 현상으로 옳은 것은?

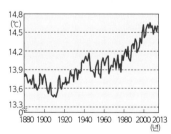

▲ 지구의 평균 기온 변화

① 지진   ② 화산 활동

③ 열대림 파괴   ④ 지구 온난화

⑤ 화석 연료의 가채 연수 감소

1-2 다음과 같은 국제 협약이 필요한 근본적인 이유는?

> • 기후 변화 협약   • 교토 의정서   • 파리 협정

① 기후 변화 문제를 개인적으로 해결하기 위해

② 기후 변화 문제를 보다 과학적으로 해결하기 위해

③ 기후 변화 문제는 피해 범위가 매우 좁게 나타나기 때문에

④ 기후 변화 문제는 원인 지역과 발생 지역이 동일하기 때문에

⑤ 기후 변화 문제는 한 국가의 노력만으로 해결할 수 없기 때문에

전략 2 환경 문제 유발 산업의 국가 간 이전 및 일상생활 속 환경 이슈

• 공해 유발 산업: 선진국(환경 오염과 관련된 ❶[   ]한 규제, 비싼 노동 비용, 높은 지가)에서 개발 도상국(환경보다 ❷[   ] 발전 우선, 저렴한 노동 비용, 낮은 지가, 인권에 대한 낮은 규제)으로 이동함.

• 생활 속 환경 이슈: 미세 먼지, 유전자 재조합 식품(GMO), 로컬 푸드 운동 등

❶ 엄격 ❷ 경제

필수 예제 2

(1) 다음 빈칸에 공통으로 들어갈 알맞은 말을 쓰시오.

> (   )는 사용하고 난 휴대 전화, 컴퓨터, 텔레비전 등의 전자 제품에서 나오는 폐기물을 말한다. (   )는 주로 선진국에서 아시아나 아프리카 등의 개발 도상국으로 이전하여 해당 국가의 환경 오염을 심화하고 있다.

(2) 다음 글에서 설명하는 것은 무엇인지 쓰시오.

> 사는 곳에서 가까운 지역에서 생산된 먹거리를 말한다. 생산지와 소비지까지의 거리를 줄여 먹을거리의 신선도와 안정성을 확보하고, 이동 과정에서 발생하는 온실가스를 줄일 수 있다.

풀이 | (1) 환경 문제 유발 산업의 이전에 따른 영향

구분	긍정적 영향	부정적 영향
유출 지역	환경 문제 해결	공장 시설 이전으로 일자리 감소
유입 지역	일자리 증가, 소득 증가 등의 경제적 효과	환경 오염 발생, 주민들이 각종 질병에 노출, 산업 재해 등 사고 발생

답 | 전자 쓰레기

(2) 로컬 푸드

의미	사는 곳에서 가까운 지역에서 생산된 먹거리
배경	푸드 마일리지가 높은 글로벌 푸드 대안으로 등장
영향	• 생산지와 소비지까지의 거리를 줄여 먹을거리의 신선도와 안정성 확보, 이동 과정에서 온실가스를 줄임. • 소비자는 신선하고 안전한 먹을거리를 구매, 농민은 안정적인 소득을 얻고, 지역 경제 활성화에 기여

답 | 로컬 푸드

2-1 다음 지도에 나타난 전자 쓰레기의 이동에 대한 설명으로 옳지 **않은** 것은?

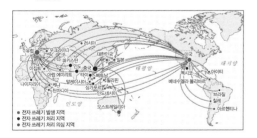

① 선진국은 환경 문제가 해결되었다.

② 개발 도상국에서 환경 오염이 발생하고 있다.

③ 선진국의 주민은 유해 물질에 쉽게 노출된다.

④ 개발 도상국 주민들에게 각종 질병이 나타난다.

⑤ 주로 전자 쓰레기는 아시아, 아프리카 지역으로 이동된다.

2-2 다음과 같이 우리나라에서 생산된 로컬 푸드를 구매하여 얻을 수 있는 효과가 **아닌** 것은?

① 신선한 먹거리를 제공받을 수 있다.

② 안전한 먹거리를 제공받을 수 있다.

③ 농민의 안정적 소득을 보장할 수 있다.

④ 지역의 교통과 통신 발달에 영향을 준다.

⑤ 지역의 경제 활성화 효과를 기대할 수 있다.

전략 3 영역

- 영역: 한 국가의 주권이 미치는 공간적 범위로 ❶ ⬚⬚⬚, 영해, 영공으로 구성
- 영역의 구성: 영토는 국민의 삶이 터전이 되는 땅으로 영해와 영공의 설정 기준이 됨, 영해는 영토 주변의 바다로 일반적으로 기선으로부터 ❷ ⬚⬚⬚까지의 해역을 말함, 영공은 영토와 영해의 수직 상공으로 통상적으로 대기권 내로 범위를 한정함.

❶ 영토 ❷ 12해리

필수 예제 3

(1) 다음 그림의 A~E 중 영해에 해당하는 곳을 쓰시오.

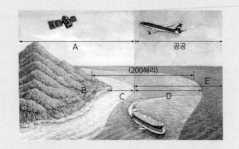

(2) 다음에서 설명하는 것은 무엇인지 쓰시오.

> 영해를 설정한 기준선으로부터 200해리까지의 바다에서 영해를 제외한 바다이다.

풀이 | (1) 우리나라의 영토

영토	한반도와 부속 도서로 구성, 서·남해안의 간척 사업으로 면적 확대 중임.
영해	서해안·남해안은 직선 기선에서 12해리이며, 동해안, 제주도, 울릉도, 독도는 통상 기선에서 12해리이고, 대한 해협은 직선 기선에서 3해리
영공	우리나라의 영토와 영해의 수직 상공

답 | C

(2) 배타적 경제 수역(EEZ)

의미	영해를 설정한 기준선으로부터 200해리
특징	• 경제적 주권 행사 가능, 연안국의 자원 탐사·개발·보존에 관한 관리 보장, 인공 섬과 시설물 설치 가능 • 정치적 주권 행사는 불가능, 다른 국가의 선박과 항공기의 자유로운 통행 가능

답 | 배타적 경제 수역

3-1 오른쪽 지도를 통해 알 수 있는 우리나라 영해 설정의 특징으로 옳지 않은 것은?

① 남해안 일대는 직선 기선이 사용된다.
② 동해안은 최저 조위선이 기준이 된다.
③ 제주도는 통상 기선이 사용되는 곳이다.
④ 동해안은 12해리까지를 영해로 설정한다.
⑤ 동해안은 울릉도까지만이 우리의 영해이다.

3-2 다음 그림의 A에 대한 설명으로 옳은 것은?

① 국가의 영역에 포함된다.
② 정치적 주권 행사도 가능하다.
③ 인공 섬, 시설물의 설치는 금지된다.
④ 연안국에게 자원 탐사, 개발의 권리를 부여한다.
⑤ 다른 나라 선박과 항공기의 자유로운 통행이 금지된다.

전략 4 소중한 우리 땅 독도

- 독도의 위치: 우리나라 영토의 ❶ [　　　] 끝에 위치
- 독도의 자연환경: ❷ [　　　]으로 동도와 서도 2개의 큰 섬과 89개의 부속 도서로 구성
- 독도의 가치: 군사적 요충지(항공 및 방어 기지 역할), 풍부한 수산 자원 보유, 섬 전체가 천연 보호 구역

❶ 동쪽 ❷ 화산섬

필수 예제 4

(1) 다음 ㉠, ㉡에 들어갈 알맞은 말을 쓰시오.

> 독도는 우리나라에서 가장 동쪽에 있는 섬으로, (㉠)에서 동남쪽으로 87.4km 떨어져 있다. 독도는 (㉡)으로 동도와 서도 두 개의 큰 섬과 89개의 바위섬으로 이루어져 있다. 독도는 기후가 온화한 편이며 일 년 내내 강수가 고르다.

(2) 다음 자료의 A, B에 들어갈 알맞은 말을 쓰시오.

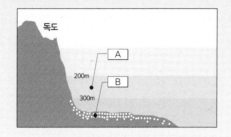

풀이 | (1) 독도

위치	경상북도 울릉군에 속함, 우리나라에서 가장 동쪽에 있는 영토로 울릉도에서 87.4km 떨어져 있음.
자연환경	해저에서 형성된 화산섬으로 동도와 서도 두 개의 큰 섬과 89개의 바위섬으로 구성, 기후가 온화하고 일 년 내내 강수가 고름.
인문 환경	512년 신라가 우산국을 편입하면서 우리나라 영토가 되었음, 우리나라 주민이 거주하고 있으며 독도 경비대가 독도를 지키고 있음.

답 | ㉠ 울릉도 ㉡ 화산섬

(2) 독도의 경제적 가치

수산 자원	한류와 난류가 교차하는 조경 수역이 형성되어 각종 수산 자원이 풍부
메탄 하이드레이트	메탄이 주성분인 천연가스가 해저의 저온 고압의 환경에서 얼음처럼 고체화된 것
해양 심층수	식수와 식품, 의약품 또는 화장품의 원료로 사용되는 가치 있는 자원

답 | A 해양 심층수 B 메탄 하이드레이트

4-1 다음 사진에 나타난 섬에 대한 설명으로 옳지 않은 것은?

① 해저에서 형성된 화산섬이다.
② 우리나라 영토의 동쪽 끝에 위치한다.
③ 행정 구역상 강원도에 포함된 섬이다.
④ 2개의 큰 섬과 89개의 바위섬으로 이루어져 있다.
⑤ 신라가 우산국을 편입하면서 우리나라 영토가 되었다.

4-2 독도의 경제적 가치에 대한 설명으로 옳은 것을 I 보기 I에서 고르면?

> ┌ 보기 ┐
> ㄱ. 청정수인 해양 심층수가 넓게 분포한다.
> ㄴ. 갯벌이 넓게 발달하여 수산 자원이 풍부하다.
> ㄷ. 침엽수림이 넓게 분포하여 삼림 자원이 풍부하다.
> ㄹ. 차세대 에너지인 메탄 하이드레이트가 매장되어 있다.

① ㄱ, ㄴ   ② ㄱ, ㄹ   ③ ㄴ, ㄷ
④ ㄴ, ㄹ   ⑤ ㄷ, ㄹ

1 오른쪽 그래프와 같이 지구의 평균 기온이 변화하고 있는 원인으로 옳은 것을 | 보기 |에서 고르면?

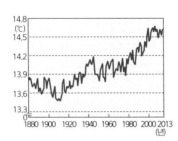

| 보기 |
ㄱ. 인구의 감소　　　　　ㄴ. 무분별한 삼림 파괴
ㄷ. 이상 기후 현상의 증가　ㄹ. 화석 연료의 과다한 사용

① ㄱ, ㄴ　② ㄱ, ㄷ　③ ㄴ, ㄷ　④ ㄴ, ㄹ　⑤ ㄷ, ㄹ

문제 해결 **전략**

지구 온난화는 과도한 온실 효과로 인해 지구의 평균 기온이 점점 높아지는 현상을 의미한다. 지구 온난화의 원인은 ❶ 의 과다한 사용과 무분별한 ❷ 의 파괴로 인한 온실가스의 증가 때문이다.

❶ 화석 연료 ❷ 삼림

2 다음 스무고개의 정답으로 알맞은 것은?

첫째 고개: 유해 폐기물의 발생을 최소화하기 위한 협약이에요.

둘째 고개: 기존 협약과는 달리 아프리카 국가 등 개발 도상국이 주도적인 역할을 했어요.

셋째 고개: 스위스 바젤에서 유해 폐기물에 대한 국제적 이동의 통제와 규제를 목적으로 하는 협약을 체결했어요.

① 바젤 협약　② 파리 협정　③ 교토 의정서
④ 기후 변화 협약　⑤ 사막화 방지 협약

문제 해결 **전략**

환경 문제 유발 산업은 주로 선진국에서 ❶ 으로 이동된다. 따라서 개발 도상국에서 환경 오염, 질병 노출 등 다양한 문제가 발생하자, 국제 사회는 1989년 스위스 바젤에서 ❷ 의 국가 간 이동과 처리에 관한 규제 협약인 '바젤 협약'을 체결하였다.

❶ 개발 도상국 ❷ 유해 폐기물

3 다음은 환경 이슈를 검색한 결과이다. 환경 이슈 관련 검색어로 알맞은 것은?

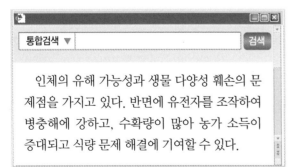

통합검색 ▼　　　　　검색

인체의 유해 가능성과 생물 다양성 훼손의 문제점을 가지고 있다. 반면에 유전자를 조작하여 병충해에 강하고, 수확량이 많아 농가 소득이 증대되고 식량 문제 해결에 기여할 수 있다.

① 로컬 푸드　② 글로벌 푸드　③ 푸드 마일리지
④ 음식의 세계화　⑤ 유전자 재조합 식품

문제 해결 **전략**

유전자 재조합 식품(GMO)은 생물체의 유용한 ❶ 를 다른 생물체의 유전자와 결합하여 특정 목적에 맞도록 일부를 ❷ 시킨 식품이다. 콩, 옥수수 등의 식품이 해당한다.

❶ 유전자 ❷ 변형

4 다음 자료의 A~D에 대한 설명으로 옳지 <u>않은</u> 것은?

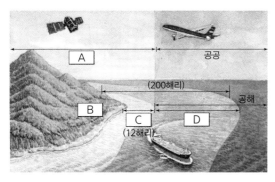

① A는 영토와 영해의 수직 상공에 해당된다.

② B는 한 국가의 육지의 범위를 나타낸다.

③ C는 기선으로부터 12해리까지의 지역이다.

④ D는 한 국가의 영역 안에 포함된다.

⑤ D는 다른 나라의 항공기나 선박이 자유롭게 통행할 수 있다.

문제 해결 전략

영토는 땅의 범위로, 한반도와 주변의 섬이 해당한다. 영해는 바다의 범위로, 기준선으로부터 ❶ _____ (약 22km)까지이다. 영공은 영토와 영해 위에 있는 하늘의 범위를 말한다. 배타적 경제 수역은 영해를 설정한 기준선으로부터 ❷ _____ 까지의 바다에서 영해를 제외한 바다이다.

❶ 12해리 ❷ 200해리

5 다음은 학생의 독도 답사 보고서이다. ㉠~㉤ 중 틀린 부분은?

> **답사 보고서**
> 1. 답사 지역: 독도
> 2. 위치: ㉠ 경상북도 울릉군(우리나라 동쪽 끝)
> 3. 자연환경
>   ㉡ 2개의 큰 섬과 89개의 작은 섬으로 구성
>   ㉢ 화산섬으로 모래사장이 발달함.
> 4. 인문 환경
>   ㉣ 512년 신라가 우산국을 편입하면서 우리나라 영토가 되었음.
>   ㉤ 현재 주민과 독도 경비 대원 등이 살고 있음.

① ㉠   ② ㉡   ③ ㉢   ④ ㉣   ⑤ ㉤

문제 해결 전략

독도는 우리나라에서 가장 동쪽에 있는 영토로 ❶ _____ 에서 87.4km 떨어져 있다. 독도는 화산섬으로 동도와 서도 2개의 큰 섬과 89개의 바위섬으로 이루어져 있으며, 기후가 온화하고 일 년 내내 강수가 고르다. 512년 신라가 ❷ _____ 을 편입하면서 우리나라 영토가 되었다. 현재 주민과 독도 경비 대원 등이 살고 있다.

❶ 울릉도 ❷ 우산국

6 다음 글을 통해 알 수 있는 독도의 특성으로 가장 적절한 것은?

> 독도는 1999년 천연기념물 제336호로 지정되면서 '독도 천연 보호 구역'으로 바뀌었다.

① 규모가 큰 섬이다.

② 환경 오염이 심각한 지역이다.

③ 생태계가 매우 열악한 곳이다.

④ 다양한 동식물이 서식하고 있다.

⑤ 중요한 군사적 요충지로 자리 잡고 있다.

문제 해결 전략

독도는 환경 및 생태적 가치도 지니고 있다. 독도는 ❶ _____ 으로 형성되어 다양한 지질 경관이 나타난다. 또한, 독도에는 조류, 식물, 곤충 등 290여 종의 다양한 동식물이 서식한다. 다양한 생물이 가득한 독도는 생태계의 보고로, 섬 전체가 독도 ❷ _____ 구역(1999년, 천연기념물 제336호)으로 지정되었다.

❶ 화산 활동 ❷ 천연 보호

전략 1 세계화 시대의 지역화 전략

- 지역 브랜드: 지역에서 생산되는 상품과 서비스 또는 ❶⬜⬜⬜ 자체에 하나의 고유한 상표나 브랜드를 부여하는 것
- 장소 마케팅: 특정 지역의 자산이나 고유한 특징을 이용하여 지역(장소) 자체를 매력적인 ❷⬜⬜⬜으로 홍보하고 판매
- 지리적 표시제 : 특정 지역의 우수한 생산품에 그 지명(이름)을 표시할 수 있게 상표권을 인정해 주는 제도

❶ 지역 ❷ 상품

필수 예제 1

(1) 다음 사진에 해당하는 지역화 전략의 이름을 쓰시오.

▲ 함평 나비 축제 　　　▲ 보령 머드 축제

(2) 다음에 제시된 상품을 통해 알 수 있는 지역화 전략의 이름을 쓰시오.

- 보성 녹차　　・횡성 한우　　・의성 마늘
- 성주 참외　　・순창 고추장

풀이 | (1) 장소 마케팅

의미	특정 장소의 자산이나 고유한 특징을 활용하여 어떤 장소 자체를 매력적인 상품으로 홍보하고 판매하는 것
유의점	다른 장소와 차별화된 매력과 차이점을 부각해야 함.
효과	지역의 가치 상승 및 상품, 서비스 판매량의 증가로 지역 경제가 활성화됨.

답 | 장소 마케팅

(2) 지리적 표시제

의미	특정 지역의 우수한 생산품에 해당 지역의 지명(이름)을 상표권으로 표시할 수 있게 인정해 주는 제도
특징	지리적 표시제에 등록되면 다른 곳에서 임의로 상표권을 이용하지 못함.
효과	• 우수한 지리적 특성을 지닌 농산물과 가공품을 보호함. • 지역을 홍보하고 지역 이미지를 개선하여 지역 경제 발전에 이바지함.

답 | 지리적 표시제

1-1 오른쪽 사진과 같은 지역화 전략의 특징으로 옳지 <u>않은</u> 것은?

▲ 보령 머드 축제

① 지역 홍보에 도움이 된다.
② 관광객 유치에 도움이 된다.
③ 지역 경제 활성화에 도움이 된다.
④ 세계화 시대의 지역화 전략에 적합하지 않다.
⑤ 지역을 매력적인 장소로 만들어 가치가 상승한다.

1-2 오른쪽 자료와 같은 사례의 지역화 전략에 해당하는 것을 ｜보기｜에서 고르면?

보기
ㄱ. 성주 참외　　　　　ㄴ. 순창 고추장
ㄷ. 함평 나비 축제　　　ㄹ. 부산 국제 영화제

① ㄱ, ㄴ　　② ㄱ, ㄷ　　③ ㄴ, ㄷ
④ ㄴ, ㄹ　　⑤ ㄷ, ㄹ

전략 2 통일과 국토 공간

- 우리 국토의 위치적 중요성: 유라시아 대륙 ❶ 　　　 의 반도국, 동아시아 교통의 중심지로 성장 가능
- 통일의 필요성: 국토의 불균형 발전, 과도한 ❷ 　　　 지출, 전쟁에 대한 불안과 위험, 문화 이질성 심화, 민족의 정체성 및 동질성 약화
- 통일 이후의 변화: 철로 연결을 통해 대륙 진출 가능, 남한의 자본과 기술 및 북한의 자원과 노동력으로 국토 잠재력 확대

❶ 동쪽 ❷ 군사비

필수 예제 2

(1) 다음 ㉠, ㉡에 들어갈 알맞은 말을 쓰시오.

> 우리나라는 유라시아 대륙과 (㉠)을 연결하는 (㉡)으로, 대륙과 해양 양방향으로 인적·물적·문화적 교류에 있어 유리하다.

(2) 다음 자료의 빈칸에 들어갈 알맞은 말을 쓰시오.

> 한반도와 유라시아 대륙을 연결하는 (　　　) 철도가 건설되면 우리나라에서 유럽까지 가는 화물과 여객 수송에 필요한 시간, 비용을 줄일 수 있다.

풀이 | (1) 우리 국토의 위치적 중요성

유라시아 대륙 동쪽의 반도국	유라시아 대륙과 태평양을 연결하는 위치에 있어 대륙과 해양을 통해 전 세계로 진출할 수 있는 지리적 장점을 지님.
동아시아 교통의 중심지	인적·물적·문화적 교류에 유리하기 때문에 동아시아 교통의 중심지로 성장할 수 있음.

답 | ㉠ 태평양 ㉡ 반도국

(2) 통일 이후의 국토 공간 변화

국토 공간적 측면	반도적 이점을 이용한 국토의 효율적 활용 (아시안 하이웨이, 유라시아 횡단 철도)
경제적 측면	군사비 지출 감소, 남한의 자본과 기술 및 북한의 자원과 노동력 활용
정치적 측면	전쟁 위험 탈피, 세계 평화에 이바지
사회·문화적 측면	이산가족 상봉, 민족의 정체성 및 동질성 회복

답 | 유라시아 횡단

2-1 오른쪽 지도와 관련하여 한반도의 지리적 이점에 대한 설명으로 옳지 <u>않은</u> 것은?

① 동아시아 요충지에 위치한다.
② 대륙으로 진출하기에 유리하다.
③ 해양으로 진출하기에 유리하다.
④ 인적·물적·문화적 교류에 유리하다.
⑤ 강대국의 침략을 피할 수 있는 위치에 있다.

2-2 통일 이후 한반도의 모습에 해당하는 것을 ㅣ보기ㅣ에서 고르면?

> ㅣ 보기 ㅣ
> ㄱ. 국토의 효율적 이용
> ㄴ. 대륙과 해양의 연결 기능 회복
> ㄷ. 북한의 풍부한 자본과 기술의 활용
> ㄹ. 문화적 이질성 확대를 통한 문화적 다양성 확보

① ㄱ, ㄴ　　② ㄱ, ㄷ　　③ ㄴ, ㄷ
④ ㄴ, ㄹ　　⑤ ㄷ, ㄹ

전략 3 다양한 지리적 문제

- 기아 문제: 인간이 생존하는 데 필요한 물과 영양소가 결핍된 상태
- 생물 다양성 감소 문제: 자연계에 존재하는 생물과 그들의 서식 환경의 다양성이 손실되는 것
- 영역 분쟁: 과거부터 인접 국가 간에 영토 · 영해를 차지하기 위하여 끊임없이 갈등과 ❶[   ] 발생, 최근에는 자원 개발이나 문화 차이를 둘러싼 갈등과 얽혀 ❷[   ]으로 확대되기도 함.

❶ 분쟁 ❷ 전쟁

필수 예제 3

(1) 다음 글에서 설명하는 알맞은 말을 쓰시오.

> 인간이 생존하는 데 필요한 물과 영양소가 결핍된 상태를 말한다.

(2) 다음 지도에 표시된 A 지역의 이름을 쓰시오.

풀이 | (1) 기아 문제의 원인

자연적 원인	가뭄, 홍수, 한파, 병충해
인위적 원인	개발 도상국의 인구 급증에 따른 식량 수요 증대, 기후 변화로 식량 생산 면적의 감소, 대체 연료 개발로 곡물 가격 상승, 끊임없는 분쟁으로 식량 안보 불안정

답 | 기아

(2) 영역 분쟁

원인	역사적 배경, 종교 · 민족 · 언어 등 문화적 차이, 자원을 둘러싼 경제적 이권 다툼, 모호한 국경선 설정 등
주요 분쟁	카슈미르 분쟁, 팔레스타인 분쟁, 난사 군도 분쟁, 센카쿠 열도 분쟁, 쿠릴 열도 분쟁 등

답 | 카슈미르

3-1 다음 지도에서 보여주는 지리적 문제의 원인으로 옳지 <u>않은</u> 것은?

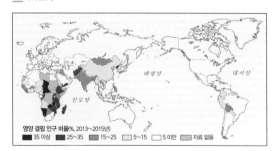

영양 결핍 인구 비율(%, 2013~2015년)
■ 35 이상 ■ 25~35 □ 15~25 □ 5~15 □ 5 미만 □ 자료 없음

① 끊임없이 계속되는 분쟁

② 무분별한 개발로 인한 삼림 감소

③ 인구 급증으로 인한 식량 수요의 증대

④ 가뭄, 홍수 등으로 인한 식량 생산 면적 감소

⑤ 식량 작물이 대체 연료 개발에 사용되어 곡물 가격 상승

3-2 다음 내용에 해당하는 지역을 A~E에서 고르면?

> 아프리카 북동부에는 에티오피아와 소말리아, 에리트레아, 지부티가 있다. 이 지역은 과거 유럽 강대국의 이해 관계에 따라 국경선이 설정되었는데 독립 이후 국경과 부족 경계가 달라서 분쟁과 내전, 그리고 난민 발생이 끊이지 않고 있다.

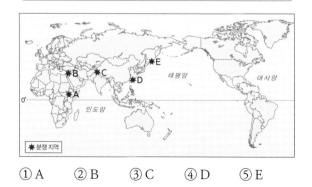

★ 분쟁 지역

① A   ② B   ③ C   ④ D   ⑤ E

전략 4 지역별 발전 수준 및 지역 간 불평등 완화를 위한 노력

- 지역별 발전 수준의 차이: ❶[   ](18세기 후반 산업 혁명을 통해 일찍 산업화, 높은 소득 수준), 저개발국(20세기 이후부터 현재까지 산업화가 진행 중, 낮은 소득 수준, 낮은 삶의 질)
- 지역 간 불평등 완화를 위한 노력: ❷[   ](국제 연합 산하 전문 기구들 활동, 경제 개발 협력 기구의 공적 개발 원조), 비정부 기구(민간단체가 중심이 되어 활동), 공정 무역(저개발 국가의 생산품에 노동에 대한 공정한 가격을 지급)

❶ 선진국 ❷ 국제기구

필수 예제 4

(1) 다음 빈칸에 들어갈 알맞은 말을 쓰시오.

(   )는 각 국가의 실질 국민 소득, 교육 수준, 기대 수명 등 인간의 삶과 관련된 항목을 조사해 각국의 발전 수준과 선진화 정도 등 국민의 삶의 질을 평가하는 지표이다.

(2) 다음 자료에 나타난 국제기구의 이름을 쓰시오.

 아동 구호 및 아동 복지 향상을 위한 일을 한다.

풀이 | (1) 발전 수준에 따른 국가 구분

선진국	• 서부 유럽, 앵글로아메리카 등 북반구에 위치 • 1인당 국내 총생산(GDP), 인간 개발 지수(HDI), 기대 수명, 성인 문자 해독률 등이 높음.
저개발국	• 동남아시아, 라틴 아메리카, 아프리카 등 주로 적도 주변과 남반구에 위치 • 영아 사망률, 성 불평등 지수, 교사 1인당 학생 수 등이 높음.

답 | 인간 개발 지수

(2) 국제기구의 노력

세계 식량 계획 (WFP)	기아와 빈곤으로 고통받는 지역에 식량을 지원
세계 보건 기구 (WHO)	보건, 위생 분야의 국제적 협력을 하는 기구
국제 연합 난민 기구 (UNHCR)	난민을 보호하고 난민 문제를 해결하는 기구
국제 연합 아동 기금 (UNICEF)	아동 구호 및 아동 복지 향상을 위한 일을 하는 기구

답 | 국제 연합 아동 기금(유니세프)

4-1 다음 지도를 분석한 내용으로 옳은 것은?

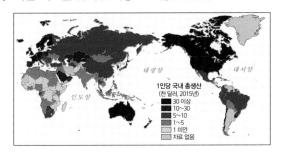

1인당 국내 총생산
(천 달러, 2015년)
■ 30 이상
■ 10~30
■ 5~10
■ 1~5
□ 1 미만
□ 자료 없음

① 아프리카 지역은 소득 수준이 높은 편이다.
② 유럽은 소득 수준이 전체적으로 낮은 편이다.
③ 전 세계적으로 소득 수준의 편차가 큰 편이다.
④ 경제적으로 가장 풍요로운 지역은 아시아이다.
⑤ 앵글로아메리카는 경제적 수준이 낮은 지역이다.

4-2 다음과 같은 활동을 하는 단체가 속한 기구에 해당하지 않는 것을 보기에서 고르면?

세계 보건 기구(WHO)는 보건, 위생 분야의 국제적 협력을 하고 있다.

┌ 보기 ─────────────────
ㄱ. 그린피스   ㄴ. 유네스코
ㄷ. 유니세프   ㄹ. 국경없는 의사회
└─────────────────────

① ㄱ, ㄴ   ② ㄱ, ㄹ   ③ ㄴ, ㄷ
④ ㄴ, ㄹ   ⑤ ㄷ, ㄹ

1 다음 자료에 해당하는 지역화 전략에 대한 설명으로 옳지 <u>않은</u> 것은?

① 상품의 홍보 효과를 높여 준다.

② 우수한 지역 특산품을 보호해 준다.

③ 제품에 대한 소비자들의 신뢰를 높여 준다.

④ 생산자들의 안정적인 농업 활동을 뒷받침해 준다.

⑤ 다른 지역에서 상표권을 사용할 수 있도록 해 준다.

문제 해결 전략

❶　는 상품의 품질과 특성이 생산지의 지리적 특성에서 비롯되고 그 우수성이 인정될 때, 원산지의 지명을 상표권으로 인정하는 제도이다. **❷**　은 특정 장소의 자산이나 고유한 특징을 이용하여 지역(장소) 자체를 매력적인 상품으로 발전시키는 것을 말한다.

❶ 지리적 표시제 ❷ 장소 마케팅

2 다음 사진의 자료가 의미하는 통일 이후의 미래 모습으로 가장 적절한 것은?

① 물류 비용의 절감

② 이산가족의 고통 해결

③ 정치, 군사적 불안감 해결

④ 불필요한 군사비 소모 해결

⑤ 남북한의 불균형적 발전 해결

문제 해결 전략

통일 이후의 미래 모습에는 이산가족의 고통 해결, 전쟁에 대한 불안 해결, 민족의 정체성 및 동질성 회복, **❶**　부담 감소, 남한의 기술과 자본 및 북한의 **❷**　과 노동력을 활용한 국토의 잠재력 확대 등이 있다.

❶ 군사비 ❷ 자원

3 다음의 협약을 체결하게 된 이유로 알맞은 것은?

　　생물 다양성 협약은 생물 다양성 보전과 생물 자원의 지속 가능한 이용, 이를 이용하여 얻는 이익을 공정하고 공평하게 분배할 것을 목적으로 국제 연합 환경 계획(UNEP) 회의에서 채택되었다.

① 온실가스 배출량을 감축하기 위해

② 지역 간의 불평등을 해결하기 위해

③ 멸종 위기에 처한 동물을 보호하기 위해

④ 사막화 진행 지역이 넓어지는 것을 막기 위해

⑤ 환경 오염 유발 물질의 이동을 억제하기 위해

문제 해결 전략

산업화와 도시화로 농경지를 조성하면서 동식물 서식지 파괴, 외래종의 침입으로 생태계 파괴, 개발로 인해 발생하는 환경 오염 등으로 생물 다양성이 빠르게 **❶**　하고 있다. 이에 국제 연합은 1992년 생물 다양성 협약을 채택하여 생물 종을 **❷**　하고 생물 다양성을 유지하기 위해 노력하고 있다.

❶ 감소 ❷ 보호

4 오른쪽 지도에 표시된 A 지역의 영역 분쟁에 대한 설명으로 옳은 것은?

① 해상 교통로를 둘러싼 분쟁이다.
② 식민 지배 국가가 독립을 요구한다.
③ 종교적 원인과 관련된 분쟁 지역이다.
④ 물 자원 확보를 위한 갈등이 발생하는 지역이다.
⑤ 석유 자원 확보를 위한 주변 국가와의 갈등 지역이다.

5 다음 지도에 대한 설명으로 옳지 <u>않은</u> 것을 고르면?

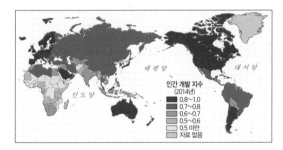

① 서부 유럽 국가들은 인간 삶의 질이 높다.
② 오스트레일리아는 인간 개발 지수가 높다.
③ 아프리카 국가들은 인간 개발 지수가 낮다.
④ 동남아시아 국가들은 인간 개발 지수가 낮은 편이다.
⑤ 앵글로아메리카보다 라틴 아메리카가 인간 삶의 질이 높다.

6 다음 지도에 나타난 지리적 문제를 해결하기 위한 국제기구로 알맞은 것은?

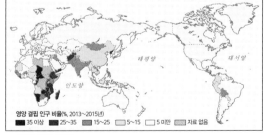

▲ 세계 기아 현황

① 세계 식량 계획(WFP)
② 세계 보건 기구(WHO)
③ 국제 연합 평화 유지군(PKF)
④ 국제 연합 난민 기구(UNHCR)
⑤ 국제 연합 아동 기금(UNICEF)

대표 예제 1

다음 지구의 평균 기온 변화 그래프와 관련된 설명으로 옳은 것을 |보기|에서 고르면?

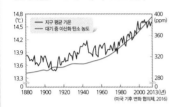

┌ 보기 ┐

ㄱ. 지구 온난화는 인간의 활동만이 영향을 미친다.

ㄴ. 지구 온난화와 이산화 탄소는 밀접한 연관이 있다.

ㄷ. 이산화 탄소의 증가로 평균 기온은 내려갈 것이다.

ㄹ. 산업 혁명 이후 화석 연료의 사용 증가로 지구 온난화가 가속화되었다.

① ㄱ, ㄴ   ② ㄱ, ㄷ   ③ ㄴ, ㄷ

④ ㄴ, ㄹ   ⑤ ㄷ, ㄹ

개념 가이드

화석 연료 사용이 증가하면서 ❶ [ ]가 증가하여 지구의 평균 기온이 상승하는 현상인 ❷ [ ]가 가속화되고 있다.

❶ 온실가스 ❷ 지구 온난화

대표 예제 2

다음 환경 문제를 해결하기 위한 노력으로 옳지 않은 것은?

기후 변화로 바다 얼음이 녹아 미국 알래스카 마을이 사라질 위기에 있습니다. 이 마을의 바닷가에 있던 집은 해안 침식으로 기울어져 주민이 급히 대피했습니다.

① 농경지 개간   ② 대중교통 이용

③ 저탄소 제품 사용   ④ 온실가스 배출량 감축

⑤ 신·재생 에너지 사용 증가

개념 가이드

기후 변화에 따른 피해를 줄이려면 이산화 탄소와 같은 ❶ [ ] 감축 및 화석 연료를 대체할 수 있는 ❷ [ ] 에너지 개발을 위해 노력해야 한다.   ❶ 온실가스 ❷ 신·재생

대표 예제 3

다음은 석면 공장의 이동 경로를 나타낸 것이다. 석면 공장이 유입한 국가에 대한 설명으로 옳은 것은?

① 주민들의 일자리는 감소하였다.

② 석면 공장 유출국보다 임금이 저렴하다.

③ 환경 문제에 대한 정부 규제가 엄격하다.

④ 석면 공장의 유입으로 주민들의 건강이 좋아졌다.

⑤ 상품의 기획, 디자인 및 판매 등이 이루어지는 나라들이다.

개념 가이드

환경 문제 유발 산업은 최근 미국, 유럽 등의 ❶ [ ]에서 환경 규제가 약하고 임금도 저렴한 ❷ [ ]으로 이동하고 있다.

❶ 선진국 ❷ 개발 도상국

대표 예제 4

다음 검색창에 들어갈 협약으로 옳은 것은?

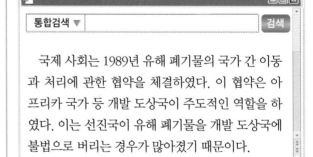

통합검색 ▽ [ ] 검색

국제 사회는 1989년 유해 폐기물의 국가 간 이동과 처리에 관한 협약을 체결하였다. 이 협약은 아프리카 국가 등 개발 도상국이 주도적인 역할을 하였다. 이는 선진국이 유해 폐기물을 개발 도상국에 불법으로 버리는 경우가 많아졌기 때문이다.

① 파리 협정   ② 바젤 협약

③ 교토 의정서   ④ 람사르 협약

⑤ 브라질 리우 회의

개념 가이드

국제 사회에서는 유해 화학 물질과 산업 폐기물의 유통을 규제하기 위해 ❶ [ ] 등을 체결하였다.   ❶ 바젤 협약

대표 예제 5

다음 빈칸에 들어갈 용어에 대한 설명으로 옳지 <u>않은</u> 것은?

> 세계화 시대에는 음식 재료가 생산되어 식탁에 오르기까지 먼 거리를 이동하는 경우가 많다. 이 과정에서 온실가스 배출, 방부제 사용 등 여러 가지 문제점이 나타나고 있다. 그래서 최근에 가까운 지역에서 생산된 음식 재료인 (　　　)이/가 주목받고 있다.

① 로컬 푸드에 대한 설명이다.
② 푸드 마일리지가 적게 나타난다.
③ 지역 경제 활성화에 도움을 준다.
④ 제철에 생산된 신선한 식품을 제공받을 수 있다.
⑤ 시간과 공간을 초월하여 전 지구적으로 상품화되고 있다.

개념 가이드

최근 환경과 식품 안전성에 대한 관심이 높아지면서 지역에서 생산된 농산물을 소비하자는 **❶**　　　 운동이 펼쳐지고 있다.

❶ 로컬 푸드

대표 예제 6

다음은 영역의 구성을 나타낸 그림이다. A~C에 대한 설명으로 옳지 <u>않은</u> 것은?

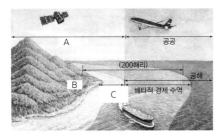

① A는 B와 C의 수직 상공을 의미한다.
② A는 보통 대기권 내로 범위를 한정한다.
③ B는 국민의 터전이 되는 땅에 해당한다.
④ B는 간척, 해수면 상승으로 면적이 변화할 수 있다.
⑤ C는 A 주변의 바다로 기선으로부터 200해리이다.

개념 가이드

❶　　　는 한 국가에 속한 육지의 범위이며, 국토 면적과 일치한다. **❷**　　　는 영토 주변의 바다로 대부분의 국가는 최저 조위선에서부터 12해리까지로 한다.

❶ 영토 **❷** 영해

대표 예제 7

다음은 우리나라의 영해에 관한 지도이다. 이에 대한 설명으로 옳은 것을 |보기|에서 고르면?

> **보기**
>
> ㄱ. 대한 해협의 경우 직선 기선에서 3해리에 이르는 수역을 영해로 설정한다.
> ㄴ. 우리나라는 기본적으로 기선에서 200해리에 이르는 수역을 영해로 설정한다.
> ㄷ. 동해안은 해수면이 가장 낮은 썰물 때의 해안선을 영해의 기준으로 삼는다.
> ㄹ. 서·남해안에서는 가장 바깥쪽의 섬을 연결한 통상 기선을 영해의 기준으로 삼는다.

① ㄱ, ㄴ　　　② ㄱ, ㄷ　　　③ ㄴ, ㄷ
④ ㄴ, ㄹ　　　⑤ ㄷ, ㄹ

개념 가이드

❶　　　은 단조로운 해안에서 영해의 기준으로 삼으며, **❷**　　　은 해안선이 복잡하고 섬이 많은 지역에서 영해의 기준으로 삼는다.
❶ 통상 기선 **❷** 직선 기선

대표 예제 8

오른쪽 지도의 A에 대한 설명으로 옳은 것은?

① 주민이 거주하지 않는 섬이다.
② 우리나라보다 일본과 더 가깝다.
③ 울릉도에서 서쪽으로 87.4km 떨어져 있다.
④ 해저에서 분출한 용암이 굳어져 형성된 화산섬이다.
⑤ 울릉도와 오키섬에서는 맑은 날에는 독도를 볼 수 있다.

개념 가이드

독도는 우리나라의 ❶ [　　　] 끝에 위치한다. 약 460만~250만 년 전에 해저에서 분출한 용암이 굳어져 형성된 ❷ [　　] 이다.

❶동쪽 ❷화산섬

대표 예제 9

오른쪽 자료와 같은 지역화 전략에 대한 설명으로 옳은 것을 |보기|에서 고르면?

HAPPY700 평창

보기

ㄱ. 부산 국제 영화제 등과 같은 지역화 전략이다.
ㄴ. 지역을 홍보하고 경쟁력을 높일 수 있는 수단이다.
ㄷ. 다른 지역과의 차별성을 높이고 지역의 긍정적인 이미지를 강화할 수 있다.
ㄹ. 특정 상품이 해당 지역의 지리적 특성 때문에 생긴 경우 이를 상표로 인정해 주는 것이다.

① ㄱ, ㄴ   ② ㄱ, ㄷ   ③ ㄴ, ㄷ
④ ㄴ, ㄹ   ⑤ ㄷ, ㄹ

개념 가이드

❶ [　　　]란 지역 자체에 부여한 하나의 고유한 상표를 일컫는 말이고, ❷ [　　] 는 특정 상품의 품질과 특성이 생산지의 지리적 특성에서 비롯되고 그 우수성이 인정될 때, 국가가 해당 지역의 이름을 상표권으로 인정해 주는 제도이다.

❶지역 브랜드 ❷지리적 표시제

대표 예제 10

다음 자료를 통해 알 수 있는 통일 후 한반도 모습으로 적절한 것을 |보기|에서 모두 고르면?

(가) 남한과 북한의 경제 지표 비교

(나) 유라시아 횡단 철도 예상 노선

(다) 우리나라 주요 항공망과 해운망

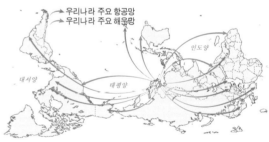

보기

ㄱ. 육로를 통한 유럽 국가들과의 무역량은 증가할 것이다.
ㄴ. 대륙과 해양으로의 진출이 가능한 동아시아 교통의 중심지가 될 것이다.
ㄷ. 통일 후 군사비 부담이 증가하여 국토에 효율적인 투자를 할 수 없을 것이다.
ㄹ. 북한의 자본, 기술과 남한의 천연자원, 노동력이 합해져 경제적으로 발전할 수 있다.

① ㄱ, ㄴ   ② ㄱ, ㄷ   ③ ㄴ, ㄷ
④ ㄴ, ㄹ   ⑤ ㄷ, ㄹ

개념 가이드

우리나라는 유라시아 대륙과 태평양을 연결하는 ❶ [　　　]으로, 통일 후 대륙과 해양으로 진출이 가능해져 동아시아 ❷ [　　]의 중심지가 될 것이다.

❶반도국 ❷교통

대표 예제 11

다음은 세계의 기아 인구 분포를 나타낸 지도이다. 이에 대한 설명으로 옳은 것은?

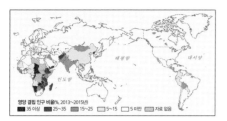

① 기아 문제는 선진국에서 주로 나타난다.
② 인구 증가율이 높아지면 기아 문제는 줄어든다.
③ 전 세계에서 균등하게 기아 문제가 나타나고 있다.
④ 기후 변화가 심해지면 기아 문제가 더 심각해진다.
⑤ 북아메리카 대륙에서 기아 인구 비율이 가장 높다.

개념 가이드

❶ 는 인간이 생존하는 데 필요한 물과 영양소가 결핍된 상태이다. ❷ 대륙과 일부 아시아 국가 등지에서 특히 심각하다.

❶ 기아 ❷ 아프리카

대표 예제 12

다음 A~E 지역의 공통점으로 옳은 것은?

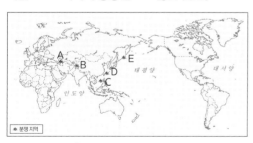

① 물을 둘러싼 분쟁 지역이다.
② 종교 분쟁이 일어나는 지역이다.
③ 영토와 영해를 둘러싼 분쟁 지역이다.
④ 국경선 설정으로 인한 영토 분쟁 지역이다.
⑤ 민족과 언어를 둘러싼 문화적 충돌 지역이다.

개념 가이드

❶ 지역은 인도(힌두교)와 파키스탄(이슬람교)의 대립이 일어나는 지역이며, ❷ 지역은 유대인과 아랍 민족, 유대교와 이슬람교의 갈등이 일어나는 지역이다. ❶ 카슈미르 ❷ 팔레스타인

대표 예제 13

다음 자료에 대한 설명으로 옳은 것을 l 보기 l에서 고르면?

(가) 인간 개발 지수(HDI) 분포

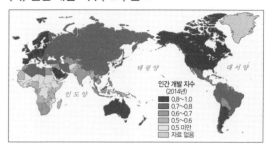

(나) 1인당 국민 총생산(GDP) 분포

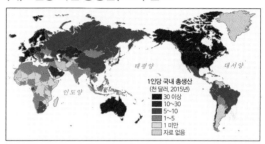

(다) 대륙별 국내 총생산(GDP)

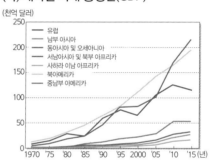

보기

ㄱ. 우리나라의 인간 개발 지수는 낮은 편이다.
ㄴ. 지역별 발전 수준의 격차는 감소하고 있다.
ㄷ. 북아메리카의 1인당 국민 총생산은 높은 편이다.
ㄹ. 대체로 1인당 국민 총생산이 높은 국가가 인간 개발 지수도 높게 나타난다.

① ㄱ, ㄴ ② ㄱ, ㄷ ③ ㄴ, ㄷ
④ ㄴ, ㄹ ⑤ ㄷ, ㄹ

개념 가이드

각 국가의 실질 국민 소득, 교육 수준, 기대 수명 등 인간의 삶과 관련된 지표를 조사하여 각국의 발전 수준과 선진화 정도를 평가한 ❶ 를 통해 지역별 발전 수준 차이를 파악할 수 있다.

❶ 인간 개발 지수

1 다음 사진의 환경 문제에 대한 설명으로 옳지 <u>않은</u> 것은?

〈 미국 고산 지대 빙하 면적의 변화 〉

▲ 1938년 　　　　▲ 2005년

① 고산 식물의 분포 범위가 축소된다.

② 대기 중 온실가스의 증가로 나타난다.

③ 산업 발달 및 인구 증가도 영향을 미쳤다.

④ 빙하 면적이 축소하고 해수면은 하강하였다.

⑤ 가뭄, 태풍 등 자연재해의 피해 규모가 커졌다.

> **Tip**
>
> 지구의 평균 기온이 상승하는 현상인 ❶〔　　　〕로 기후 변화가 나타나고 있다. 이 현상이 심해지면 극지방과 고지대의 빙하가 녹아 ❷〔　　　〕이 상승할 것으로 예상된다.
>
> ❶ 지구 온난화 ❷ 해수면

2 다음 지도의 전자 쓰레기 발생 지역에서 전자 쓰레기 처리 지역보다 높게 나타나는 수치를 ｜보기｜에서 고르면?

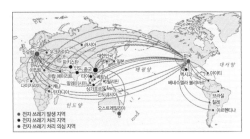

> ｜보기｜
> ㄱ. 기아 인구 비율　　　ㄴ. 산업 발달 수준
> ㄷ. 1인당 국민 총소득　ㄹ. 공해 유발 산업 유입

① ㄱ, ㄴ　　　② ㄱ, ㄷ　　　③ ㄴ, ㄷ
④ ㄴ, ㄹ　　　⑤ ㄷ, ㄹ

> **Tip**
>
> ❶〔　　　〕은 오늘날 개발보다 환경에 더 많은 관심이 있고 환경 규제가 심하기 때문에 공해 유발 산업을 ❷〔　　　〕으로 이전하고 있다.
>
> ❶ 선진국 ❷ 개발 도상국

3 오른쪽 미세먼지의 이동 경로와 발생 원인을 나타낸 지도에 대한 설명으로 옳은 것은?

① 미세 먼지의 발생 원인은 중국에만 있다.

② 미세 먼지 배출 지역과 피해 지역이 일치한다.

③ 대기가 안정되면 미세 먼지의 농도는 감소한다.

④ 화력 발전소 건설은 미세 먼지 감소에 도움이 된다.

⑤ 미세 먼지를 줄이려면 중국과의 협조가 필요하다.

> **Tip**
>
> 미세 먼지는 흙먼지나 식물 꽃가루 등 자연적 요인에 의해 발생하기도 하지만, 화석 연료 사용 및 자동차의 배기 가스 등 ❶〔　　　〕 요인에 의해서도 발생한다.
>
> ❶ 인위적

4 오른쪽은 우리나라 주변 바다의 배타적 경제 수역을 나타낸 지도이다. A~C에 대한 설명으로 옳은 것을 ｜보기｜에서 고르면?

> ｜보기｜
> ㄱ. B는 우리나라의 영해이다.
> ㄴ. C에서 일본의 어선은 어업 활동을 할 수 있다.
> ㄷ. A에서 우리나라의 어선은 어업 활동을 할 수 있다.
> ㄹ. A, B, C에서 대한민국, 중국, 일본을 제외한 다른 나라의 선박은 통행할 수 없다.

① ㄱ, ㄴ　　　② ㄱ, ㄷ　　　③ ㄴ, ㄷ
④ ㄴ, ㄹ　　　⑤ ㄷ, ㄹ

> **Tip**
>
> 우리나라는 중국, 일본과 수역이 겹치기 때문에 ❶〔　　　〕을 설정하는 데 어려움이 많아 어업 협정을 맺고 있다.
>
> ❶ 배타적 경제 수역

>> 정답과해설 23쪽

5 오른쪽 그림의 A 지역에 대한 설명으로 옳은 것은?

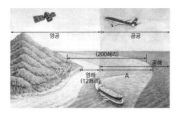

보기
ㄱ. 우리나라의 주권이 미치는 공간적 범위이다.
ㄴ. 연안국은 어업 활동과 천연자원의 탐사 등 경제적 권리가 보장된다.
ㄷ. 영해를 설정한 기선에서부터 영해를 제외한 200해리에 이르는 수역이다.
ㄹ. 연안국 외의 다른 국가의 선박과 항공기는 허락을 받아야 지나갈 수 있다.

① ㄱ, ㄴ　　② ㄱ, ㄷ　　③ ㄴ, ㄷ
④ ㄴ, ㄹ　　⑤ ㄷ, ㄹ

Tip
❶ 　은 영해 기선으로부터 200해리에 이르는 수역 중 ❷ 　를 제외한 수역이다. ❶ 배타적 경제 수역 ❷ 영해

6 오른쪽과 같은 지역화 전략에 대한 설명으로 옳지 <u>않은</u> 것은?

① 지역을 널리 알릴 수 있다.
② 소비자의 알 권리를 충족할 수 있다.
③ 보성 녹차, 이천 쌀, 횡성 한우 등이 그 예이다.
④ 지역의 특정 장소를 매력적인 상품으로 만드는 것이다.
⑤ 다른 곳에서는 생산지의 이름을 상표로 사용하지 못한다.

Tip
지역의 가치를 높이려고 개발한 지역을 상징하는 로고, 캐릭터, 표어 등은 ❶ 　라고 하며, ❷ 　은 장소를 매력적인 상품으로 만들어 판매하는 것을 의미한다.
❶ 지역 브랜드 ❷ 장소 마케팅

7 다음에서 설명하는 지역을 지도의 A~E에서 고르면?

유대인이 팔레스타인 지역에 이스라엘을 건국하면서 영토 분쟁이 일어나고 있는 지역

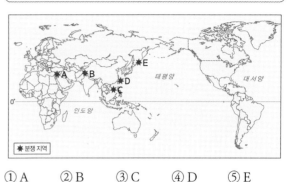

① A　　② B　　③ C　　④ D　　⑤ E

Tip
❶ 　 분쟁은 이스라엘의 건국으로 유대인과 아랍 민족, 유대교와 ❷ 　의 갈등이 나타났다.
❶ 팔레스타인 ❷ 이슬람교

8 다음 친구들이 설명하고 있는 국제기구를 바르게 연결한 것은?

아동 구호와 아동 복지 향상을 위해 노력하는 단체야.
지혜

기아, 빈곤, 분쟁 지역 주민들에게 구호품 및 식량을 지원하는 단체야.
현웅

	지혜	현웅
①	세계 보건 기구	국제 연합 세계 식량 계획
②	국제 연합 아동 기금	세계 보건 기구
③	국제 연합 아동 기금	국제 연합 세계 식량 계획
④	국제 연합 세계 식량 계획	세계 보건 기구
⑤	국제 연합 세계 식량 계획	국제 연합 아동 기금

Tip
국제 기구에는 세계의 기아와 빈곤으로 고통받는 지역에 식량을 지원하는 ❶ 　, 아동 구호와 아동 복지 향상을 위해 노력하는 ❷ 　 등이 있다.
❶ 국제 연합 세계 식량 계획 ❷ 국제 연합 아동 기금(유니세프)

1 다음 지도와 같은 변화와 관련된 설명으로 옳지 <u>않은</u> 것은?

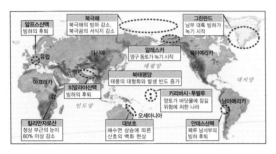

① 지구의 기온이 상승하였다.

② 온실가스의 양이 줄어들었다.

③ 태양 활동의 변화도 영향을 미쳤다.

④ 빙하가 녹아서 해수면이 상승하고 있다.

⑤ 가뭄, 태풍 등 자연재해의 빈도가 늘어났다.

3 다음 채팅창에서 환경 문제를 해결하기 위해 할 수 있는 우리의 노력으로 적절하지 <u>않은</u> 것은?

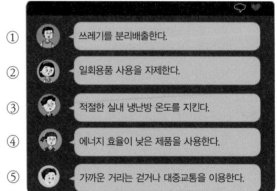

① 쓰레기를 분리배출한다.

② 일회용품 사용을 자제한다.

③ 적절한 실내 냉난방 온도를 지킨다.

④ 에너지 효율이 낮은 제품을 사용한다.

⑤ 가까운 거리는 걷거나 대중교통을 이용한다.

2 다음 자료에서 밑줄 친 ㉠, ㉡에 대한 설명으로 옳은 것은?

유럽에서 팔리는 장미의 절반 이상은 아프리카 케냐에서 재배되고 있다. 유럽의 선진국들은 ㉠ 여러 이유 때문에 케냐와 같은 개발 도상국의 호수 근처에 농장을 짓고 대규모로 장미를 재배한다. 그런데 장미를 재배하는 과정에서 ㉡ 여러 문제가 발생하고 있다.

① ㉠ – 유럽이 케냐보다 지가가 저렴하기 때문이다.

② ㉠ – 유럽이 케냐보다 인건비가 저렴하기 때문이다.

③ ㉠ – 유럽이 케냐보다 환경 규제가 약하기 때문이다.

④ ㉡ – 케냐의 장미 농장 주변의 물이 풍족해졌다.

⑤ ㉡ – 케냐의 장미 농장 주변의 호수와 농경지가 오염되고 있다.

4 다음에 제시된 자료를 통해 알 수 있는 내용을 ㅣ보기ㅣ에서 고르면?

 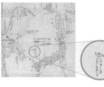

「팔도총도」에는 동해에 울릉도와 독도(우산도)가 그려져 있다. 일본 지리학자가 그린 「삼국접양지도」는 일본을 둘러싼 세 나라를 색깔로 구분한 지도이다. 조선과 같은 색으로 표현한 울릉도와 독도에 일본어로 '조선의 것'이라고 적혀 있다.

ㅣ보기ㅣ
ㄱ. 독도는 화산 활동으로 형성된 섬이다.
ㄴ. 일본은 독도를 조선의 영토로 인식하고 있었다.
ㄷ. 독도에는 과거부터 풍부한 수산 자원이 있었다.
ㄹ. 우리 조상들은 독도를 우리 영토로 인식해 왔다.

① ㄱ, ㄴ 　　② ㄱ, ㄷ 　　③ ㄴ, ㄷ

④ ㄴ, ㄹ 　　⑤ ㄷ, ㄹ

5 다음 빈칸에 들어갈 지역화 전략의 사례로만 묶인 것은?

> 지역이 유명해지기 위해서는 지역이 가진 고유한 특성인 지역성이 매력적으로 알려져야 한다. 오늘날과 같은 세계화 시대에 지역성은 곧 지역의 경쟁력이 될 수 있다. 그래서 세계 각 지역은 지역을 널리 알릴 수 있는 효과적인 지역화 전략을 세우기 위해 힘쓰고 있다. 그중 (   )(이)란 특정 장소가 지닌 유형·무형의 자산이나 고유한 특징을 이용하여 장소 자체를 매력적인 상품으로 발전시키는 것을 의미한다.

① 보성 녹차, 횡성 한우
② 제주 올레길, 제주 한라봉
③ 순창 고추장, 안동 하회마을
④ I♥NY, 평창의 'HAPPY 700'
⑤ 부산 국제 영화제, 보령 머드축제

7 다음 글에서 설명하는 지리적 문제로 가장 적절한 것은?

> 히말라야 서쪽의 힌두쿠시산맥에서는 사과나무가 농민들의 주요 수입원이다. 예전에 이 지역에서 한 해 동안 생산되는 사과는 250만 톤 이상이었다. 당시에는 여러 종의 벌이 살아 꿀과 밀랍을 얻고 사과나무의 가루받이까지 해 주어 모든 일이 순조로웠다. 그런데 최근 몇 년 동안 사과 생산량이 절반으로 줄어들었다. 농약 때문에 가루받이 곤충들이 매우 줄어들고, 양봉하지 않는 농민이 늘었기 때문이다.

① 기아 문제
② 영토 분쟁 문제
③ 지구 온난화 문제
④ 생물 다양성 감소 문제
⑤ 발전 수준의 지역 차 문제

6 통일의 필요성에 대한 내용으로 옳은 것을 고르면?

> ㄱ. 군사비 부담이 증가하므로 국토에 효율적인 투자를 할 수 있다.
> ㄴ. 동아시아의 긴장감을 높임으로써 세계 평화에 이바지할 수 있다.
> ㄷ. 이산가족과 실향민의 고통을 해소하고 민족 정체성과 동질성을 회복할 수 있다.
> ㄹ. 남한의 기술과 자본 및 북한의 천연자원과 노동력이 결합하여 경제 성장을 이룰 수 있다.

① ㄱ, ㄴ   ② ㄱ, ㄷ   ③ ㄴ, ㄷ
④ ㄴ, ㄹ   ⑤ ㄷ, ㄹ

8 다음의 공정 무역의 과정을 나타낸 그림에서 유추할 수 있는 내용으로 옳은 것은?

① 생산자의 수익은 감소할 것이다.
② 이윤의 대부분은 선진국으로 갈 것이다.
③ 지역 간 경제적 불평등이 줄어들 것이다.
④ 제품들의 중간 유통 과정이 증가할 것이다.
⑤ 최신 기술의 물건을 선진국에서 구입할 것이다.

1 다음 자료를 통해 예측할 수 있는 우리나라 기후 변화 현상으로 가장 적절한 것은?

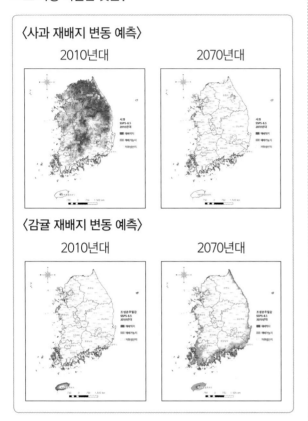

〈사과 재배지 변동 예측〉
2010년대　2070년대

〈감귤 재배지 변동 예측〉
2010년대　2070년대

① 사과의 생산량은 늘어날 것이다.
② 우리나라의 평균 기온은 상승할 것이다.
③ 냉대 기후에 잘 자라는 품종을 개발해야 한다.
④ 해수면 상승으로 해안 저지대가 침수될 것이다.
⑤ 열대야와 같은 여름철 고온 현상이 감소할 것이다.

Tip

지구의 평균 기온이 **❶** 하면 폭염, 열대야와 같은 여름철 고온 현상은 **❷** 한다.
❶ 상승 **❷** 증가

2 다음은 석면 공장의 이동 경로 지도를 보고 학생들이 대화하고 있는 모습이다. (가)에 들어갈 내용으로 옳은 것을 보기에서 모두 고르면?

석면은 인체에 유해성이 알려졌지. 그래서 우리 학교도 석면 해체 공사를 했잖아.

지도를 보니까 석면 공장이 계속 이동하고 있구나.

어디에서 어디로 이동하는 거지?

(가)

보기
ㄱ. 선진국의 환경 규제가 더 엄격하다.
ㄴ. 석면 공장 유출국의 노동비가 더 저렴하다.
ㄷ. 석면 공장은 선진국에서 개발 도상국으로 이동한다.
ㄹ. 개발 도상국에서는 주민들의 건강에 문제가 생길 수 있다.

① ㄱ, ㄷ　　② ㄱ, ㄹ　　③ ㄴ, ㄷ
④ ㄱ, ㄷ, ㄹ　　⑤ ㄴ, ㄷ, ㄹ

Tip

❶ 에서는 공해 유발 산업의 이동을 통해 저임금 노동력을 활용함과 동시에 환경 문제를 해결하게 되었지만, **❷** 에서는 경제적 효과를 얻는 대신 주민들의 건강을 위협하는 환경 오염이 생기게 되었다.

❶ 선진국 **❷** 개발 도상국

3 다음 그림을 보고 친구와 나눈 대화에서 (가)에 들어갈 내용으로 적절한 것은?

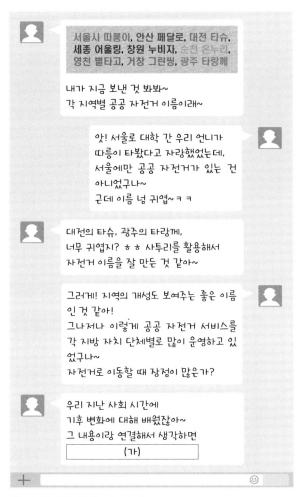

① 쓰레기를 줄일 수 있지.

② 대기 오염을 줄일 수 있지.

③ 안전한 식품을 먹을 수 있지.

④ 친환경 농업이 발전할 수 있지.

⑤ 중국발 미세먼지를 줄일 수 있지.

4 다음 (가)~(다)에 들어갈 지역의 영해에 대한 설명으로 옳은 것을 고르면?

① (가)는 직선 기선을 이용한다.

② (가)는 서해안과 남해안 지역에 해당한다.

③ (나)는 통상 기선을 이용한다.

④ (나)는 제주도, 울릉도, 독도 등이 해당한다.

⑤ (다)는 우리나라와 일본이 인접한 대한 해협에서 적용한다.

5 다음은 사회 과제의 일부이다. (가)와 (나)에 들어갈 내용으로 옳은 것은?

〈 퀴즈 풀이 방법 〉

[1단계] 다음 사례에 해당하는 용어를 아래 〈글자 카드〉에서 찾아 하나씩 지우세요.

■ 전라남도 함평 나비 축제
■ 강원도 평창 'HAPPY 700'

지	표	팅	랜
적	마	소	시
리	브	장	드
역	케	제	지

[2단계] 남은 글자를 모두 활용하여 만들 수 있는 용어와 그 의미, 대표적 예시를 쓰세요.

용어: _____

의미: [　(가)　]

대표적 예시: [　(나)　]

	(가)	(나)
①	지역 자체에 부여한 하나의 고유한 상표	순창 고추장
②	지역 자체에 부여한 하나의 고유한 상표	부산 국제 영화제
③	장소 자체를 매력적인 상품으로 발전시키는 것	안동 하회 마을
④	상품의 품질, 특성 등이 지리적 특성에서 비롯한 경우 이를 증명하고 표시해 주는 것	보령 머드 축제
⑤	상품의 품질, 특성 등이 지리적 특성에서 비롯한 경우 이를 증명하고 표시해 주는 것	보성 녹차

Tip
지역 그 자체 또는 지역의 상품과 서비스 등을 특별한 브랜드로 인식시키기 위해 지역 자체에 부여한 고유한 상표를 [❶　], 상품의 품질, 특성 등이 지리적 특성에서 비롯한 경우 이를 증명하고 표시해 주는 것을 [❷　]라고 한다.

❶ 지역 브랜드 ❷ 지리적 표시제

6 다음은 도덕 수업 시간에 학생들이 자료를 보고 토론한 내용이다. (가)에 들어갈 대화 내용으로 가장 적절한 것은?

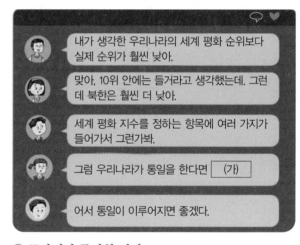

제○○○호　　○○ 신문　　○○○○년 ○○월 ○○일

국제 경제 평화 연구소(IEP)는 2008년부터 이웃 국가와의 관계, 강력 범죄 발생률, 국내 총생산(GDP)에서 군사비가 차지하는 비율 등의 23가지 항목을 비교해 전 세계 160여 개국의 세계 평화 지수와 순위를 발표하고 있다. 국제 평화 연구소에서 2016년 6월 발표한 보고서에 따르면 163개의 나라 중 가장 평화롭다고 평가된 국가는 범죄 발생률이 낮고 상비군이 없는 아이슬란드였다. 일본은 9위, 남한은 53위, 미국은 103위, 북한은 150위로 평가되었다.

– MBN, 2016. 6. 10.

내가 생각한 우리나라의 세계 평화 순위보다 실제 순위가 훨씬 낮아.

맞아, 10위 안에는 들거라고 생각했는데. 그런데 북한은 훨씬 더 낮아.

세계 평화 지수를 정하는 항목에 여러 가지가 들어가서 그런가봐.

그럼 우리나라가 통일을 한다면 [　(가)　]

어서 통일이 이루어지면 좋겠다.

① 군사비가 증가할 거야.
② 경제가 더 발전할 거야.
③ 세계 평화 지수가 높아질 거야.
④ 민족의 동질성을 회복할 수 있을 거야.
⑤ 국토를 효율적으로 이용할 수 있을 거야.

Tip
국토 통일이 이루어진다면 군사적 긴장 상태가 해소되어 군사비는 [❶　]하므로 국토에 [❷　]적인 투자를 할 수 있고, 이를 통해 동아시아 교통의 중심지로 발전할 수 있다.

❶ 감소 ❷ 효율

7 다음 퍼즐에서 지리적 문제에 대한 옳은 설명을 색칠했을 때 보이는 빙고 형태로 옳은 것은?

기아는 인간이 생존하는 데 필요한 물과 영양소가 결핍된 상태이다.	기아 문제는 주로 개발 도상국 및 일부 선진국에서도 심각하게 나타난다.	최근에는 급격한 도시화, 산업화 등으로 생물 다양성이 확대되고 있다.
팔레스타인은 이스라엘과 팔레스타인 간의 영토 분쟁 지역이다.	남중국해는 자원과 군사적 요충지를 둘러싼 일본, 러시아의 분쟁 지역이다.	포클랜드 지역은 힌두교도와 이슬람교도 간의 갈등 지역이다.
해양 자원의 중요성이 커지면서 영해를 둘러싼 갈등도 증가하고 있다.	모호한 국경선, 민족과 종교의 차이 등으로 영토 분쟁이 발생하고 있다.	기아 문제는 곡물 수요 증대, 식량 생산 면적의 감소 등으로 인해 발생한다.

① ② ③

④ ⑤

8 지역 간 불평등을 완화하기 위한 노력을 정확히 이해한 올바른 코딩의 결과는?

〈학습 내용〉

ㄱ. 세이브 더 칠드런은 아동 긴급 구호 사업을 펼치고 있다.

ㄴ. 국제 연합 산하 전문 기구들이 지구상의 여러 문제를 해결하기 위해 활동하고 있다.

ㄷ. 세계 식량 계획은 세계의 기아와 빈곤으로 고통받는 지역에 식량을 지원하는 활동을 한다.

ㄹ. 세계 시민들의 자발적인 모금으로 운영하며, 인도주의적인 차원에서 구호 활동을 하는 단체이다.

〈코딩 방법〉

ㄱ	ㄴ	ㄷ	ㄹ

• ㄱ, ㄴ, ㄷ, ㄹ 중 비정부 기구에 관련된 것이면 1, 국제기구에 관련된 것이면 0을 입력한다.

• 1이 입력된 칸의 전구에 불이 들어온다.(¤)

• 0이 입력된 칸의 전구에 불이 들어오지 않는다.(●)

① | ● | ¤ | ● | ¤ |

② | ● | ¤ | ¤ | ¤ |

③ | ¤ | ● | ● | ¤ |

④ | ¤ | ● | ¤ | ● |

⑤ | ¤ | ¤ | ● | ¤ |

전편 마무리 전략

핵심 개념 1 인구 분포와 인구 이동

> 내가 사는 곳은 강원도 평창군 대관령 목장 근처~ 평창은 태백 산맥의 산지에 위치하고 있기 때문에 인구가 적은 편이야.

2015년

서울시
평창군
동해
황해

0 50km

인구 밀도(명/km²)
5,000 이상
1,000 ~ 5,000
100 ~ 1,000
100 미만

> 내가 사는 곳은 서울시 여의도~ 서울이 위치한 수도권은 산업이 발달하고, 일자리가 많아서 인구가 밀집한 지역이야~

핵심 개념 2 선진국과 개발 도상국의 도시 문제

> 우리 영국에서는 도시의 주택 노후화 문제와 교통 체증 문제가 매우 심각해!

영국 도심의 주택 노후화

영국의 교통 체증

> 우리 방글라데시에서 는 주택 부족 문제와 환경 오염 문제가 심각하지.

방글라데시의 낙후된 주택

방글라데시의 하천 오염

핵심 개념 3 다국적 기업의 공간적 분업

핵심 개념 4 남북 통일이 필요한 까닭

신유형·신경향·서술형 전략

1

다음 인구 피라미드를 보고 물음에 답하시오.

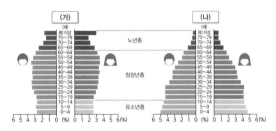

(1) (가)와 (나)의 인구 피라미드를 비교하여 표의 ①~③에 들어갈 알맞은 말을 순서대로 쓰시오.

국가	출생률	사망률	유소년층 비율	평균 수명
(가)	낮다	①		③
(나)	높다		②	

_____

(2) 선진국에서 나타나는 인구 피라미드의 기호를 쓰고, 나타날 수 있는 인구 문제 두 가지를 서술하시오.

_____

_____

(3) 개발 도상국에서 나타나는 인구 피라미드의 기호를 쓰고, 나타날 수 있는 인구 문제 두 가지를 서술하시오.

_____

_____

2

(가), (나)는 우리나라의 두 시기의 인구 정책 포스터이다. (가), (나)의 특성을 비교하여 (다) 그림처럼 나타냈을 때, A와 B에 들어갈 내용으로 옳은 것은?

(가)

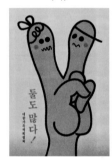

(나)

(다)

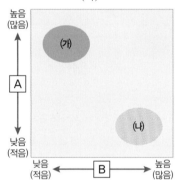

	A	B
①	출산율	사망률
②	출산율	고령화 비율
③	사망률	유소년층 비율
④	고령화 비율	출산율
⑤	고령화 비율	유소년층 비율

3

다음은 세계의 여러 도시에 대한 자료이다. 자료의 (가)~(다)와 지도의 A~C를 바르게 연결한 것은?

구분	도시의 특징	랜드마크
(가)	미국 최대의 도시이며, 미국의 상업·금융·무역의 중심지로 많은 대학, 연구소, 박물관, 극장 등이 있어 미국 문화의 중심지로도 중요한 역할을 함.	
(나)	매년 수천만 명의 관광객이 찾는 세계적 관광 도시이자 세계의 유행을 이끌어 가는 문화의 중심지	
(다)	오스트레일리아의 최대 도시이자 세계 3대 미항 도시로, 오페라 하우스, 하버브릿지, 퀸 빅토리아 빌딩 등이 유명함.	

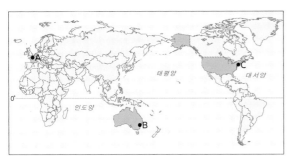

	(가)	(나)	(다)
①	A	B	C
②	A	C	B
③	B	A	C
④	C	A	B
⑤	C	B	A

4

다음 자료를 보고 물음에 답하시오.

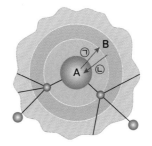

(1) A, B에 해당하는 알맞은 말을 쓰시오.

_____

(2) 주간 인구의 이동 방향을 ㉠, ㉡ 중에 고르시오.

_____

(3) A 지역에서 발생할 수 있는 현상을 낮과 밤의 인구 밀도 차이를 중심으로 서술하시오.

_____

_____

_____

Tip

❶ ____ 란 ❷ ____, 런던, 도쿄와 같이 세계의 경제, 문화, 정치 중심지로 세계적 영향력을 가진 금융 기관, 다국적 기업의 본사, 국제기구의 활동이 활발한 도시이다.

❶ 세계 도시 ❷ 뉴욕

Tip

❶ ____ 은 교통이 편리하여 접근성과 지대가 높고 도시의 중심부에 위치한다. ❷ ____ 은 도시 외곽에 위치하며 주로 주거 단지와 녹지가 조성되어 있다.

❶ 도심 ❷ 주변 지역

5

다음 자료를 보고 물음에 답하시오.

▲ 세계적 농식품 기업인 D사의 생산 유통 시스템(2015년)

(1) 위 자료의 D사와 같은 농업 방식을 나타내는 용어를 쓰시오.

_____

_____

(2) 위 자료의 D사와 같은 농업 방식의 특징을 서술하시오.

_____

_____

_____

6

다음은 환경 운동가인 그레타 툰베리가 유엔 기후 변화 협약 회의(2019)에서 한 연설의 일부이다. 이 연설의 밑줄 친 부분이 담고 있는 기후 문제에 대한 설명으로 옳지 <u>않은</u> 것은?

"사람들이 고통받고 있습니다. 사람들이 죽어가고 있어요. 생태계 전체가 무너져 내리고 있습니다. 우리는 대멸종이 시작되는 지점에 있습니다. 그런데 여러분이 할 수 있는 이야기는 전부 돈과 끝없는 경제 성장의 신화에 대한 것 뿐이네요. 도대체 어떻게 그럴 수 있습니까? 지난 30년이 넘는 세월 동안, 과학은 분명히 이야기했습니다. 그런데 어떻게 그렇게 계속해서 외면할 수 있나요? 필요한 정치와 해결책이 여전히 아무 곳에서도 보이지 않는데요. …(중략)… 여러분들이 <u>공기 중에 배출해 놓은 수천억 톤의 이산화 탄소</u>를 제거할 임무를 우리와 우리 자녀 세대들에게 떠넘긴 것이나 다름없습니다. …(중략)…

① 온실가스의 증가로 지구 온난화가 가속화되었다.

② 태풍, 홍수, 폭우, 가뭄, 폭설과 같은 기상 이변이 잦아지고 있다.

③ 환경에 대해 관심이 많은 선진국만이 기후 변화 대응을 위해 노력하고 있다.

④ 기후 변화로 몰디브, 투발루, 나우루 등 많은 섬나라가 바닷물에 잠겨 사라질 위험에 처해 있다.

⑤ 기후 변화로 해양 생태계 변화, 식물 분포 범위 변화 등으로 생물 다양성 감소 문제가 생길 수 있다.

7

다음은 우리나라의 영해를 나타낸 지도이다. 이를 보고 물음에 답하시오.

(1) 영해를 설정할 때 A 지역에 적용되는 기선과 그 이유를 서술하시오.

_____

_____

(2) 영해를 설정할 때 B 지역에 적용되는 기선과 그 이유를 서술하시오.

_____

_____

8

다음은 자신의 꿈에 대해 말하는 진로 수업 장면이다. 밑줄 친 ㉠, ㉡에 대한 설명으로 옳은 것은?

저는 전 세계의 모든 아이들이 행복하고 안전하게 살 수 있으면 좋겠어요. 그래서 제 꿈은 ㉠ 국제 연합 아동 기금(UNICEF)에 들어가서 아이들의 삶이 나아질 수 있도록 노력하는 것입니다.

얼마 전에 노벨 평화상을 수상한 ㉡ 세계 식량 계획(WFP)의 기사를 읽었어요. '풍요로운 세상에서 배고픔은 과거로 남겨야 합니다'라는 구호가 인상 깊었습니다. 저도 그러한 노력에 함께 하고 싶어서 국제기구에서 일하는 사람이 되고 싶어요.

① ㉠은 난민을 보호하고 난민 문제를 해결하기 위해 노력한다.

② ㉠은 선진국에서 개발 도상국의 경제 발전과 복지 증진을 목적으로 개발 도상국이나 국제기구에 도움을 주는 것을 말한다.

③ ㉡은 분쟁 지역에 파견되어 주민 안전을 지키기 위해 노력한다.

④ ㉡은 세계의 기아와 빈곤으로 고통받는 지역에 식량을 지원한다.

⑤ ㉠, ㉡ 모두 국제 비정부 기구(NGO)로 민간단체가 중심이 되어 만들어졌다.

적중 예상 전략 | 1회

1 다음 대륙별 인구 분포에 관한 그래프에서 A와 B에 해당하는 대륙이 바르게 연결된 것은?

북아메리카 4.9
B 0.5
남아메리카 8.6
유럽 10.0
아프리카 16.2
총 73억 4,947만 명 (%, 2015년)
A 59.8

	A	B
①	유럽	아시아
②	아시아	유럽
③	아시아	오세아니아
④	아프리카	남아메리카
⑤	북아메리카	유럽

2 다음은 세계의 주요 인구 이동을 나타낸 지도이다. A~E에 대한 설명으로 옳지 <u>않은</u> 것은?

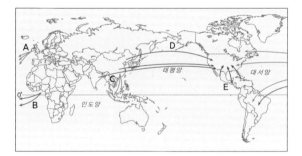

① A는 신항로 개척 이후 유럽인들의 이동이다.
② B는 아프리카인의 노예 무역에 의한 이동이다.
③ C는 중국인(화교)들이 일자리를 찾기 위해 이동한 것이다.
④ D는 1990년 이후 경제적 요인에 의한 인구 이동이다.
⑤ E는 라틴 아메리카 사람들의 정치적 이동에 해당한다.

3 다음 글에서 히스패닉의 이동으로 미국과 멕시코에 나타난 변화를 예측한 것으로 가장 적절한 것은?

> 미국은 지리적으로 가까운 멕시코와 남아메리카 지역의 이주민들이 많다. 이들은 자국의 높은 실업률 때문에 일자리를 찾아 미국으로 이주하고 있다. 에스파냐어를 사용하여 히스패닉이라 불리는 이주민들은 대부분 낮은 임금을 받고, 건설 인력, 청소부, 식당 종업원 등의 서비스업에 종사하고 있다. 현재 히스패닉은 미국에서 유럽계 백인에 이어 2위의 인구 규모를 차지하여 정치, 경제, 문화 등 사회 전반에 큰 영향력을 행사하고 있다.

① 미국의 인구는 감소한다.
② 멕시코의 실업률은 증가한다.
③ 미국의 고령 인구 비율은 증가한다.
④ 미국과 히스패닉 사이의 갈등이 일어난다.
⑤ 미국 내 인구 유출로 산업 성장이 둔화된다.

4 다음은 인구 1,000명당 출생아 수 하위 5개국을 정리한 표이다. 이 국가들에서 공통적으로 나타날 수 있는 인구 문제로 옳은 것은?

순위	국가	인구 1,000명당 출생아 수(명)	인구 1,000명당 사망자 수(명)	인구 증가율(‰)
1	일본	8.3	10.0	-1.7
2	독일	8.3	10.8	-2.5
3	포르투갈	8.5	8.5	-1.8
4	이탈리아	8.6	8.6	-1.1
5	그리스	8.9	8.9	-1.6

① 사망률이 높아졌다.
② 인구가 점차 감소한다.
③ 성비 불균형 문제가 나타난다.
④ 기아와 빈곤 문제가 발생한다.
⑤ 일자리 부족으로 실업률이 높다.

5 다음 지식 검색 결과 중 옳은 내용을 모두 고르면?

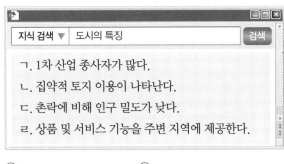

| 지식 검색 ▼ | 도시의 특징 | 검색 |

ㄱ. 1차 산업 종사자가 많다.

ㄴ. 집약적 토지 이용이 나타난다.

ㄷ. 촌락에 비해 인구 밀도가 낮다.

ㄹ. 상품 및 서비스 기능을 주변 지역에 제공한다.

① ㄱ, ㄴ　　　　　　② ㄴ, ㄷ

③ ㄴ, ㄹ　　　　　　④ ㄱ, ㄴ, ㄷ

⑤ ㄴ, ㄷ, ㄹ

6 다음 그림은 도시 내부 구조를 나타낸 것이다. A~C에 대한 설명으로 옳지 <u>않은</u> 것은?

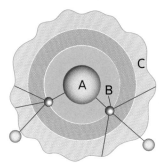

① A는 고층 건물이 밀집해 있다.

② A는 중심 업무 기능을 주로 수행한다.

③ B는 A의 기능을 분담하는 지역이다.

④ C는 대규모 주택 단지가 입지한 지역이다.

⑤ C는 도시의 무질서한 팽창을 막는 역할을 한다.

7 오른쪽 선진국과 개발 도상국의 도시화 곡선에 대한 설명으로 옳은 것을 |보기|에서 고르면?

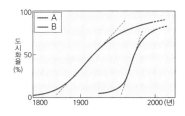

|보기|

ㄱ. A는 B보다 산업화 시기가 빠르다.

ㄴ. A는 B보다 도시화가 서서히 이루어졌다.

ㄷ. 역도시화 현상은 A보다 B에서 많이 나타난다.

ㄹ. A는 B보다 도시 기반 시설이 부족한 상태로 도시화가 이루어졌다.

① ㄱ, ㄴ　　　　② ㄱ, ㄷ　　　　③ ㄴ, ㄷ

④ ㄴ, ㄹ　　　　⑤ ㄷ, ㄹ

8 다음은 살기 좋은 도시를 만들기 위한 사례이다. (가), (나)에 해당하는 도시를 바르게 연결한 것은?

(가) 이 도시는 1970년대까지만 해도 항구가 발달한 에스파냐 최대의 공업 도시였지만, 철강과 제철
공업이 쇠퇴하면서 제철소와 조선소가 문을 닫게 되었고 실업률이 크게 치솟았다. 이후 문화 관광 산업에 초점을 맞추어 미술관, 컨벤션 센터 등을 세워 관광객을 유치하고 있다.

(나) 이 도시는 브라질 경제 활동의 중심지였으나, 경제 발달과 함께
급속히 인구가 늘어났고 이로 인해 환경 문제가 나타났다. 이를 해결하기 위해 버스 중심의 교통 시스템을 운영하고, 녹지 공원을 조성하여 오늘날 세계적인 생태 도시로 거듭났다.

① (가) 뉴욕, (나) 함마르뷔

② (가) 뉴욕, (나) 쿠리치바

③ (가) 빌바오, (나) 밴쿠버

④ (가) 빌바오, (나) 쿠리치바

⑤ (가) 밴쿠버, (나) 함마르뷔

9 다음은 온라인 학습 장면의 일부이다. 댓글의 내용이 옳은 학생만을 고른 것은?

강좌명	사회② IX-1-1. 세계화와 농업 생산의 변화
과제 제출	20○○.○○.○○까지
닉네임	여러분의_사회_선생님(geo_love)

오늘날 농업은 세계화와 기업화가 진행되고 있습니다. 농업 생산에 이러한 변화가 진행되고 있는 이유는 무엇일까요?

농업 # 세계화 # 기업화

댓글(4)

└ 영웅 5분 전
지역 간 교류가 증가하고 있기 때문이에요.

└ 가인 10분 전
다양한 농산물에 대한 수요가 감소했기 때문이에요.

└ 대한 30분 전
자본과 기술력을 가진 대규모의 다국적 농업 기업이 생겨났기 때문이에요.

└ 우주 1시간 전
상업적 농업보다 소규모의 자급적 농업의 비율이 늘어났기 때문이에요.

① 영웅, 가인   ② 영웅, 대한   ③ 가인, 대한
④ 가인, 우주   ⑤ 대한, 우주

10 다음은 다국적 기업의 입지 변화를 보여 주는 신문 기사이다. 밑줄 친 부분으로 인한 베트남의 변화로 옳은 것은?

제○○○호   **○○ 신문**   ○○○○년 ○○월 ○○일

한국 기업, 동남아시아에 투자
2009년 베트남에 진출한 S사는 한국에 있는 사업장의 인력을 줄이고 베트남에 설비 투자를 늘리고 있다. 베트남에서 만든 휴대 전화가 한국에서 만든 제품보다 품질이 떨어지지 않는 데다, 임금은 한국의 10분의 1에 불과하다. 현재 세계로 공급하는 S사 최신 휴대 전화 중 상당수는 베트남 공장에서 생산하고 있다.

– 「머니투데이」, 2015. 10. 19. –

① 새로운 산업 단지가 조성된다.
② 산업 공동화 현상이 발생한다.
③ 수많은 사람들이 일자리를 잃는다.
④ 산업의 기반을 잃어 경기가 침체된다.
⑤ 이윤의 대부분이 유입되어 경제가 성장한다.

11 다음 글의 관광의 세계화 사례에 대한 설명으로 옳지 <u>않은</u> 것은?

2001년 개봉한 「해리포터」의 촬영지였던 영국 안위크성은 영화 개봉 이후 관광객이 세 배 가까이 증가하는 효과를 거두었고, 2014년 개봉한 「인터스텔라」의 배경이 된 아이슬란드 스비나펠스요쿨 또한 빙하를 걸어 볼 수 있는 '글래시어 워크' 관광 상품을 개발하여 주목받고 있다.

① 교통과 정보 통신의 발달로 관광 산업이 발달했다.
② 관광 산업 발달은 해당 지역 주민의 일자리를 감소시킨다.
③ 영화 개봉 이후 관광객이 증가하면서 이 지역의 소득은 증가하였을 것이다.
④ 세계 각국은 지역의 고유한 문화와 자연환경을 활용한 관광지 개발에 힘쓰고 있다.
⑤ 단순히 여행을 즐기는 차원에서 벗어나 영화 등의 소재를 체험해 볼 수 있는 관광이 발달하고 있다.

12 다음은 우리나라의 인구 구성 비율 변화를 나타낸 그래프이다. 이를 보고 물음에 답하시오.

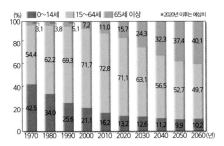

(1) 위 그래프를 통해 알 수 있는 오늘날 우리나라의 인구 문제를 쓰시오.

_____

(2) 오늘날 우리나라 인구 문제의 대책을 <u>두 가지</u> 이상 서술하시오.

_____

_____

13 다음 그래프는 도시화 과정을 나타낸 것이다. 이를 보고 물음에 답하시오.

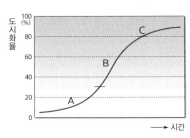

(1) A~C에 해당하는 도시화 단계를 순서대로 쓰시오.

_____

(2) B 단계에서의 인구 이동 현상에 대해 서술하시오.

_____

_____

14 다음은 한 자동차 회사의 공간적 분업을 나타낸 지도이다. 이를 보고 물음에 답하시오.

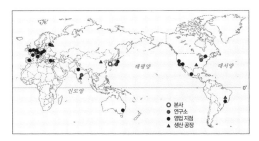

(1) 연구소가 입지하는 지역의 특성을 서술하시오.

_____

(2) 생산 공장이 입지하는 지역의 특성을 서술하시오.

_____

_____

15 다음은 서비스 산업의 세계화로 나타나는 변화를 나타내는 글이다. 이를 보고 물음에 답하시오.

> 교통과 통신의 발달은 다양한 서비스 산업의 세계화를 촉진하고 있다. 정보 통신의 발달은 생산과 소비를 연결하는 유통 분야의 세계화를 가속화한다. 특히 인터넷이나 텔레비전 등을 통한 온라인 쇼핑으로 상품을 사는 사람들이 늘어나고 있다.

(1) 서비스 산업의 세계화로 성장하는 산업을 <u>한 가지</u> 쓰시오.

_____

(2) 서비스 산업의 세계화로 쇠퇴하는 산업을 <u>한 가지</u> 쓰시오.

_____

1 다음 글의 ㉠에 들어갈 내용에 대한 설명으로 옳지 <u>않은</u> 것은?

 남태평양의 작은 섬 나라인 투발루는 평균 해발 고도가 3m 정도로 낮고 지형이 평평하다. (㉠)에 따른 해수면 상승으로 수십 년간 2개의 섬이 바다 아래로 잠겼고, 머지않아 전 국토가 바닷물에 잠길 위기에 처해 있다.

① ㉠은 지구의 평균 기온이 상승하는 현상이다.

② 숲을 무분별하게 파괴하는 것도 ㉠을 가속화하는 요인이다.

③ 산업 혁명 이후 화석 연료 사용 증가로 ㉠은 가속화되고 있다.

④ ㉠의 영향으로 북극해를 운항할 수 있는 북극 항로가 열리게 되었다.

⑤ ㉠으로 인해 홍수나 가뭄, 태풍과 같은 자연재해의 빈도가 감소하였다.

2 다음 글의 파리 협정에 대한 설명으로 옳은 것은?

2015년 프랑스 파리에서 열린 제21차 국제 연합 기후 변화 협약 당사국 총회에서 기후 변화 문제에 대한 국제적 공동 대응을 위해 '파리 협정(Paris Agreement)'이 채택되었다.

① 2020년부터 적용될 새로운 기후 변화 협약이다.

② 온실가스 감축과 관련한 최초의 기후 변화 협약이다.

③ 지구 평균 기온 상승을 위해 노력하려는 국제 협약이다.

④ 온실가스 배출량이 많은 선진국에만 온실가스 감축 의무가 있다.

⑤ 전 세계의 모든 국가가 의무적으로 온실가스 배출 감축에 나서기로 하였다.

3 다음은 세계 유해 폐기물의 생산과 이동을 나타낸 지도이다. 이에 대해 옳은 내용을 〈보기〉에서 고르면?

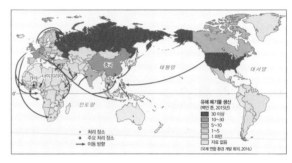

┌─ 보기 ┐
ㄱ. 유해 폐기물 처리 장소는 환경 규제가 약한 지역이다.

ㄴ. 유해 폐기물 처리 지역 주민들의 삶의 질은 높아진다.

ㄷ. 유해 폐기물은 주로 선진국에서 개발 도상국으로 이동한다.

ㄹ. 미국에서 발생한 유해 폐기물은 주로 아프리카로 이동한다.
└──────┘

① ㄱ, ㄴ   ② ㄱ, ㄷ   ③ ㄴ, ㄷ

④ ㄴ, ㄹ   ⑤ ㄷ, ㄹ

4 다음 지도에서 확인할 수 있는 환경 이슈에 대한 설명으로 옳지 <u>않은</u> 것은?

① 호흡기 질환을 유발할 수 있다.

② 반도체의 불량률을 높일 수 있다.

③ 비가 내리는 날에 농도가 낮아진다.

④ 비행기나 여객선 운항에 지장을 준다.

⑤ 대기가 안정되어 있으면 농도가 낮아진다.

5 다음은 영역의 구성을 그림으로 나타낸 것이다. A~E에 대한 설명으로 옳은 것은?

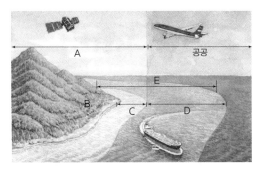

① A는 대기권 밖으로 범위를 한정한다.
② B는 A와 C의 설정 기준이 된다.
③ C는 간척 사업을 할 경우 범위가 늘어난다.
④ D는 자국의 선박만 통행할 수 있다.
⑤ E는 배타적 경제 수역이다.

6 다음 자료의 (가) 지역에 대한 설명으로 옳지 <u>않은</u> 것은?

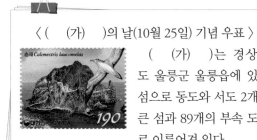

① 우리나라 영토 중 가장 남쪽에 있다.
② 메탄 하이드레이트가 매장되어 있다.
③ 다양한 생물이 가득한 천연 보호 구역이다.
④ 한류와 난류가 만나 수산 자원이 풍부하다.
⑤ 주변국의 정세를 파악할 수 있는 군사 요충지이다.

7 다음 지도에서 찾아볼 수 있는 지역화 전략에 대한 설명으로 옳은 것을 | 보기 |에서 고르면?

┌ 보기 ┐
ㄱ. 랜드마크 같은 지역의 특정 장소를 상품화하는 것이다.
ㄴ. 국가가 해당 지역의 이름을 상표권으로 인정해 주었다.
ㄷ. 상품의 품질과 특성이 생산지의 지리적 특성에서 비롯된다.
ㄹ. 지역의 고유한 특성과 매력을 담은 슬로건, 로고 등을 활용한다.
└

① ㄱ, ㄴ   ② ㄱ, ㄷ   ③ ㄴ, ㄷ
④ ㄴ, ㄹ   ⑤ ㄷ, ㄹ

8 다음은 유라시아 횡단 철도 예상 노선이다. 이를 통해 알 수 있는 통일의 기대 효과로 가장 적절한 것은?

① 군사비 지출이 감소할 것이다.
② 민족의 동질성이 회복될 것이다.
③ 북한의 풍부한 천연자원을 이용할 수 있다.
④ 육로를 통해 대륙으로의 이동이 가능해진다.
⑤ 이산가족과 실향민의 아픔을 해소할 수 있다.

9 다음 (가), (나) 분쟁이 일어나는 지역을 지도의 A~D에서 찾아 바르게 연결한 것은?

(가) 1947년 인도가 영국으로부터 독립할 때 힌두교도가 많은 지역은 인도로, 이슬람교도가 많은 지역은 파키스탄으로, 불교도가 많은 지역은 스리랑카로 각각 분리되었다. 카슈미르 지역은 주민 대부분이 이슬람교를 믿기 때문에 파키스탄으로 귀속될 예정이었으나, 이곳을 통치하던 힌두교 지도자가 인도에 통치권을 넘기면서 파키스탄과 인도 간의 갈등이 시작되었다.

(나) 제2차 세계 대전 이후 팔레스타인 지역에 유대교를 믿는 이스라엘이 건국하면서 주변 아랍 국가들과의 갈등이 시작되

▲ 통곡의 벽

었다. 통곡의 벽은 유대인들과 팔레스타인의 아랍인들 사이의 오랜 분쟁거리로 남아 있다. 유대인들에게 이 벽은 '약속의 땅'인 이스라엘의 상징이지만, 팔레스타인의 아랍인들에게 이슬람 성지로 생각되기 때문이다. 1929년에는 '통곡의 벽 사건'이라 불리는 폭력 및 대치 사건이 벌어지기도 했다.

	(가)	(나)
①	A	B
②	B	A
③	B	C
④	C	D
⑤	D	A

10 다음은 인간 개발 지수(HDI)의 분포를 나타낸 지도이다. A에 해당하는 국가들에서 B에 해당하는 국가들보다 높게 나타나는 것을 |보기|에서 고르면?

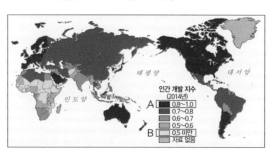

|보기|
ㄱ. 교육 수준　　　　ㄴ. 영아 사망률
ㄷ. 실질 국민 소득　　ㄹ. 기아 인구 비율

① ㄱ, ㄴ　　② ㄱ, ㄷ　　③ ㄴ, ㄷ
④ ㄴ, ㄹ　　⑤ ㄷ, ㄹ

11 교사의 질문에 대한 학생의 대답으로 적절하지 않은 것은?

지역 간의 불평등을 완화하기 위해서 저개발 지역의 빈곤 문제를 해결하기 위한 방법에는 무엇이 있을까요?

① 지혜: 위생 및 보건 환경을 개선하여 질병 문제를 해결할 수 있어요.
② 현웅: 적정 기술의 도입을 통해 지역에서 발생하는 문제를 해결할 수 있어요.
③ 수인: 공정 무역을 통해 저개발 국가의 생산자에게 공정한 대가를 줄 수 있어요.
④ 하영: 국제기구를 통해 난민, 기아, 아동 복지 등의 문제에 도움을 줄 수 있어요.
⑤ 나은: 인구 증가를 위해 출산 장려 정책을 펼쳐서 경제 성장을 꾀할 수 있어요.

12 다음의 지식 검색 결과를 보고 물음에 답하시오.

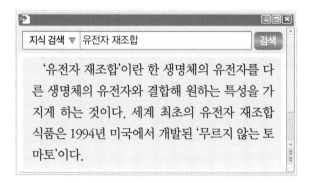

> 지식 검색 ▼ 유전자 재조합 　　검색
>
> 　'유전자 재조합'이란 한 생명체의 유전자를 다른 생명체의 유전자와 결합해 원하는 특성을 가지게 하는 것이다. 세계 최초의 유전자 재조합 식품은 1994년 미국에서 개발된 '무르지 않는 토마토'이다.

(1) 유전자 재조합 식품에 대한 긍정적 입장을 <u>한 가지</u> 서술하시오.

_____

_____

(2) 유전자 재조합 식품에 대한 부정적 입장을 <u>한 가지</u> 서술하시오.

_____

_____

13 다음 사례에 해당하는 지역화 전략의 이름을 쓰고, 그 의미를 서술하시오.

> 갯벌이 발달한 서해안 보령에서 개최되는 머드 축제는 해마다 수많은 외국인 관광객들이 방문하는 국제적인 축제로 자리매김하였다.

_____

_____

14 다음 글을 읽고 물음에 답하시오.

> 제○○○호　　○○ 신문　　○○○○년 ○○월 ○○일
>
> 　관측 이래 최악으로 거론되는 엘리뇨 때문에 많은 사람들이 고통받을 것이라는 국제 연합의 전망이 나왔다. 세계 식량 계획은 작년부터 아시아와 태평양에 닥친 엘리뇨가 곡물 수확에 악영향을 끼쳐 아프리카, 아시아, 남아메리카에서 식량 부족 사태가 발생할 수 있다고 전망하였다.
>
> － 「연합뉴스」, 2016.2.17

(1) 위와 같은 사태가 지속될 경우 나타날 수 있는 지리적 문제를 쓰시오.

_____

(2) (1)의 지리적 문제가 발생하는 원인을 자연적 요인과 인위적 요인으로 나누어 서술하시오.

_____

_____

_____

_____

15 다음 자료를 통해 알 수 있는 공정 무역의 효과를 소비자와 생산자로 나누어 <u>한 가지씩</u> 서술하시오.

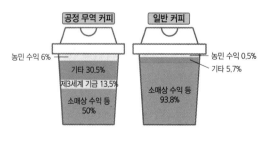

농민 수익 6% — 공정 무역 커피 기타 30.5% 제3세계 기금 13.5% 소매상 수익 등 50%

일반 커피 농민 수익 0.5% 기타 5.7% 소매상 수익 등 93.8%

_____

_____

_____

포기와 시작

누군가는 **포기**하는 시간

누군가는 **시작**하는 시간

코앞으로 다가온 시험엔
최단기 내신·수능 대비서로 막판 스퍼트!

7일 끝 (중·고등)

10일 격파 (고등)

book.chunjae.co.kr

교재 내용 문의 ·················· 교재 홈페이지 ▶ 중학 ▶ 교재상담
교재 내용 외 문의 ·················· 교재 홈페이지 ▶ 고객센터 ▶ 1:1문의
발간 후 발견되는 오류 ·················· 교재 홈페이지 ▶ 중학 ▶ 학습지원 ▶ 학습자료실

중간고사 기말고사
고득점을 예약하자!

중학전략
사회②
BOOK 3 정답과 해설

천재교육

사회전략

중학 전략
사회②
BOOK 1

정답과 해설

정답과 해설 BOOK 1

1주 I. 인권과 헌법 ~ III. 경제 생활과 선택

1강_인권과 헌법~국회

1-2 사회권

제시된 글에서 설명하는 기본권은 사회권이다. 사회권에는 교육을 받을 권리, 근로의 권리, 인간다운 생활을 할 권리, 쾌적한 환경에서 살 권리, 사회 보장을 받을 권리 등이 있다.

2-2 입법에 관한 권한

제시된 사례는 법률의 개정으로, 국회의 입법에 관한 권한에 해당한다. 국가 작용의 근거가 되는 법률을 만들고 고치는 법률의 제·개정은 국회의 가장 대표적이고 중요한 역할이다.

2강_대통령과 행정부~경제생활과 선택

1-2 대통령의 권한

대통령의 국가 원수로서의 권한에는 외교에 관한 권한, 헌법 기관 구성 권한, 국민 투표 제안 등이 있다. 행정부 수반으로서의 권한에는 행정부 지휘·감독, 고위 공무원 임면권, 국무 회의 의장, 대통령령 제정, 법률안 거부권 등이 있다.

2-2 가정 법원

이혼, 상속, 양자 등 가사 사건을 다루는 법원은 가정 법원이다.

3-2 기회비용

밑줄 친 '이것'은 기회비용이다. 기회비용은 선택으로 인해 포기해야 하는 것들 중에서 가장 가치가 큰 것으로, 경제 활동에서 선택의 기준이 된다. 합리적 선택을 하려면 기회비용보다 편익이 크도록 선택해야 한다.

1 인권의 특징

밑줄 친 '이것'은 인권이다. 인권은 인간의 존엄성을 실현하기 위해 기본적으로 보장되어야 하는 권리로, 하늘이 부여해 준 권리, 즉 천부 인권이라고 한다.

2 기본권의 제한

국민의 기본권은 국가 안전 보장, 질서 유지, 공공복리를 위해 필요한 경우에 한하여 법률로써 제한할 수 있다. ② 공공복리를 위해 감염병에 걸린 사람을 국가가 강제로 격리할 수 있다.

3 법률 제정 과정

대통령은 국회에서 의결된 법률안에 대해 거부권을 행사할 수 있다.

> **선택지 분석**
>
> ① 정부는 법률안을 제출할 수 없다. (×)
> → 법률안 발의는 10인 이상의 국회 의원이나 정부가 할 수 있다.
>
> ② 모든 법률안은 의결 즉시 공포하여야 한다. (×)
> → 국회를 통과한 법률안은 행정부로 보내져 15일 이내에 대통령이 공포한다.
>
> ③ 대통령이 거부권을 행사하면 국회에서 재의결할 수 없다. (×)
> → 재적 의원 과반수 출석과 출석 의원 2/3 찬성으로 재의결할 수 있다.
>
> ④ 대통령은 국회를 견제하기 위해 거부권을 행사할 수 있다. (○)
> ⑤ 효율적인 의사 진행을 위해 소관 특별 위원회에서 심의한다. (×)
> → 본회의 상정 이전에 각 상임 위원회에서 법률안에 대해 심의한다.

4 감사원

행정 기관 및 공무원에 대한 직무 감찰을 하는 기관은 감사원이다. 감사원은 대통령 직속 기관이지만, 독립적인 지위를 가지는 행정부 최고 감사 기관이다.

5 대법원

(가) 법원은 대법원이다. 대법원은 사법부 최고 기관으로서, 2심 판결에 불복하여 상고한 사건의 최종 재판을 담당한다. 또한 특허 법원의 1심 판결에 대한 상고 사건(2심 사건)을 재판하고, 명령·규칙의 위법성 및 위헌성을 최종적으로 심사한다.

① 고등 법원에서 올라온 상고 사건을 재판한다. (○)

② 민사 사건과 형사 사건의 2심 재판을 담당한다. (×)

→ 고등 법원이 담당한다.

③ 헌법에 위배되는 법률에 대하여 최종 심사한다. (×)

→ 위헌 법률 심판으로, 헌법 재판소에서 담당한다.

④ 헌법 보장 기관인 동시에 기본권 보장 기관이다. (×)

→ 헌법 재판소의 위상에 해당한다.

⑤ 국가 기관 사이에 발생한 권한 다툼에 대해 심사한다. (×)

→ 권한 쟁의 심판으로, 헌법 재판소에서 담당한다.

6 경제 체제

① 시장 가격에 따라 경제 문제를 해결하므로 ⊙은 시장 경제 체제이다. ② 계획 경제 체제는 정부의 계획과 명령에 따라 경제 문제를 해결한다. ③ 계획 경제 체제에서 생산 수단은 국가나 집단이 소유한다. ④ 시장 경제 체제의 단점으로는 빈부 격차, 환경 오염 심화 등이 있다. ⑤ 오늘날 대부분의 국가는 시장 경제 체제를 기본으로 하면서 정부가 시장에 일정 부분 관여하는 혼합 경제 체제를 채택하고 있다.

2일 필수 체크 전략 ❶　　14~17쪽

| 1-1 ② | 1-2 ③ | 2-1 ① | 2-2 ③ |
| 3-1 ④ | 3-2 ③ | 4-1 ④ | 4-2 ⑤ |

1-1 인권의 특징

인권은 인간이 태어나면서부터 가지는 권리인 천부 인권, 국가의 법으로 정하기 이전에 자연적으로 주어지는 권리인 자연권, 모든 사람이 동등하게 누릴 수 있는 보편적 권리, 타인이나 국가 기관이 침범할 수 없는 불가침의 권리이다. 따라서 인권에 대해 옳게 설명한 학생은 가을, 다정이다.

1-2 프랑스 인권 선언

프랑스 혁명 과정에서 선포된 '인간과 시민의 권리 선언'에는 천부 인권 사상, 자유권, 재산권, 저항권, 국민 주권주의가 규정되어 있다. 이 선언은 시민 혁명 사상의 핵심을 널리 알려 인권 보장 사상을 확립하는 데 크게 이바지하였다. ③ 사회권은 20세기 초반에 강조되었다.

2-1 인간의 존엄과 가치 및 행복 추구권

(가)는 인간의 존엄과 가치 및 행복 추구권으로, 이것은 모든 기본권이 지향하는 근본 가치이며, 포괄적 기본권이라고도 한다.

① 모든 기본권이 지향하는 근본 가치이다. (○)

② 국가의 부당한 간섭을 받지 않을 권리이다. (×) → 자유권

③ 국가의 적극적인 개입을 필요로 하는 권리이다. (×) → 사회권

④ 국가에 대해 일정한 행위를 요구할 수 있는 권리이다. (×) → 청구권

⑤ 최소한의 인간다운 생활을 국가로부터 보장받을 권리이다. (×)

→ 사회권

2-2 청구권과 사회권

(가)는 국가에 대하여 인간다운 생활의 보장을 요구할 수 있는 권리인 사회권, (나)는 국가에 대하여 일정한 행위를 요구할 수 있는 권리인 청구권에 해당한다.

3-1 인권 보호 기관

제시된 국가 기관들은 모두 국민의 인권을 보호하는 기능을 한다. 만약 인권 침해가 발생할 경우에는 이를 구제하는 역할을 한다.

3-2 노동 삼권

단결권, 단체 교섭권, 단체 행동권을 노동 삼권이라고 하는데, 근로 조건의 유지 및 개선을 위해 근로자가 파업 등의 쟁의 행위를 할 수 있는 권리는 단체 행동권이다.

4-1 국회의 권한

(가) 국회는 대통령, 국무총리, 대법원장, 헌법 재판소장 등을 임명할 때 동의권을 행사하는데, 일반 국정에 관한 권한에 해당한다. (나) 국회는 법률을 제정하거나 개정하는데, 입법에 관한 권한에 해당한다.

4-2 국회의 권한

⊙은 상임 위원회이다. 상임 위원회는 국방, 외교, 복지 등의 전문 분야를 전담하기 위해 활동하는 위원회로, 효율적인 의사 진행을 위해 본회의에서 결정할 안건을 미리 조사하고 심의한다.

1 ⑤ **2** ③ **3** ③ **4** ③

1 세계 인권 선언

세계 인권 선언은 1948년 제3차 국제 연합(UN) 총회에서 채택되었으며, 모든 사람이 보편적으로 누려야 할 인권의 국제적 기준을 제시하였다. ⑤ 세계 인권 선언은 태어나면서부터 지니며 누구에게도 양도할 수 없는 권리인 천부 인권을 강조하고 있다.

2 기본권 침해 구제 방법

제시된 사례는 인근에 새로 들어서는 아파트 때문에 낮에도 집에 볕이 들지 않아 일조권을 침해당한 경우이다. 일조권은 쾌적한 환경에서 살 권리인 사회권에 해당한다. 개인에 의해 기본권을 침해당했으므로 민사 소송을 통해서 건물의 높이를 낮추도록 요구하거나 손해 배상을 청구할 수 있다.

3 부당 노동 행위 구제 방법

제시된 사례는 부당 노동 행위에 해당한다. 부당 노동 행위로 인해 노동권을 침해당한 경우에 근로자는 노동 위원회에 구제 신청을 하거나 법원에 소송을 제기하여 노동 삼권을 보장받을 수 있다.

4 국회 의원

(가)는 지역구 국회 의원을 선출하는 투표 용지로, 지역구 국회 의원은 후보자에 대한 국민들의 직접 투표를 통해 선출되며, 각 선거구에서 가장 많은 표를 얻은 한 명이 선출된다. (나)는 비례 대표 국회 의원을 선출하는 투표 용지로, 비례 대표 국회 의원은 정당의 득표율에 비례하여 선출된다.

선택지 분석

① (가)는 정당이 얻은 득표율에 비례하여 선출된다. (×)
→ 정당이 얻은 득표율에 비례하여 선출되는 것은 비례 대표 국회 의원이다.

② (나)는 후보자에 대한 직접 투표를 통해 선출된다. (×)
→ 후보자에 대한 직접 투표를 통해 선출되는 것은 지역구 국회 의원이다.

③ (가)는 각 선거구에서 가장 많은 표를 얻은 한 명이 선출된다. (○)

④ (가)와 (나)의 선거는 동시에 이루어지지 않는다. (×)
→ 지역구 국회 의원 선거와 비례 대표 국회 의원 선거는 동시에 이루어진다.

⑤ (가)와 (나)로 선출되는 국회 의원의 임기는 5년이다. (×)
→ 지역구 국회 의원과 비례 대표 국회 의원의 임기는 4년이다.

1-1 ② **1-2** ③ **2-1** ② **2-2** ⑤
3-1 ⑤ **3-2** ③ **4-1** ④ **4-2** ②

1-1 대통령의 지위와 권한

㉠에 들어갈 국가 기관은 대통령이다. 우리나라 대통령은 국민의 직접 선거로 선출한다.

선택지 분석

① 국무 회의의 부의장이 된다. (×)
→ 대통령은 국무 회의의 의장이 된다.

② 국민의 직접 선거로 선출한다. (○)

③ 임기는 5년이며 중임이 가능하다. (×)
→ 대통령의 임기는 5년이고 중임할 수 없다.

④ 입법부, 사법부, 행정부를 총괄한다. (×)
→ 대통령은 행정부 수반으로, 입법부나 사법부와는 별개이다.

⑤ 국정 감사와 국정 조사를 실시한다. (×)
→ 국정 감사와 국정 조사는 국회의 권한이다.

1-2 대통령의 국가 원수로서의 권한

대통령은 국가 원수로서 외국에 대하여 국가를 대표하고, 헌법 기관 구성 권한을 가지며, 긴급 명령이나 계엄 선포 권한이 있다.

선택지 분석

① 입법에 관한 권한이다. (×)
→ 국회의 권한이다.

② 국정을 통제하는 권한이다. (×)
→ 국회의 권한이다.

③ 국가 원수로서의 권한이다. (○)

④ 행정부 수반으로서의 권한이다. (×)
→ 행정부 수반으로서의 권한에는 행정부 지휘·감독, 국무 회의 의장 등이 해당된다.

⑤ 사법부를 견제하기 위한 권한이다. (×)
→ 행정부의 사법부 견제 권한은 대법원장 및 대법관 임명권이다.

2-1 헌법 재판소의 역할

㉠은 위헌 법률 심판, ㉡은 권한 쟁의 심판이다. 헌법 재판소는 법원이 재판의 전제가 된 법률이 헌법에 위반된다고 판단하여 위헌 여부를 심사해 달라고 요청했을 때, 그 법률의 위헌 여부

를 심판하는 위헌 법률 심판을 담당한다. 또한 국가 기관 사이에 권한의 내용에 관한 다툼이 생겼을 때 그 권한이 누구에게 있는지를 심판하는 권한 쟁의 심판을 담당한다.

2-2 헌법 소원 심판
제시된 사례는 헌법 소원 심판에 해당된다. 헌법 소원 심판은 국민이 법률이나 공권력에 의해 기본권을 침해당하여 구제를 신청했을 때 그 위헌 여부를 심판하는 것이다.

3-1 자원의 희소성
인간의 욕구에 비해 이를 충족할 수 있는 자원이 부족한 현상을 자원의 희소성이라고 한다. 자원의 희소성은 자원의 절대적인 양의 많고 적음을 의미하는 것이 아니라 사람들의 욕구에 비해 자원의 양이 상대적으로 적다는 것을 의미하며, 장소와 시대에 따라 달라질 수 있다.

3-2 경제 문제
제시된 그림은 생산 방법을 결정하는 경제 문제로, '어떻게 생산할 것인가?'에 해당한다.

4-1 장년기의 경제생활
(가)는 장년기로, 전 생애 중 소득이 가장 많지만 자녀 양육과 교육, 주택 마련 등으로 생활비 지출도 가장 많은 시기이다. 또한 저축을 통해 노년기를 대비해야 하는 시기이다.

[선택지 분석]

① 소득이 소비보다 적은 시기이다. (×) → 청년기와 노년기
② 은퇴로 인해 소득이 줄어드는 시기이다. (×) → 노년기
③ 주로 부모의 소득에 의존하는 시기이다. (×) → 유소년기
④ 지출이 다른 시기보다 가장 많은 때이다. (○)
⑤ 본격적으로 생산 활동에 참여하여 소득이 발생하는 시기이다.
　(×) → 청년기

4-2 생애 주기에 따른 경제생활
유소년기에는 부모의 소득에 의존하여 소비 활동을 주로 한다. 장년기는 소득과 소비가 모두 많은 시기로, 자녀 양육과 노후 대비 등을 위한 소비가 이루어진다. 노년기는 소득이 크게 줄거나 없어져 소득보다 소비가 많은 시기이다.
② 소득이 가장 많은 시기는 장년기이다. 청년기는 취업하면서 소득이 발생하는 시기로, 소득과 소비가 모두 적은 편이다.

1 행정부의 조직
㉠은 대통령, ㉡은 국무총리이다. 국무회의는 행정부 최고 심의 기관으로, 대통령(의장), 국무총리(부의장), 국무 위원으로 구성된다.

오답 피하기 ①, ⑤ 대통령은 긴급 명령권 및 계엄 선포권을 가지며, 법률에서 위임받은 사항에 대해 대통령령을 제정할 수 있다. ③, ④ 대통령은 국민의 직접 선거에 의해 선출되는 반면, 국무총리는 대통령이 국회의 동의를 얻어 임명한다.

2 법원의 조직
A 씨는 상해 혐의에 대한 형을 선고받았다. 이처럼 범죄의 유무와 정도를 가리는 재판은 형사 재판이다. 지방 법원 합의부에서 진행된 1심 재판에서 형을 선고받았으므로 항소 시 2심 재판은 고등 법원에서 받게 된다.

3 경제 문제
(가)는 '누구를 위하여 생산할 것인가?'에 해당하는 생산물의 분배 문제, (나)는 '어떻게 생산할 것인가?'에 해당하는 생산 방법의 문제와 관련 있다.

4 자원의 희소성
두 발 가재의 개체 수가 외발 가재의 개체 수보다 많지만 두 발 가재에 대한 사람들의 욕구가 외발 가재에 대한 욕구보다 더 크기 때문에 두 발 가재가 더 비싼 가격에 팔리는 것이다. 즉 두 발 가재의 희소성이 더 크기 때문에 외발 가재보다 상대적으로 비싼 가격에 거래된다.

5 우리나라의 경제 체제
헌법 제119조 제1항에는 개인과 기업의 경제상의 자유와 창의를 존중한다는 내용이 명시되어 있어 시장 경제 체제의 요소를 담고 있다. 제2항에는 국가는 경제의 민주화를 위하여 경제에 관한 규제와 조정을 할 수 있다고 명시되어 있어 계획 경제 체제의 요소를 담고 있다. 이와 같이 우리나라는 헌법상 경제 활동의 자유를 인정하지만, 필요한 경우 정부가 규제와 조정을 할 수 있도록 하고 있다. 따라서 우리나라의 경제 체제는 시장 경제 체제를 기본으로 계획 경제 체제의 일부 요소를 받아들인 혼합 경제 체제이다.

4일 교과서 대표 전략 ❶   26~29쪽

1 ④	2 ②	3 ⑤	4 ⑤	5 ④
6 ⑤	7 ③	8 ②	9 ③	10 ③
11 ③	12 ⑤	13 ⑤	14 ④	15 ③
16 ②				

1 우리나라의 인권 관련 헌법 규정

헌법 제10조는 인간의 존엄과 가치 및 행복 추구권에 대한 것이다. 이 권리는 헌법이 보장하고 있는 모든 기본권을 포괄하는 기본권이다. 우리 헌법은 인권을 국민의 기본권으로 규정하고, 국가에 국민의 기본권을 보장할 의무를 부여하여 국가의 부당한 간섭이나 침해로부터 국민의 자유와 권리를 보호한다. ④ 헌법에 명시되지 않은 권리라고 해서 경시되지 않는다. 우리 헌법에서는 헌법에 열거되지 않은 권리라고 해서 경시되지 않음을 밝히고 있다(헌법 제37조 ①항). 대표적인 예로는 자기 결정권, 알 권리, 저항권, 일조권, 수면권 등이 있다.

2 평등권

제시된 그림에서 침해당한 기본권은 평등권이다. 평등권은 성별, 종교 또는 사회적 신분 등에 의하여 불합리한 차별을 받지 않고 동등하게 대우받을 권리이다. 모든 인가이 원칙적으로 평등하게 대우할 것과 국가로부터 차별 대우받지 않도록 요구할 수 있는 권리로, 다른 기본권을 실현하기 위한 전제 조건이다. 우리나라는 헌법 제11조 제1항에 "모든 국민은 법 앞에 평등하다."라고 명시하여 평등권을 보장하고 있다.

선택지 분석

① 국가의 간섭을 받지 않을 권리 (×) → 자유권
② 차별받지 않고 동등하게 대우받을 권리 (○)
③ 국가의 의사 결정에 참여할 수 있는 권리 (×) → 참정권
④ 국가에 인간다운 생활을 요구할 수 있는 권리 (×) → 사회권
⑤ 기본권이 침해되었을 때 구제를 요구할 수 있는 권리 (×) → 청구권

3 기본권의 제한

우리나라 헌법은 국민의 기본권 제한은 국가 안전 보장, 질서 유지, 공공복리를 위하여 필요한 경우에 한해 법률로써 제한할 수 있도록 규정하고 있다. (가) 국가 안전 보장을 위해 군사 지역에서 사진 촬영을 제한할 수 있다. (나) 운전하는 것은 개인의 자유이지만 질서 유지를 위해 과속 운전을 제한할 수 있다.

쌍둥이 문제 1

다음과 같이 헌법에 기본권 제한 규정을 둔 목적으로 옳은 것은?

> 제37조 ② 국민의 모든 자유와 권리는 국가 안전 보장, 질서 유지 또는 공공복리를 위하여 필요한 경우에 한하여 법률로써 제한할 수 있으며, 제한하는 경우에도 자유와 권리의 본질적 내용을 침해할 수 없다.

① 기본권을 무제한으로 보장하기 위해
② 공동체의 이익을 최대한 확보하기 위해
③ 국가에 의한 인권 침해를 보장하기 위해
④ 국민의 기본권을 최소한으로 보장하기 위해
⑤ 국가 권력이 함부로 국민의 기본권을 침해할 수 없도록 하기 위해

해설 국민의 기본권을 제한할 수 있는 요건과 한계를 엄격하게 정한 이유는, 국가 권력의 남용을 방지하여 국민의 기본권을 최대한 보장하기 위해서이다.   답 ⑤

4 국가 인권 위원회

인권 침해를 당한 피해자나 이를 알고 있는 사람은 누구나 국가 인권 위원회에 상담이나 민원, 진정을 신청할 수 있다. 특히 진정을 신청하면 국가 인권 위원회에서 인권 침해 사건을 조사하여 심의를 진행한다. 심의 결과 인권 침해나 차별 행위기 인정되면, 국가 인권 위원회는 인권 침해를 한 개인이나 해당 기관에 시정, 개선, 구제 조치 등을 권고한다.

오답 피하기 ㄱ. 법률 제정은 국회의 역할이다. ㄴ은 국민 권익 위원회의 역할이다.

5 노동권 침해

헌법과 노동법에 보장된 노동권을 침해하는 모습은 다양하다. 「최저 임금법」에 보장된 최저 임금보다 적은 임금을 지급하는 것, 근로자에게 임금을 제때 주지 않는 것, 법에 위반되는 근로 조건에서 일하도록 하는 것, 근로자를 정당한 이유 없이 해고하는 것, 근로자의 노동조합 결성을 사용자가 방해하는 것, 근로자의 정당한 교섭 요구에 응하지 않는 것 등이 노동권 침해 사례에 해당한다.

④ 4시간 근무 시 30분, 8시간 근무 시 1시간의 휴게 시간을 보장하는 것은 노동권 침해가 아니다.

6 국회의 권한

㉠에 들어갈 국가 기관은 국회이다. 국회는 대통령이 체결한

조약에 대한 동의권을 가지며, 대통령의 헌법 기관 구성원의 임명에 대한 동의권을 행사한다.

① 법률의 위헌 여부를 심판한다. (×) → 헌법 재판소의 위헌 법률 심판
② 법을 집행하며 정책을 세워 시행한다. (×) → 행정부
③ 법을 해석·적용하여 분쟁을 해결한다. (×) → 사법부
④ 헌법을 수호하고 국민의 기본권을 보장한다. (×) → 헌법 재판소
⑤ 대통령이 행사하는 일정 권한에 대해 동의권을 갖는다. (○)

7 국회의 일반 국정에 관한 권한

국회는 국정 감사권과 국정 조사권을 통해 국정 전반을 견제한다. 또한 헌법 재판소 재판관 중 3명의 선출권을 가지며, 국무총리, 대법원장, 헌법 재판소장 등 고위 공직자의 임명 동의권과 국무총리 및 국무 위원에 대한 해임 건의권, 대통령 등 고위 공무원에 대한 탄핵 소추권을 가진다.

오답 피하기 ⓒ 내년도 예산안 심의는 재정에 관한 권한, ⓒ 법 개정은 입법에 관한 권한에 해당된다.

8 행정부 조직

행정부는 대통령을 수반으로 국무총리, 국무 회의, 감사원, 행정 각부 등으로 이루어져 있다. 국무총리는 대통령을 보좌하고, 대통령의 명을 받아 행정 각부를 지휘·조정한다. 국무 회의는 행정부의 중요 정책을 심의하는 행정부 최고 심의 기관으로, 대통령, 국무총리, 행정 각부의 장관을 비롯한 국무 위원으로 구성된다. 감사원은 대통령 소속의 행정부 최고 감사 기관으로, 독립적인 지위를 가진다. 행정 각부는 구체적인 행정 사무를 처리하며, 각부 장관의 지휘를 받는다.

오답 피하기 ㄴ. 국가를 대표하는 국가 기관은 대통령이다. ㄷ. 국무 회의에서 대통령이 의장, 국무총리가 부의장이 된다.

9 대통령의 국가 원수로서의 권한

제시된 헌법 조항과 관련된 대통령의 권한은 국가 원수로서의 권한이다. 국가 원수로서 대통령은 조약을 체결하고, 외교 사절을 임명·접수 또는 파견하며, 외국에 전쟁을 선포할 권한을 갖는다. 대통령은 국가가 위태로운 상황에 처했을 때 국가 안전 보장과 헌법 수호를 위해 긴급 명령권을 행사하거나 계엄을 선포할 수 있다. 또한 국회의 동의를 얻어 대법원장, 대법관, 헌법 재판소장, 감사원장 등 국가 기관의 장을 임명할 수 있으며, 헌법 개정 또는 국가의 중요 정책 결정 시 국민 투표에 부칠 수 있다.

오답 피하기 ①, ②, ④, ⑤는 대통령의 행정부 수반으로서의 권한이다.

10 대법원

(가)는 대법원이다. 대법원은 사법부 최고 법원으로, 심급 제도에 따라 2심 판결에 불복하여 상고한 사건의 최종 재판을 담당한다. 또한 행정부에서 만든 명령이나 규칙이 헌법에 위반되는지가 재판의 전제가 될 때는 이를 최종적으로 심사한다. ③은 헌법 재판소에 대한 설명이다.

쌍둥이 문제 2

(가)의 국가 기관에 대한 설명으로 옳지 않은 것은?

① 사법부의 최고 기관이다.
② 민사 소송의 최종 재판을 담당한다.
③ 특허 법원에서 올라온 상고 사건을 재판한다.
④ 법률이 헌법에 위반되는지 여부를 판단한다.
⑤ (가)의 기관장은 국회의 동의를 얻어 대통령이 임명한다.

해설 (가)는 대법원이다. 대법원장은 국회의 동의를 얻어 대통령이 임명한다. ④는 헌법 재판소의 역할이다. 대법원은 사법부 최고 기관으로, 2심 판결에 불복하여 상고한 사건의 최종 재판을 담당한다. 또한 특허 법원에서 올라온 2심 사건을 재판한다. 답 ④

11 헌법 소원 심판

제시된 사례에서는 셧다운제가 청소년의 '게임할 권리'를 침해한다고 하였다. 국민이 법률이나 국가 권력에 의해서 헌법에 보장된 기본권을 침해당하고 있는지를 심판하는 재판은 헌법 소원 심판이다. 공권력 또는 법률에 의하여 헌법상 기본권을 침해당한 국민이 법률에 정해진 다른 절차를 모두 거쳤는데도 권리를 구제받지 못한 경우 헌법 소원을 신청하면 헌법 재판소가 기본권 침해 여부를 판단하여 침해된 권리를 구제해 준다.

오답 피하기 ①, ④는 위헌 법률 심판에 대한 설명이다. ② 헌법 소원 심판은 국민이 직접 신청할 수 있다. ⑤ 헌법 소원 심판은 헌법 재판소에 제기한다.

12 경제 활동

사람은 생존과 관련된 의식주를 해결하고 다양한 욕구를 채우려면 재화와 서비스를 필요로 한다. 재화는 형태가 있는 물건을, 서비스는 인간에게 유용하지만 형태가 없는 것을 의미한다. 사람들이 재화와 서비스를 생산하고 소비하며 분배하는 모든 활동을 경제 활동이라고 한다. (다)는 재화의 소비, (라)는 서비스 생산에 해당한다.

오답 피하기 (가)는 소비 활동, (나)는 분배 활동에 해당한다.

더 알아보기 경제 활동의 유형

생산	• 우리 생활에 필요한 재화와 서비스를 만들어 내거나 그 가치를 높이는 활동 • 상품을 만드는 것뿐만 아니라 상품을 운반, 저장, 판매하는 것도 생산에 포함됨.
분배	• 사람들이 생산 활동에 참여한 정도에 따라 대가를 나누어 가지는 것 • 노동, 토지, 자본 등의 생산 요소를 제공하고 임금, 지대, 이자 등의 대가를 받음.
소비	사람들이 만족을 얻으려고 분배를 통해 얻은 소득으로 재화와 서비스를 구매하여 사용하는 활동

13 자원의 희소성

인간의 욕구는 무한한 데 비해 이를 충족해 줄 수 있는 자원의 양이 상대적으로 부족한 현상을 자원의 희소성이라고 한다. 희소성은 자원의 절대적인 양의 많고 적음이 아니라 인간의 욕구 정도에 따라 달라진다. 어떤 자원의 양이 매우 적더라도 그것을 원하는 사람이 없다면 그 자원은 희소하지 않다. 이에 비해 어떤 자원의 양이 매우 많더라도 그것을 원하는 사람이 더 많다면 그 자원은 희소성을 띤다.

14 경제 체제

(가)는 시장 경제 체제, (나)는 계획 경제 체제이다. 사회에는 기본적인 경제 문제들을 해결해 나가는 여러 제도나 방식이 있는데, 이를 경제 체제라고 한다. 경제 체제는 크게 시장 경제 체제와 계획 경제 체제가 있다. 시장 경제 체제는 사유 재산 제도를 기반으로 개인의 자유로운 경제 활동을 보장하고 시장 거래를 통해 경제 문제를 해결해 나간다. 반면에 계획 경제 체제는 국가의 계획과 통제에 따라 움직인다. 일반적으로 국가가 모든 생산 수단을 소유하며, 명령과 통제를 통해 경제 문제를 해결한다. ④ 계획 경제 체제에서 개인의 창의적인 경제 활동은 제한된다.

쌍둥이 문제 3

다음 경제 체제의 문제점을 | 보기 |에서 고르면?

정부가 생산과 분배 계획을 세우고, 명령과 통제로 기본 경제 문제를 해결한다.

보기
ㄱ. 소득이 불평등하게 분배된다.
ㄴ. 국민의 다양한 욕구를 반영하기 어렵다.
ㄷ. 근로 의욕이 저하되어 생산성이 떨어진다.
ㄹ. 지나친 이윤 추구로 자연환경이 파괴된다.

① ㄱ, ㄴ   ② ㄱ, ㄹ   ③ ㄴ, ㄷ
④ ㄴ, ㄹ   ⑤ ㄷ, ㄹ

해설 제시된 경제 체제는 계획 경제 체제이다. 계획 경제 체제하에서는 근로 의욕이 저하되어 경제적 효율성이 낮으며, 국민의 다양한 욕구 파악이 어려운 단점이 있다. 답 ③

15 기업가 정신

제시된 글은 기업가 정신, 혁신을 강조하고 있다. 기업가 정신은 기업을 경영하고 사업을 성공시키는 데 필요한 핵심 역량이다. 이것은 시장 환경을 분석하고, 미래를 예측하고 사업을 구상하며, 위험을 감수하고 도전하며, 자원을 효과적으로 조합하고 배분하여 새로운 가치를 창출해 내는 창의적인 기업가의 자세를 의미한다. ③ 기존의 재화를 더 생산하기 위해 직원 채용을 늘리는 것은 기업가 정신과 관련이 없다.

16 자산 관리 방법

자산 관리를 할 때는 자산의 수익성, 안전성, 유동성을 종합적으로 고려해야 한다. 수익성은 투자를 통해 수익을 얻을 수 있는 정도를, 안전성은 투자한 원금이 손실되지 않고 보장되는 정도를, 유동성은 필요할 때 쉽고 빠르게 현금으로 전환할 수 있는 정도를 의미한다. 일반적으로 주식처럼 수익성이 높은 자산은 위험성도 높으며, 예금처럼 수익성이 낮은 자산은 위험성도 낮다. 따라서 자산 관리 방법은 안전성을 중시하면 예금이, 수익성을 중시하면 주식이 적합하다.

쌍둥이 문제 4

㉠~㉢에 들어갈 자산의 특성을 옳게 연결한 것은?

예금은 원금과 일정한 이자를 보장하므로 (㉠)은 높지만 (㉡)은 낮다. 반면, 주식은 (㉡)은 높지만 (㉠)이 낮다. 그리고 부동산은 예금이나 주식보다 (㉢)이 낮아 급한 목돈이 필요한 경우 어려움이 발생할 수 있다.

	㉠	㉡	㉢
①	수익성	유동성	안전성
②	수익성	안전성	유동성
③	유동성	수익성	안전성
④	안전성	수익성	유동성
⑤	안전성	유동성	수익성

해설 예금은 안전성은 높고 수익성은 낮다. 반면, 주식은 수익성은 높고 안전성은 낮다. 부동산은 유동성이 낮다. 따라서 ㉠은 안전성, ㉡은 수익성, ㉢은 유동성이다.   답 ④

4일 교과서 대표 전략 ❷   30~31쪽

1 ④	2 ③	3 ①	4 ②	5 ②
6 ④	7 ③	8 ⑤		

1 사회권

제시된 권리들은 사회권에 해당한다. 사회권은 인간다운 생활을 유지하기 위해 국가의 적극적인 행위를 요구할 수 있는 권리로, 현대 복지 국가에서 강조되는 기본권이다.

선택지 분석

① 다른 기본권을 실현하기 위한 전제 조건이다. (✕) → 평등권
② 다른 기본권을 보장하기 위한 수단적 권리이다. (✕) → 청구권
③ 모든 기본권을 포괄하는 성격을 갖는 권리이다. (✕)
   → 인간의 존엄과 가치 및 행복 추구권
④ 국가의 적극적인 행위를 요구할 수 있는 권리이다. (○)
⑤ 국가 기관의 구성과 운영에 참여할 수 있는 권리이다. (✕)
   → 참정권

2 부당 해고

제시된 상황은 부당 해고이다. 결혼 또는 출산을 이유로 퇴직을 강요하거나 정당한 이유 없이 해고하는 부당 해고도 노동권 침해 사례에 해당된다. 부당 해고를 당한 노동자는 노동 위원회에 권리 구제를 요청할 수 있고, 이와 별개로 법원에 해고 무효 확인의 소를 제기할 수 있다.

오답 피하기 ③ 부당 해고 및 부당 노동 행위를 당했을 때 3개월 이내에 지방 노동 위원회에 구제 신청을 할 수 있다.

더 알아보기   노동 위원회의 구제 절차

3 법률 제정 절차

국회 의원 10인 이상 또는 정부가 국회에 법률안을 제출한다. 본회의에 상정하기 전에, 법률안과 관련된 상임 위원회에서 전문적인 심사를 하고 법제 사법 위원회에서 법률안의 내용이 법적으로 어긋나는 부분은 없는지 검토한다. 국회 의원들이 최종적으로 본회의에서 토론한 후 투표를 통하여 법률안의 가결 또는 부결을 정한다. 일반 의결 정족수는 재적 의원 과반수 출석과 출석 의원 과반수 찬성이다. 법률안이 가결되면 대통령은 15일 이내에 공포해야 하는데, 만약 법률안에 이의가 있을 경우 대통령은 거부권을 행사할 수 있다.

오답 피하기 ㄷ. 상임 위원회를 통과한 법률안은 본회의에서 재적 의원 과반수 출석과 출석 의원 과반수 찬성으로 의결한다.
ㄹ. 국회를 통과한 법률안에 대해 대통령은 15일 이내에 공포하거나 거부권을 행사할 수 있다.

4 법원의 구성

㉠은 대법원, ㉡은 고등 법원이다. 법원은 최고 법원인 대법원과 각급 법원으로 구성되고, 각급 법원에는 고등 법원과 지방 법원이 있으며, 특별한 법률 문제를 전문적으로 다루는 가정 법원, 행정 법원, 특허 법원 등이 있다. 대법원은 심급 제도에 따라 하급 법원의 최종심을 담당한다. 고등 법원은 2심 재판을, 지방 법원은 주로 1심 재판을 담당한다. 그리고 가정 법원은 이혼이나 상속 등 가정 문제와 소년법상 소년에 관한 사건을, 행정 법원은 국가 기관의 잘못된 행정 작용에 대한 소송 사건을, 특허 법원은 특허와 관련된 사건을 다룬다.

자료 분석   법원의 구성

• 특허 법원의 재판에서 패소한 ○○ 회사는 판결에 불복하여 (㉠)에 상고하려고 한다.
→ 특허 재판은 2심으로 진행된다. 특허 법원의 판결에 불복하여 상고한 사건은 대법원이 담당한다.

• 형사 합의부 1심에서 징역 2년을 선고받은 A 씨는 형벌이 과하다고 생각하여 (㉡)에 항소하기로 결정하였다.
→ 지방 법원 합의부의 1심 판결에 불복하여 항소한 사건은 고등 법원이 담당한다.

5 권력 분립

우리 헌법에서는 국가 권력을 서로 다른 기관이 나누어 맡도록 하고, 각 국가 기관에 서로 다른 국가 기관을 견제할 수 있는 권한을 부여하고 있다. 이를 통해 국가 권력의 남용을 막고, 국민의 기본권을 보장하고자 한다. ⓑ는 국회가 행정부를 견제하는 권한으로, 국정 감사 및 국정 조사권, 탄핵 소추권, 예산안 심의·확정권이 해당된다.

선택지 분석

① ⓐ – 국정 감사권 (×)
→ ⓐ는 행정부가 국회를 견제하는 권한으로, 법률안 거부권이 해당된다.

② ⓑ – 탄핵 소추권 (O)

③ ⓒ – 법률안 거부권 (×)
→ ⓒ는 법원이 국회를 견제하는 권한으로, 위헌 법률 심판 제청권이 해당된다.

④ ⓓ – 명령·규칙 심사권 (×)
→ ⓓ는 국회가 법원을 견제하는 권한으로, 대법원장 및 대법관 임명 동의권이 해당된다.

⑤ ⓔ – 위헌 법률 심사 제청권 (×)
→ ⓔ는 행정부가 법원을 견제하는 권한으로, 대법원장 및 대법관 임명권이 해당된다.

6 기본 경제 문제

경제 활동을 하다 보면 개인이나 정부는 자원의 희소성 때문에 항상 선택의 문제에 부딪히게 된다. 기본 경제 문제로는 '무엇을 얼마나 생산할 것인가?', '어떻게 생산할 것인가?' '누구를 위하여 생산할 것인가?'의 세 가지이다. '무엇을 얼마나 생산할 것인가?'는 생산물의 종류와 수량을 결정하는 문제로 (나)에 해당한다. '어떻게 생산할 것인가?'는 생산 방법을 결정하는 문제로 (가)에 해당한다. '누구를 위하여 생산할 것인가?'는 분배의 문제로 (다)에 해당한다. 경제 문제를 시장 가격을 통해 해결하는 경제 체제는 시장 경제 체제이다.
④ (나)는 '무엇을 얼마나 생산할 것인가?'의 문제이다.

7 기회비용

자원의 희소성 때문에 원하는 모든 것을 다 가질 수 없으므로 선택을 해야 한다. 어떤 선택을 할 때 그로 인해 포기한 대안 중 가장 큰 가치를 기회비용이라고 한다. 합리적 선택은 기회비용과 편익을 비교하여 기회비용보다 편익이 큰 것을 선택하는 것이다. 자신이 선택한 것의 기회비용이 포기한 것의 기회비용보다 크다면 그 선택은 비합리적이므로 기회비용을 잘 따

져서 선택해야 한다. 제시된 자료에서 놀이 공원에 갈 때의 기회비용은 80, 영화 관람의 기회비용은 100, 박물관 답사를 갈 때의 기회비용은 100이다.

선택지 분석

① 영화 관람을 할 때의 편익이 가장 크다. (×)
→ 편익이 가장 큰 것은 놀이 공원에 가는 것이다.

② 놀이 공원을 갈 때의 기회비용은 150이다. (×)
→ 놀이 공원을 갈 때의 기회비용은 영화 관람의 만족도 80이다.

③ 박물관 답사를 갈 때의 기회비용은 100이다. (O)

④ 놀이 공원을 갈 때의 기회비용이 가장 크다. (×)
→ 놀이 공원을 갈 때의 기회비용이 가장 적다.

⑤ 놀이 공원을 갈 때와 박물관 답사를 갈 때의 기회비용은 같다. (×)
→ 영화 관람과 박물관 답사의 기회비용이 100으로 같다.

8 생애 주기와 경제생활

생애 주기란 시간의 흐름에 따라 변화하는 개인의 삶을 몇 가지 단계로 나타낸 것이다. 생애 주기는 크게 유소년기, 청년기, 중장년기, 노년기로 구분할 수 있다. ⑤ ⓒ 노년기는 직장에서 은퇴하고 모은 돈을 가지고 여생을 보내야 하기 때문에 계획적인 경제생활의 중요성이 큰 시기이다.

자료 분석 **생애 주기에 따른 소득과 소비**

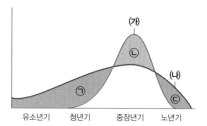

- (가) – 소득 곡선, (나) – 소비 곡선
- 유소년기 – 주로 부모의 소득에 의존해 생활함(소득 < 소비).
- 청년기(㉠) – 취업하면서 안정적인 소득을 얻고 돈을 모아 결혼과 자녀 출산 등에 대비함. 소득과 소비가 모두 적음(소득 < 소비).
- 중장년기(㉡) – 소득은 가장 높지만, 자녀 양육과 자녀 결혼 등으로 소비도 늘어남(소득 > 소비).
- 노년기(㉢) – 은퇴로 소득이 중단되기 때문에 예금, 보험, 연금 등을 미리 준비해야 함(소득 < 소비).

1 기본권 제한 사유
우리 헌법은 국가 안전 보장, 질서 유지, 공공복리를 위해 필요한 경우에 한하여 법률로써 국민의 기본권을 제한할 수 있다고 명시하고 있다.

2 인권 침해 사례
일상생활에서 다른 사람 또는 국가 기관에 의해 인권을 침해당하거나 보장받지 못하는 경우가 발생하는데, 이를 인권 침해라고 한다. 성별, 나이 등을 이유로 채용 과정이나 임금 등에서 차별하는 것, 본인의 동의 없이 개인 정보를 다수에게 공개하는 것, 장애인이 시설이나 대중 교통을 자유롭게 이용할 수 있도록 하는 보조 시설을 갖추지 않은 것 등이 해당된다. ⑤ 성적에 따른 입시 결과는 차별이나 인권 침해가 아니다.

3 노동 삼권
우리 헌법은 근로자가 노동조합을 결성할 수 있는 단결권, 노동조합이 근로 조건에 관하여 사용자와 집단적으로 교섭할 수 있는 단체 교섭권, 교섭이 원만하게 이루어지지 않을 때 쟁의 행위를 할 수 있는 단체 행동권을 보장하고 있다. (가)는 단체 교섭권을, (나)는 단체 행동권을 나타낸다.

쌍둥이 문제 5

(가)~(다)에 해당하는 노동 삼권을 옳게 연결한 것은?

(가) 근로자는 노동조합을 통해 사용자와 근로 조건을 협의할 수 있다.
(나) 단체 교섭이 잘 이루어지지 않을 때 사용자에 대항하여 파업 등과 같은 쟁의 행위를 할 수 있다.
(다) 근로자는 근로 조건을 유지·개선하고 경제적 지위 향상을 위해 노동조합을 결성할 수 있다.

	(가)	(나)	(다)
①	단결권	단체 교섭권	단체 행동권
②	단결권	단체 행동권	단체 교섭권
③	단체 교섭권	단결권	단체 행동권
④	단체 교섭권	단체 행동권	단결권
⑤	단체 행동권	단결권	단체 교섭권

[해설] 노동 삼권에는 단결권, 단체 교섭권, 단체 행동권이 있다. (가)는 단체 교섭권, (나)는 단체 행동권, (다)는 단결권이다. 답 ④

4 국회의 권한
제시된 신문 기사와 관련된 국회의 권한은 입법에 관한 권한이다. 국회의 입법에 관한 권한으로는 법률의 제정 및 개정, 헌법 개정의 제안 및 의결, 조약 체결에 관한 동의권 등이 있다.

선택지 분석

① 내년도 예산안을 심의하고 확정한다. (×)
→ 재정에 관한 권한에 해당한다.

② 외국과 조약 체결 시 동의권을 행사한다. (○)

③ 헌법 재판소장 인사 청문회를 실시한다. (×)
→ 일반 국정에 관한 권한에 해당한다.

④ 국무총리에 대한 탄핵 소추권을 행사한다. (×)
→ 일반 국정에 관한 권한에 해당한다.

⑤ 국정 감사 및 국정 조사권을 통하여 국정 운영을 살펴본다. (×)
→ 일반 국정에 관한 권한에 해당한다.

5 대통령
우리나라 대통령은 국민의 직접 선거로 선출되며, 헌법에 의하여 5년 임기를 보장받는다. 우리 헌법은 독재를 막기 위해서 대통령은 한 번만 하도록 정하고 있다. 대통령은 대한민국을 대표하는 국가 원수이면서 행정부의 수반이다. |보기|에서 ㄷ은 행정부 수반으로서의 대통령의 권한이고, ㄹ은 국가 원수로서의 대통령의 권한이다.

오답 피하기 ㄱ. 대통령은 중임할 수 없다. ㄴ. 국회의장은 국회에서 선출한다.

6 사법부의 독립
제시된 헌법 조항은 법원과 법관의 독립을 제도적으로 보장하기 위한 것이다. 우리나라 헌법에서는 사법권을 독립시켜 법원이 외부의 압력에 흔들리지 않고 헌법과 법률, 법관의 양심에 따라 판결하도록 보장하여 재판이 공정하게 이루어지도록 하고 있다.

7 헌법 재판소의 역할
헌법 재판소는 위헌 법률 심판, 헌법 소원 심판, 정당 해산 심판, 권한 쟁의 심판, 탄핵 심판의 권한이 있다. 제시된 사례는 국가 기관 사이에 분쟁이 발생하고 있으므로 권한 쟁의 심판에 해당한다. 권한 쟁의 심판은 국가 기관 사이에 분쟁이 발생했을 때 그 권한이 누구에게 있는지를 심판하는 것이다.

8 경제 주체

경제 활동에 참여하는 개인 또는 집단을 경제 주체라고 한다. 경제 주체에는 가계, 기업, 정부, 외국 등이 있다. (가)의 경제 주체는 가계이다. 가계는 가족 구성원의 욕구를 충족하기 위해 소비 활동을 하고, 기업에 노동, 토지, 자본 등의 생산 요소를 제공하며, 임금, 지대, 이자를 받아 소득으로 소비를 한다.

선택지 분석

① 생산의 주체이다. (×) → 기업
② 경제 전체를 관리하는 주체이다. (×) → 정부
③ 세금을 바탕으로 공공재를 제공한다. (×) → 정부
④ 적은 비용으로 상품을 생산하여 최대 이윤을 얻고자 한다. (×) → 기업
⑤ 기업에 생산 요소를 제공하고 그 대가로 소득을 얻어 소비한다. (○)

쌍둥이 문제 6

다음은 경제 주체 간의 경제 활동을 나타낸 것이다. 이에 대한 설명으로 옳지 <u>않은</u> 것은?

① (가)는 가계, (나)는 기업이다.
② ㉠은 임금, 이자, 지대이다.
③ ㉡은 노동, 자본, 토지이다.
④ (가)는 공공재를 생산하고 시장 경제 질서를 유지한다.
⑤ (나)는 적은 비용으로 상품을 생산하여 최대 이윤을 얻기 위해 노력한다.

해설 (가)는 가계, (나)는 기업이다. ④는 정부의 역할이다. 답 ④

9 합리적 선택

합리적 선택이란 가장 적은 비용으로 가장 큰 편익을 얻을 수 있는 대안을 선택하는 것이다. 즉 같은 비용이 드는 일이라면 편익이 가장 큰 것을, 같은 편익을 얻는 일이라면 비용이 가장 적은 것을 선택하는 것이 합리적이다.

오답 피하기 ㄱ. 기회비용은 사람마다 다를 수 있다. ㄹ. 비용은 어떤 것을 선택함으로써 들어가는 돈, 노력, 시간 등을 뜻하며, 편익은 선택으로 인해 얻게 되는 이익, 만족감을 뜻한다.

10 생애 주기

시간의 흐름에 따라 개인이나 가족의 삶이 어떻게 변화하는지를 몇 단계로 나타낸 것을 생애 주기라고 하며, 생애 주기에 따라 경제생활의 모습도 다르게 나타난다. ② 청년기는 취업과 함께 소득이 발생하는 시기로, 소득과 소비가 모두 적은 편이지만, 취업을 하면서 안정적인 소득을 얻는다.

창의·융합·코딩 전략				34~37쪽
1 ①	2 ②	3 ③	4 ⑤	5 ⑤
6 ④	7 ③	8 ③		

1 인권

인권은 인간이 태어날 때부터 본래 지닌 권리이며, 국가에서 법이나 제도로 보장하기 전부터 인간에게 자연적으로 부여된 권리이다. 또한 인권은 인종이나 성별, 신분 등에 관계없이 모든 사람이 동등하게 누릴 수 있는 보편적인 권리이다. 인간의 존엄과 가치 및 행복 추구권은 포괄적 성격의 권리이며, 자유권, 평등권, 참정권, 사회권, 청구권 등을 기본권으로 보장하고 있다. 인간다운 생활의 보장을 요구할 수 있는 권리는 사회권이고, 선거권, 공무 담임권, 국민 투표권 등은 참정권에 해당한다. 기본권은 국가 안전 보장, 질서 유지, 공공복리의 이유로 제한 가능하다. 제시된 그림의 퀴즈 1은 옳지 않은 진술이므로 파란색 화살표로, 퀴즈 4도 옳지 않은 진술이므로 파란색 화살표로, 퀴즈 5는 참정권의 종류이므로 파란색 화살표로 이동하면 ①번 출구로 나오게 된다.

자료 분석 인권과 기본권

	QUIZ	➡	➡
1	인권은 한 국가의 국민들에게만 주어진 권리이다.	○	×
2	인간의 존엄과 가치 및 행복 추구권은 다른 기본권을 포함하는 포괄적 성격의 기본권이다.	◎	×
3	인간다운 생활의 보장을 국가에 요구할 수 있는 권리이다.	사회권	평등권
4	인간은 존엄하기 때문에 기본권은 무제한적으로 보장해야 한다.	○	×
5	○○○에는 선거권, 공무 담임권, 국민 투표권 등이 있다.	청구권	참정권

2 인권 및 노동권 침해 구제 기관

국가 인권 위원회는 국가 기관에 의해 인권을 침해당하거나 회사 또는 단체 등에 의해 부당하게 차별당한 사람이 진정을 제기하면, 이를 조사하여 바로 잡을 수 있다. 국민 권익 위원회는 국가 기관의 잘못된 법 집행으로 피해를 본 국민이 고충 민원을 제기하면, 이를 조사하여 잘못된 부분을 고치도록 조치해 준다. 임금을 제때 받지 못했을 때는 고용 노동부에 신고하거나 법원에 도움을 요청하여 밀린 임금을 받을 수 있다. 부당해고나 부당 노동 행위로 노동 삼권을 침해받았을 때에는 노동 위원회에 구제를 요청할 수 있다.

자료 분석

영숙: 임금을 몇 달째 못 받고 있어요.
→ 고용 노동부에 구제를 신청할 수 있다.

가희: 행정 기관의 잘못된 처분으로 권리를 침해당했어요.
→ 국민 권익 위원회에 민원을 제기할 수 있다.

병섭: 교복에 고정된 명찰 때문에 학교 밖에서도 이름이 공개되고 있어요.
→ 국가 인권 위원회에 진정을 신청할 수 있다.

을용: 노동조합에 가입했다고 승진에서 불이익을 받았어요.
→ 노동 위원회에 구제를 신청할 수 있다.

3 우리나라의 권력 분립

A는 국회, B는 행정부, C는 법원이다. ㄱ, ㄴ, ㅁ의 설명만 옳으므로 혜정이는 총 3칸을 이동하여 김밥을 먹는다.

오답 피하기 ㄷ. 행정부의 최고 심의 기관은 국무 회의이다. 감사원은 국민이 낸 세금이 목적에 맞게 사용되고 있는지, 행정 기관과 공무원들이 직무를 바르게 수행하는지 등을 조사하고 잘못한 것이 있으면 바로 잡는 감사 기관이다. ㄹ. 입법에 관한 권한은 법원이 아니라 국회가 갖는다.

4 헌법과 국가 기관

국회가 구성되면 의장 1인과 부의장 2인을 선출한다. 우리나라 대통령은 국민의 직접 선거를 통해 선출하며, 임기는 5년이고 중임할 수 없다. 헌법 재판소는 법관의 자격을 가진 9명의 재판관으로 구성된다. 헌법 재판소의 재판관은 대통령이 임명하는데, 3명은 국회에서 선출하고, 3명은 대법원장이 지명한다. 따라서 자물쇠의 비밀번호는 2593이다.

5 헌법 재판소

헌법은 모든 법령이나 행정 작용의 기준이 되는 우리나라의 최고의 법으로, 입법이나 행정 작용은 헌법을 위반해서는 안 된다. 그러나 때때로 법률이나 행정 작용이 헌법에 위반되거나 국민의 기본권을 침해하는 경우가 발생하기도 한다. 헌법 재판소는 이러한 분쟁에 대해 헌법을 기준으로 최종적인 판단을 내림으로써 헌법의 침해를 방지하는 헌법 수호 기관이자, 국가 권력에 의해 침해된 국민의 기본권을 보장하는 기본권 보장 기관이다. 이를 위해 헌법 재판소는 위헌 법률 심판, 헌법 소원 심판, 탄핵 심판, 권한 쟁의 심판, 정당 해산 심판을 담당한다. ⑤는 특허 재판으로, 특허 법원에서 담당한다.

더 알아보기 헌법 재판소의 역할

위헌 법률 심판	법원에서 재판에 적용되는 법률이 헌법에 위반되는지가 문제가 될 때, 법원의 신청에 따라 위헌 여부를 판단하는 심판
헌법 소원 심판	국가 기관의 행위가 국민의 기본권을 침해하는 것으로 의심될 때, 국민이 직접 헌법 재판소에 위헌 여부를 판단해 달라고 요청하여 이루어지는 심판
정당 해산 심판	정당이 민주적 기본 질서에 어긋나는 목적을 가지고 있거나 그러한 활동을 할 때, 행정부의 청구에 따라 정당의 해산 여부를 판단하는 심판
권한 쟁의 심판	국가 기관 간에 권한에 대한 다툼이 발생할 때, 그 권한이 누구에게 있는지를 판단하는 심판
탄핵 심판	대통령 등 고위 공무원이 직무를 수행하면서 헌법이나 법률에 위반되는 행위를 했을 때, 국회의 탄핵 소추 의결에 따라 그 직의 파면 여부를 판단하는 심판

6 경제 체제

시장 경제 체제에서는 자유로운 경제 활동을 보장하므로 개인의 창의성이 발휘될 수 있으며, 희소한 자원을 효율적으로 사용할 수 있다. 하지만 빈부 격차가 발생할 수 있으며, 지나치게 이익을 추구하는 과정에서 환경 오염이 심해질 수 있다. 계획 경제 체제는 국가가 채택한 주요 목적을 신속히 달성할 수 있지만, 근로자의 근로 의욕이 저하되고 개인의 창의적인 경제 활동이 제한된다는 단점이 있다. ㄷ, ㄹ, ㅁ은 시장 경제 체제의 특징이고, ㄱ, ㄴ, ㅂ은 계획 경제 체제의 특징이다.

7 기업의 사회적 책임

기업의 사회적 책임은 기업이 이윤 추구 활동 이외에 법과 윤리를 준수하고, 사회에 긍정적인 영향을 미치는 활동을 수행하는 것이다. 예를 들면 소비자를 위해 안전한 제품을 생산하고,

근로자의 권리를 보호하며, 지역 사회와의 유대 관계를 강화하고, 환경 오염을 최소화하는 것 등이다.

쌍둥이 문제 7

다음 빈칸에 들어갈 용어의 사례로 적절한 것은?

> (　　　　)은/는 기업이 그 유지 기반이 되는 사회에 구성원으로서의 역할을 다하는 것을 의미한다.

① 재화와 서비스의 생산을 통해 이윤을 추구한 A사

② 도로, 공항, 교육 등 공공 서비스를 생산한 B사

③ 시장 환경을 분석하고 새로운 가치를 창출한 C사

④ 생산 활동에 참여한 근로자에게 임금을 지불한 D사

⑤ 자원봉사, 장학 사업 등에 적극적으로 참여하여 공동체의 발전을 위해 노력한 E사

해설 빈칸에 들어갈 용어는 기업의 사회적 책임이다. 기업의 사회적 책임의 사례에는 이윤 추구 과정에서 관련 법률을 지키고 공정 경쟁을 하는 것, 국민 교육, 문화, 사회 복지 사업 등에 적극적으로 참여하는 것 등이 해당된다. **답 ⑤**

8 분산 투자

그림은 조선 시대의 분서 제도에 대해 설명하고 있다. 조선은 『조선왕조실록』을 안전하게 보관하기 위해 여러 곳에 사고(史庫)를 지어 책을 나누어 보관하였다. 이것은 오늘날 다양한 투자 대상에 분산하여 자금을 투입하여 운용하는 것과 유사하다. 분산 투자를 할 경우 어느 한 곳에서 손해를 보더라도 다른 곳에서 손해를 보충할 수 있어 좀더 안정적으로 자산을 운용할 수 있다.

2주 IV. 시장 경제와 가격
~ VI. 국제 사회와 국제 정치

1일 개념 돌파 전략 ❶ 40~43쪽

3강_시장 경제와 가격~물가 상승과 실업

1-2 ㉠ 1,000원, ㉡ 20개　**2-2** ⑤　**3-2** ③

4강_국제 거래와 환율~국제 사회와 국제 정치

1-2 ②　**2-2** ③　**3-2** ㉠ 중국, ㉡ 일본

3강_시장 경제와 가격~물가 상승과 실업

1-2 균형 가격과 균형 거래량

균형 가격은 시장에서 수요량과 공급량이 일치하는 지점의 가격으로, 시장 가격이라고도 한다. 제시된 표에서 균형 가격은 수요량과 공급량이 만나는 지점의 가격인 1,000원이고, 균형 거래량은 균형 상태의 거래량으로서 20개이다.

2-2 수요 감소 요인

수요 감소 요인은 소득 감소, 선호도 감소, 가격 하락 예상, 소비자 수 감소, 대체재 가격 하락, 보완재 가격 상승 등이다.

오답 피하기 ㄱ, ㄴ. 소득 증가, 선호도 증가는 수요 증가 요인이다.

3-2 국내 총생산

국내 총생산은 한 나라 안에서 일정 기간 동안 생산된 최종 생산물의 가치를 시장 가격으로 계산하여 모두 더한 것이다.

③ 외국계 회사이지만 한국 지점에 근무하여 발생한 소득이므로 우리나라 국내 총생산에 포함된다.

선택지 분석

① 어머니의 가사 노동 가치 (×)

→ 가사 노동의 가치는 시장 가치에 해당하지 않으므로 국내 총생산에 포함되지 않는다.

② 인도 현지 공장에서 생산된 우리나라 A 사의 자동차 (×)

→ 인도의 국내 총생산에 포함되므로 우리나라 국내 총생산에 포함되지 않는다.

③ 미국계 보험 회사의 한국 지점에 근무하는 아버지의 연봉 (○)

④ 김밥 가게에서 김밥을 만들 때 재료로 들어가는 달걀의 가격 (×)

→ 중간 생산물의 가치로서 최종 생산물이 아니므로 국내 총생산에 포함되지 않는다.

⑤ 작년에 생산된 컴퓨터를 인터넷 중고 장터에서 구입한 가격 (×)

→ 중고 거래로서 해당 기간에 새로 생산된 것이 아니므로 국내 총생산에 포함되지 않는다.

1-2 외화 수요 증가 요인
외화의 수요가 증가하는 요인에는 상품 수입 증가, 자국민의 해외여행 및 유학 증가, 해외 투자 증가, 외채를 갚을 경우 등이다.

오답 피하기 ㄴ, ㄹ은 외화의 공급 증가 요인이다.

2-2 정부 간 국제기구
각 나라의 정부를 회원국으로 하는 국제 사회의 행위 주체는 정부 간 국제기구이다.

3-2 우리나라가 직면한 국가 갈등
우리나라와 중국의 갈등으로는 동북공정으로 역사 왜곡, 중국 어선의 불법 조업, 한류 저작권 침해 문제 등이 있다. 일본과의 갈등으로는 독도 영유권 주장, 역사 교과서 왜곡, 동해 표기 문제, 야스쿠니 신사 참배, 일본군 '위안부' 문제 등이 있다.

1일 개념 돌파 전략 ❷　　44~45쪽

1 ③　　**2** ②　　**3** ④　　**4** ②　　**5** ④　　**6** ①

1 시장 가격의 결정
제시된 그래프를 보면 공급 곡선은 우상향하며, 가격이 하락하면 아이스크림 수요량은 증가한다. 균형 가격은 1,500원이고, 균형 거래량은 30개이다. 아이스크림 가격이 500원일 때 초과 수요가 발생하게 된다.
③ 가격이 오르면 공급량은 증가하고, 가격이 내리면 공급량은 감소한다. 이와 같은 가격과 공급량의 관계를 공급 법칙이라고 한다.

2 균형 가격과 균형 거래량의 변화
폭염으로 인해 시금치의 공급이 감소하면 시금치의 균형 가격은 상승하고, 균형 거래량은 감소한다.

3 인플레이션의 영향
인플레이션이 발생하면 화폐의 구매력이 떨어져 화폐 자산 소유자는 불리해지고, 주어진 소득으로 구매할 수 있는 재화의 양이 줄어들기 때문에 정해진 연금이나 월급으로 생활하는 사람들도 불리해진다. 또한 돈을 빌려 준 채권자는 빌려 준 돈을 받더라도 그 돈으로 예전만큼 상품을 살 수 없으므로 불리해지고, 국내 물가가 상승하면 수출품의 가격이 비싸져 수출업을 하는 사람도 불리해진다.

더 알아보기 인플레이션의 영향

유리한 사람	불리한 사람
• 부동산(토지, 건물), 금 등 실물 자산 보유자 • 돈을 빌린 사람(채무자) • 수입업자	• 은행 예금 보유자, 임금 근로자, 연금 생활자 • 돈을 빌려준 사람(채권자) • 수출업자

4 구조적 실업
제시된 그림은 산업 구조가 변화하여 기존의 기술이 필요 없어짐에 따라 관련 부문의 일자리가 사라지는 구조적 실업에 해당한다. 구조적 실업에 대한 대책으로는 사양 산업에서 일하다가 실직한 사람들이 재취업할 수 있도록 각종 직업 훈련 프로그램을 지원하는 것 등이 있다.

5 환율 하락의 영향
환율이 하락하면 원화 가치가 상승하여 국내 여행을 하려는 외국인의 여행 비용이 증가한다.

오답 피하기 ①, ②, ③, ⑤는 환율이 하락한 경우에는 유리하다.

더 알아보기 환율 변동의 영향

환율 상승	환율 하락
• 수출 증가 • 수입 감소 • 외국인의 국내 여행 증가 • 자국민의 해외여행 감소 • 외채 상환 부담 증가	• 수출 감소 • 수입 증가 • 외국인의 국내 여행 감소 • 자국민의 해외여행 증가 • 외채 상환 부담 감소

6 국제 사회의 특징
제시된 사례를 통해 각국은 원칙적으로 평등한 주권을 지녔지만 실제로는 힘의 논리가 작용하고 있음을 알 수 있다. 국력에 따라 주권을 행사하는 정도에 차이가 있으며, 강대국이 약소국에 비해 더 많은 영향력을 행사한다.

정답과 해설 BOOK 1

46~49쪽

2일 필수 체크 전략 ①

| 1-1 ② | 1-2 ⑤ | 2-1 ① | 2-2 ④ |
| 3-1 ① | 3-2 ② | 4-1 ③ | 4-2 ⑤ |

1-1 공급 법칙
제시된 사례에는 과자의 가격이 하락하면 과자의 공급량이 감소하는 공급 법칙이 나타나 있다.

1-2 시장 가격의 결정
① 제시된 시장에서 균형 가격은 1,000원이고, 균형 거래량은 140개이다. 따라서 균형 가격에서의 총거래액은 140,000원이다. ② 가격이 1,200원일 때, 수요량이 120개, 공급량이 160개이므로 40개의 초과 공급이 발생한다. ③ 가격이 600원일 때, 수요량이 180개, 공급량이 100개이므로 80개의 초과 수요가 나타나 수요자 간 경쟁이 발생한다. ④ 가격이 800원일 때, 수요량이 160개, 공급량이 120개로 40개의 초과 수요가 발생한다.
⑤ 가격이 1,400원일 때, 공급자 간의 경쟁으로 가격이 1,000원이 될 때까지 하락한다.

2-1 공급 감소 요인
휴대 전화 배터리의 원료 가격이 상승하면 휴대 전화의 공급이 감소하게 된다. 따라서 공급 곡선이 왼쪽으로 이동하여 휴대 전화의 가격이 상승한다.

> **더 알아보기** 공급 변동 요인

생산 기술	생산 기술이 발전하면 같은 비용으로 제품을 더 많이 생산할 수 있게 되어 공급이 증가함.(예 기술 개발로 스마트폰 공급이 증가하였다.)
생산 요소 가격	원자재 가격, 임금 등 생산 요소의 가격이 하락하면 생산 비용이 적게 들어 공급이 증가함.(예 밀가루 가격이 하락하자 과자 공급이 증가하였다.)
날씨	농작물은 날씨가 좋으면 공급이 증가함.(예 올해는 태풍 피해가 없어서 배추가 풍년이다.)
미래 가격에 대한 예상	앞으로 가격이 내릴 것으로 예상되면 공급자들이 가격이 더 내려가기 전에 상품을 팔려고 해서 공급이 증가함.(예 새로운 스마트폰의 출시로 기존 스마트폰의 가격이 내릴 것으로 예상되면 그 전에 팔기 위해 기존 스마트폰의 공급이 증가한다.)
공급자 수	공급자의 수가 많아지면 공급이 증가함.(예 반도체 회사가 새로 생겨나 반도체 공급이 늘어났다.)

2-2 수요 증가 요인
제시된 그래프는 수요가 증가하여 수요 곡선이 오른쪽으로 이동하였다. 소득 증가, 인구 증가, 선호도 증가, 보완재의 가격 하락은 수요 증가 요인에 해당한다.
④ 생산 비용의 하락은 공급 증가 요인으로 공급 곡선을 오른쪽으로 이동시킨다.

3-1 국내 총생산
가사 노동이나 자원봉사 활동 등 시장에서 거래되지 않는 재화와 서비스의 가치는 국내 총생산에 포함되지 않는다. ㉠만 국내 총생산에 포함된다.

3-2 국내 총생산액
국내 총생산은 일정 기간 동안 한 나라 안에서 생산된 최종 생산물의 시장 가치의 합이다. (나)와 (라)는 국내 총생산에 포함된다. 따라서 (나)의 80억 원과 (라)의 60억 원의 합인 140억 원이 국내 총생산액이다.

> 오답 피하기 (가), (다)는 국내에서 생산된 것이 아니므로 국내 총생산에 포함되지 않는다.

4-1 인플레이션 영향
제시된 상황 모두 인플레이션의 발생 원인을 보여 주고 있다. 인플레이션이 발생하면 물가가 상승하여 화폐 가치가 하락하게 된다.

> **선택지 분석**
> ① 기업의 생산비가 크게 감소할 것이다. (×)
> → 인플레이션이 발생하면 기업의 생산비가 증가한다.
> ② 실업이 증가하여 고용이 불안정할 것이다. (×)
> → 인플레이션 발생으로 실업이 증가하는 것은 아니다.
> ③ 물가 상승으로 화폐 가치가 하락할 것이다. (○)
> ④ 정부는 세율을 인하하는 정책을 추진할 것이다. (×)
> → 정부는 세율을 인상하는 정책을 추진할 것이다.
> ⑤ 수출품의 가격이 하락하여 수출이 증가할 것이다. (×)
> → 화폐 가치의 하락으로 수출품의 가격이 상승하여 수출이 감소할 것이다.

4-2 인플레이션 영향
인플레이션이 발생하면 실물 자산 소유자, 돈을 빌린 사람, 수입업자 등은 유리하지만, 금융 자산 소유자, 봉급 생활자나 연금 생활자, 돈을 빌려 준 사람, 수출업자 등은 불리해진다.

1 시장의 종류

(가)는 재래 시장, (나)는 주식 시장, (다)는 노동 시장, (라)는 전자 상거래이다. ① 재래 시장에서는 과일이라는 재화를 판매한다. ② 주식 시장은 거래 과정이 컴퓨터를 통하여 온라인 상에서 이루어지므로 눈에 보이지 않는 시장이다. ④ 전자 상거래는 정보 통신 기술의 발달로 매년 증가하고 있다. ⑤ 거래하는 모습이 구체적으로 드러나지 않는 시장에는 주식 시장, 외환 시장, 전자 상거래 등이 있다.

③ 노동 시장은 기업이 노동력을 사용하는 수요자이고, 구직자가 노동력을 제공하는 공급자이다.

2 수요 법칙

제시된 그래프는 수요 곡선이다. 수요 법칙은 가격이 오르면 수요량이 감소하고 가격이 내리면 수요량이 증가하는 현상이다. ㄱ, ㄷ은 수요 법칙을 보여 주는 사례이다.

오답 피하기 ㄴ. 수요 법칙과 반대 현상이 나타나는 예외적인 경우이다. ㄹ. 가격이 오르면 공급량이 증가하는 공급 법칙과 관련된 사례이다.

3 시장 가격의 변동

태풍으로 인해 과일의 공급이 감소하여 가격이 상승하게 되는데, 추석을 맞아 과일의 수요도 증가하면 가격은 더욱 상승하게 된다.

오답 피하기 ① 추석을 맞아 과일 수요가 증가한다. ③ 초과 수요가 나타나면 가격이 상승한다. ④ 농수산물은 공급을 빠르게 늘릴 수 없다. ⑤ 정부는 과일 가격 인하 정책을 제시할 것이다.

4 시장 가격의 기능

제시된 그림에서 소비자와 생산자는 시장 가격을 신호로 하여 경제 활동을 어떻게 할지 결정하고 있다. 이것은 시장 가격이 경제 활동의 신호등 역할을 한다는 것을 보여 주는 사례이다.

5 실업자

(가)는 실업자이다. 실업은 일할 능력과 의사가 있는데도 일자리를 갖지 못한 상태를 의미하며, 실업 상태에 놓인 사람을 실업자라고 한다.

오답 피하기 ①, ②, ④, ⑤ 일할 능력이 없는 사람이나 일할 의사가 없는 사람, 구직 단념자는 실업자에 해당하지 않는다.

1-1 국제 거래의 발생

국가 간 기후나 천연자원의 종류와 양, 기술력 등의 차이로 인해 국제 거래가 발생한다.

1-2 자유 무역 협정

자유 무역 협정(FTA)은 체결 당사국 양국 간에 상호 이익을 추구하는 협정으로, 오늘날 세계화가 확대되면서 자유 무역 협정 체결이 급증하고 있다. 우리나라도 칠레, 인도, 미국, 유럽 연합 등과 자유 무역 협정을 체결하였다.

2-1 환율의 변동

환율이 상승하면 원화 가치는 하락하고, 환율이 하락하면 원화 가치는 상승한다. 제시된 상황은 환율이 하락하였으므로 원화 가치는 상승한 것이다.

2-2 환율 상승 영향

환율이 상승하면 원화 가치가 하락하여 외화로 표시되는 국산품의 수출 가격이 하락하므로 우리나라 수출 상품의 가격 경쟁력이 높아져 수출이 증가하게 된다. 반면에 수입품의 원화 표시 가격은 상승하여 수입이 감소하게 된다. 우리나라 국민의 해외여행은 감소하는 반면에, 외국인 관광객은 증가한다. 또한 수입 원자재의 가격이 올라서 물가는 상승하게 된다.

④ 외채는 외화로 갚아야 하므로 환율이 상승하면 외채 상환 부담이 증가하게 된다.

3-1 국제 비정부 기구

제시된 내용에서 설명하는 국제 사회의 행위 주체는 국제 비정부 기구이다. 국제 비정부 기구에는 국경 없는 의사회, 그린피스, 국제 사면 위원회, 국제 적십자 연맹 등이 있다.

오답 피하기 ①, ③, ⑤는 정부 간 국제기구이다.

3-2 국제 사회의 행위 주체

국제 사회의 가장 기본이 되는 행위 주체인 주권 국가들은 주권 평등의 원칙에 따라 독립적인 주권을 가지고 평등한 지위를 인정받는다.

㉠ 가장 기본이 되는 행위 주체는 각국 원수야. (×)

→ 가장 기본이 되는 국제 사회의 행위 주체는 국가이다.

㉡ 국제 연합(UN)은 국제 비정부 기구에 해당해. (×)

→ 국제 연합은 정부 간 국제기구에 해당한다.

㉢ 국가는 독립적인 주권을 행사하는 동등한 행위 주체야. (○)

㉣ 그린피스, 국제 사면 위원회는 정부 간 국제기구에 해당해. (×)

→ 그린피스, 국제 사면 위원회는 국제 비정부 기구에 해당한다.

㉤ 세계화로 인해 다국적 기업의 영향력이 점점 줄어들고 있어. (×)

→ 세계화로 인해 다국적 기업은 경제력을 바탕으로 국제 관계에 큰 영향을 미치고 있다.

4-1 일본의 독도 영유권 주장

독도가 지닌 경제적 가치와 군사적 이익은 일본이 독도를 자신의 영토라고 주장하는 가장 큰 목적 중의 하나이다.

4-2 우리나라의 국가 간 갈등 대응 자세

우리나라의 국가 간 갈등에 대응하기 위해서는 문제에 대한 정확한 역사적 사실을 인지하고, 양국 간의 역사 인식 차이를 좁히려는 노력과 함께 능동적으로 해결해 나가려는 자세가 필요하다. 정부는 적극적인 외교 활동을 전개하고, 개인이나 시민 단체는 각종 홍보 활동과 민간 교류를 확대하며, 꾸준하게 관심을 가져야 한다. ④ 주변국과의 공동 역사 연구와 공동 저술로 상호 간의 이해를 넓힌다.

3일 필수 체크 전략 ❷ 56~57쪽

1 ⑤ 2 ① 3 ⑤ 4 ③ 5 ②

1 국제 거래

제시된 그래프는 국제 거래의 규모가 확대되는 모습을 보여 준다. 과거에는 상품 중심으로 국제 거래가 이루어졌으나, 오늘날에는 자본이나 노동과 같은 생산 요소의 활발한 이동도 국제 거래의 확대에 영향을 미치고 있다.

2 외화의 공급 증가 요인

제시된 그래프는 외화의 공급이 증가하여 환율이 하락한 상황을 나타내고 있다. ㄱ, ㄴ. 외국인의 국내 관광이 증가한 경우와 상품의 수출이 증가한 경우에 달러의 공급이 증가한다.

ㄷ. 우리나라의 자동차 회사가 중국에 공장을 건설하였다. (×)

→ 외화의 수요 요인

ㄹ. 정부가 지진으로 어려움을 겪고 있는 일본에 구호금을 보냈다. (×) → 외화의 수요 요인

3 국제 사회 갈등의 원인

국제 사회에서 주권 국가들은 자국의 이익을 우선시하므로 경쟁과 갈등이 다양한 양상으로 나타난다.

4 외교의 중요성

핑퐁 외교는 이념보다 실리를 추구한 외교 사례로, 미국과 중국의 적대적인 관계를 완화시켰다.

5 일본의 독도 영유권 주장

독도는 역사적, 국제법적으로 명백한 우리의 영토이다. 따라서 우리가 사실상의 영토 주권을 행사하고 있는 이상 독도를 국제 사회의 분쟁 지역으로 삼아 국제 사법 재판소로 가져가는 것은 바람직하지 않다. ②는 일본의 의도이다.

4일 교과서 대표 전략 ❶ 58~61쪽

1 ② 2 ④ 3 ③ 4 ② 5 ②

6 ② 7 ④ 8 ② 9 ⑤ 10 ②

11 ⑤ 12 ③ 13 ① 14 ④ 15 ②

16 ③

1 시장

시장은 재화나 서비스를 사려는 사람과 팔려는 사람이 모여 거래하는 곳으로, 상품을 사려는 사람과 팔려는 사람은 시장에서 효율적으로 거래할 수 있게 되었다. 또한 사람들은 시장에서 재화나 서비스에 대한 다양한 정보를 쉽게 얻을 수 있어 거래 비용과 시간을 절약할 수 있다.

오답 피하기 ㄴ. 구체적인 장소가 드러나지 않는 시장도 존재한다. ㄹ. 일반적으로 시장은 거래 형태에 따라 보이는 시장과 보이지 않는 시장으로 구분하고, 거래하는 상품의 종류에 따라 생산물 시장과 생산 요소 시장으로 구분한다.

2 수요 곡선

소비자가 어떤 상품을 사고자 하는 욕구를 수요라고 하고, 특정한 가격에서 사려고 하는 상품의 양을 수요량이라고 한다. 일반적으로 가격이 상승하면 수요량은 감소하고, 가격이 하락하면 수요량은 증가한다. 이를 그래프로 나타낸 것이 수요 곡선이다. 가격과 수요량은 반대 방향으로 움직이므로 수요 곡선은 우하향한다. 제시된 그래프는 수요 곡선으로, 점 A에서 점 B로 이동한다는 것은 가격이 하락하여 수요량이 증가하는 것을 나타낸다.

3 균형 가격의 결정

어떤 재화나 서비스의 수요량과 공급량이 일치할 때의 가격을 균형 가격 또는 시장 가격이라고 하며, 이 가격에서 거래되는 양을 균형 거래량이라고 한다. 균형 가격에서는 수요자와 공급자 모두 원하는 양을 거래할 수 있다. 이와 반대로 상품의 가격이 균형 가격보다 낮으면 초과 수요가 나타난다. 이때 소비자들은 더 높은 가격을 주고서라도 상품을 사려고 하므로 가격은 상승한다. ③ 가격이 500원인 경우 수요량은 100개, 공급량은 40개로 60개의 초과 수요가 발생한다.

자료 분석

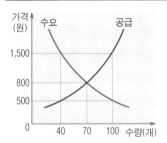

- 수요량과 가격은 반대 방향으로 움직이므로 수요 곡선은 우하향한다.
- 공급량과 가격은 같은 방향으로 움직이므로 가격이 상승하면 공급량은 증가한다.
- 균형 가격은 800원, 균형 거래량은 70개이다.
- 균형 가격이 1,500원인 경우 수요량은 40개, 공급량은 100개로 60개의 초과 공급이 발생하여 공급자 간의 경쟁으로 가격이 하락한다.

4 공급의 변동

상품의 가격이 변하면 공급량이 변하지만, 상품 가격 이외의 요인이 변하면 공급 자체가 증가하거나 감소한다. 공급에 영향을 미치는 요인으로는 생산 요소의 가격 변화, 생산 기술의 발달, 공급자 수의 변화, 미래 가격에 대한 예상 등이 있다.

제시된 그래프에서 공급 곡선이 왼쪽으로 이동한 것은 공급이 감소했다는 의미이다. 이런 경우는 생산 요소의 가격이 상승하거나 공급자의 수가 감소하거나 상품의 가격이 내릴 것으로 예상될 경우이다.

오답 피하기 ㄴ은 수요 감소 요인, ㄷ은 공급량 감소 요인이다.

쌍둥이 문제 8

다음 그래프와 같이 변동하는 사례로 옳은 것은?

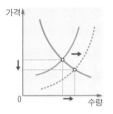

① 가계 소득이 증가했을 때의 피자 시장
② 딸기잼 가격이 인상되었을 때의 식빵 시장
③ AI 조류 독감이 유행했을 때의 닭고기 시장
④ 생산 부품 가격이 상승했을 때의 컴퓨터 시장
⑤ 생산 기술이 발전했을 때의 공기 청정기 시장

해설 제시된 그래프는 공급의 증가를 나타낸다. 공급이 증가하는 요인으로는 생산 기술의 발전, 생산 요소 가격의 하락, 공급자 수의 증가, 공급자의 상품 가격 인하 예상 등이 있다. ①은 수요 증가, ②는 수요 감소, ③, ④는 공급 감소 요인이다.　　답 ⑤

5 수요와 공급의 변동

남학생의 대화에서는 아이스크림의 수요가 증가할 것을 예상할 수 있고, 여학생의 대화에서는 아이스크림의 공급이 감소할 것을 예상할 수 있다. 두 상황이 동시에 나타나면 수요 곡선은 오른쪽, 공급 곡선은 왼쪽으로 이동하여 새로운 균형 가격은 B 지점에서 형성된다.

자료 분석

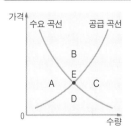

- A: 수요 감소, 공급 감소가 동시에 나타날 경우 이동
- B: 수요 증가, 공급 감소가 동시에 나타날 경우 이동
- C: 수요 증가, 공급 증가가 동시에 나타날 경우 이동
- D: 수요 감소, 공급 증가가 동시에 나타날 경우 이동

6 시장 가격의 기능

제시된 사례와 같이 어떤 상품의 가격이 터무니없이 낮거나 무료가 된다면, 그 상품이 필요하지 않은 사람들도 소비하려고 하므로 자원이 낭비될 것이다. 시장 가격은 그 상품이 반드시 필요한 사람만 상품을 소비할 수 있게 함으로써 자원을 효율적으로 배분한다.

더 알아보기 **시장 가격의 기능**

신호등 기능	• 소비자가 의사 결정을 할 때 가격을 보고 구매 여부와 구매량을 결정함.
	• 생산자는 가격을 보고 어떤 상품을 계속해서 얼마나 생산할 것인지를 결정함.
자원의 효율적 배분 기능	가격이 균형 수준보다 낮을 경우 초과 수요가 발생하여 누구에게 배분해 주어야 하는지의 문제가 발생함. → 가격은 해당 금액을 지불할 의사가 있는 수요자를 가려냄으로써 가장 원하는 사람에게 상품이 배분되도록 함.

7 국내 총생산

한 국가의 국경 안에서 1년 동안 생산된 최종 생산물의 가치를 시장 가격으로 계산하여 모두 더한 것이 국내 총생산(GDP)이다. 중간재나 시장에서 거래되지 않는 상품, 중고 상품, 중간 생산재 가격, 자가 소비를 위해 생산한 것, 외국에서 생산된 것은 국내 총생산에 포함되지 않는다.

오답 피하기 ㄱ, ㄷ. 생산자의 국적에 상관없이 한 나라의 국경 안에서 생산된 것이므로 국내 총생산에 포함된다.

쌍둥이 문제 **9**

밑줄 친 ㉠~㉣ 중 국내 총생산에 포함되는 것을 고르면?

> 오늘 ㉠ 아침 식사로 엄마가 샌드위치를 만들어 주셨다. 제과점을 운영하는 ㉡ 아빠는 "직장에서 하루 종일 빵을 만드는데 아침부터 빵이냐"며 불평하셨지만 나는 맛있게 먹었다. 오후에는 ㉢ 동네 도서관에서 두 시간 동안 봉사 활동을 하였다. 봉사 활동을 마치고 인터넷으로 뉴스를 보았는데 ㉣ 한국의 아이돌 가수가 미국에서 콘서트를 성공적으로 마쳤다는 보도가 있어서 무척 자랑스러웠다.

① ㉠　　② ㉡　　③ ㉣　　④ ㉡, ㉢　　⑤ ㉢, ㉣

해설 ㉠, ㉢ 국내 총생산은 시장에서 거래되는 재화와 서비스의 가치만을 측정하므로 대가를 받지 않는 가사 노동이나 봉사 활동은 국내 총생산에 포함되지 않는다. ㉣은 국내 생산이 아니므로 국내 총생산에 포함되지 않는다.　　답 ②

8 인플레이션의 영향

인플레이션이 발생하면 건물 소유주인 봄이와 수입업자인 가을이는 유리해지고, 월급 생활자인 여름이와 돈을 빌려준 겨울이는 불리해진다. 화폐의 가치가 하락하여 정해진 월급이나 연금으로 생활하는 사람들, 은행에 예금을 한 사람들은 불리해진다. 반면에 돈을 빌린 사람은 빌린 돈의 가치가 떨어져 상환 부담이 줄기 때문에 유리해진다. 물가가 상승하면 우리나라 상품의 가격이 비싸지므로 수출이 감소하고, 상대적으로 저렴해진 외국 상품의 수입이 증가하여 무역 불균형이 발생할 수 있다.

9 실업

㉠은 실업자이다. 일할 능력과 의사가 있으나 일자리를 구하지 못한 상태를 실업이라고 한다. 일할 능력이 없는 어린이나 노약자, 일할 의사가 없는 학생이나 전업주부, 취업하려고 했으나 뜻대로 되지 않아 구직을 포기한 사람 등은 실업자에 포함되지 않는다.

오답 피하기 ①, ②, ③, ④는 일할 능력과 의사가 없으므로 실업자에 포함되지 않는다.

10 고용 안정을 위한 노력

제시된 상황은 경기가 침체되고 실업률이 높아지고 있다. 따라서 정부는 고용 안정을 위해 공공 사업을 확대하고 기업의 일자리를 확대하기 위한 정책을 시행해야 한다. 또한 경기 활성화를 위해 세율은 낮추고 재정 지출을 확대해야 한다. 중앙은행은 이자율을 낮추어 기업이 생산과 고용을 늘리도록 유도해야 한다.

오답 피하기 ㄴ, ㄷ. 경기가 과열되어 물가가 상승할 때의 대응 방안이다.

11 환율의 결정

제시된 그래프는 외화의 수요가 증가하여 환율이 상승함을 나타내고 있다. 환율은 두 나라 화폐의 교환 비율로서, 외환 시장에서 외화의 수요와 공급에 의해 결정되고, 수요와 공급이 변하면 환율도 변하게 된다. 외화의 수요는 외국에서 상품을 수입하거나 외국에 투자할 때, 우리나라 국민이 해외여행이나 유학을 갈 때 발생한다. 반대로 외화의 공급은 상품을 수출하거나 외국인 관광객과 유학생을 유치할 때, 외국인이 국내 투자를 할 때 발생한다.

선택지 분석

① 외국 상품의 수입이 감소하였다. (×)

→ 외화의 수요 감소로 환율이 하락하게 된다.

② 외국으로부터 차관을 도입하였다. (×)

→ 외화의 공급 증가로 환율이 하락하게 된다.

③ 외국인 유학생의 수가 줄어들었다. (×)

→ 외화의 공급 감소로 환율이 상승하게 된다.

④ 우리나라 상품의 수출이 증가하였다. (×)

→ 외화의 공급 증가로 환율이 하락하게 된다.

⑤ 우리나라 국민의 해외여행이 증가하였다. (○)

12 환율 변동의 영향

제시된 그림을 보면 3개월 전에 비해 환율이 상승하였다. 환율 상승으로 인해 외국인 관광객이 증가하며, 우리나라가 외국으로부터 빌린 돈이 있다면 더 많은 원화를 외화로 바꿔야 하므로 외채 상환 부담이 늘어날 것이다. ③ 환율이 상승하면 원화 가치가 하락하므로 외화로 표시된 수출품의 가격이 상대적으로 낮아진다. 반면 수입품의 가격은 상승하게 되므로 수출은 증가하고 수입은 감소한다.

더 알아보기 **환율과 원화 가치**

| 1달러 = 1,100원 |
| 환율 상승 (원화 가치 하락) |
| 1달러 = 1,000원 |
| 환율 하락 (원화 가치 상승) |
| 1달러 = 900원 |

• 외화의 수요 > 공급인 경우
 : 환율 상승, 원화 가치 하락

• 외화의 수요 < 공급인 경우
 : 환율 하락, 원화 가치 상승

13 국제 사회의 특성

제시된 사례를 통해 세계 각국은 평화, 안전, 환경 등의 이념보다 자국의 이익을 우선함을 알 수 있다. 각국은 자국의 이익에 따라 우호적 관계나 적대적 관계가 바뀔 수 있으며, 자국의 이익을 추구하는 과정에서 국가 간에 심각한 경쟁과 갈등이 발생하여 세계 평화를 위협하기도 한다.

14 국제 비정부 기구

제시된 단체들은 국제 비정부 기구에 해당한다. 국제 비정부 기구는 인권, 보건, 환경, 문화 등 다양한 영역에서 국경을 넘어 활동하는 개인이나 민간단체가 모여 조직한 국제기구이다.

오늘날 시민 단체의 참여가 활발해짐에 따라 많은 국제 비정부 기구가 활동하고 있다.

오답 피하기 ㄱ은 정부 간 국제기구, ㄷ은 국가에 대한 설명이다.

쌍둥이 문제 **10**

⑦, ⓒ에 들어갈 용어를 옳게 연결한 것은?

> 오늘날 다양한 행위 주체들이 국제 사회에 영향력을 행사하고 있다. 국제 연합(UN)처럼 각 나라의 정부를 회원국으로 하는 (⑦), 국경 없는 의사회처럼 국경을 넘어 활동하는 개인이나 민간단체들이 모여 조직한 (ⓒ) 등이 있다.

	⑦	ⓒ
①	국제 비정부 기구	국가
②	국제 비정부 기구	다국적 기업
③	국제 비정부 기구	정부 간 국제기구
④	정부 간 국제기구	다국적 기업
⑤	정부 간 국제기구	국제 비정부 기구

해설 각 나라의 정부를 회원국으로 하는 국제 기구는 정부 간 국제기구이고, 개인이나 민간단체들이 조직한 국제기구는 국제 비정부 기구이다. 답 ⑤

15 국제 사회의 갈등 양상

오늘날 국제 사회는 자국의 이익을 실현하기 위한 국가 간의 경쟁이 더욱 치열해지고 있으며, 국가 간 교류가 증가하므로 국제 사회의 경쟁과 갈등도 확대되고 있다. 또한 인종, 민족, 종교, 자원 확보, 환경 오염 문제 등으로 인한 경쟁과 갈등도 증가하고 있다.

오답 피하기 ㄴ. 국제 사회의 갈등은 다양한 요인들이 복합적으로 작용하여 발생하기 때문에 원만하게 해결하는 데 많은 어려움이 있다. ㄹ. 냉전 체제의 붕괴로 국제 사회는 이념을 둘러싼 경쟁과 갈등에서 벗어났지만, 여전히 세계 곳곳에서 민족, 인종, 종교, 영토, 자원 등을 둘러싼 다양한 갈등과 분쟁이 이어지고 있다.

16 중국과의 갈등

밑줄 친 국가는 '중국'이다. 중국 어선이 우리나라의 배타적 경제 수역을 침범하여 불법으로 어업 활동을 하면서 중국 어선과 우리나라 해양 경찰 사이에 긴장감이 고조되는 일이 자주 발생하고 있다. 중국과는 해양 자원을 둘러싼 갈등 이외에도 동북공정으로 인한 역사 왜곡 갈등이 있다.

오답 피하기 ①, ②, ④, ⑤는 우리나라와 일본의 갈등이다.

의미	'동북 변경 지역의 역사와 현상에 관한 체계적인 연구 과제'를 줄인 말로, 중국 동북 3성 지역의 역사 연구
내용	• '현재 중국 영토 안에 속하는 과거사는 모두 중국사'라고 주장함. • 고조선, 고구려, 발해 역사를 중국사로 포함하여 역사를 왜곡함.
목적	• 중국 소수 민족의 독립을 막고, 만주 지역에서의 영향력을 강화하려고 함. • 한반도 통일 후 우리나라와 발생할 수 있는 영토 분쟁을 방지하기 위함.

4일 교과서 대표 전략 ❷   62~63쪽

1 ⑤	2 ④	3 ④	4 ②	5 ⑤
6 ③	7 ③	8 ②		

1 시장의 종류

(가)는 생산물 시장으로, 거래하는 모습이 구체적으로 드러나는 보이는 시장에 해당한다. (나)는 전자 상거래로, 거래하는 모습이 구체적으로 드러나지 않는 보이지 않는 시장에 해당한다. 시장은 거래 형태에 따라 보이는 시장과 보이지 않는 시장으로 구분된다. 거래하는 모습이 구체적으로 보이지 않아도 사려는 사람과 팔려는 사람 간에 거래가 이루어지면 모두 시장이다.

오답 피하기 ① (가)는 생산물 시장에 해당한다. ② (나)는 보이지 않는 시장에 해당한다. ③ 노동 시장은 생산 요소 시장에 해당한다. ④ 백화점은 보이는 시장에 해당한다.

2 가격의 변화

그림은 삼겹살의 공급이 감소하여 가격이 상승하자, 삼겹살의 대체재인 닭고기의 수요가 증가한 상황을 나타낸다. 공급이 감소하면 시장의 공급 곡선이 왼쪽으로 이동하고 이에 따라 균형 가격은 상승하며 균형 거래량은 줄어든다. 가격이 상승하게 되면 대체 관계에 있는 상품의 수요가 증가한다.

① 삼겹살과 닭갈비는 보완재 관계이다. (×)
→ 대체재 관계이다.

② 공급 증가가 삼겹살의 가격에 영향을 끼쳤다. (×)
→ 돼지 사육 농가의 감소는 삼겹살 공급의 감소 요인이다.

③ 수요 증가가 삼겹살의 가격에 영향을 끼쳤다. (×)
→ 공급 감소가 삼겹살의 가격에 영향을 끼쳤다.

④ 삼겹살의 가격이 수요자의 결정에 영향을 주었다. (○)

⑤ 이런 현상이 지속되면 닭갈비의 가격은 점차 하락하게 된다. (×)
→ 닭갈비의 수요가 증가하므로 닭갈비의 가격은 상승하게 된다.

3 수요의 변동

제시된 상황은 소비자의 선호도가 증가하여 수요가 증가하고 있음을 나타낸다. 수요가 증가하면 시장의 수요 곡선이 오른쪽으로 이동하여 시장의 균형 가격이 상승하고, 균형 거래량도 증가한다. ④ 균형점이 수요 곡선상에서 움직이는 것은 가격 변화로 인한 수요량의 변화를 의미한다.

(가) 수요량의 변화   (나) 수요의 변동

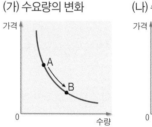
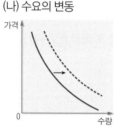

(가) 수요량은 각 가격 수준에서 상품을 사고자 하는 양이다. 따라서 수요량을 변동시키는 것은 상품 가격이다. 수요량의 변동은 수요 곡선상의 점의 이동으로 나타낸다.

(나) 수요는 수요자가 재화나 서비스를 사려는 욕구이다. 수요의 변동은 상품 가격 이외의 요인에 의해 발생한다. 이와 같은 변화를 그래프로 나타내면 수요 곡선 자체의 이동으로 나타낸다.

4 국내 총생산의 한계

국내 총생산은 한 나라의 경제 활동 규모를 파악하는 데 유용하지만, 경제 활동 지표로서 한계가 있다. 교통사고, 질병, 환경 오염 등 삶의 질을 하락시키는 문제를 해결하는 데 드는 비용이 오히려 국내 총생산을 증가시키기 때문에, 국내 총생산을 통해 국민의 삶의 질 수준을 제대로 파악하기 어렵다. 이러한 국내 총생산의 한계를 보완하기 위해 오늘날에는 국민의 행복도를 반영한 새로운 지표들이 대안으로 제시되고 있다. 참진보 지수, 인간 개발 지수, 더 나은 삶 지수 등이 그 예이다.

- 시장에서 거래되지 않는 상품만 포함됨: 가사 노동이나 봉사 활동 등은 포함되지 않음.
- 삶의 질 수준을 파악하기 어려움: 여가 생활을 통해 삶의 질이 향상되어도 그 가치가 포함되지 않음.
- 소득 분배 상태를 파악할 수 없음: 경제 성장 과정에서 빈부 격차가 심화될 수 있는데 이를 반영하지 못함.
- 환경 오염, 자원 고갈, 사회 문제와 같은 부작용은 반영되지 않음: 오염 정화 비용 등과 같은 처리 비용이 국내 총생산을 증가시킴.

5 실업

(가)는 실업자, (나)는 비경제 활동 인구이다. 우리나라에서는 만 15세 이상이 되어야 일할 능력이 있는 노동 가능 인구로 본다. 중·고등학생이나 대학생, 가사 활동에 전념하는 전업주부는 일할 의사가 없으므로 실업자로 보지 않고 비경제 활동 인구에 포함한다. 실업률은 경제 활동 인구 가운데 실업자가 차지하는 비율을 측정한 것이다. ⑤ 실업률은 (실업자 수÷경제 활동 인구)×100(%)으로 구한다.

6 환율 하락의 영향

환율의 하락은 외화의 가격이 낮아진다는 것을 뜻한다. 이전에 1,200원이던 1달러가 1,000원이 되면 외화 구입의 부담이 낮아져 해외여행과 수입이 증가하고, 외채 상환의 부담이 줄어든다. 또한 외국 유학생 자녀를 둔 학부모의 비용 부담이 감소한다. 하지만 외국 상품에 비해 우리나라 재화와 서비스의 가격이 상대적으로 높아지므로 수출 감소 및 외국인 관광객의 감소가 나타날 수 있다.

선택지 분석

마크: 저는 미국인이지만 한국 주식에 투자하려고 합니다. (×)
→ 환율이 하락하고 원화의 가치가 상승하여 더 많은 금액을 투자 비용으로 지불해야 하므로 불리하다.

인수: 수입 가구를 판매하는 가구점 주인입니다. (○)

민철: 외장형 하드 디스크를 미국으로 수출하는 회사를 운영하고 있어요. (×)
→ 우리나라 재화 가격이 상대적으로 높아져서 수출이 감소하므로 불리하다.

수영: 딸이 미국의 대학에서 유학 중인데, 곧 다음 학기 등록금을 송금해야 해요. (○)

홍민: 미국 메이저리그에서 야구 선수로 뛰고 있어요. 여기서 번 돈을 한국의 부모님께 보내드리죠. (×)
→ 외화의 가치가 하락하여 불리하다.

7 다국적 기업

제시문에서 설명하는 국제 사회의 행위 주체는 다국적 기업이다. 다국적 기업이 세계 국경을 넘나들며 경영 활동을 하는 과정에서 국가 간 교류가 늘어나고 상호 의존성이 높아진다. 세계적인 다국적 기업은 경제력을 바탕으로 개별 국가의 정책 등에 영향력을 행사하기도 한다.

선택지 분석

① 각국의 정부를 회원으로 한다. (×) → 정부 간 국제기구
② 국제법상 평등하고 독립적인 주체이다. (×) → 국가
③ 개별 국가의 정책에 영향력을 행사하기도 한다. (○)
④ 세계화가 진전될수록 그 수와 영향력은 감소한다. (×)
→ 세계화로 국제 사회에서 다국적 기업의 영향력이 확대되고 있다.
⑤ 국제적으로 시민 사회의 참여가 활발해짐에 따라 역할이 증대되고 있다. (×) → 국제 비정부 기구

8 국제 사회의 갈등

(가)는 카스피해 연안국들의 석유·천연가스를 둘러싼 자원 갈등 사례이다. (나)의 카슈미르 분쟁은 종교 갈등 사례이다. 국제 사회의 갈등을 해결하기 위해서 지구촌 각 국가는 외교 정책을 통해 개별 국가 간 협력을 확대하고, 국제 협조 체제를 구축하면서 국제 문제를 해결하기 위해 노력하고 있다.

오답 피하기 ㄴ. 외교를 통한 평화적 해결이 가능하다. ㄷ. 위구르·티베트와 중국 간의 갈등은 민족 갈등 사례이다.

누구나 합격 **전략**				64~65쪽
1 ③	2 ⑤	3 ⑤	4 ②	5 ④
6 ③	7 ②	8 ②	9 ④	

1 수요 법칙과 공급 법칙

(가)는 수요 곡선, (나)는 공급 곡선이다. 수요 곡선과 공급 곡선은 가격의 변화에 따라 수요량과 공급량이 변화한다. 일반적으로 가격이 오르면 수요량은 감소하고, 가격이 내리면 수요량은 증가한다. 이를 그래프로 나타낸 것이 수요 곡선이다. 이와 반대로 가격이 오르면 공급량은 증가하고, 가격이 내리면 공급량은 감소한다. 이를 그래프로 나타낸 것이 공급 곡선이다. ㄴ은 수요 법칙의 사례이고, ㄷ은 공급 법칙의 사례이다.

오답 피하기 ㄱ은 수요·공급 법칙과 관련 없다. ㄹ은 공급 증가에 따른 가격 변동 사례이다.

2 초과 공급과 초과 수요

제시된 표에서 티셔츠의 균형 가격은 30,000원, 균형 거래량은 150개, 총 판매액은 4,500,000원이다. ⑤ 상품의 가격이 균형 가격보다 높으면 공급량이 수요량보다 많은 초과 공급이 나타난다. 이때 공급자들은 가격을 내려서라도 남는 상품을 팔려고 하므로 가격은 하락하게 된다. 이와 반대로 상품의 가격이 균형 가격보다 낮으면 초과 수요가 나타난다. 이때 소비자들은 더 높은 가격을 주고서라도 상품을 사려고 하므로 가격은 상승한다. 제시된 표에서 티셔츠가 50,000원이면 200개의 초과 공급이 발생하여, 공급자 간 경쟁으로 가격은 하락한다.

3 대체재와 보완재

대체재는 라면과 우동처럼 비슷한 만족을 얻을 수 있어 서로 대체할 수 있는 재화이다. 대체재 관계의 상품은 한 상품의 가격이 오르면 다른 상품의 수요가 증가한다. 보완재는 스마트폰과 스마트폰 액세서리처럼 함께 소비할 때 더 큰 만족을 얻는 재화이다. 보완재 관계의 상품은 한 상품의 가격이 오르면 다른 상품의 수요가 감소한다. 따라서 콜라와 닭고기는 보완재, 콜라와 사이다는 대체재이다.

4 공급의 변동과 시장 가격

생산 요소의 가격이 하락하고 생산 기술의 혁신이 이루어지면 공급이 증가하게 된다. 공급이 증가하면 시장의 공급 곡선이 오른쪽으로 이동하고, 이에 따라 균형 가격은 하락하며 균형 거래량은 증가한다.

쌍둥이 문제 11

(가), (나) 그래프와 같이 변화하는 상황으로 옳은 것은?

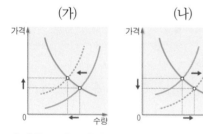

① (가) – 컴퓨터의 생산 기술이 발전하였다.

② (가) – 자동차 시장에서 휘발유 가격의 상승세가 계속되고 있다.

③ (가) – 김밥 가게가 늘어나 김밥의 공급이 증가하였다.

④ (나) – 날씨의 영향으로 배의 수확량이 크게 줄어들었다.

⑤ (나) – 팝콘의 원료인 옥수수의 가격이 하락하였다.

해설 (가)는 공급 감소, (나)는 공급 증가 상황이다. ⑤는 생산 요소의 가격이 하락하였으므로 공급 증가 요인에 해당한다. ①은 공급 증가, ②는 수요 감소, ③은 공급 증가, ④는 공급 감소 요인에 해당한다.　답 ⑤

5 국내 총생산

국내 총생산은 최종 생산물의 시장 가치의 합이므로 중간 생산물(중간재)의 가치는 포함되지 않는다.

선택지 분석

① ㉠ – 해외에 거주하는 자국민이 생산한 것도 포함된다. (×)
→ 한 국가의 국경 안에서 생산한 것만 국내 총생산에 포함된다.

② ㉡ – 일정 생산량에 도달할 때까지의 기간을 의미한다. (×)
→ 보통 1년을 기준으로 한다.

③ ㉢ – 중고품의 가격이 원래 가격보다 높으면 포함된다. (×)
→ 그 해에 새롭게 생산한 것만 국내 총생산에 포함된다.

④ ㉣ – 중간 생산물의 가치는 포함되지 않는다. (○)

⑤ ㉤ – 지하 경제에서 거래되는 생산물도 포함된다. (×)
→ 시장에서 거래되는 것만 국내 총생산에 포함된다.

6 실업의 유형

가훈이는 구조적 실업, 나영이는 경기적 실업에 해당한다. 새로운 기술의 도입 등으로 산업 구조가 변화하여 기존의 기술이 필요 없어짐에 따라 관련 부문의 일자리가 사라지게 되는데, 이에 따른 실업을 구조적 실업이라고 한다. 또한 경제 상황이 나빠지면 기업은 신규 채용을 줄이거나 고용 인원을 줄이는데, 이에 따른 실업을 경기적 실업이라고 한다.

쌍둥이 문제 12

실업의 유형과 그 원인에 대한 옳은 설명을 |보기|에서 고르면?

┌ 보기 ┐
ㄱ. 계절적 실업 – 계절에 따라 고용 기회가 줄어드는 경우
ㄴ. 경기적 실업 – 자동화나 산업 구조의 변화 등과 같이 경제 구조가 변화하는 경우
ㄷ. 구조적 실업 – 계속적인 취업 실패로 인해 취직을 포기하고 구직을 단념한 경우
ㄹ. 마찰적 실업 – 더 나은 조건의 직장을 구하기 위해 일시적으로 직장을 그만두는 경우

① ㄱ, ㄴ　　② ㄱ, ㄹ　　③ ㄴ, ㄷ
④ ㄴ, ㄹ　　⑤ ㄷ, ㄹ

해설 계절적 실업은 계절의 영향을 많이 받는 분야에서 발생하며, 마찰적 실업은 새로운 일자리를 구하는 과정에서 발생한다.　답 ②

7 국제 거래

오늘날은 세계화와 함께 국제 거래도 활발해졌다. 과거에는 자원이나 상품이 주로 거래되었지만 오늘날에는 자본과 노동, 문화 창작물 및 특허권, 기술의 거래도 늘어나 거래의 대상이 되는 품목이 다양해지는 추세이다. 또한 세계 무역 기구(WTO)의 출범으로 자유 무역을 확대하고자 노력하며, 경제적 이해관계를 같이하는 국가끼리 경제 협력체를 구성하거나 자유 무역 협정(FTA)을 체결하여 국제 거래를 확대하고 있다.

오답 피하기 ㄴ. 생산 요소의 거래도 증가하고 있다. ㄹ. 세계 무역 기구는 자유 무역을 확대한다.

8 외교

㉠에 들어갈 용어는 '외교'이다. 오늘날 국제 사회는 외교 사절에 의한 전통적인 외교 활동뿐만 아니라 국가 정상 간 외교나 민간 외교 등 다양한 외교 활동을 통하여 국가 간 협력 방안을 마련하고 있다.

9 우리나라와 주변 국가 간의 갈등 대응 방안

정부는 일본의 독도 영유권 주장과 중국의 동북공정에 대하여 역사적·지리적 근거를 바탕으로 공식적인 성명을 내고 외교 활동을 함으로써 문제를 바로잡기 위해 노력하고 있다. 시민 사회도 서명 운동이나 홍보 영상 제작 등 다양한 활동을 통하여 우리의 정당성을 국제 사회에 알리는 역할을 하고 있다.

④ 국제 사법 재판소를 통한 해결은 일본이 주장하는 해결 방식이다. 일본은 독도를 자국의 영토라고 주장하고 있으며, 국제 사법 재판소에 제소하여 독도를 분쟁 지역으로 인식시키려고 한다.

창의·융합·코딩 **전략**			66~69쪽	
1 ④	2 ③	3 ④	4 ③	5 ④
6 ③	7 ②	8 ③		

1 시장의 종류

시장은 재래시장, 백화점 등과 같이 거래하는 모습이 보이는 시장과 주식 시장, 인터넷 쇼핑몰과 같이 거래하는 모습이 보이지 않는 시장으로 구분한다. 또 거래하는 상품의 종류에 따라 생산물 시장과 생산 요소 시장으로 구분한다. 생산물 시장에서는 재화와 서비스가 거래되고, 생산 요소 시장에서는 생산물을 만드는 데 필요한 생산 요소인 노동, 토지, 자본 등이

거래된다. 현대 사회는 정보 통신 기술의 발달로 인터넷을 통한 전자 상거래의 규모가 점차 확대되고 있다.

오답 피하기 ㄴ. (가), (다)는 재화와 서비스가 거래되는 시장이다. ㄹ. (다) 시장에 해당한다.

2 수요와 공급의 변동

1단계인 〈초콜릿〉의 원료인 카카오의 생산량이 감소하면 초콜릿의 공급 곡선은 왼쪽으로 이동하며 균형 가격은 상승한다. 2단계인 휘발유의 가격 상승은 보완재의 가격이 상승한다는 의미이므로 승용차의 수요 곡선은 왼쪽으로 이동하며 가격은 하락한다. 3단계인 새로운 튀김기의 발명은 닭고기 튀김의 공급을 증가시켜 공급 곡선이 오른쪽으로 이동하고 균형 가격은 하락한다. 제시된 조건에서 생쥐는 순서대로 왼쪽 상승, 왼쪽 하락, 오른쪽 하락으로 움직이게 된다. 따라서 생쥐가 최종적으로 도착하는 곳은 (다)이다.

3 경제 성장

경제 성장이란 국내 총생산이 증가하여 나라의 생산 능력과 경제 규모가 커지는 것이다. 이로 인해 물질적으로 풍요로운 생활을 할 수 있고, 문화와 여가 생활에 관한 요구를 증가시키며, 질 높은 교육과 의료 서비스 등의 기반이 된다. ④ 경제 성장의 혜택이 적절하게 분배되지 않으면 빈부 격차와 계층 간 갈등이 나타날 수 있다.

쌍둥이 문제 13

다음 자료를 통해 알 수 있는 내용으로 옳은 것은?

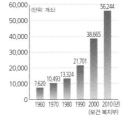 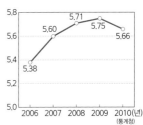

▲ 국내 의료 기관 수 ▲ 소득 5분위 배율 변화

* 소득 5분위 배율: 상위 20% 평균 소득÷하위 20% 평균 소득 (숫자가 커질수록 소득 분배가 불평등해지는 것을 뜻함.)

① 경제 성장은 반드시 삶의 질 향상으로 이어진다.

② 경제 성장은 사회 계층 간의 갈등을 완전히 해소해 준다.

③ 경제가 성장하면 모든 사람이 물질적으로 풍요로운 생활을 할 수 있다.

④ 경제 성장은 빈부 격차의 확대를 가져오므로 되도록 이루어지지 않는 것이 좋다.

⑤ 경제 성장은 국민의 생활 수준을 향상시키지만, 빈부 격차 확대 등 부정적 측면도 있다.

해설 경제 성장이 이루어지면 물질적 풍요, 일자리 증가, 국민 소득 증가, 질 높은 교육과 의료 혜택, 다양한 문화생활 등 전반적인 생활 수준이 향상되는 긍정적인 측면이 있다. 그러나 자원 고갈, 환경 오염, 여가 시간 부족, 빈부 격차와 계층 간 갈등 등 부정적인 측면도 있다. 경제 성장이 반드시 삶의 질 향상으로 이어지는 것은 아니며, 사회 계층 간 갈등의 완전한 해소에 기여하는 것은 아니다.

답 ⑤

4 인플레이션 영향

연극의 배경은 인플레이션이 발생하고 있는 시기이다. 인플레이션이 발생하면 가지고 있는 돈의 구매력이 낮아지므로 고정된 급여, 연금, 이자 수입으로 살아가는 사람의 생활이 어려워진다. 반면에 건물과 땅의 가격은 상승하므로 실물 자산 소유자는 유리해진다. 또한 돈을 빌린 사람과 수입업자는 유리해지고, 돈을 빌려준 사람과 수출업자는 불리해진다. 물가 상승을 안정시키기 위해 정부는 지출을 줄이거나 세금을 늘리는 등 국가 재정을 관리하여 수요를 억제하고, 공공요금의 인상을 억제하는 등의 노력이 필요하다. ③ 연극의 등장 인물 중 부동산 소유자인 최 씨는 인플레이션이 발생하면 유리해진다.

5 실업

뇌 구조의 주인공은 경기적 실업을 겪은 사람이다. 이를 해결하기 위해 중앙은행은 이자율을 낮춰 기업들의 생산과 고용을 늘리도록 유도해야 한다. 실업은 개인에게나 사회적으로 부정적인 영향을 끼친다. 개인적으로는 소득을 얻지 못하여 경제생활이 어려워지고, 삶에 대한 자신감이 떨어져 심리적으로 불안을 겪을 수 있다. 사회적인 측면에서 실업은 인적 자원을 낭비하고, 경제 전반의 활기를 떨어뜨리는 요인이 될 수 있다.

오답 피하기 ㄱ. 제시된 실업 유형은 경기적 실업이다. ㄹ. 중앙은행이 이자율을 높이는 것은 물가 안정을 위한 정책이다.

6 환율의 변화

외화에 대한 수요가 증가하면 환율이 오르고 외화의 공급이 증가하면 환율은 하락한다. 반대로 외화에 대한 수요가 감소하면 환율은 내려가고, 외화에 대한 공급이 감소하면 환율이 올라간다. 현아는 외화의 공급 증가로 환율 하락, 주혜는 외화의 수요 증가로 환율 상승, 원준은 외화의 수요 증가로 환율 상승, 승훈은 외화의 수요 감소로 환율이 하락하는 상황이다. 따라서 현아와 승훈은 감자를, 주혜와 원준은 사과를 수확해야 하므로, 감자 2개와 사과 2개를 수확하게 된다.

더 알아보기 **외화의 수요 증가와 공급 증가**

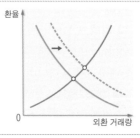

외화의 수요는 외화가 해외로 나가는 것을 의미한다. 외국으로부터 상품의 수입, 내국인의 해외여행 증가, 우리나라의 해외 투자, 외채 상환 등으로 외화의 수요가 증가하면 환율은 상승한다.

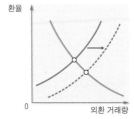

외화의 공급은 외화가 국내로 들어오는 것을 의미한다. 우리나라 상품의 수출, 외국인 관광객 유치, 외국인의 국내 투자, 차관 도입 등으로 외화의 공급이 증가하면 환율은 하락한다.

7 국제 사회

문제 1의 정답은 "예", 문제 2의 정답은 "예", 문제 3의 정답은 "아니요", 문제 4의 정답은 "아니요", 문제 5의 정답은 "예"이다. 문제를 풀어 보면 문제 1 → 문제 2 → 문제 4로 이동하게 되며, 도착 지점은 B이다. 외교는 한 국가가 국제 무대에서 자국의 이익을 평화적으로 달성하기 위해 수행하는 모든 행위이며, 무력을 사용하는 등의 방법은 포함되지 않는다. 국제 사회는 대립과 갈등을 조정하고 해결할 수 있는 강력한 중앙 정부가 없다. 국가 간의 관계를 부분적으로 조정하는 국제기구와 국제법이 존재하지만, 어떤 국가가 국제법을 어겼을 때 이를 제재하는 것은 현실적으로 어렵다.

8 독도

(가)에 들어갈 용어는 '독도'이다. 독도는 경상북도 울릉군에 속한 섬으로, 신라 때부터 우리나라 영토이다. 그러나 일본은 1905년 시마네현 고시 제40호를 통하여 독도를 불법 편입한 이후 독도가 일본 영토라는 주장을 하고 있다. 일본이 독도 영유권을 주장하는 목적은 독도의 해양 자원을 선점하고, 독도 주변 지역을 군사적 거점으로 활용하려는 의도이다. 일본은 국제 사법 재판소에 제소하여 독도를 분쟁 지역으로 인식시켜 힘의 논리로 해결하려 하고 있다.

새	국	정	거
여	독	재	합
동	연	구	북
무	재	도	공

- 제2차 세계 대전 후에 설립된 범세계적 국제기구로서 국제 평화와 안전 보장을 위해 노력한다. → 국제 연합
- 자유 무역을 확대하고, 국가 간 무역 분쟁을 조정하기 위한 목적으로 설립된 국제기구이다. → 세계 무역 기구
- 오늘날 중국 국경 안에서 이루어진 과거 역사를 중국사로 만들기 위해 추진했던 연구 사업으로, 만주 지방의 역사·지리·민족 문제를 대상으로 하였다. → 동북공정

신유형·신경향·서술형 **전략**   72~75쪽

1 ③	2 ②	3 해설 참조	4 ⑤	5 ①
6 해설 참조	7 해설 참조	8 ②		

1 근로자의 권리

우리 헌법은 근로자의 권리와 이익을 향상하기 위해 근로의 권리를 보장하고, 임금이나 근로 시간 같은 근로 조건의 수준을 법률로 정하도록 규정하고 있다. 근로 시간은 휴식 시간을 제외하고 1일 8시간, 1주 40시간을 초과할 수 없고, 근로 시간이 4시간이면 30분 이상, 8시간이면 1시간 이상의 휴식 시간을 일하는 도중에 주어야 한다. 임금은 매달 1회 이상 일정한 날에 본인에게 현금으로 전액을 지급해야 하며, 반드시 최저 임금 이상 주어야 한다. 해고는 적어도 30일 전에 알려 주어야 하며, 정당한 이유 없이 근로자를 해고할 수 없다. ③ 국가는 임금의 최저 수준을 법률로 정하여 근로자를 보호하고 있으므로 근로 계약 시 최저 임금 이하로 합의하였더라도 최저 임금 이상을 지급해야 한다.

2 헌법 소원 심판

헌법에서 보장하는 인권이 공권력에 의하여 침해된 때에는 헌법 재판소에 헌법 소원을 제기할 수 있다. 헌법 재판소의 심판에 따라 공권력의 행사가 헌법에 위반된다고 결정나면, 해당 공권력의 행사는 효력을 잃게 된다. 헌법 소원 심판은 기본권을 침해당한 국민이 헌법 재판소에 직접 요청한다.

오답 피하기 ㄴ. 제시된 사례의 재판은 헌법 소원 심판이다. ㄹ. 헌법 재판의 결과는 당사자뿐만 아니라 모든 국가 기관이 따라야 한다.

쌍둥이 문제 **14**

A 씨가 헌법 재판소에 청구한 심판으로 옳은 것은?

지난 2004년 12월, 당시 예비 아빠였던 A 씨는 산부인과 의사에게 태아가 아들인지 딸인지 물어보았다. 그러나 의사는 태아의 성별을 임산부나 가족 등에게 알려 주면 형사 처벌하는 의료법 규정 때문에 알려 줄 수 없다고 하였다. 그러자 A 씨는 태아의 성별을 알려 주는 것을 금지한 의료법 조항이 부모들의 행복 추구권과 알 권리를 침해한다며 이 문제를 해결해 달라고 헌법 재판소에 심판을 청구하였다.

① 탄핵 심판   ② 권한 쟁의 심판
③ 위헌 법률 심판   ④ 헌법 소원 심판
⑤ 위헌 정당 해산 심판

해설 기본권을 침해당한 A 씨는 헌법 재판소에 헌법 소원을 청구하였다.   답 ④

3 경제 체제

(1) 답 (가) 시장 경제 체제, (나) 계획 경제 체제

(2) 모범 답안 시장 경제 체제는 자유로운 경제 활동을 보장하므로 개인의 창의성이 발휘되고, 자원의 효율적 사용이 가능하며, 사회 전체의 생산성이 향상되는 장점이 있다. 그러나 빈부 격차가 발생하고, 타인이나 공동체의 이익이 침해되며, 환경 오염이 심화되는 단점이 있다.

핵심 단어 창의성 발휘, 자원의 효율적 사용, 생산성 향상, 빈부 격차, 환경 오염, 타인이나 공동체의 이익 침해

채점 기준	구분
핵심 단어를 모두 사용하여 서술한 경우	상
핵심 단어를 두 개 사용하여 서술한 경우	중
핵심 단어를 한 개만 사용하여 서술한 경우	하

(3) 모범 답안 계획 경제 체제는 소득의 불평등이 완화되고, 국가가 채택한 주요 목적을 신속히 달성할 수 있는 장점이 있으나, 근로 의욕이 저하되어 경제의 효율성이 떨어지고, 국민의 다양한 욕구 파악이 어려운 단점이 있다.

핵심 단어 소득의 불평등 완화, 국가가 채택한 목적 신속 달성, 근로 의욕 저하, 효율성 저하, 국민의 욕구 파악 어려움

채점 기준	구분
핵심 단어를 모두 사용하여 서술한 경우	상
핵심 단어를 두 개 사용하여 서술한 경우	중
핵심 단어를 한 개만 사용하여 서술한 경우	하

4 자산 관리 방법

(가)는 예금·적금, (나)는 채권, (다)는 주식, (라)는 보험, (마)는 펀드이다. 예금은 원금 보장으로 안전성이 높으나 수익성이 낮다. 또한 자유롭게 현금 인출이 가능하여 유동성이 높다. 주식은 상대적으로 수익성이 높고 쉽게 현금화할 수 있는 장점이 있다. 그러나 주가 하락으로 원금 손실의 위험이 있다. 채권은 주식보다 안전하고 예금보다 수익성이 높다. 그러나 회사가 망하면 원금 손실의 위험이 있다. 대체로 수익성이 높은 금융 상품은 안전성이 낮고, 안전성이 높은 금융 상품은 수익성이 낮다. 안전성은 예금＞채권＞주식 순으로 높고, 수익성은 주식＞채권＞예금 순으로 높다. ⑤ 예금·적금은 은행이 망해도 정부에서 이자와 원금을 포함하여 금융 회사별로 1인당 최고 5천만 원까지 예금을 대신하여 지급해 준다.

5 수요와 공급의 변동

그래프의 A는 수요 증가, B는 공급 증가, C는 수요 감소, D는 공급 감소 시의 균형점의 이동 방향이다. ㄱ. 돼지고기의 수요 증가로 균형점은 A 방향으로 이동한다. ㄴ. 돼지고기의 공급 증가로 균형점은 B 방향으로 이동한다.

오답 피하기 ㄷ. 돼지고기의 공급 감소로 균형점은 D 방향으로 이동한다. ㄹ. 돼지고기의 수요 감소로 균형점은 C 방향으로 이동한다.

6 국내 총생산

(1) **모범 답안** (가), (다), (마)는 국내 총생산에 포함되지 않는다. (가)는 기부 행위로 시장 거래가 아니고, (다)는 베트남에서 생산되었기 때문에 우리나라의 국내 총생산에 포함되지 않는다. (마)는 올해 생산된 자동차가 아니기 때문에 국내 총생산에 포함되지 않는다.

핵심 단어 시장 거래, 베트남(외국), 올해 생산

채점 기준	구분
핵심 단어를 모두 사용하여 서술한 경우	상
핵심 단어를 두 개 사용하여 서술한 경우	중
핵심 단어를 한 개만 사용하여 서술한 경우	하

(2) **모범 답안** (나), (라)는 우리나라 국내 총생산에 포함된다. 국내 총생산액은 1억 5,000만 원이다.

핵심 단어 (나), (라), 1억 5,000만 원

채점 기준	구분
국내 총생산의 해당 사례와 국내 총생산액을 모두 정확하게 서술한 경우	상
국내 총생산의 해당 사례만 옳게 서술한 경우	중
국내 총생산액만 옳게 서술한 경우	하

7 환율의 변동

(1) **모범 답안** 외화의 공급이 감소하여 환율이 상승한다.

핵심 단어 외화 공급 감소, 환율 상승

채점 기준	구분
핵심 단어를 모두 사용하여 서술한 경우	상
핵심 단어를 한 개만 사용하여 서술한 경우	하

(2) **모범 답안** 환율이 상승하면 A의 외국인은 국내 여행 비용이 상대적으로 저렴해지기 때문에 유리하나, B의 해외여행을 가려는 우리나라 국민은 해외여행 경비가 늘어나게 되므로 불리하다. C의 우리나라에서 근무하는 외국인 노동자는 원화 가치가 하락하기 때문에 불리하다.

핵심 단어 외국인의 국내 여행 비용 저렴, 해외여행 경비 증가, 원화 가치 하락

채점 기준	구분
핵심 단어를 모두 사용하여 서술한 경우	상
핵심 단어를 두 개 사용하여 서술한 경우	중
핵심 단어를 한 개만 사용하여 서술한 경우	하

8 국제 사회를 바라보는 관점

(가) 국제 사회를 '약육강식의 정글'로 보는 관점은 강한 자가 살아남는 정글과 같이 힘의 논리가 작용하는 공간으로 바라본다. 개별 국가는 더 큰 힘을 갖기 위해 군사 비용을 늘리거나 다른 국가와 동맹을 맺어 경쟁국을 견제하고 위협하기도 한다. 반면에 (나) 국제 사회를 '가꿀 수 있는 정원'으로 보는 관점은 국제 사회에는 도덕과 규범, 여론이 작용하여 국가 간 약속과 국제기구의 역할을 통해 평화의 실현이 가능하다고 보는 입장이다. |**보기**|의 ㄱ, ㄷ은 (가)의 입장에, ㄴ, ㄹ은 (나)의 입장에 해당하는 사례이다.

1 ②	2 ⑤	3 ④	4 ②	5 ⑤	6 ③	7 ④	8 ④	9 ④	10 ③
11 ④	12 ②	13 해설 참조		14 해설 참조		15 해설 참조		16 해설 참조	

1 기본권의 종류

(가)~(다)에 해당하는 기본권을 옳게 연결한 것은?

> (가) 국가 권력의 간섭을 받지 않고 자유롭게 생활할 수 있는 권리
> (나) 국가 기관의 형성과 국가의 정치적 의사 형성에 참여할 수 있는 권리
> (다) 기본권이 침해되었거나 침해될 우려가 있을 때 국가에 일정한 행위를 요구할 수 있는 권리

	(가)	(나)	(다)
①	자유권	사회권	청구권
②	자유권	참정권	청구권
③	참정권	자유권	사회권
④	참정권	평등권	사회권
⑤	평등권	사회권	청구권

출제 의도 파악하기

(가)는 자유권, (나)는 참정권, (다)는 청구권임을 파악하고, 기본권의 종류의 그 내용을 이해한다.

문제 해결 Point 쏙쏙

· 자유권: 신체의 자유, 거주·이전의 자유, 직업 선택의 자유, 사생활의 자유, 양심의 자유, 종교의 자유 등
· 참정권: 선거권, 공무 담임권, 국민 투표권 등
· 청구권: 청원권, 재판 청구권, 국가 배상 청구권 등

개념 오늘날 대부분의 국가에서는 국가의 최고법인 헌법을 통해 국민의 인권을 보장하고 있다. 헌법에 보장된 기본적 인권을 기본권이라고 한다. 헌법에서 기본권을 보장하는 이유는 국가의 부당한 간섭이나 침해로부터 국민의 자유와 권리를 지키기 위해서이다.

2 인권 구제 방법

다음 사례에서 침해된 인권을 구제받기 위한 방법으로 옳은 것은?

"학교가 머리카락 규정을 두어서 그 규정대로 머리카락을 강제로 잘랐어요."

① 형사 고소를 한다.
② 국민 권익 위원회에 고충 민원을 제기한다.
③ 헌법 소원을 청구하여 권리 구제를 요청한다.
④ 언론 중재 위원회를 통해 손해 배상을 받는다.
⑤ 국가 인권 위원회에 잘못된 제도를 개선해 달라고 요청한다.

출제 의도 파악하기

제시된 사례는 국가 인권 위원회에 인권 구제를 요청할 수 있음을 파악하고, 다양한 인권 침해 구제 방법을 이해한다.

문제 해결 Point 쏙쏙

· 인권 침해 시 구제 방법

법원	재판을 통해 국민의 권리 보호
헌법 재판소	헌법 소원 심판을 통해 국민의 권리 보호
국가 인권 위원회	잘못된 법이나 제도의 개선 권고
기타	언론 중재 위원회, 국민 권익 위원회 등

선택지 바로 알기

① 형사 고소를 한다.
다른 시민에 의해 인권을 침해당했을 때 법원의 민사 소송을 통해 구제 가능하다.

② 국민 권익 위원회에 고충 민원을 제기한다.
행정 기관의 잘못된 처분으로 권리가 침해당했을 때의 구제 방법이다.

③ 헌법 소원을 청구하여 권리 구제를 요청한다.
공권력에 의하여 인권이 침해된 때의 구제 방법이다.

④ 언론 중재 위원회를 통해 손해 배상을 받는다.
잘못된 언론 보도로 피해가 발생했을 때의 구제 방법이다.

3 근로자의 의미

다음 중 근로자에 해당하는 사람과 근로자가 <u>아닌</u> 사람을 옳게 연결한 것은?

> 갑정: 커피 전문점을 운영하고 있어요.
> 을용: 병원에서 간호사로 일하고 있어요.
> 병숙: 국가 기관에서 공무원으로 재직 중입니다.
> 정민: 전업주부로 가사 노동을 전담하고 있어요.
> 무진: 주유소에서 아르바이트를 하는 대학생입니다.

	근로자인 사람	근로자가 아닌 사람
①	을용	갑정, 병숙, 정민, 무진
②	을용, 무진	갑정, 병숙, 정민
③	을용, 병숙	갑정, 정민, 무진
④	을용, 병숙, 무진	갑정, 정민
⑤	갑정, 을용, 병숙, 무진	정민

출제 의도 파악하기

근로자의 의미를 이해한다.

문제 해결 Point 쏙쏙

· 근로자: 임금을 받기 위해 사용자에게 근로를 제공하는 사람
· 사용자: 근로자를 채용하거나 해고하고, 근로에 대해 지휘·감독할 책임을 지는 사람

개념 근로자는 직업의 종류와 근로 시간에 상관없이 사용자에게 임금을 받고 일하는 모든 사람을 뜻하므로, 국가 기관에서 일하는 공무원이나 일정 기간만 일하는 사람 등도 근로자에 포함된다.

선택지 바로 알기

갑정: 커피 전문점을 운영하고 있어요.
개인 사업자이므로 근로자가 아니다.

정민: 전업주부로 가사 노동을 전담하고 있어요.
임금을 받는 근로자가 아니다.

4 노동권 침해의 구제 방법

다음 사례에서 침해된 노동권을 구제받기 위한 방법을 보기에서 고르면?

> 갑 사장은 회사의 노동조합이 자신의 비리를 폭로하여 골머리를 앓고 있다. 그러던 차에 직원들에게 성과급을 지급할 시기가 되었다. 갑 사장은 직원들의 노동조합 탈퇴를 유도하기 위해 노동조합 가입자에게는 성과급을 지급하지 않고, 다른 사람들에게는 성과급을 지급하였다.

보기
> ㄱ. 법원에 소를 제기한다.
> ㄴ. 고용노동부에 진정한다.
> ㄷ. 경찰서에 찾아가 신고한다.
> ㄹ. 노동 위원회에 구제 신청을 한다.

① ㄱ, ㄴ   ② ㄱ, ㄹ   ③ ㄴ, ㄷ
④ ㄴ, ㄹ   ⑤ ㄷ, ㄹ

출제 의도 파악하기

제시된 사례는 부당 노동 행위에 해당함을 파악하고, 침해된 노동권 구제 방법을 이해한다.

문제 해결 Point 쏙쏙

· 부당 해고 및 부당 노동 행위 구제 방법: 노동 위원회에 구제 신청, 법원에 소송 제기 등
· 임금을 제때 받지 못한 경우 구제 방법: 고용노동부에 진정, 법원에 민사 소송 제기

선택지 바로 알기

ㄴ. 고용노동부에 진정한다.
임금을 제때 받지 못한 경우의 구제 방법이다.

ㄷ. 경찰서에 찾아가 신고한다.
침해된 노동권 구제 방법에 해당하지 않는다.

5 국회의 권한

국회의 권한에 해당되는 사례를 옳게 조사한 학생은?

① 사랑 – 행정부 예산 집행에 대한 결산 심사
② 일용 – 매년 정기적으로 국정 감사 실시
③ 두리 – 국무총리 인사 청문회 실시
④ 다혜 – 법률의 제정 및 개정
⑤ 삼식 – 정부가 편성한 예산안 심의·확정

국회의 권한에 대해 이해한다.

문제 해결 Point 쏙쏙

입법에 관한 권한	법률의 제·개정, 헌법 개정안 제안과 의결, 조약 체결 동의권
재정에 관한 권한	예산안 심의·확정, 결산 심사권
일반 국정에 관한 권한	국정 감사 및 국정 조사권, 고위 공직자 임명 동의권, 탄핵 소추권

선택지 바로 알기

① 사랑 – 행정부 예산 집행에 대한 결산 심사
재정에 관한 권한에 해당한다.

② 일용 – 매년 정기적으로 국정 감사 실시
일반 국정에 관한 권한에 해당한다.

③ 두리 – 국무총리 인사 청문회 실시
일반 국정에 관한 권한에 해당한다.

④ 다혜 – 법률의 제정 및 개정
입법에 관한 권한에 해당한다.

6 행정부의 조직

그림은 행정부의 조직도이다. 이에 대한 설명으로 옳은 것은?

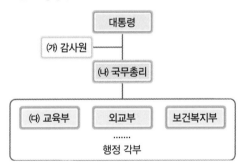

① (가)는 행정부의 최고 심의 기관이다.
② (나)는 업무상 독립된 행정부 최고 감사 기관이다.
③ (나)는 대통령을 보좌하여 행정 각부를 통솔한다.
④ (다)는 교육과 관련된 법률을 제정한다.
⑤ (다)의 장은 국회의 동의를 받아 (나)가 임명한다.

출제 의도 파악하기

행정부의 주요 조직과 기능을 이해한다.

문제 해결 Point 쏙쏙

·대통령: 행정부의 최고 책임자, 행정부 일에 관한 최종적인 권한과 책임을 지고 있다.
·국무총리: 대통령을 보좌하여 행정 각부를 지휘·조정한다.
·감사원: 국민이 낸 세금이 제대로 쓰이는지를 검사하고, 행정 기관과 공무원의 직무를 감독한다.
·행정 각부: 구체적인 행정 사무를 처리한다.
·국무 회의: 대통령, 국무총리, 국무 위원으로 구성되는 행정부의 최고 심의 기관으로, 정부의 주요 정책을 논의하고 결정한다.

선택지 바로 알기

① (가)는 행정부의 최고 심의 기관이다.
국무 회의에 대한 설명이다.

② (나)는 업무상 독립된 행정부 최고 감사 기관이다.
감사원에 대한 설명이다.

④ (다)는 교육과 관련된 법률을 제정한다.
법률은 국회에서 제정한다.

⑤ (다)의 장은 국회의 동의를 받아 (나)가 임명한다.
행정 각부의 장(장관)은 대통령이 임명한다.

7 대통령의 권한

(가), (나)에 나타난 대통령의 권한에 대한 옳은 설명을 보기에서 있는 대로 고르면?

(가)	(나)
"경제 협력을 논의하기 위해 해외 순방에 나섰어요."	"당면 국정 과제를 해결하기 위해 국무 회의를 주재하였어요."

┌─ 보기 ─────────────────────────────┐
ㄱ. (가)는 국가 원수로서의 권한에 해당한다.
ㄴ. (나)는 행정부 수반으로서의 권한에 해당한다.
ㄷ. (가)와 같은 예로는 국군 통수권, 계엄 선포권 등이 있다.
ㄹ. (나)와 같은 예로는 공무원 임면권과 대통령령 제정권이 있다.
└──────────────────────────────────┘

① ㄱ, ㄴ ② ㄱ, ㄷ ③ ㄷ, ㄹ
④ ㄱ, ㄴ, ㄹ ⑤ ㄴ, ㄷ, ㄹ

출제 의도 파악하기

(가)는 대통령의 국가 원수로서의 권한, (나)는 행정부 수반으로서의 권한임을 파악하고, 대통령의 지위에 따른 각각의 권한을 구분하여 이해한다.

문제 해결 Point 쏙쏙

국가 원수로서의 권한	외국과 조약 체결, 외교에 관한 권한, 헌법 기관 구성(대법원장, 대법관, 헌법 재판소장, 감사원장 등 국가 기관의 장 임명) 권한, 국민 투표 제안, 긴급 명령권, 계엄 선포권 등
행정부 수반으로서의 권한	행정부 지휘·감독, 공무원 임면, 국무 회의의 의장, 대통령령 제정, 법률안 거부권, 국군 통수권 등

선택지 바로 알기

ㄷ. (가)와 같은 예로는 국군 통수권, 계엄 선포권 등이 있다.
(가)는 국가 원수로서의 권한에 해당하며, 국군 통수권은 행정부 수반으로서의 권한에 속한다.

8 헌법 재판소

빈칸 ㉠에 들어갈 국가 기관에 대한 설명으로 옳은 것은?

┌────────────────────────────────────┐
(㉠)은/는 헌법을 수호하고 국민의 기본권을 보장하기 위해 만들어진 독립된 국가 기관이다.
└────────────────────────────────────┘

① 헌법 개정안을 의결한다.
② 국민이 직접 뽑은 재판관으로 구성된다.
③ 특허 재판, 소년 재판, 헌법 소원 재판 등을 담당한다.
④ 9명의 재판관 중 3명은 국회에서, 3명은 대법원장이 지명하는 자를 대통령이 임명한다.
⑤ 세금을 제대로 사용하였는지, 공무원들이 직무를 바르게 수행하는지 등을 조사한다.

출제 의도 파악하기

헌법 재판소의 조직과 위상 및 역할을 이해한다.

문제 해결 Point 쏙쏙

지위	헌법을 수호하고 국민의 기본권을 보장함.
구성	법관의 자격을 가진 9명의 재판관 → 대통령이 임명하되, 3명은 국회에서 선출하고, 3명은 대법원장이 지명함.
역할	위헌 법률 심판, 헌법 소원 심판, 탄핵 심판, 권한 쟁의 심판, 정당 해산 심판

선택지 바로 알기

① 헌법 개정안을 의결한다.
국회의 권한이다.

② 국민이 직접 뽑은 재판관으로 구성된다.
법관의 자격을 가진 9명의 재판관으로 구성되며, 대통령이 임명한다.

③ 특허 재판, 소년 재판, 헌법 소원 재판 등을 담당한다.
특허 재판은 특허 법원이, 소년 재판은 가정 법원이 담당한다.

⑤ 세금을 제대로 사용하였는지, 공무원들이 직무를 바르게 수행하는지 등을 조사한다.
감사원의 역할이다.

9 경제 활동

밑줄 친 ㉠~㉤에 해당하는 사례로 옳지 <u>않은</u> 것은?

> 사람은 생존과 관련된 의식주를 해결하고 다양한 욕구를 채우려면 여러 가지 ㉠ 재화와 ㉡ 서비스가 필요하다. 이러한 재화와 서비스를 ㉢ 생산, ㉣ 분배, ㉤ 소비하는 모든 활동을 경제 활동이라고 한다.

① ㉠ – 농부가 재배한 배추
② ㉡ – BTS(방탄소년단)의 미국 공연
③ ㉢ – 요리사가 스파게티를 만듦
④ ㉣ – 공장에서 만든 빵을 소비자에게 배달함
⑤ ㉤ – 미용실에 가서 머리카락을 자름

인간의 경제생활의 대상과 활동을 이해한다.

문제 해결 Point 쏙쏙

· 재화: 구체적인 형태가 있는 물건
· 서비스: 인간의 가치 있는 행위
· 생산: 재화나 서비스를 만들거나 가치를 높이는 행위
· 분배: 생산 활동에 참여한 대가를 받는 것
· 소비: 분배를 통해 얻은 소득으로 재화나 서비스를 구매하여 사용하는 활동

선택지 바로 알기

④ ㉣ – 공장에서 만든 빵을 소비자에게 배달함
생산 활동에 해당된다. 생산은 상품을 만드는 것뿐만 아니라 상품을 운반, 저장하고 판매하는 것도 포함한다.

10 합리적 선택 과정

(가)~(마)를 합리적 선택 과정의 순서대로 나열한 것은?

> (가) 해결해야 할 문제가 무엇인지 분명히 한다.
> (나) 선택이 올바르게 이루어졌는지 평가하고 반성한다.
> (다) 평가 기준을 가장 잘 충족하는 최적의 대안을 선택한다.
> (라) 비용과 편익을 포함한 평가 기준을 세워 각 대안을 평가한다.
> (마) 이용할 수 있는 자원을 확인하고, 선택할 수 있는 다양한 대안들을 찾아본다.

① (가)–(다)–(라)–(나)–(마)
② (가)–(라)–(다)–(마)–(나)
③ (가)–(마)–(라)–(다)–(나)
④ (마)–(다)–(나)–(라)–(가)
⑤ (마)–(라)–(다)–(나)–(가)

합리적인 선택 과정을 이해한다.

문제 해결 Point 쏙쏙

문제 인식	문제를 명확히 인식함.
대안 탐색	선택 가능한 여러 대안을 찾음.
대안 비교	탐색한 대안의 비용과 편익을 비교함.
대안 선택 및 실행	비교 결과를 바탕으로 최적의 대안을 선택하여 실행함.
대안 평가 및 반성	결정된 대안을 평가하고 반성함.

개념 후회 없는 선택을 하기 위해서는 선택에 따라 발생하는 비용과 편익을 고려해야 한다. 여기서 비용은 기회비용을, 편익은 선택으로 얻게 되는 만족감이나 이득을 의미한다. 이때 가장 적은 비용으로 가장 큰 편익을 얻을 수 있는 선택을 합리적 선택이라고 한다.

11 시장 경제 체제

다음 글에서 알 수 있는 경제 체제의 특징을 |보기|에서 있는 대로 고르면?

> 2011년 미국 월가에서는 수백 명의 사람이 "우리는 남녀노소의 구분 없이 99%이며, 더는 1%의 탐욕과 부패를 용납해서는 안 된다."라고 구호를 외치면서 시위를 벌였다. 실제로 미국은 자유로운 경제 활동을 보장하는데, 상위 1%의 소득이 국가 전체 소득의 20% 이상을 차지하고 있다. 이들은 계속해서 재산을 늘려가고 있다.
>
> – 데이비드 그레이버, 「우리만 모르는 민주주의」

┌ 보기 ┐
ㄱ. 빈부 격차 문제가 심화될 수 있다.
ㄴ. 개인이 생산 수단을 소유할 수 있다.
ㄷ. 개인의 창의성이 억제되어 생산성이 떨어진다.
ㄹ. 자유 경쟁을 통해 재화와 서비스를 최소 비용으로 생산하려고 한다.

① ㄱ, ㄴ   ② ㄴ, ㄷ   ③ ㄷ, ㄹ
④ ㄱ, ㄴ, ㄹ   ⑤ ㄴ, ㄷ, ㄹ

출제 의도 파악하기

제시된 사례는 시장 경제 체제임을 파악하고, 시장 경제 체제와 계획 경제 체제의 특징을 이해한다.

문제 해결 Point 쏙쏙

· 시장 경제 체제

특징	자유로운 경제 활동 보장, 개인이 생산 수단 소유
장점	개인의 창의성 발휘, 자원의 효율적 사용, 사회 전체의 생산성 향상 등
단점	빈부 격차 발생, 환경 오염, 타인이나 공동체의 이익 침해 등

· 계획 경제 체제

특징	경제 활동의 자유 제한, 국가나 집단이 생산 수단 소유
장점	소득의 불평등 완화, 국가가 채택한 목적의 신속한 달성 등
단점	근로 의욕 저하, 경제적 효율성 저하, 국민의 다양한 욕구 파악 곤란

선택지 바로 알기

ㄷ. 개인의 창의성이 억제되어 생산성이 떨어진다.
계획 경제 체제의 특징이다.

12 신용

다음과 같은 거래 방식에 대한 옳은 설명을 |보기|에서 고르면?

> 개인의 경제적 지불 능력을 믿고 돈을 빌리거나 물건을 거래하는 방식

┌ 보기 ┐
ㄱ. 금융 거래에 제약이 없다.
ㄴ. 충동구매나 과소비를 줄일 수 있다.
ㄷ. 현금 없이 편리하게 거래할 수 있다.
ㄹ. 현재의 소득보다 더 많이 소비할 수 있다.

① ㄱ, ㄴ   ② ㄱ, ㄹ   ③ ㄴ, ㄷ
④ ㄴ, ㄹ   ⑤ ㄷ, ㄹ

출제 의도 파악하기

신용의 경제적 의미와 중요성을 이해한다.

문제 해결 Point 쏙쏙

· 신용: 사람의 경제적 지불 능력 또는 지불 능력에 관한 사회적 평가
· 신용 거래: 신용을 바탕으로 돈을 빌리고 갚는 행위 예 신용 카드 사용이나 할부 거래, 핸드폰 사용 요금 등
· 신용 거래의 장·단점

장점	• 현금 없이 편리하게 거래가 가능함. • 현재 소득보다 더 많은 소비를 할 수 있음.
단점	물건을 충동구매하거나 과소비를 할 우려가 있음.

선택지 바로 알기

ㄱ. 금융 거래에 제약이 없다.
신용이 나쁘다면 금융 거래나 취업에 제약이 있을 수 있다.

ㄴ. 충동구매나 과소비를 줄일 수 있다.
신용 거래는 충동구매나 과소비의 위험이 있다.

13 기본권의 제한

다음 학생들의 대화를 보고 물음에 답하시오.

(1) 빈칸 ㉠에 들어갈 기본권 제한 사유를 <u>세 가지</u> 쓰시오.

[답] 국가 안전 보장, 질서 유지, 공공복리

(2) 빈칸 ㉡에 들어갈 용어를 쓰시오.

[답] 법률

(3) 밑줄 친 ㉢에 대해 서술하시오.

[모범 답안] 자유와 권리의 본질적인 내용은 침해할 수 없다.

[출제 의도] [파악하기]

기본권 제한의 요건과 그 한계를 이해한다.

[문제 해결] **Point 쏙쏙**

헌법 제37조 ② 국민의 모든 자유와 권리는 국가 안전 보장, 질서 유지 또는 공공복리를 위하여 필요한 경우에 한하여 법률로써 제한할 수 있으며, 제한하는 경우에도 자유와 권리의 본질적 내용을 침해할 수 없다.

[개념] 국민의 기본권을 제한할 수 있는 요건과 한계를 엄격하게 정한 이유는, 국가 권력의 남용을 방지하여 국민의 기본권을 최대한 보장하기 위해서이다.

14 국회의 구성과 조직

다음은 법률의 제·개정 절차이다. 이를 보고 물음에 답하시오.

(1) (가)를 선출하는 방식을 <u>두 가지</u> 서술하시오.

[모범 답안] 지역에서 다수의 득표를 받은 1명을 뽑는 지역구 국회 의원과, 정당별 득표율에 비례하여 선출한 비례 대표 국회 의원이 있다.

(2) (나)에 들어갈 기구를 쓰고, 그 기능을 서술하시오.

[모범 답안] 상임 위원회, 효율적인 의사 진행을 위해 본회의에서 결정할 안건을 미리 조사하고 심의한다.

[출제 의도] [파악하기]

입법 절차와 관련된 국회의 주요 조직에 대해 파악하고, 법률이 만들어지는 과정을 이해한다.

[문제 해결] **Point 쏙쏙**

· 국회 의원 선출: 각 지역구에서 가장 많은 표를 얻어 선출(지역구 국회 의원), 정당별 득표율에 따라 선출(비례 대표 국회 의원)

· 상임 위원회: 효율적인 의사 진행을 위해 본회의에서 결정할 안건을 미리 조사하고 심의

[개념] 법률을 만드는 절차는 국회 의원과 행정부가 법률안을 제출하는 것에서부터 시작한다. 상임 위원회는 법률안을 전문적으로 심의한다. 본회의에서는 상임 위원회를 통과한 법률안을 질의와 토론을 거쳐, 재적 의원 과반수의 출석과 출석 의원 과반수의 찬성으로 의결한다. 국회를 통과한 법률은 15일 이내에 대통령이 공포하거나, 법률안에 이의가 있을 경우 거부권을 행사할 수 있다.

15 기회비용과 합리적 선택

다음 자료를 보고 물음에 답하시오.

무엇을 선택할까?

메뉴
떡볶이 2,000원
어 묵 1,000원
튀 김 2,000원

선택의 만족감

떡볶이	100
어묵 2개	60
튀김	80

우찬이는 수업을 마치고 분식집으로 갔다. 가진 돈 2천 원으로 한 가지만 사 먹을 수 있어서 우찬이는 무엇을 선택해야 할지 고민이 되었다.

(1) 우찬이가 합리적으로 선택할 분식 메뉴를 쓰시오.

답 떡볶이

(2) 기회비용의 의미를 서술하고, (1)의 선택 시 기회비용이 무엇인지 쓰시오.

모범 답안 어떤 것을 선택함으로써 포기하게 되는 여러 대안이 갖는 가치 중 가장 큰 것을 기회비용이라고 한다. 우찬이가 떡볶이를 선택할 경우에 튀김의 만족감 80이 기회비용이 된다.

출제 의도 파악하기

비용에 비해 편익이 가장 큰 것을 선택하는 것이 합리적임을 파악하고, 기회비용의 의미와 희소성으로 인한 합리적 선택의 필요성을 이해한다.

문제 해결 Point 쏙쏙

· 합리적 선택: 비용＜편익을 선택, 기회비용이 가장 적은 것을 선택
· 기회비용: 어떤 것을 선택함으로써 포기하는 대안 중 가장 가치가 큰 것

개념 욕구에 비해 자원은 한정되어 있기 때문에 무엇을 얼마나 생산하고 소비할 것인지 선택의 문제가 발생한다. 선택에 있어 포기하는 대안인 기회비용과 선택으로 얻게 되는 편익을 고려해야 한다. 비용이 같으면 편익이 큰 쪽을, 편익이 같으면 비용이 적은 쪽을 선택하는 것이 합리적이다.

16 기본적인 경제 문제

그림은 제과점 주인의 고민을 나타낸 것이다. 이를 보고 물음에 답하시오.

빵을 만들까? 과자를 만들까? 하루에 몇 개를 만들까?

밀가루를 손으로 반죽할까? 기계로 반죽할까?

직원들의 성과급을 어떻게 나누어 줄까?

▲ (가) 의 문제   ▲ (나) 의 문제   ▲ (다) 의 문제

(1) (가)~(다)에 들어갈 기본적인 경제 문제를 쓰시오.

답 (가) 생산물의 종류와 수량, (나) 생산 방법, (다) 생산물 분배

(2) (1)과 같은 문제가 발생하는 이유를 서술하시오.

모범 답안 자원의 희소성 때문에 경제 문제가 발생한다.

출제 의도 파악하기

기본적인 경제 문제를 이해한다.

문제 해결 Point 쏙쏙

· 생산물의 종류와 수량: '무엇을 얼마나 생산할 것인가?'
· 생산 방법: '어떻게 생산할 것인가?'
· 분배: '누구를 위하여 생산할 것인가?'

개념 경제 활동을 하다 보면 개인이나 정부는 자원의 희소성 때문에 항상 선택의 문제에 부딪히게 된다. 여러 경제 문제 중에서 어느 사회에서나 공통으로 해결해야 하는 경제 문제를 기본 경제 문제라고 한다. 사회마다 기본 경제 문제를 해결하는 방식이 다른데, 그 방식이 제도적으로 정착된 것을 경제 체제라고 한다.

| 1 ④ | 2 ② | 3 ② | 4 ⑤ | 5 ① | 6 ② | 7 ③ | 8 ③ | 9 ⑤ | 10 ④ |
| 11 ⑤ | 12 ⑤ | 13 해설 참조 | | 14 해설 참조 | | 15 해설 참조 | | | |

1 시장의 종류

다음은 사람들이 이용한 여러 시장들이다. 이에 대한 설명으로 옳지 않은 것은?

> 가영: '알바월드'라는 온라인 사이트에서 아르바이트를 구했어.
>
> 나훈: 아빠와 함께 전자상가를 방문하여 새 컴퓨터를 구입했어.
>
> 다영: 학교 체육 대회를 앞두고 학급 반티를 인터넷 쇼핑몰에 주문하여 구입했어.

① 가영이는 생산 요소 시장을 이용하였다.

② 가영이가 이용한 시장은 거래하는 모습이 구체적으로 드러나지 않는다.

③ 전자 상거래의 규모가 점차 확대되면서 다영이가 이용한 거래 방식이 증가할 것이다.

④ 나훈이와 다영이는 보이는 시장을 이용하였다.

⑤ 나훈이와 다영이는 생산물 시장을 이용하였다.

출제 의도 파악하기

다양한 시장의 종류와 사례를 이해한다.

문제 해결 Point 쏙쏙

기준	종류	특징
거래 형태	보이는 시장	거래하는 모습이 구체적으로 드러나는 시장
	보이지 않는 시장	거래하는 모습이 구체적으로 드러나지 않는 시장
거래 상품	생산물 시장	최종적으로 소비되는 재화와 서비스가 거래되는 시장
	생산 요소 시장	상품 생산에 필요한 생산 요소인 노동, 자본, 토지가 거래되는 시장

가영이가 이용한 시장은 생산 요소 시장이며, 보이지 않는 시장이다. 나훈이가 이용한 시장은 생산물 시장이며, 보이는 시장이다. 다영이가 이용한 시장은 생산물 시장이며, 보이지 않는 시장이다.

선택지 바로 알기

④ 나훈이와 다영이는 보이는 시장을 이용하였다.

나훈이는 보이는 시장을, 다영이는 보이지 않는 시장을 이용하였다.

2 공급 변동 요인

다음과 같은 상황일 때의 균형 가격과 균형 거래량의 변화로 옳은 것은?

> 김밥 재료의 가격이 크게 올라 걱정이야.

① 균형 가격은 상승하고 균형 거래량은 증가한다.

② 균형 가격은 상승하고 균형 거래량은 감소한다.

③ 균형 가격은 하락하고 균형 거래량은 감소한다.

④ 균형 가격은 하락하고 균형 거래량은 증가한다.

⑤ 균형 가격은 상승하고 균형 거래량은 변화 없다.

출제 의도 파악하기

제시된 사례는 공급 감소로 인해 균형 가격 상승, 균형 거래량 감소가 나타날 것임을 파악하고, 공급 변동 요인에 따른 시장 가격의 변동을 구체적인 사례를 통해 이해한다.

문제 해결 Point 쏙쏙

· 공급 증가: 생산 기술의 발전, 생산 요소 가격의 하락, 공급자 수의 증가, 미래 가격 하락 예상 → 균형 가격 하락, 균형 거래량 증가

· 공급 감소: 생산 요소 가격의 상승, 공급자 수의 감소, 미래 가격 상승 예상 → 균형 가격 상승, 균형 거래량 감소

개념 가격 이외의 다른 요인의 변화로 인해 공급이 증가하면 공급 곡선은 오른쪽으로 이동하고, 공급이 감소하면 공급 곡선은 왼쪽으로 이동한다.

3 수요 변동 요인

그래프는 사과의 수요·공급 곡선이다. 그래프가 다음과 같이 이동하는 요인으로 옳은 것은?

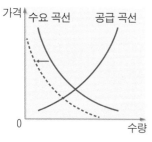

① 사과 재배 농가가 감소하였다.
② 사과의 가격이 하락할 것으로 예상되었다.
③ 사과의 대체재인 배의 가격이 상승하였다.
④ 더 많은 사과가 열리는 묘종이 개발되었다.
⑤ 사과가 건강에 좋다는 연구 결과가 발표되었다.

출제 의도 파악하기

제시된 그래프는 수요가 감소하여 수요 곡선이 왼쪽으로 이동하였음을 파악하고, 수요 변동 요인에 따른 시장 가격의 변동을 구체적인 사례를 통해 이해한다.

문제 해결 Point 쏙쏙

· 수요 증가: 소득 증가, 대체재 가격 상승, 보완재 가격 하락, 선호도 증가, 인구 증가, 수요자의 상품 가격 인상 예상 등→ 균형 가격 상승, 균형 거래량 증가
· 수요 감소: 소득 감소, 대체재 가격 하락, 보완재 가격 상승, 선호도 감소, 인구 감소, 수요자의 상품 가격 인하 예상 등→ 균형 가격 하락, 균형 거래량 감소

선택지 바로 알기

① 사과 재배 농가가 감소하였다.
사과의 공급 감소 요인이다.
③ 사과의 대체재인 배의 가격이 상승하였다.
사과의 수요 증가 요인이다.
④ 더 많은 사과가 열리는 묘종이 개발되었다.
사과의 공급 증가 요인이다.
⑤ 사과가 건강에 좋다는 연구 결과가 발표되었다.
사과의 수요 증가 요인이다.

4 가격의 기능

다음 내용에 해당하는 사례로 옳지 <u>않은</u> 것은?

> 시장 가격은 소비자와 생산자에게 경제 활동을 어떻게 조절할 것인지 알려 주는 신호등 같은 기능을 한다.

① 배추의 가격이 너무 낮아지자 농민들이 배추 생산을 줄였다.
② 참외 가격이 오르자 소비자들이 참외 대신 수박 소비를 늘렸다.
③ 아이스크림 가격이 크게 오르자 소비자들이 아이스크림 소비를 줄였다.
④ 감염병 때문에 마스크의 가격이 계속 오르자 기업들이 마스크 생산을 늘렸다.
⑤ 자동차 부품인 반도체의 공급이 원활하지 못해 자동차 생산 기업들은 자동차 생산을 줄였다.

출제 의도 파악하기

시장 가격의 기능을 파악하고, 시장 경제에서 가격의 중요성을 이해한다.

문제 해결 Point 쏙쏙

· 시장 경제의 신호등 기능: 시장 가격은 생산자와 소비자에게 무엇을 얼마나 생산 또는 소비해야 할 것인가에 대한 정보를 제공함. 가격이 상승하면 소비자들은 소비량을 줄이고 생산자들은 생산량을 증가한다. 반대로 가격이 하락하면 소비자들은 소비량을 늘리고, 생산자들은 생산량을 줄임.
· 자원의 효율적 배분 기능: 시장 가격은 경제 주체들의 합리적인 경제 활동 방향을 제시함으로써 자원을 효율적으로 배분함.

선택지 바로 알기

⑤ 자동차 부품인 반도체의 공급이 원활하지 못해 자동차 생산 기업들은 자동차 생산을 줄였다.
생산 요소의 공급 감소로 인한 공급 감소에 해당한다.

5 국내 총생산

국내 총생산에 대한 옳은 설명을 |보기|에서 고르면?

┌─ 보기 ─────────────────────────────────────┐
ㄱ. 국내 총생산만으로 국민의 후생이나 복지 수준을 정확하
   게 나타내기 어렵다.
ㄴ. 일반적으로 국내 총생산이 클수록 경제 활동의 규모가 큰
   나라라고 할 수 있다.
ㄷ. 국내 총생산에는 환경 오염을 처리하는 비용이 포함되므
   로 국내 총생산과 삶의 질은 비례한다.
ㄹ. 국내 총생산을 인구수로 나눈 1인당 국내 총생산으로 국
   민 개개인의 소득, 빈부 격차를 파악할 수 있다.
└───┘

① ㄱ, ㄴ   ② ㄱ, ㄷ   ③ ㄴ, ㄷ
④ ㄴ, ㄹ   ⑤ ㄷ, ㄹ

국내 총생산의 의미와 한계를 이해한다.

문제 해결 Point 쏙쏙

· 국내 총생산의 한계: 시장에서 거래되는 재화와 서비스의 가
  치만을 측정함, 삶의 질 수준을 파악하기 어려움, 소득 분
  배 상태를 파악하기 어려움.
· 1인당 국내 총생산: 국내 총생산을 그 나라의 총인구 수로
  나눈 수치로, 한 나라 국민들의 평균 소득 파악이 가능함.

선택지 바로 알기

ㄷ. 국내 총생산에는 환경 오염을 처리하는 비용이 포함되므로 국내 총
   생산과 삶의 질은 비례한다.

환경 오염이 증가하면 국내 총생산이 증가하므로 국내 총생산과 삶의 질이 반드
시 비례하진 않는다.

ㄹ. 국내 총생산을 인구수로 나눈 1인당 국내 총생산으로 국민 개개인의
   소득, 빈부 격차를 파악할 수 있다.

1인당 국내 총생산은 국민들의 평균적인 소득 수준만을 나타내기 때문에 국민
개개인의 생활 수준을 알 수 없다.

---

6 물가 지수

다음 자료에 대해 잘못 설명한 학생은?

┌───┐
  우리나라 소비자 물가 지수는 1965년에 비해 2015년에 약
36배가 상승하였다. 이는 1965년에 1만 원으로 살 수 있었던
상품을 2015년에는 36만 원을 내야 살 수 있다는 뜻이다.

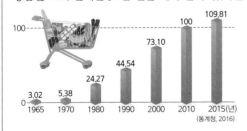

    100 ┈┈┈┈┈┈┈┈┈┈┈┈┈┈┈┈┈┈┈┈┈┈┈ 100 109.81
                                  73.10
                         44.54
                   24.27
        3.02 5.38
    0 ─────────────────────────────────────
      1965 1970 1980 1990 2000 2010 2015(년)
                                  (통계청, 2016)
└───┘

① 갑진: 물가란 여러 상품의 가격을 종합하여 평균적으로 나
   타낸 거야.
② 을훈: 소비자 물가 지수란 우리나라에서 생산된 모든 재화
   와 서비스를 대상으로 조사한 물가 지수야.
③ 병연: 소비자 물가는 가계의 생계비나 화폐 가치 측정, 노
   사 임금 조정 등의 기초 자료로 사용돼.
④ 정은: 자료에선 2010년을 기준 연도로 설정하여 비교하였어.
⑤ 무열: 2015년은 2010년보다 9.81% 물가가 올랐다는 것을
   알 수 있어.

물가와 물가 지수의 의미를 이해한다.

문제 해결 Point 쏙쏙

· 물가: 시장에서 거래되는 여러 상품의 가격을 종합하여 평
  균한 것
· 물가 지수: 물가 변동을 숫자로 나타낸 지표로, 기준 시점의
  물가를 100으로 했을 때 비교 시점의 물가를 숫자로 표시
  한 것임. 2018년 물가 지수가 110이라면 기준 연도에 비해
  물가가 10% 상승하였음을 의미함.
· 소비자 물가 지수: 소비자가 구입하는 재화와 서비스를 대상
  으로 조사한 물가 지수 수치로, 한 나라 국민들의 평균 소
  득 파악이 가능함.

선택지 바로 알기

② 을훈: 소비자 물가 지수란 우리나라에서 생산된 모든 재화와 서비스
   를 대상으로 조사한 물가 지수야.

소비자 물가 지수는 소비자의 일상생활에 필요한 대표적인 재화의 가격과 서비
스의 요금을 측정하여 작성한다.

7 물가 안정을 위한 방안

다음과 같은 현상이 지속될 때 이를 완화하기 위해 경제 주체들이 해야 할 노력으로 옳지 <u>않은</u> 것은?

1920년대 초 독일에서는 극심한 인플레이션이 발생하여 아이들이 장난감 대신 돈다발을 가지고 놀고 있다.

① 기업은 생산 효율성을 높이기 위해 노력한다.

② 근로자는 과도한 임금 인상 요구를 자제한다.

③ 정부는 재정 지출을 늘리고, 조세를 줄이는 정책을 실시한다.

④ 소비자는 과소비를 자제하고, 건전하고 합리적인 소비를 한다.

⑤ 중앙은행은 시중에 유통되는 통화를 거두어들이고, 이자율을 높인다.

출제 의도 파악하기

물가 상승의 영향을 파악하고, 각 경제 주체들의 물가 안정을 위한 방안을 이해한다.

문제 해결 Point 쏙쏙

· 정부: 재정 지출을 줄이거나 세금을 늘리는 등 국가 재정을 관리하여 수요 억제, 공공요금의 인상 억제 등

· 중앙은행: 이자율을 높여 저축을 유도하는 등 통화량 관리

· 기업: 경영과 기술 혁신을 통해 생산의 효율성 향상

· 근로자: 과도한 임금 인상 요구 자제

· 소비자: 합리적인 소비생활과 건전한 투자

선택지 바로 알기

③ 정부는 재정 지출을 늘리고, 조세를 줄이는 정책을 실시한다.

정부는 물가를 안정시키기 위해 재정 지출을 줄이고, 조세를 늘리며, 공공요금의 인상을 억제해야 한다.

---

8 실업자의 구분

다음은 15세 이상 노동 가능 인구를 분류한 것이다. 갑과 을의 위치 변화를 옳게 연결한 것은? (단, (가)는 (나)와 (다)에 포함되지 <u>않는</u> 인구를 의미한다.)

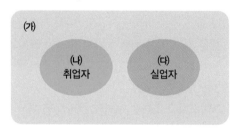

· 갑은 대학원에 진학하기 위해 직장을 그만두었다.

· 구직을 단념했던 을은 경기가 좋아지자 이력서를 다시 제출하기 시작하였다.

	갑	을
①	(가) → (나)	(가) → (다)
②	(가) → (다)	(나) → (가)
③	(나) → (가)	(가) → (다)
④	(나) → (다)	(다) → (나)
⑤	(다) → (가)	(나) → (다)

출제 의도 파악하기

(가)는 비경제 활동 인구, (나)와 (다)는 경제 활동 인구임을 파악하고, 실업의 의미와 노동 가능 인구, 경제 활동 인구, 비경제 활동 인구의 개념을 이해한다.

문제 해결 Point 쏙쏙

노동 가능 인구	15세 이상 인구
경제 활동 인구	· 노동 가능 인구 중 일할 능력과 의사가 있는 사람(취업자+실업자) · 취업자: 경제 활동 인구 중 일자리가 있는 사람 · 실업자: 경제 활동 인구 중 일자리가 없는 사람
비경제 활동 인구	노동 가능 인구 중 일할 능력이나 일할 의사가 없는 사람

갑은 (나)취업자에서 (가)비경제 활동 인구에, 을은 (가)비경제 활동 인구에서 (다)실업자에 포함된다.

개념 우리나라에서는 만 15세 이상이 되어야 일할 능력이 있는 노동 가능 인구로 본다. 공부하는 중·고등학생이나 대학생, 가사 활동에 전념하는 전업주부는 일할 의사가 없으므로 일자리가 없더라도 실업자로 보지 않고 비경제 활동 인구에 포함된다.

9 환율 변동

다음 환율 변동에 대한 설명으로 옳지 <u>않은</u> 것은?

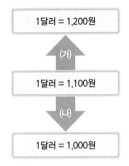

① (가)는 환율이 상승한 경우이다.

② 외화의 수요가 증가할 경우 (가)와 같이 환율이 변동한다.

③ 외화의 공급이 증가할 경우 (나)와 같이 환율이 변동한다.

④ (가)와 같이 환율이 변동하면 수출에 유리해진다.

⑤ (나)와 같이 환율이 변동하면 국내 물가가 상승하게 된다.

출제 의도 파악하기

환율이 결정되는 원리와 환율 변동의 영향을 이해한다.

문제 해결 Point 쏙쏙

· 외화의 수요: 외화가 해외로 나가는 경우에 발생

· 외화의 공급: 외화가 국내로 들어오는 경우에 발생

· 환율 상승: 외화 수요 증가 또는 외화 공급 감소

· 환율 하락: 외화 수요 감소 또는 외화 공급 증가

· 환율 변동의 영향

구분	무역	물가	여행	외채 상환 부담
환율 상승	수출 증가, 수입 감소	상승	해외여행 감소, 외국인 여행객 증가	증가
환율 하락	수출 감소, 수입 증가	안정	해외여행 증가, 외국인 여행객 감소	감소

선택지 바로 알기

⑤ (나)와 같이 환율이 변동하면 국내 물가가 상승하게 된다.

(가)와 같이 환율이 상승할 때 국내 물가가 상승한다. 환율이 상승하면 원화의 가치가 하락하여 외화로 표시된 국내 상품의 가격이 상대적으로 저렴해지기 때문에 수출이 증가한다. 또한 수입 원자재의 가격이 올라 국내 물가가 상승한다.

10 국제 사회의 특성

다음 사례를 통해 알 수 있는 국제 사회의 특성으로 옳은 것은?

> 한국과 대만은 우방 국가로 오랫동안 외교 관계를 유지하였다. 그런데 중국의 국제적 영향력이 강해지자 한국은 중국과 1992년 국교를 수립하고, 대만과는 외교 관계를 단절하였다.

① 국제 문제의 해결은 국제법에 따라 이루어진다.

② 국가 간의 갈등을 해결해 줄 수 있는 중앙 정부가 없다.

③ 힘의 논리가 작용하여 강대국이 더 많은 영향력을 행사한다.

④ 세계 각국은 평화, 안전 등의 이념보다 자국의 이익을 우선적으로 추구한다.

⑤ 국제 사회는 공동의 목표를 세워 정보를 공유하고, 역할을 분담하며 협력한다.

출제 의도 파악하기

실제 사례를 통해 국제 사회의 특성을 이해한다.

문제 해결 Point 쏙쏙

· 국제 사회의 특성: 주권 국가로 구성, 힘의 논리 작용, 자국의 이익 추구, 중앙 정부의 부재, 국제 협력 강화, 국제법이나 국제기구 등의 영향으로 국제 사회 질서 유지

개념 국제 사회의 국가들은 자국의 이익을 최우선으로 추구한다. 각국은 자국의 이익에 따라 우호적이었던 나라와 관계를 끊기도 하고, 오랫동안 적대적이었던 나라와 협력 관계를 맺기도 한다. 자국의 이익을 추구하는 과정에서 국가 간에 심각한 경쟁과 갈등이 발생하여 세계 평화를 위협하기도 한다.

11 국제 연합

다음 글의 A, B에 대한 설명으로 가장 적절한 것은?

> A는 제2차 세계 대전 이후 전쟁 방지와 평화 유지를 위해 설립된 국제기구이다. A는 190여 개의 회원국으로 이루어져 있으며, 총회와 미국, 영국, 중국, 프랑스, 러시아가 B로 있는 안전 보장 이사회 등의 6개 주요 기구로 구성되어 있다. 이 중 하나인 국제 사법 재판소는 국제 분쟁을 사법적으로 해결하는 기구이다.

① A는 국제 비정부 기구에 속한다.
② A는 유럽 연합, B는 상임 이사국이다.
③ A에 속한 국가들은 모든 기구에서 동등한 권리를 갖는다.
④ B는 다수결의 원칙으로 의사 결정을 한다.
⑤ B는 국제 사회에서 힘의 논리를 보여 주는 하나의 사례이다.

출제 의도 파악하기
국제 연합 내의 기구에 대해 이해한다.

문제 해결 Point 쏙쏙

· 정부 간 국제기구는 각 나라의 정부를 회원국으로 하며, 국가 간 조약에 의해 만들어짐.
· 국제 연합의 안전 보장 이사회 15개국 중 5개 상임 이사국(중국, 미국, 영국, 프랑스, 러시아)은 중요 안건에 대해 거부권이 있어서 한 나라라도 거부하면 안건이 통과되지 않음.
→ 국력에 따른 힘의 논리가 작용함.

선택지 바로 알기

① A는 국제 비정부 기구에 속한다.
A는 국제 연합으로, 정부 간 국제기구에 속한다.

② A는 유럽 연합, B는 상임 이사국이다.
A는 국제 연합, B는 상임 이사국이다.

③ A에 속한 국가들은 모든 기구에서 동등한 권리를 갖는다.
안전 보장 이사회는 15개 국가로 구성되며, 상임 이사국은 5개국뿐이다.

④ B는 다수결의 원칙으로 의사 결정을 한다.
만장일치 제도를 원칙으로 한다.

12 외교

(가), (나)에 해당하는 사례를 옳게 연결한 것은?

① (가) – 냉전 시기의 중국과 미국의 핑퐁 외교
② (가) – 반크(VANK)의 '역사 바로 알리기' 동영상 제작
③ (나) – 파리에서 열린 G20 정상회담
④ (나) – 판문점에서 열린 남북 정상회의
⑤ (나) – 사우디아라비아에서 열린 한국 가수 공연

출제 의도 파악하기
다양한 외교 활동의 모습을 이해한다.

문제 해결 Point 쏙쏙

· 외교: 국제 사회에서 자국의 이익을 평화적으로 달성하고자 수행하는 대외적인 활동
· 공식적 외교: 국가 원수나 외교관을 통한 외교 활동
· 민간 차원의 외교: 스포츠나 문화 등 일반 시민들의 외교 활동

개념 적대 관계였던 미국과 중국이 탁구 경기를 통해 관계가 개선된 것을 핑퐁 외교라고 한다. 반크(VANK)는 사이버 민간 외교 사절단으로, 외국인들에게 한국을 바로 알리기 위한 영상과 자료를 인터넷을 통해 배포하고 있다.

선택지 바로 알기

① (가) – 냉전 시기의 중국과 미국의 핑퐁 외교
민간 차원의 외교에 해당한다.

② (가) – 반크(VANK)의 '역사 바로 알리기' 동영상 제작
민간 차원의 외교에 해당한다.

③ (나) – 파리에서 열린 G20 정상회담
공식적 외교에 해당한다.

④ (나) – 판문점에서 열린 남북 정상회의
공식적 외교에 해당한다.

13 시장 가격의 결정

다음은 떡볶이 시장의 수요와 공급을 나타낸 그래프이다. 이를 보고 물음에 답하시오.

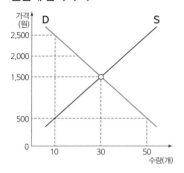

(1) 떡볶이의 균형 가격과 균형 거래량을 쓰시오.

답 균형 가격 1,500원, 균형 거래량 30개

(2) 떡볶이의 가격이 500원일 때 수요와 공급 차원에 따른 가격 변화에 대해 서술하시오.

모범 답안 40개의 초과 수요가 발생하여 수요자들 간의 경쟁으로 인해 떡볶이의 가격은 상승한다.

출제 의도 파악하기

수요 법칙과 공급 법칙을 바탕으로 시장 가격이 결정되는 원리를 이해한다.

문제 해결 Point 쏙쏙

·수요 법칙: 가격이 상승하면 수요량이 감소하고, 가격이 하락하면 수요량이 증가한다. 수요 곡선은 우하향한다.
·공급 법칙: 가격이 상승하면 공급량은 증가하고, 가격이 하락하면 공급량은 감소한다. 공급 곡선은 우상향한다.

개념 수요량이 공급량보다 많은 상태를 초과 수요라고 한다. 초과 수요가 발생하면 수요자들끼리 경쟁하게 되어 가격은 상승한다. 이 과정에서 수요자들은 수요량을 줄이고, 공급자들은 공급량을 늘려 초과 수요는 감소한다.

14 물가 상승의 영향

다음 자료를 보고 물음에 답하시오.

라면 100개	라면 5개	라면 1.25개
▲ 1963년	▲ 1990년	▲ 2015년

1963년에는 1,000원으로 라면 100개를 살 수 있었지만, 1990년에는 라면 5개, 2015년에는 라면 1.25개만 살 수 있다. 물가가 상승하여 화폐 가치가 하락하고 구매력이 감소하였기 때문이다.

(1) 위와 같은 상황이 지속되는 현상을 경제 용어로 무엇이라 하는지 쓰시오.

답 인플레이션

(2) (1)의 현상이 우리나라의 수출·수입에 미치는 영향에 대해 서술하시오.

모범 답안 인플레이션이 발생하면 수입은 증가하고 수출은 감소하게 된다.

출제 의도 파악하기

물가 상승이 국민 생활에 미치는 영향을 이해한다.

문제 해결 Point 쏙쏙

·인플레이션의 원인: 총수요가 총공급보다 많을 경우, 통화량이 많을 경우, 기업의 생산 비용이 증가하는 경우
·인플레이션으로 불리해지는 사람: 봉급 생활자, 연금 생활자, 수출업자, 채권자
·인플레이션으로 유리해지는 사람: 토지나 건물 소유자, 수입업자, 채무자

개념 물가가 지속적으로 오르는 현상인 인플레이션이 발생하면 외국 상품에 비해 자국 상품의 가격이 상대적으로 비싸지기 때문에 수출은 감소하고 수입이 증가한다. 인플레이션이 계속되면 사람들은 저축하기보다 물가가 더 오르기 전에 물건을 사두려고 한다. 기업도 생산 활동에 투자하기보다 값이 더 오를 수 있는 부동산 등을 사려고 한다. 이처럼 인플레이션이 계속되면 저축과 투자가 감소하여 장기적으로 경제 성장에 어려움을 겪게 된다.

15 실업의 유형

다음 그림을 보고 물음에 답하시오.

(가) 불경기로 인해 회사가 구조 조정을 하여 일자리를 잃게 되었어요.

구조 조정

(나) 공장 자동화 시스템이 도입되면서 저처럼 수작업으로 일하던 노동자들의 일자리가 없어졌어요.

(다) 저는 겨울철에만 일을 해요. 다른 계절에는 어떤 일을 해야 할지 고민입니다.

(라) 다니던 회사의 일이 적성에 맞지 않아 그만두고 새로운 일을 시작해 볼 거예요.

(1) (가)~(라)에 해당하는 실업의 유형을 쓰시오.

답 (가) 경기적 실업, (나) 구조적 실업, (다) 계절적 실업, (라) 마찰적 실업

(2) (가), (나)의 실업을 해결하기 위한 정부의 노력을 서술하시오.

모범 답안 (가)는 재정 지출을 확대함으로써 일자리를 늘린다. (나)는 직업 교육과 인력 개발 프로그램을 마련하여 시행한다.

출제 의도 파악하기

실업의 유형과 이에 대한 정부의 대책을 이해한다.

문제 해결 Point 쏙쏙

유형	원인	대책
경기적 실업	경기 침체로 기업이 신규 채용을 줄이거나 고용을 감소시킴.	재정 지출을 늘려 투자와 소비 활성화, 일자리 창출
구조적 실업	산업 구조가 변화하여 기존의 기술이 필요 없어짐에 따라 관련 부문의 일자리가 사라짐.	직업 훈련 프로그램 지원
계절적 실업	계절의 영향을 많이 받는 분야에서 계절에 따라 고용 기회가 줄어듦.	고용 지원 센터 등을 운영하여 취업 정보 제공
마찰적 실업	기존에 다니던 직장을 그만두고 새로운 일자리를 얻기 위해 일시적으로 실업 상태가 됨.	

개념 고용 안정을 위해 기업은 일자리를 창출하고, 근로자는 자기 계발과 전문성을 향상하기 위해 노력해야 한다.

중학 전략

사회②

BOOK 2

정답과 해설

1주 VII. 인구 변화와 인구 문제
~ IX. 글로벌 경제 활동과 지역 변화

1일 개념 돌파 전략 ❶ 8~11쪽

1강_인구 분포와 인구 이동~도시의 특징과 도시 내부 구조

1-2 ①　　**2-2** ⑤　　**3-2** ⑤

2강_도시화 과정~농업의 기업화와 세계화 및 다국적 기업의 발달

1-2 ⑤　　**2-2** ②　　**3-2** ④

1강_인구 분포와 인구 이동~도시의 특징과 도시 내부 구조

1-2 세계의 인구 분포
일찍부터 산업이 발달한 지역은 서부 유럽이다. A는 서부 유럽, B는 사하라 사막, C는 갠지스강 유역, D는 캐나다 서부, E는 아마존강 유역이다.

2-2 인구 문제
일부 선진국은 합계 출산율이 낮아 인구가 정체하거나 감소하고 있다.

3-2 도시 내부 구조
도심은 도시 중심에 위치하여 중심 업무 지구를 형성하고, 부도심은 교통이 편리한 곳에서 도심의 기능을 분담한다. 중간 지역은 주택, 학교, 공장 등이 혼재되어 있고, 주변 지역은 주거 및 공업 지역을 형성한다. 개발 제한 구역은 도시의 무질서한 팽창을 막기 위해 개발을 제한하고, 위성 도시는 대도시 주변에서 대도시의 일부 기능을 분담한다.

2강_도시화 과정~농업의 기업화와 세계화 및 다국적 기업의 발달

1-2 도시화 과정
도시화 과정의 가속화 단계에서는 산업화가 빠르게 진행되면서 사람들이 촌락을 떠나 도시로 향하는 이촌 향도 현상이 활발해진다.

2-2 선진국과 개발 도상국의 도시화
유럽과 북아메리카의 국가들은 대부분 선진국으로 A에 속하고, 아프리카와 동남아시아의 국가들은 대부분 개발 도상국으로 B에 속한다.

3-2 다국적 기업의 발달과 생산 공간의 변화
다국적 기업의 생산 공장이 들어선 지역에서는 자본 유입, 일자리 증가, 지역 경제 활성화 등의 변화가 나타난다

1일 개념 돌파 전략 ❷ 12~13쪽

1 ③　　**2** ⑤　　**3** ①　　**4** ②　　**5** ④　　**6** ③

1 세계의 인구 분포
동·남부 아시아 지역은 하천 및 비옥한 평야가 발달하여 벼농사가 이루어지기 때문에 많은 인구가 밀집하였다.

더 알아보기　세계의 인구 분포

요인	기후, 지형, 식생 등의 자연적 요인 + 정치, 경제, 사회 등의 인문적 요인의 영향을 받음. → 세계의 인구는 공간상에 불균등하게 분포함.
인구 밀집 지역	동아시아와 남아시아의 벼농사 지역, 서부 유럽·미국 북동부 연안
인구 희박 지역	너무 춥거나 건조해 농업 활동이 불리한 지역, 산업 시설과 일자리가 부족한 지역 등

2 우리나라의 인구 문제
우리나라는 출산율이 점점 낮아지고 있으며, 전체 인구수도 빠르게 감소하고 있다.

선택지 분석
ㄱ. 출산율이 점점 높아진다. (×)
→ 출산율이 점점 낮아질 것이다.
ㄴ. 전체 인구수가 빠르게 증가한다. (×)
→ 전체 인구수는 빠르게 감소하고 있다.
ㄷ. 노인 인구 부양비는 계속 증가한다. (○)
ㄹ. 우리나라는 노동력 부족으로 경제 성장이 둔화된다. (○)

3 도시의 특징
프랑스 파리, 미국 뉴욕은 도시에 해당한다. 도시는 일정한 지역의 정치·경제·문화의 중심지 역할을 한다. 많은 사람이 모여 살기 때문에 인구 밀도가 높다. 토지의 이용이 매우 집약적이고, 2·3차 산업에 종사하는 사람들이 많다. 또한 도시에는 생활 편의 시설과 각종 기능이 집중되어 있다.

4 도시 내부 구조

(가)는 도심, (나)는 주변 지역이다. (가)는 교통이 편리한 곳에 위치하여 주변 지역보다 접근성이 높아 지가가 비싼 편이다.

5 선진국의 도시 문제

㉢ 도심의 노후 주택 문제는 선진국에서 발생하고 있는 도시 문제에 해당한다.

<table>
<tr><td colspan="2">**더 알아보기** 도시 문제</td></tr>
<tr><td>선진국</td><td>오랜 시간에 걸쳐 도시화 → 도심의 노후 주택 문제, 교통 체증 문제, 도시 주거 및 경제 활동 비용 상승, 범죄 문제, 노숙자 문제, 이주민과의 갈등 등</td></tr>
<tr><td>개발 도상국</td><td>급속한 도시화 → 특정 지역 개발 집중, 주택 부족, 위생 및 공공 서비스 부족, 환경 오염, 교통 혼잡, 일자리 부족 문제, 도시 내 빈부 격차 문제 등</td></tr>
</table>

6 서비스업의 세계화

경제 성장과 소득 수준의 향상, 교통과 정보 통신의 발달, 세계화로 인한 국가 간의 활발한 교류, 다국적 기업의 영향력 증대 등으로 인해 서비스업의 세계화가 이루어지고 있다.

2일 필수 체크 전략 ❶   14~17쪽

1-1 ⑤	1-2 ③	2-1 ②	2-2 ②
3-1 ⑤	3-2 ①	4-1 ③	4-2 ②

1-1 세계의 인구 분포

A는 일찍부터 산업이 발달한 서부 유럽, B는 계절풍이 발달해 벼농사가 활발히 이루어지는 동아시아 지역으로, 두 지역은 모두 인구 밀집 지역에 속한다.

자료 분석 세계의 인구 분포

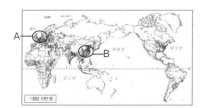

A는 서부 유럽, B는 동아시아 지역이다.

1-2 우리나라의 인구 분포

강원도 산간 지역은 기온이 낮고 산지가 많아 농업에 불리하여 인구가 적었다.

<table>
<tr><td colspan="2">**더 알아보기** 우리나라의 인구 분포</td></tr>
<tr><td>산업화 이전</td><td>기후가 온화하고 평야가 발달한 남서부 지역에 인구 밀집, 기온이 낮고 산지가 많은 북동부 지역에 인구 희박</td></tr>
<tr><td>산업화 이후</td><td>대도시와 수도권 및 남동 임해 공업 지역(이촌 향도 현상 발생)에 인구 밀집, 산지 지역과 농어촌 지역에 인구 희박</td></tr>
</table>

2-1 인구 이동의 요인

모로코 지역은 일자리 부족, 낮은 임금 등으로 인해 인구가 유출되고 있는 지역이다.

<table>
<tr><td colspan="2">**더 알아보기** 인구 이동의 요인</td></tr>
<tr><td>인구 흡인 요인</td><td>풍부한 일자리, 높은 임금, 쾌적한 생활 환경, 정치적 안정 등</td></tr>
<tr><td>인구 배출 요인</td><td>빈곤, 일자리 부족, 낮은 임금, 열악한 생활 환경, 전쟁과 분쟁 등</td></tr>
</table>

2-2 세계의 인구 이동

과거 아프리카 흑인들은 노예 무역 때문에 강제적으로 아메리카 대륙으로 이동하였다.

3-1 선진국의 인구 문제와 대책

저출산 문제를 해결하기 위해서는 출산 장려 정책을 펼쳐야 한다. ⑤ 출산 억제 정책은 높은 출생률과 낮은 사망률로 인구가 급격히 증가하고 있는 개발 도상국의 인구 문제를 해결하기 위한 대책에 해당한다.

<table>
<tr><td colspan="2">**더 알아보기** 선진국의 인구 문제와 대책</td></tr>
<tr><td>저출산</td><td>• 원인: 여성의 활발한 사회 진출, 결혼과 자녀에 대한 가치관 변화, 자녀 양육 비용 증가
• 문제점 및 대책: 인구 정체 및 감소, 경제 성장 둔화 → 출산 장려 정책 필요</td></tr>
<tr><td>고령화</td><td>• 원인: 생활 수준 향상, 의학 기술 발달로 노인 인구 비율 증가
• 문제점 및 대책: 노동력 부족, 노년층 부양비 증가, 사회 복지 비용 증가 → 노인 복지 정책 시행(정년 연장, 연금 제도 개선, 실버산업 확대, 노인 일자리 창출 등)</td></tr>
</table>

3-2 개발 도상국의 인구 문제와 대책

개발 도상국의 합계 출산율은 세계 평균의 합계 출산율보다 높은 편이다. 따라서 인구가 급격히 늘어가게 된다. 그러나 증가하는 인구보다 낮은 인구 부양력(자원 부족, 식량 부족, 주택 부족, 일자리 부족 등)으로 인해 기아, 빈곤 등의 문제가 발생한다.

더 알아보기 개발 도상국의 인구 문제와 대책

인구 급증	낮은 인구 부양력(자원 부족, 식량 부족, 주택 부족, 일자리 부족 등)으로 기아와 빈곤 발생 → 출산 억제 정책, 농업의 기계화 및 산업화 정책 등을 통한 인구 부양력 증대
도시 과밀화	산업화에 따른 이촌 향도 현상으로 인구 급증 → 인구 분산 필요
성비 불균형	남아 선호 사상 → 양성평등 문화 정착 필요

4-1 세계적으로 유명하거나 매력적인 도시

세계 도시는 세계적 영향력을 가진 금융 기관, 다국적 기업의 본사, 각종 국제기구의 활동이 활발하며, 세계 경제 활동의 중심지 역할을 하는 도시를 말한다. 세계의 경제, 문화, 정치 중심지로 미국 뉴욕, 영국 런던, 일본 도쿄 등을 예로 들 수 있다.

더 알아보기 세계 도시

세계 도시는 세계의 경제, 문화, 정치 중심지로 세계적 영향력을 가진 금융 기관, 다국적 기업의 본사, 각종 국제기구의 활동이 활발히 이루어지는 도시이다. 미국의 뉴욕과 영국의 런던, 일본의 도쿄 등의 도시가 해당하며, 자본과 정보가 집중하여 주변 국가와 도시들에 큰 영향력을 미치면서 세계 경제의 중심지 역할을 하고 있다.

4-2 도시 내부의 지역 분화

㉠은 지역 분화이다. 도시 내부의 지역 분화 현상이 나타나는 원인은 접근성과 지대의 차이에서 비롯된다.

더 알아보기 도시 내부의 지역 분화

의미	같은 종류의 기능은 모이고 다른 종류의 기능은 분리되면서 비슷한 기능끼리 모이는 현상
원인	• 접근성: 교통이 편리한 지역일수록 접근성이 높음. • 지가: 접근성이 높은 지역일수록 땅값인 지가가 비싸짐.
과정	도시의 규모가 작을 때는 각종 기능이 도시 내부에 섞여 있지만, 도시의 규모가 커지면서 지역 분화가 나타남.

2일 필수 체크 전략 ② 18~19쪽

1 ② 2 ⑤ 3 ① 4 ② 5 ⑤ 6 ⑤

1 세계의 인구 분포

고위도 지역인 극지방에는 추운 기후로 인해 인구 분포가 적고, 중위도 지역에 많은 인구가 분포한다. 또한 해안 지역에 많은 인구가 밀집하여 산다.

선택지 분석

ㄱ 세계 인구의 90%가 북반구에 분포한다. (○)
ㄴ 고위도 지역에 많은 인구가 분포하고 있다. (×)
→ 중위도 지역에 많은 인구가 분포하고 있다.
ㄷ 해안 지역보다 내륙 지역의 인구 밀도가 높다. (×)
→ 내륙 지역보다 해안 지역의 인구 밀도가 높다.
ㄹ 세계의 인구는 모든 지역에 매우 불균등하게 분포한다. (○)

2 우리나라의 인구 분포

산업화 이전에는 자연적 요인이 인구 분포에 많은 영향을 끼쳤지만, 산업화 이후 인문적 요인이 많은 영향을 끼치고 있다.

더 알아보기 우리나라의 인구 분포 변화

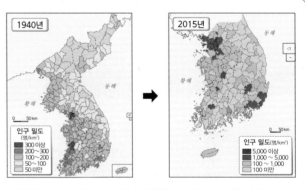

• 산업화 이전: 자연적 요인의 영향을 크게 받아 기후가 온화하고 평야가 발달한 남서부 지역에 인구가 밀집하였다. 기온이 낮고 산지가 많은 북동부 지역의 인구는 희박하다.
• 산업화 이후: 인문·사회적 요인의 영향이 커지면서 산업이 발달하고 일자리가 풍부한 대도시와 수도권 및 남동 임해 공업 지역(이촌 향도 현상 발생)에 인구가 밀집하였다. 산지 지역과 농어촌 지역의 인구는 희박하다.

3 세계의 인구 이동

A는 경제적 이동, B는 강제적 이동, C는 경제적 이동, D는 경제적 이동, E는 경제적 이동에 해당된다.

과거	경제적 이동	신항로 개척 이후 유럽인이 아메리카 및 오세아니아로 이동, 중국인들이 동남아시아와 세계 각지로 이동
	강제적 이동	노예 무역으로 아프리카의 흑인들이 아메리카로 이동
	종교적 이동	영국 청교도들이 종교의 자유를 찾아 아메리카로 이동
오늘날	경제적 이동	개발 도상국에서 선진국으로 일자리를 찾아 이동
	정치적 이동	전쟁이나 분쟁을 피하기 위한 난민의 이동 ⓓ 시리아 난민
	환경적 이동	지구 온난화, 사막화, 자연재해 증가 등으로 거주지를 떠나는 환경 난민의 이동 ⓓ 투발루 환경 난민, 사헬 지대 환경 난민

4 인구 문제

제시된 그림은 인구 고령화 현상을 나타내고 있다. 고령화는 의학 기술의 발달과 생활 수준의 향상으로 노인 인구의 비율이 높아지는 현상이다. ㄴ 일자리 부족, ㄷ 식량 및 자원 부족은 개발 도상국에서 나타나는 문제이다.

선택지 분석

ㄱ 노동력 부족 (○)

ㄴ 일자리 부족 (×)

→ 개발 도상국에서 나타나는 인구 문제이다.

ㄷ 식량 및 자원 부족 (×)

→ 개발 도상국에서 나타나는 인구 문제이다.

ㄹ 노인 복지 비용 증가 (○)

더 알아보기 고령화 현상

의미	한 사회에서 노년 인구의 비율이 높아지는 현상
원인	생활 수준 향상, 의학 기술 발달로 평균 수명이 연장되어 노인 인구 비율 증가
문제점	노동력 부족, 노년층 부양비 증가, 사회 복지 비용 증가
대책	노인 복지 정책 시행(정년 연장, 연금 제도 개선, 실버 산업 확대, 노인 일자리 창출 등)

5 도시의 특징

사진은 고층 건물이 빽빽하게 들어서 있는 도시의 모습이다. 도시는 상대적으로 좁은 지역에 많은 사람이 모여 있어 인구 밀도가 높다. 또한 한정된 공간을 효율적으로 활용해야 하므로 토지를 집약적으로 이용하고, 건물을 높게 짓는다.

6 도시 내부 구조

(가)는 위성 도시, (나)는 도심, (다)는 부도심에 대한 설명이다. A는 도심, B는 부도심, C는 주변 지역, D는 개발 제한 구역, E는 위성 도시이다.

3일 필수 체크 전략 ❶   20~23쪽

| 1-1 ⑤ | 1-2 ⑤ | 2-1 ② | 2-2 ① |
| 3-1 ④ | 3-2 ③ | 4-1 ① | 4-2 ① |

1-1 도시화의 의미와 특징

도시화가 진행되면 촌락의 인구가 도시로 이동하는 이촌 향도 현상이 활발해져서 인구 비율도 증가하고, 도시의 수도 증가하게 된다.

더 알아보기 도시화의 의미와 특징

| 의미 | 도시의 수가 증가하거나 도시에 거주하는 인구 비율이 높아지면서 도시적 생활 양식이 확대되는 과정 |
| 특징 | • 일반적으로 산업화와 함께 진행됨. • 인구가 증가하고 도시의 면적이 넓어짐. • 주민의 경제 활동은 공업과 서비스업 위주로 변화함. |

1-2 도시화 과정의 단계별 특징

도시화는 도시의 수가 증가하거나 도시에 거주하는 인구 비율이 높아지면서 도시적 생활 양식이 확대되는 과정이다. 초기 단계는 농업 중심으로, 도시화율이 낮고 도시화가 천천히 진행된다. 가속화 단계는 산업화 및 이촌 향도 현상 활발하며, 도시 인구가 늘어나 급격한 도시화가 진행된다. 종착 단계는 도시 인구 비율 약 80%로, 도시 간 인구 이동이 활발하며, 도시화의 속도가 둔화된다.

선택지 분석

① 초기 단계에서는 이촌 향도 현상이 나타난다. (×)

→ 이촌 향도 현상은 가속화 단계에서 나타난다.

② 가속화 단계에서는 1차 산업이 중심을 이룬다. (×)

→ 가속화 단계는 2·3차 산업이 중심을 이룬다.

③ 종착 단계에서 도시화 진행 속도가 가장 빠르다. (×)

→ 가속화 단계에서 도시화 진행 속도가 가장 빠르다.

④ 초기 단계에서는 도시의 인구가 급격히 증가한다. (×)

→ 가속화 단계에서 도시 인구가 급격히 증가한다.

⑤ 빠르게 성장 중인 개발 도상국은 현재 가속화 단계에 해당한다. (○)

더 알아보기 도시화 과정의 단계별 특징

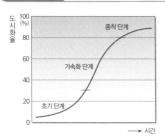

▲ 도시화 과정

초기 단계	• 도시화율이 매우 낮고 완만하게 상승하는 단계 • 대부분의 인구가 촌락에 거주하며, 농업(1차 산업)에 종사함.
가속화 단계	• 도시화율이 급격하게 상승하는 단계 • 본격적으로 산업화가 진행, 도시에 제조업과 서비스 업이 발달하면서 이촌 향도 현상이 활발히 나타남. • 산업 발달로 더 많은 지역에서 도시화가 진행됨.
종착 단계	• 도시화의 정도가 가장 높고, 도시화율의 증가 속도가 둔화되는 단계 • 도시 간의 인구 이동이 활발하고, 대도시권이 확대됨. • 역도시화 현상이 발생함.

2-1 선진국과 개발 도상국의 도시화

선진국은 도시화율이 개발 도상국보다 더 높다. 개발 도상국의 도시화는 제2차 세계 대전 이후 짧은 기간에 빠른 속도로 이루어졌다. 그리고 이촌 향도 현상과 자연 증가로 인해 개발 도상국이 선진국보다 도시화 속도가 더 빠르다.

선택지 분석

① 도시화율은 개발 도상국이 더 높다. (×)
→ 도시화율은 선진국이 더 높다.

② 선진국의 도시화는 서서히 이루어졌다. (O)

③ 도시화 속도는 선진국이 훨씬 더 빠르다. (×)
→ 도시화의 속도는 짧은 기간에 빠른 속도로 도시화가 진행된 개발 도상국
 이 더 빠르다.

④ 선진국의 도시화는 인구의 자연적 증가 때문이다. (×)
→ 선진국의 도시화는 산업 혁명 이후 이촌 향도 현상에 의해 이루어졌다.

⑤ 개발 도상국의 도시화는 19세기 후반부터 시작되었다. (×)
→ 개발 도상국의 도시화는 제2차 세계 대전 이후 짧은 기간에 빠른 속도로 진
 행되었다.

더 알아보기 선진국과 개발 도상국의 도시화 과정

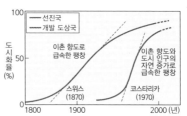

▲ 선진국과 개발 도상국의 도시화 과정

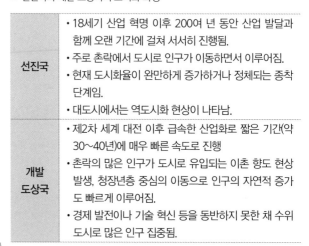

선진국	• 18세기 산업 혁명 이후 200여 년 동안 산업 발달과 함께 오랜 기간에 걸쳐 서서히 진행됨. • 주로 촌락에서 도시로 인구가 이동하면서 이루어짐. • 현재 도시화율이 완만하게 증가하거나 정체되는 종착 단계임. • 대도시에서는 역도시화 현상이 나타남.
개발 도상국	• 제2차 세계 대전 이후 급속한 산업화로 짧은 기간(약 30~40년)에 매우 빠른 속도로 진행 • 촌락의 많은 인구가 도시로 유입되는 이촌 향도 현상 발생, 청장년층 중심의 이동으로 인구의 자연적 증가 도 빠르게 이루어짐. • 경제 발전이나 기술 혁신 등을 동반하지 못한 채 수위 도시로 많은 인구 집중됨.

2-2 살기 좋은 도시

오스트리아의 빈, 브라질의 쿠리치바, 오스트레일리아의 멜버른뿐만 아니라 스위스의 취리히, 캐나다의 밴쿠버 등은 삶의 질이 높은 살기 좋은 도시에 속한다.

3-1 농업 생산의 기업화와 세계화

교통과 통신의 발달, 세계 무역 기구(WTO) 체제 출범, 자유 무역 확대, 다국적 농업 기업 등장, 농업 기술 발달을 배경으로 농업의 세계화 현상이 나타나고 있다. ④ 다양한 농산물에 대한 수요 증가로 인해 농업의 세계화가 나타났다.

더 알아보기 농업 생산의 기업화와 세계화

농업의 기업화	기업이 막대한 자본과 기술을 투입하여 농장 운영 → 상업적 농업 발달, 플랜테이션 농장 확대
농업의 세계화	교통과 통신의 발달, 세계 무역 기구(WTO) 체제 출 범, 자유 무역 협정 (FTA) 체결, 다국적 농업 기업 등 장, 농업 기술의 발달, 다양한 농산물에 대한 수요 증 가 등 → 전 세계를 대상으로 한 농축산물의 생산과 소비

3-2 농업 생산의 기업화와 세계화에 따른 변화

농업 생산의 기업화와 세계화로 인해 농작물 소비 지역의 변화

가 나타났다. 다양한 농산물의 소비 증가, 농산물의 해외 의존도 증가, 식량 자급률 하락에 따른 안정적인 식량 확보의 어려움, 농산물의 안전성 문제 발생, 식생활 변화(육류, 커피 등의 소비량 증가 및 식량 작물 소비량 감소) 등이 나타나고 있다.

4-1 다국적 기업과 생산 지역의 변화

다국적 기업이 세계 경제에서 차지하는 영향력이 점차 커지고 있다.

더 알아보기 다국적 기업의 기능별 입지 특성

본사	다양한 정보 수집과 자본 확보에 유리한 선진국(본국)
연구소	전문 인력 확보에 유리한 선진국
생산 공장	지가가 낮고 저임금 노동력이 풍부한 개발 도상국, 무역 장벽 극복과 시장 개척에 유리한 일부 선진국
판매 지점	수요가 많은 대도시

4-2 서비스업의 변화와 생활 모습의 변화

해외 직접 구매는 인터넷 쇼핑몰을 통해 해외에서 직접 구매하는 소비 행위를 말한다. ① 해외 상품과 유사 상품을 파는 국내 기업의 경쟁력은 축소되었다.

3일 **필수 체크 전략 ❷** 24~25쪽

1 ④ **2** ⑤ **3** ⑤ **4** ⑤ **5** ④ **6** ③

1 도시화의 단계별 특징

가속화 단계에서는 본격적으로 산업화가 진행되고, 도시에 제조업과 서비스업이 발달하면서 이촌 향도 현상과 함께 도시화율이 급격하게 상승한다.

2 우리나라의 도시화

현재 우리나라의 도시화율은 약 90% 정도로, 대부분의 인구가 도시에 거주하고 있어 도시화의 종착 단계에 해당한다. 1990년대 이후부터는 도시화의 속도가 늦어지기 시작하였다. ⑤ 우리나라의 도시화는 1960년대 산업화를 본격적으로 추진하면서 시작되었다.

더 알아보기 우리나라의 도시화

1960년대 중반	서울과 부산, 대구 등 대도시와 공업 도시를 중심으로 산업화 시작 → 이촌 향도 현상에 따라 도시화가 빠른 속도로 진행
1970년대	인구의 절반 이상이 도시에 거주하여 주택 부족, 환경 악화 등 도시 문제 발생
1990년대	서울과 부산 등 대도시 주변에 성남, 고양, 양산 등 위성 도시 발달
현재	전체 인구 중 90% 이상이 도시에 거주, 인구 및 기능이 수도권과 남동 해안 지역에 집중하는 등 국토 불균형 문제 발생

3 개발 도상국의 도시 문제

개발 도상국의 도시 문제는 급속한 도시화와 산업화로 특정 도시에 인구가 집중하면서 발생한다. 주택 부족, 도시 기반 시설 부족, 일자리 부족, 위생 및 공공 서비스 부족, 환경 오염 등의 문제가 나타난다. ⑤ 도심의 노후 주택 문제는 선진국에서 나타나는 도시 문제이다.

더 알아보기 선진국과 개발 도상국의 도시 문제

선진국	오랜 시간에 걸쳐 도시화 → 도심의 노후 주택 문제, 교통 체증 문제, 도시 주거 및 경제 활동 비용 상승, 범죄 문제, 노숙자 문제, 이주민과의 갈등 등
개발 도상국	짧은 기간 동안에 급속한 도시화 → 특정 지역 개발 집중, 주택 부족, 위생 및 공공 서비스 부족, 환경 오염, 교통 혼잡, 일자리 부족 문제, 도시 내 빈부 격차 문제 등

4 농작물 소비 지역의 변화

농업의 세계화로 우리는 세계 각지에서 생산한 농산물을 저렴하게 먹을 수 있게 되었다. 그러나 수입 과정에서 농산물의 부패를 막기 위해 사용한 화학 약품 때문에 안전성 문제가 제기되기도 한다.

5 다국적 기업

다국적 기업의 생산 공장이 들어선 지역에는 관련 산업이 발달하고 일자리가 증가하면서 새로운 산업 단지가 조성된다. 이에 따라 자본이 유입되고 지역 경제가 활성화되지만 기존 현지 기업의 활동이 다소 침체될 수 있다. 또한 다국적 기업으로부터 해당 기술을 배울 수 있다는 장점이 있지만 기업의 미래를 좌우하는 핵심 기술이 이전되지는 않는다.

6 관광의 세계화

교통과 통신 기술의 발달, 관광 관련 정보의 편리한 획득, 소득 수준의 향상, 여가 시간의 증가, 국내 및 해외 관광에 대한 관심 증가 등을 바탕으로 관광의 세계화가 이루어지고 있다.

쌍둥이 문제 1

관광의 세계화에 대한 설명으로 옳지 **않은** 것은?

① 관광 지역이 획일화되고 있다.

② 교통, 숙박 등 관련 산업을 성장시킨다.

③ 지역 특성을 살린 관광 자원이 경쟁력이 있다.

④ 지역 주민을 고용하여 지역 경제를 활성화한다.

⑤ 인터넷상의 허위 광고로 관광객이 피해를 입기도 한다.

해설 관광 산업이 빠르게 성장하면서 사람들이 다양한 관광 지역을 찾기 때문에 관광 지역이 다변화하고 있다.　답 ①

4일 교과서 대표 전략 ❶　26~29쪽

1 ④	2 ④	3 ③	4 ⑤	5 ③
6 ⑤	7 ②	8 ③	9 ④	10 ⑤
11 ④	12 ③			

1 세계의 인구 분포

세계의 인구 분포는 지구상에 고르게 분포하지 않고 인간 생활에 유리한 자연 조건을 갖추거나 경제, 교통, 산업 등 인문적 요인이 발달한 지역에 밀집하여 분포한다. ④ 캐나다 지역은 냉대 기후 지역으로 겨울철이 길고 기온이 매우 낮아 농업에 불리하므로 인구가 희박하다.

선택지 분석

① A – 벼농사에 유리한 자연 조건을 지녀 인구가 밀집했다. (✕)

→ C 방글라데시에 대한 설명이다.

② B – 고온 다습하고 열대 밀림이 우거져 있어 인구가 희박하다. (✕)

→ E 브라질의 아마존 분지에 대한 설명이다.

③ C – 기후가 온화하고 산업이 발달하여 인구가 밀집했다. (✕)

→ B 서부 유럽에 대한 설명이다.

④ D – 기온이 매우 낮아 농업에 불리하여 인구가 희박하다. (○)

⑤ E – 강수량이 매우 적어 물을 구하기 어렵기 때문에 인구가 희박하다. (✕)

→ A 사하라 사막에 대한 설명이다.

2 인구 이동의 요인

위 수행 평가지의 정답은 1-○, 2-○, 3-✕, 4-✕ 로 위 평가지를 제출한 학생은 1, 2, 3번만 맞추어 3점을 받게 된다. 세계적으로 인구 유입이 많은 지역은 북아메리카와 유럽, 오세아니아 등의 선진국이고, 이러한 나라들은 높은 임금, 풍부한 일자리, 높은 교육 수준 등의 인구 흡인 요인으로 인구 유입이 많다. 아시아, 아프리카, 남아메리카 등 일부 국가에서는 빈곤, 낮은 임금, 전쟁과 분쟁 등의 인구 배출 요인으로 인구 유출이 일어나고 있다. 4번 인구 유출 지역에서 경제 활동이 가능한 인구가 다른 나라로 가면서 본국의 실업률은 낮아지게 된다.

더 알아보기　배출 요인과 흡인 요인

배출 요인	낮은 임금, 열악한 주거 환경, 빈곤, 교육·문화 시설의 부족, 전쟁, 자연재해 등
흡인 요인	높은 임금, 풍부한 일자리, 쾌적한 주거 환경, 다양한 교육·문화·의료 시설 등

3 인구 이동의 유형

인구 이동의 유형은 이동 범위에 따라 국내 이동과 국제 이동으로 구분할 수 있는데, 위의 사례는 나라를 이동한 국제 이동에 해당한다. 또한 이동 원인에 의해 구분할 때 높은 임금이나 풍부한 일자리를 찾아 이동하는 것은 경제적 이동에 해당한다. 경제적 이동은 한 지역에서 일자리를 찾아 산업이 발달한 지역으로 이동하는 경우도 있지만, 아시아, 아프리카, 라틴 아메리카 등의 개발 도상국에서 서부 유럽, 앵글로아메리카 등의 선진국으로의 이동이 많다.

다음 글의 (가), (나)에서 볼 수 있는 인구 이동 유형으로 바르게 연결된 것은?

> (가) 아프리카에 있는 남수단은 내전으로 현재까지 200만 명 이상의 난민이 발생하였다. 난민의 대부분은 국경을 넘어 난민촌으로 이동하여 보호받고 있다.
> (나) 필리핀은 국내의 낮은 임금과 높은 실업률로 총인구의 10% 이상이 고국을 떠나 다른 나라에서 일하고 있다.

	(가)	(나)
①	경제적 이동	종교적 이동
②	경제적 이동	환경적 이동
③	정치적 이동	경제적 이동
④	정치적 이동	종교적 이동
⑤	환경적 이동	정치적 이동

해설 (가) 남수단에서 발생한 난민의 국제 이동은 정부군과 반군의 내전이라는 상황으로 인한 정치적 이동이다. (나) 필리핀 자국 내의 낮은 임금과 높은 실업률로 일자리를 찾아 다른 나라로 이동하는 것은 경제적 이동이다. 답 ③

4 선진국의 인구 문제

일찍 산업화를 이룬 선진국에서는 저출산·고령화 현상으로 여러 인구 문제가 나타나고 있다. 일할 수 있는 젊은 노동력의 감소로 경제 성장이 둔화되고, 노인 인구 부양 비용이 증가하며 청장년층의 부담이 증가한다. 또한 부족한 노동력을 보충하기 위해 외국인 근로자를 고용하면서 문화적 갈등과 사회 문제를 겪기도 한다.

선택지 분석

ㄱ. 기아와 빈곤 문제 (×) → 개발 도상국의 인구 문제
ㄴ. 남아 선호 사상 심화 (×) → 아시아 일부 국가의 인구 문제
ㄷ. 노인 인구 부양 비용 증가 (○)
ㄹ. 외국인 근로자 증가로 인한 문화적 갈등 (○)

5 우리나라의 인구 문제

우리나라는 6·25 전쟁 이후 사회가 안정되면서 출생률은 높아지고, 사망률이 낮아져 인구가 급증하였다. 이에 따라 1960년대부터는 인구 증가를 억제하기 위한 정책을 펼쳤고, 그 결과 출생률이 많이 낮아지게 되었다. 그러나 1990년대 이후에는 여성의 사회 참여 증가, 결혼 연령 상승, 출산 기피 등으로 출생률이 더욱 낮아졌고, 이에 따라 출산을 장려하기 위한 다

양한 정책을 펼치고 있다. 제시된 자료에서 (가)는 인구 증가율을 낮추기 위한 출산 억제 정책 시기의 우표이며, (나)는 출산 장려 정책 시기의 우표이다.

선택지 분석

① (가)는 출산 장려 정책을 실시하였다. (×)
→ (가) 시기에는 출산 억제 정책을 실시하였다.
② (가)는 인구가 정체 및 감소하는 시기이다. (×)
→ 인구가 급격하게 증가하는 시기였다.
③ (가)는 (나)보다 시기적으로 먼저 나타났다. (○)
④ (나)는 출산 억제 정책이 실시되는 시기이다. (×)
→ 출산 장려 정책이 실시되는 시기이다.
⑤ (나)는 인구 급증을 제한하기 위해 실시되었다. (×)
→ 합계 출산율의 감소로 출산 장려 정책을 실시하였다.

6 세계적으로 유명한 도시

제시된 글에서 설명하고 있는 세계 도시는 미국 뉴욕이다. 세계 도시는 정치·경제·문화의 중심지 기능을 하며, 세계적 영향력을 가진 금융 기관, 다국적 기업의 본사, 각종 국제기구의 활동이 활발히 이루어진다.

선택지 분석

① A (×) → 프랑스 파리로 매년 수천만 명의 관광객들이 찾는 세계적 관광 도시이자 세계의 유행을 이끌어 가는 문화의 중심지이다.
② B (×) → 이스라엘의 예루살렘으로 유대교와 크리스트교, 이슬람교가 탄생한 종교 도시이다.
③ C (×) → 인도 뭄바이로 정보 기술 산업의 중심 도시로 다양한 연구 기관과 대학교, 정보 기술 관련 업체들이 위치한 도시이다.
④ D (×) → 일본 교토로 과거 일본의 수도였다. 절, 신사, 유적지가 많은 곳으로 오늘날 일본의 대표적인 역사 도시이다.
⑤ E (○)

더 알아보기 **세계적으로 유명하거나 매력적인 도시**

역사·문화 도시	오랜 시간에 걸쳐 만들어진 유물과 유적이 많고 문화가 발달한 도시 예 이탈리아 로마, 그리스 아테네, 일본 교토 등
환경·생태 도시	자연과 인간이 조화롭게 공존하는 환경친화적인 도시 예 스위스 취리히, 독일 프라이부르크, 브라질 쿠리치바 등
산업·물류 도시	각종 공업이 발달해 있거나 항만 기능과 같은 물류 기능이 발달한 도시 예 중국 상하이 등
국제 금융·업무 도시	세계의 경제와 금융의 중심지 역할을 하는 도시 예 미국 뉴욕, 영국 런던, 일본 도쿄 등

7 도시 내부의 지역 분화

도시 내부는 다양한 기능들의 입지 조건이 서로 다르기 때문에 분화하게 된다. 각각의 도시 기능은 최적의 입지를 찾아 비슷한 기능끼리는 모이고, 다른 기능들끼리는 서로 밀어내는 과정을 거치게 된다. 이 과정에서 접근성과 지가가 도시 내의 여러 지역을 형성하는 가장 큰 역할을 하게 된다. 도심은 도시 어디에서나 쉽게 접근할 수 있기 때문에 접근성과 지가가 높고, 도심에서 멀어질수록 접근성이 낮아지면서 지가도 낮아진다. 지가가 높은 지역은 땅을 효율적으로 이용하기 위해 고층 건물을 많이 짓기 때문에 도시를 이동할 때 건물의 높이와 주변 경관이 점점 달라지는 것을 확인할 수 있다.

> **더 알아보기 인구 공동화 현상**
>
>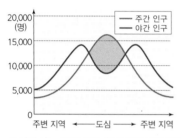
>
> 도심에서는 주거 기능의 약화로 주간과 야간의 인구 밀도 차이가 큰 인구 공동화 현상이 나타난다. 즉, 주간에 업무나 쇼핑 때문에 도심에서 활동하던 사람들이 야간에 외곽의 주거 지역으로 귀가하면서 도심의 사람들이 급격하게 줄어들게 된다. 이로 인해 도심에서는 주간 인구 비율은 높지만, 야간 인구 비율은 낮게 나타난다.

8 도시화 과정의 단계별 특징

도시화의 진행 과정은 도시화율의 변화에 따라 S자 형태의 곡선으로 나타낼 수 있다. 도시화 곡선의 기울기를 통해 도시화의 진행 속도를 파악할 수 있는데, 기울기가 급할수록 도시화가 빠르게 진행된 것이다.

> **선택지 분석**
>
> ① A단계에서는 도시화율이 급격하게 상승한다. (×)
> → 도시화율이 급격하게 상승하는 시기는 B단계이다.
>
> ② A단계에서는 대부분의 인구가 도시에 분포한다. (×)
> → A단계에서 대부분의 인구가 촌락에 분포한다.
>
> ③ B단계에서는 이촌 향도 현상이 나타난다. (○)
>
> ④ B단계에서는 대부분 1차 산업에 종사한다. (×)
> → A단계에서 1차 산업에 종사하는 사람이 대부분으로 나타난다. B단계에서 2·3차 산업에 종사하는 사람의 비율이 늘어난다.
>
> ⑤ C단계에서는 도시의 성장 속도가 빨라진다. (×)
> → C단계에서는 종착 단계로 도시화의 속도가 느려진다.

9 농업 생산의 세계화

과거 개인이 소규모로 농사를 지어 판매하던 방식과 달리, 최근에는 기업적 차원에서 기계를 이용하여 대량으로 농산물을 재배하고 판매하는 농업의 기업화가 활발히 진행되고 있다. 이는 교통과 통신 기술의 발달로 국가 간 교류가 활발해지면서 농업의 세계화가 나타났기 때문이다. 이 과정에서 대규모의 기업들은 기후가 적당하고 임금이 저렴한 다른 나라에서 농사를 지어 세계를 대상으로 생산·유통·판매를 하고 있는데, 이러한 기업들을 곡물 메이저라고 한다.

10 다국적 기업의 공간적 분업

A는 본사, B는 생산 공장이다. 본사는 정보 수집과 자본 확보에 유리한 선진국, 생산 공장은 저임금 노동력이 풍부한 개발 도상국에 주로 입지한다.

> **더 알아보기 다국적 기업의 기능별 입지 특성**
>
> | 본사 | 다양한 정보 수집과 자본 확보에 유리한 선진국(본국) |
> |---|---|
> | 연구소 | 전문 인력 확보에 유리한 선진국 |
> | 생산 공장 | 지가가 낮고 저임금 노동력이 풍부한 개발 도상국, 무역 장벽 극복과 시장 개척에 유리한 일부 선진국 |
> | 판매 지점 | 수요가 많은 대도시 |

11 다국적 기업과 생산 지역의 변화

다국적 기업은 생산비가 저렴하거나 기업 활동이 유리한 곳을 찾아 생산 공장을 이전한다. 다국적 기업이 생산비를 절감하기 위해 국내 생산 공장을 해외로 이전하면, 생산 공장이 있던 기존 지역은 산업 공동화 현상으로 산업의 기반을 잃어 지역 경제가 침체되고 일자리가 감소하여 실업률이 늘어난다.

> **더 알아보기 다국적 기업의 입지에 따른 지역 변화**
>
> | 구분 | 긍정적 영향 | 부정적 영향 |
> |---|---|---|
> | 본국 (선진국) | • 세계 도시로 성장
• 첨단 산업, 고부가 가치 산업의 발달 | 생산 공장이 다른 지역으로 이전 시 산업 공동화 현상 발생 |
> | 투자 유치국 (개발 도상국) | • 자본 유입, 새로운 산업 단지 형성, 일자리 증가로 지역 경제 활성화
• 다국적 기업의 기술 이전으로 관련 산업 발달
• 인구 증가 | • 유사 제품을 생산하는 국내 기업의 쇠퇴
• 이윤의 상당 부분이 생산 지역에 투자되지 않고 본국으로 유출
• 생산 공장 폐쇄 시 경제 침체
• 환경 오염 |

다음은 중국의 어느 노동자를 인터뷰한 장면이다. 이 지역에 나타날 변화로 옳은 것을 |보기|에서 고르면?

말풍선: 회사가 예고도 없이 공장을 폐쇄해 버렸습니다. 임금과 땅값이 싼 다른 나라로 공장을 이전한다고 합니다. 많은 사람이 하루아침에 실직자가 되어 버렸어요.

▲ 2015년 둥관시

┌ 보기 ┐
ㄱ. 자본이 유입된다.
ㄴ. 대규모 실업이 발생한다.
ㄷ. 산업 공동화 현상이 나타난다.
ㄹ. 다국적 기업의 기술이 이전된다.

① ㄱ, ㄴ   ② ㄱ, ㄷ   ③ ㄴ, ㄷ
④ ㄴ, ㄹ   ⑤ ㄷ, ㄹ

[해설] 다국적 기업의 생산 공장이 다른 지역으로 이전함으로써 2015년의 둥관시에는 산업 공동화가 발생하고 경제가 침체되며 실업 문제가 나타났다.   답 ③

12 서비스업의 세계화

관광 산업은 지역 주민의 일자리를 늘리고 소득을 증가시키는 등 다양한 경제 효과를 가져온다. 이러한 일자리는 대부분 서비스업으로 3차 산업에 속한다.

4일 교과서 대표 전략 ②   30~31쪽

1 ⑤	2 ②	3 ④	4 ②	5 ①
6 ②	7 ①			

1 우리나라의 인구 분포

산업화 이전의 우리나라는 농업 사회였기 때문에 벼농사에 유리한 남서부 지역에 인구가 밀집하였다. 그러나 1960년대 이후 산업이 발달하고 도시화가 진행되면서 이촌 향도 현상이

일어났고, 그 결과 수도권 및 대도시, 남동 임해 공업 지역과 같이 산업이 발달한 지역으로 인구가 집중하게 되어 농어촌 지역은 인구가 감소하거나 정체되어 인구가 희박하다.

더 알아보기 시대별 우리나라의 인구 분포

- 산업화 이전(1960년대 이전)

인구 밀집 지역	농업 사회였기 때문에 기후가 온화하고 평야가 발달하여 벼농사에 유리한 남서부 지역
인구 희박 지역	기온이 낮고 산지가 많은 북동부 지역

- 산업화 이후(1960년대 이후)

인구 밀집 지역	일자리가 풍부한 수도권 지역, 대도시, 남동 임해 공업 지역 등
인구 희박 지역	태백산맥과 소백산맥 일대의 산지 지역과 농어촌 지역

2 우리나라의 인구 문제

(나) 시기에는 (가) 시기보다 저출산·고령화 현상이 뚜렷하게 나타나므로, 총인구를 연령순으로 나열할 때 정중앙에 있는 사람의 해당 연령을 말하는 중위 연령은 높아지고, 산모의 평균 출산 연령도 높게 나타난다.

┌ 선택지 분석 ┐

ㄱ. 중위 연령 (○)
ㄴ. 인구 성장률 (×)
→ 합계 출산율의 감소로 인구 성장률은 둔화되고 우리나라의 전체 인구는 점차 감소할 것이다.
ㄷ. 평균 출산 연령 (○)
ㄹ. 유소년층 비율 (×)
→ 태어나는 아이의 수는 줄고 고령화 현상으로 노인 인구는 증가하기 때문에 전체 인구에서 유소년층이 차지하는 비율은 감소한다.

3 우리나라의 인구 이동

(라) 일제 강점기에는 북부 지방에 광공업이 발달하면서 많은 사람들이 일자리를 찾아 함경도 지방으로 이주하였다. (나) 광복 후에는 국외로 나갔던 해외 동포의 귀국으로 대규모 인구 이동이 발생하였다. (다) 6·25 전쟁 때에는 인구가 남부 지방으로 이동하였다. (마) 1960년대 이후에는 산업화·도시화로 수도권과 부산, 대구 등의 대도시 및 신흥 공업 도시로 인구가 집중하였다. (가) 1990년대 이후에는 대도시 주변에 신도시가 건설되면서 도시 인구가 주변 지역이나 촌락으로 이동하는 현상이 나타나고 있다.

4 도시의 특징

촌락과 도시는 사람들이 거주하는 공간이다. 도시는 상대적으로 좁은 지역에 많은 사람이 모여 살고 있어 인구 밀도가 높고, 한정된 공간을 효율적으로 활용해야 하므로 토지 이용이 매우 집약적이다. 또한 사람들의 직업과 생활 모습이 다양하게 나타나며, 병원, 관공서 등 편의 시설 및 각종 기능이 집중하여 주변 지역에 기능을 제공하는 중심지 역할을 한다.

5 선진국과 개발 도상국의 도시화 과정

선진국과 개발 도상국의 도시화는 서로 다르게 전개되어 왔다. 선진국은 18세기 산업 혁명 이후 산업화와 함께 서서히 진행되었으나, 개발 도상국의 도시화는 제2차 세계 대전 이후 짧은 기간에 빠른 속도로 진행되었다. 개발 도상국 대부분은 산업 기반이 제대로 갖추어지지 않은 상태에서 도시화가 이루어지기 때문에 각종 도시 문제가 발생하기도 한다.

선택지 분석

① A는 B보다 산업화가 먼저 시작되었다. (○)

② A는 현재 도시화의 가속화 단계에 있다. (×)
→ 선진국인 A는 현재 도시화 종착 단계에 있다.

③ A는 B보다 도시화가 더 급속하게 진행되었다. (×)
→ A 선진국은 B 개발 도상국보다 도시화가 서서히 진행되었다.

④ B는 산업 혁명 이후 도시화가 서서히 진행되었다. (×)
→ 산업 혁명 이후 도시화가 진행된 것은 A 선진국이다.

⑤ B의 가속화 단계에서는 도시에서 촌락으로 이동하는 사람이 급증한다. (×)→ B의 가속화 단계에서는 촌락에서 이촌 향도 현상이 나타난다.

6 다국적 기업의 공간적 분업

다국적 기업은 관리, 생산, 판매, 연구 등 각 기능에 따라 유리한 입지에 특정 기능을 배치하는 공간적 분업을 통해 경영의 효율성을 높이고 이윤을 극대화하고자 한다. 이 과정에서 본사는 본국(선진국), 생산 공장은 개발 도상국, 연구소는 선진국에 입지하는 경향이 나타난다. 단, 판매 시장을 확보하기 위해 다른 선진국에 생산 공장을 세우거나, 개발 도상국의 기업이 선진국에 공장을 세우는 경우도 있다.

더 알아보기 다국적 기업의 공간적 분업

본사	정보 수집과 자본 확보에 유리한 선진국
연구소	전문 인력 확보에 유리한 선진국
생산 공장	저임금 노동력이 풍부한 개발 도상국, 무역 장벽의 극복과 시장 개척에 유리한 일부 선진국
영업 지점	수요가 많은 지역

7 서비스업의 세계화

정보 통신의 발달은 생산과 소비를 연결하는 유통 분야의 세계화를 가속화한다. 특히 인터넷이나 텔레비전 등을 통한 온라인 쇼핑으로 상품을 사는 전자 상거래는 언제 어디서나 원하는 물건을 구매할 수 있다. 전자 상거래의 발달로 시장 환경이 변화함에 따라 소비자에게 직접 물건을 배송해 주는 택배업 등의 유통 산업이 성장하게 되었다. 이로 인해 공항이나 고속 도로, 철도역, 항만 등 운송이 유리한 지역에는 대규모의 물류 창고가 들어서는 경향이 나타난다.

더 알아보기 해외 직접 구매 변화 추이

인터넷 쇼핑몰을 통해 해외에서 직접 구매하는 소비 행위, 즉 해외 직접 구매가 급성장하면서 소비자는 해외 상품을 직접 구매할 수 있게 되었고, 소비자는 언제 어디서나 원하는 물건을 구매할 수 있게 되면서 소비 활동의 범위가 전 세계로 확대되었다.

쌍둥이 문제 4

다음과 같은 현상이 지속될 때 나타날 수 있는 변화로 옳은 것을 |보기|에서 고르면?

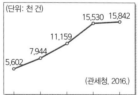
◀ 연도별 해외 직접 구매 거래 건수

> 보기

ㄱ. 서비스 제공의 범위가 축소된다.
ㄴ. 택배업 등의 유통 산업이 성장한다.
ㄷ. 시장이나 대형 할인점의 판매액이 증가한다.
ㄹ. 소비자는 저렴하게 해외 상품을 구매할 수 있다.

① ㄱ, ㄴ   ② ㄱ, ㄷ   ③ ㄴ, ㄷ
④ ㄴ, ㄹ   ⑤ ㄷ, ㄹ

해설 서비스업의 세계화로 서비스 제공의 범위는 국내뿐 아니라 국외로 그 범위가 확대되었고, 이로 인해 소비자는 저렴하게 해외 상품을 구매하며 소비자에게 물건을 배송해 주는 택배업 등이 성장하게 되었다. 반면, 시장이나 대형 할인점의 이용은 줄어들고 있다.

답 ④

1 ④	2 ③	3 ①	4 ①	5 ②
6 ③	7 ④	8 ③		

1 세계의 인구 분포

인구는 지구상에 고르게 분포하지 않고 특정 지역에 집중되어 있다. 전 세계 인구의 90% 이상은 육지가 많은 북반구에 살고 있으며, 기후가 온화한 북위 20°~40° 사이의 지역, 해발 고도가 낮은 평야 지대나 해안 지역에 사람들이 많이 산다. 세계의 대표적인 인구 밀집 지역은 동아시아, 남부 아시아, 서부 유럽 등이다.

선택지 분석

① 아시아와 유럽에는 인구가 적게 분포한다. (×)
→ 아시아와 유럽은 인구가 많이 모여 사는 인구 밀집 지역이다.

② 세계 인구의 대부분은 남반구에 살고 있다. (×)
→ 세계 인구의 대부분은 육지가 많은 북반구에 살고 있다.

③ 사람들은 전 세계에 고르게 분포하여 살고 있다. (×)
→ 지구상에 고르게 살지 않고, 거주에 유리한 특정 지역에 모여 산다.

④ 기후가 온화한 북위 20°~40° 사이에 많이 살고 있다. (○)

⑤ 사막이나 밀림, 극지방 등 극한 환경에서도 많이 살고 있다. (×)
→ 극한 환경이 나타나는 지역에는 사람이 거의 살고 있지 않다.

2 세계의 인구 이동

신항로 개척 이후 아메리카에 정착한 유럽인들은 부족한 노동력을 보충하기 위해 아프리카 흑인들을 강제로 이주시켰다. 중국인들은 19세기 이후 경제적 어려움을 해결하기 위해 일자리를 찾아 동남아시아로 이동하였다.

더 알아보기   세계의 인구 이동

과거	경제적 이동	• 신항로 개척 이후 많은 유럽인들이 신대륙으로 이동함. • 중국인들이 일자리를 찾아 동남아시아와 미국 등으로 이동함.
	강제적 이동	아프리카 흑인들이 노예 무역으로 아메리카로 이동
	종교적 이동	영국 청교도들의 아메리카 이동
오늘날	경제적 이동	• 한 지역에서 일자리를 찾아 이동 • 개발 도상국에서 선진국으로 이동
	정치적 이동	전쟁이나 분쟁을 피해 이동 예 난민
	환경적 이동	지구 온난화, 사막화, 자연재해 증가 등으로 거주지를 떠나는 환경 난민의 이동

3 선진국과 개발 도상국의 인구 문제

(가)는 선진국, (나)는 개발 도상국에서 주로 볼 수 있는 인구 피라미드 유형이다. 선진국에서 저출산·고령화 현상으로 여러 인구 문제가 발생한다. 따라서 이를 극복하기 위해 출산과 육아에 대한 지원을 강화하는 등의 출산 장려 정책을 펴고 있으며, 노인 인구의 안정적인 생활을 위해 연금 제도 개선, 정년 연장, 노인의 재취업 기회 제공 등의 노인 복지 정책도 시행하고 있다.

오답 피하기 ㄷ. 출산 억제 정책은 인구가 폭발적으로 증가하여 기아와 빈곤 등이 발생하고 있는 개발 도상국에서 추진하고 있다. ㄹ. 농업의 기계화 및 산업화 정책은 인구 부양력을 높여 기아와 빈곤을 해결하고, 일자리를 마련하여 경제를 성장시키기 위해 개발 도상국에서 실시하고 있다.

4 도시 내부의 지역 경관

도시 중심부에 있는 도심은 교통이 편리하며 고층 건물들이 빽빽하게 들어서 있으며, 도심과 주변 지역을 연결하는 교통이 편리한 곳에 부도심이 발달한다. 도시의 무질서한 팽창을 막고 녹지 공간을 확보하기 위해 개발 제한 구역(green belt)을 설정하기도 한다.

5 도시 내부의 지역 분화

A 도심은 도시의 중심으로 교통이 편리하고 주요 관공서, 대기업 본사, 은행 본점 등이 모여 있어 출근 또는 이것을 이용하려는 사람들이 주간에 많이 있다. 도심에서는 주거 기능이 약하기 때문에 낮에 출근했던 사람들은 주거 기능이 있는 B 주변 지역으로 퇴근하는데, 이 과정에서 교통 혼잡 문제가 발생하기도 한다. 도심에서 낮과 밤의 인구 밀도 차이가 크게 나타나는 것을 인구 공동화 현상이라고 한다.

더 알아보기   인구 공동화 현상

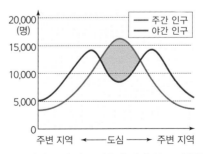

도시에서 주간 인구 비율과 야간 인구 비율을 나타낸 그래프를 보면 주간에 업무나 쇼핑 때문에 도심에서 활동하던 사람들이 야간에 외곽의 주변 지역으로 귀가하면서 도심의 사람들이 줄어드는 것을 볼 수 있다. 이러한 현상을 인구 공동화 현상이라고 한다.

6 살기 좋은 도시의 조건

살기 좋은 도시는 절대적인 기준은 없지만, 대체로 경제적으로 풍요롭고 정치적으로 자유롭고 평등하며 범죄율이 낮고 사회적 안정성이 높아야 한다. 또한 교육이나 문화 수준이 높고, 쾌적한 자연환경을 바탕으로 주민들의 삶의 질이 높아야 한다. ③ 너무 많은 인구는 교통 혼잡, 주택 및 상하수도 시설 부족, 환경 문제, 범죄 문제 등을 가져올 수 있다.

7 다국적 기업과 생산 지역의 변화

상품, 자본, 노동, 기술, 서비스 등이 국경을 초월하여 자유롭게 이동하면서 세계적 차원에서 경제적 상호 의존도가 높아지는 현상을 경제 활동의 세계화라고 한다. 이 과정에서 다국적 기업의 수는 증가하고 있으며, 그 영향력 역시 커지고 있다.

> **선택지 분석**
>
> ① 세계적 차원에서 경제적 상호 의존도는 낮아졌다. (×)
> → 국가 간 상품, 자본, 노동, 기술, 서비스 등이 이동하면서 경제적 상호 의존도는 높아지고 있다.
>
> ② 교통과 통신의 발달로 국가 간 교류는 감소하였다. (×)
> → 국가 간 교류는 증가하였다.
>
> ③ 세계 무역 기구(WTO)의 등장으로 국가 간 무역 장벽은 높아졌다. (×) → 세계 무역 기구(WTO)는 세계 무역의 관리 및 자유화 촉진이 목표이기 때문에 무역의 자유화로 무역 장벽은 낮아진다.
>
> ④ 생산, 소비와 같은 경제 활동이 전 세계를 대상으로 하고 있다. (○)
>
> ⑤ 두 개 이상의 국가에서 생산 및 판매 활동을 하는 기업의 수는 감소하고 있다. (×) → 다국적 기업의 수는 빠르게 증가하고 있다.

8 서비스업의 세계화

교통과 통신의 발달로 세계화가 진행되면서 서비스업 역시 시·공간의 제약이 완화되면서 공간적으로 분산되고 있다. 이에 따라 선진국과 개발 도상국 간에 분업이 이루어졌다. 선진국의 기업들은 비용을 절감하고 업무의 효율성을 높이기 위해 콜센터 등과 같은 업무의 일부를 필리핀 등의 개발 도상국으로 분산하여 운영하기도 한다.

창의 · 융합 · 코딩 전략				34~37쪽
1 ④	2 ②	3 ⑤	4 ③	5 ④
6 ⑤	7 ⑤	8 ②		

1 인구의 이동의 유형

제시된 자료에서 영화 '노예 12년'은 강제로 납치되어 노예로 팔려간 주인공의 이야기로 강제적 이동이 나타나며, 영화 '미나리'는 농장을 가꾸고 일자리를 찾기 위해 이동한 경제적 이동이 나타난다.

2 인구 문제 대책

우리나라는 6·25 전쟁 이후 사회가 안정되면서 출생률은 높아지고, 사망률은 낮아지면서 인구가 급증하였다. 그러나 1990년대 이후 여성의 사회 참여 증가, 결혼 연령 상승, 출산 기피 등으로 출생률이 낮아지고 있으며, 주택 마련 비용 증가, 육아와 가사 노동에 대한 부담, 사교육비 증가, 가치관 변화 등으로 저출산 현상이 더욱 뚜렷해지고 있다. 이를 해결하기 위해서 정부에서는 보육 시설 확충, 공공 교육 서비스 제공, 출산 장려금 지급 등 다양한 정책을 실시하고 있다.

> **선택지 분석**
>
> ㄱ. 출생 건수가 낮은 지역들의 출산 장려금 지원 금액이 크다. (○)
> ㄴ. 출산 장려금 지급을 통해 도시 과밀화 문제를 해결하려고 한다. (×)
> → 저출산 문제를 해결하기 위해서이다.
>
> ㄷ. 같은 행정 구역(도 단위)에서 출산 장려금은 모두 동일하게 지급된다. (×)
> → 경기도 파주시, 광명시, 양평군의 예시로 보아 지역별로 다르게 나타난다.
>
> ㄹ. 출산 장려금이 많은 지역들의 노인 인구 비율은 그렇지 않은 지역보다 높다. (○)

더 알아보기 선진국과 개발 도상국의 인구 문제 대책

선진국	저출산 현상	출산 장려금 지급, 자녀 양육비 지원, 보육 시설 확충, 육아 휴직 제도 개선, 양성평등 문화 확산 등
	고령화 현상	정년 연장, 연금 제도 개선, 노인 일자리 창출, 노인 복지 시설 확충 등
개발 도상국	인구 급증	출산 억제 정책, 농업의 기계화 및 산업화 정책을 통해 인구 부양력 증대 등
	성비 불균형	태아 감별 금지, 양성평등 문화 확산 등
	대도시 인구 과밀	도시의 인구 및 기능 분산 정책, 농촌 생활 환경 개선 및 지역 발전 등

3 세계적으로 유명하거나 매력적인 도시

(가)는 미국 뉴욕, (나)는 프랑스 파리와 관련된 해시태그이다. 지도에서 A는 프랑스 파리, B는 이스라엘 예루살렘, C는 일본 교토, D는 미국 뉴욕이다.

4 도시 내부 구조

㉠은 부도심, ㉡은 위성 도시, ㉢은 중간 지역, ㉣은 도심, ㉤은 주변 지역으로 글자판에서 해당 글자들을 지우면 완성되는 단어 ㉥은 개발 제한 구역이다. 개발 제한 구역은 도시의 무질서한 팽창을 막고 녹지 공간 확보를 위해 설정한 지역이다.

5 선진국과 개발 도상국의 도시 문제

선거 포스터의 후보의 공약을 통해 천재시에서는 주택 부족 문제, 시설 노후화 문제, 교통 혼잡 문제, 하천 오염 문제가 나타나고 있음을 유추할 수 있다. 선거 포스터 내에 범죄율과 관련된 내용은 없다.

더 알아보기 선진국과 개발 도상국의 도시 문제

선진국	교통 문제	교통 체증 등
	주택 문제	노후화된 주택, 불량 주거 지역 형성 등
	환경 문제	쓰레기 처리 문제, 범죄, 노숙자 문제 등
오늘날	교통 문제	불량한 도로 상태, 교통 혼잡 등
	주택 문제	무허가 주택, 빈민촌 형성, 상하수도 시설 부족 등
	환경 문제	급속한 산업화로 인한 환경 문제, 실업, 범죄 문제 등

6 농업 생산의 기업화와 세계화

전 세계를 대상으로 농작물이 생산되는 농업의 세계화가 진행되고 있으며 이 과정에서 농작물 생산 지역 및 소비 지역에 다양한 변화가 나타난다. ㄷ, ㄹ은 긍정적인 기능, ㄱ, ㄴ은 부정적인 기능이다.

더 알아보기 곡물 메이저의 기능

긍정적 기능	국제적인 분업 체계를 갖추어 대량 생산 체제를 통해 값싼 농산물을 생산·공급
부정적 기능	• 수익의 대부분이 선진국으로 돌아감 → 선진국과 개발 도상국 간의 경제적 격차 심화 • 기업들이 곡물 가격을 인상하거나 생산량을 줄일 경우 곡물 자급률이 낮은 국가에 경제 문제 발생 • 외국산 농산물과의 가격 경쟁에서 밀려나면 국내 농민들이 힘들어짐.

7 다국적 기업의 공간적 분업

교통과 통신의 발달로 국가 간 교류가 활발해지면서 생산, 소비와 같은 경제 활동을 전 세계를 대상으로 하게 되었다. 이처럼 상품, 자본, 노동, 기술, 서비스 등이 국경을 초월하여 자유롭게 이동하면서 세계적 차원에서 경제적 상호 의존도가 높아지는 현상인 경제 활동의 세계화가 나타나고 있다. 경제 활동의 세계화에 따른 국제적 분업을 통해 제품의 원료 조달 및 생산 과정에 여러 국가가 함께 하고 있다.

선택지 분석

① 다국적 기업 수의 감소 (×) → 다국적 기업 수는 증가하고 있다.

② 시간적·공간적 제약의 심화 (×)
→ 시간적·공간적 제약은 완화되고 있다.

③ 세계화로 인한 문화적 획일화 (×)
→ 세계화로 인해 문화적 획일화가 일부 나타나고 있지만, 문제에서 요구하는 바지 제작이 가능해진 이유로 적절하지 않다.

④ 선진국과 개발 도상국의 경제적 불평등 (×)
→ 다국적 기업의 증가로 선진국에는 핵심 기능(본사, 연구소), 개발 도상국에는 생산 기능이 들어서게 된다. 수익의 대부분이 선진국으로 들어가게 되면 선진국과 개발 도상국의 경제적 불평등이 나타날 수 있는데, 문제에서 요구하는 바지 제작이 가능해진 이유로 적절하지 않다.

⑤ 경제 활동의 세계화에 따른 국제적 분업 (○)

8 서비스업의 세계화

세계화가 진행됨에 따라 서비스업 역시 선진국과 개발 도상국 간에 분업이 이루어지고 있다. 선진국의 기업들은 비용 절감 및 업무의 효율성을 높이기 위해 업무의 일부를 개발 도상국으로 분산하여 운영하기도 한다. 이외에 교통과 통신의 발달은 유통의 세계화도 진행시키고 있다. 특히 인터넷이나 텔레비전 등을 통한 온라인 쇼핑으로 상품을 사는 사람들이 늘어나며 전자 상거래 거래량이 크게 증가하였고, 해외 상점도 쉽게 접속할 수 있어 소비 활동의 범위가 전 세계로 확대되고 있다.

2주 X. 환경 문제와 지속 가능한 환경
~ XII. 더불어 사는 세계

1일 개념 돌파 전략 ❶
40~43쪽

3강_기후 변화와 지역 변화~우리나라의 영역과 독도

1-2 ② **2-2** ③ **3-2** ③

4강_세계화 시대의 지역화 전략~지역 간 불평등 완화를 위한 노력

1-2 ③ **2-2** ㉠ 기아 문제 ㉡ 생물 다양성 감소 문제

3-2 ④

3강_기후 변화와 지역 변화~우리나라의 영역과 독도

1-2 기후 변화 문제 해결을 위한 노력
기후 변화 문제 해결을 위한 개인적 노력에는 에너지 절약, 자원 재활용, 쓰레기 분리배출, 친환경 제품 사용, 대중교통 이용 등이 있다. ㄴ, ㄹ은 기후 변화 문제 해결을 위한 국제적 노력에 해당한다.

2-2 일상생활 속 환경 이슈
유전자 재조합 식품(GMO)은 인체의 유해 가능성과 생물 다양성 훼손의 문제점을 가지고 있다. 반면에 유전자를 조작하여 병충해에 강하고, 수확량이 많아 농가 소득이 증대되고 식량 문제 해결에 기여할 수 있다.

3-2 우리나라의 영역
서해안은 해안선이 복잡하여 가장 바깥에 위치한 섬을 직선으로 연결한 직선 기선을 이용하여 영해 설정 기준으로 이용한다. 동해안, 제주도, 울릉도, 독도 등은 통상 기선을 기준으로 영해를 설정한다.

4강_세계화 시대의 지역화 전략 ~지역 간 불평등 완화를 위한 노력

1-2 지역화 전략
장소 마케팅은 특정 장소가 가지고 있는 자연환경이나 역사적, 문화적 특성을 드러내어 장소 자체를 매력적인 상품으로 발전시켜 판매하려는 활동이다.

2-2 다양한 지리적 문제
가뭄과 홍수, 한파, 태풍, 병충해 등의 자연적 요인과 인구 증가, 분쟁, 세계적인 식량 분배의 불균형으로 기아 문제가 발생한다. 산업화, 인구 증가, 환경 오염, 삼림 파괴, 무분별한 남획, 외래종의 침입 등으로 생물 다양성 감소 문제가 발생한다.

3-2 지역 간 불평등 완화를 위한 노력
공적 개발 원조는 국제기구와 선진국 정부가 개발 도상국의 경제 발전과 사회 복지 증진을 목표로 제공하는 원조이다.

1일 개념 돌파 전략 ❷
44~45쪽

1 ⑤ **2** ④ **3** ③ **4** ⑤ **5** ③ **6** ②

1 기후 변화 문제의 해결을 위한 노력
제시된 글은 파리 협정에 대한 내용이다. 기후 변화 협약, 교토 의정서, 파리 협정 등은 기후 변화 문제를 해결하기 위한 국제적 노력에 해당한다. ① ~ ④는 기후 변화 문제를 해결하기 위한 개인적인 노력에 해당한다.

오답 피하기 ④ 국제 규모의 환경 단체에 가입해 활동하는 것은 개인적인 노력에 해당한다.

2 환경 문제 유발 산업
환경 문제 유발 산업의 유출 지역은 엄격한 환경 규제, 높은 지가, 비싼 노동 비용의 특징을 갖고 있다. 반면에 유입 지역은 경제 우선 정책, 저렴한 노동 비용, 적은 산업 운영비, 노동권의 적은 규제 등의 특징을 갖는다.

선택지 분석

ㄱ. 높은 지가 (×)
→ 환경 문제 유발 산업의 유출 지역의 특징이다.

ㄴ. 경제 우선 정책 (○)

ㄷ. 엄격한 환경 규제 (×)
→ 환경 문제 유발 산업의 유출 지역의 특징이다.

ㄹ. 저렴한 노동 비용 (○)

3 독도
화산섬인 독도는 우리나라 영토의 가장 동쪽 끝에 위치한 섬으로 울릉도에서 87.4km 떨어져 있으며, 일본 오키섬에서는 약 158km 떨어져 있다. 따라서 독도에서 울릉도까지의 거리가 더 가까우며, 맑은 날에는 울릉도에서 독도를 볼 수 있다.

4 우리나라의 위치적 특성
우리나라는 유라시아 대륙과 태평양을 연결하는 곳에 위치한다. 즉 유라시아 대륙을 발판으로 해양을 향해 열려 있어 동아시아 교통의 중심지로 성장이 가능하다.

① 유라시아 대륙의 중심에 위치한다. (×)

→ 우리나라가 동북아시아의 중심 국가로 성장할 가능성이 있으나 유라시아 대륙의 중심에 위치하고 있는 것은 아니다.

② 뚜렷한 강대국이 없어 안정적으로 성장할 수 있었다. (×)

→ 한반도 부근에는 중국, 러시아, 일본 등 강대국이 많이 분포한다.

③ 해양을 통한 진출은 불리하나 대륙을 통한 진출은 유리하다. (×)

→ 해양을 통한 진출 및 대륙을 통한 진출도 가능하다.

④ 유라시아 대륙과 대서양을 연결하는 지리적 요충지에 위치한다. (×)

→ 유라시아 대륙과 태평양을 연결하는 지리적 요충지에 위치한다.

⑤ 대륙을 바탕으로 해양을 향해 열려 있어 동아시아 교통의 중심지로 성장할 수 있다. (○)

5 다양한 지리적 문제

생물 다양성 감소 문제는 지구 각지의 자연계에 존재하는 생물과 그들의 서식 환경의 다양성이 손실되는 것을 말한다. 생물 다양성 감소 문제는 산업화, 인구 증가, 환경 오염, 삼림 파괴, 무분별한 남획, 외래종의 침입 등으로 발생한다.

ㄱ. 민족 갈등 (×) → 영토·영해 갈등 문제의 원인이다.

ㄴ. 외래종 유입 (○)

ㄷ. 무분별한 남획 (○)

ㄹ. 농업 기반 시설의 부족 (×) → 기아 문제의 원인에 해당한다.

6 지역 간 불평등 완화를 위한 노력

공정 무역은 선진국과 저개발 국가 사이의 불공정한 무역을 개선하여 저개발 국가의 생산자에게 정당한 가격을 지급하는 무역 방식이다. 또한 공정 무역은 생산자의 건강한 노동 환경과 경제적 독립, 환경 보전 등을 중시한다.

자료 분석 공정 무역 커피

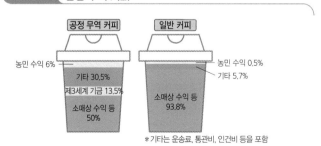

공정 무역 커피를 구입하면 유통 단계를 줄여 농민의 수입을 높이고, 제3세계의 발전을 도울 수 있다.

1-1 ④	1-2 ⑤	2-1 ③	2-2 ④
3-1 ⑤	3-2 ④	4-1 ③	4-2 ②

1-1 기후 변화

제시된 지구의 평균 기온 변화 그래프는 지구의 평균 기온이 지속적으로 상승하고 있음을 보여준다. 온실 효과로 인해 지구의 평균 기온이 점점 높아지는 현상인 지구 온난화가 나타나고 있음을 알 수 있다.

자료 분석 지구의 평균 기온 변화

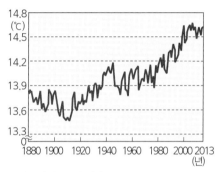

▲ 지구의 평균 기온 변화

산업화와 도시화에 따라 이산화 탄소의 배출량이 증가하면서 지구의 평균 기온은 최근 100년 동안 약 0.74℃ 상승하였다.

1-2 기후 변화 해결을 위한 국제적 노력

기후 변화 문제는 문제의 원인이 복잡하고 피해 범위가 매우 넓으며 원인 지역과 발생 지역이 다르기 때문에 기후 변화를 해결하기 위해서는 국제적 차원의 공동 노력이 필요하다.

2-1 환경 문제 유발 산업의 이동

전자 쓰레기는 선진국에서 개발 도상국으로 이동하고 있다. 선진국은 전자 쓰레기의 이동으로 환경 문제가 해결되었지만, 개발 도상국에서 유해 물질 배출에 따른 환경 오염 및 질병 발생, 생태계 파괴 등의 문제가 발생하고 있다.

2-2 로컬 푸드

로컬 푸드는 사는 곳에서 가까운 지역에서 생산된 먹거리를 말한다. 로컬 푸드는 생산지와 소비지까지의 거리를 줄여 먹을거리의 신선도와 안정성을 확보하고, 이동 과정에서 온실가스를 줄일 수 있다. 소비자는 신선하고 안전한 먹을거리를 구매하며, 농민은 안정적인 소득을 얻을 수 있고, 지역 경제 활성화에 기여할 수 있다.

3-1 우리나라 영해

동해안과 울릉도, 독도, 제주도는 통상 기선으로부터 12해리까지를 영해로 설정하고, 서해안과 남해안은 해안선이 복잡하여 가장 바깥에 위치한 섬을 직선으로 연결한 직선 기선으로부터 12해리까지를 영해로 설정한다.

더 알아보기   우리나라의 영해

동해안, 제주도, 울릉도, 독도	해안선이 단조로워 최저 조위선을 기준으로 통상 기선으로부터 12해리까지로 설정
서해안, 남해안	해안선이 복잡하여 가장 바깥에 위치한 섬을 연결한 직선 기선으로부터 12해리까지로 설정
대한 해협	직선 기선으로부터 3해리까지로 설정

3-2 배타적 경제 수역(EEZ)

배타적 경제 수역에서 연안국은 자원 탐사, 개발 등의 경제적 권리를 갖고, 인공 섬을 만들거나 바다에 시설물을 설치할 수 있다. 하지만 배타적 경제 수역은 국가의 영역에 포함되지 않기 때문에 정치적 주권 행사가 불가능하다. 그러므로 다른 나라의 선박과 항공기도 자유롭게 통행이 가능하다.

더 알아보기   배타적 경제 수역

의미	영해를 설정한 기준선으로부터 200해리
특징	• 경제적 주권 행사 가능, 연안국의 자원 탐사·개발·보존에 관한 권리 보장, 인공 섬과 시설물 설치 가능 • 정치적 주권 행사는 불가능, 다른 국가의 선박과 항공기의 자유로운 통행 가능
우리나라	중국, 일본과 근접하여 배타적 경제 수역의 경계가 겹치는 문제 발생 → 어업 협정 체결

4-1 독도

독도는 우리나라에서 가장 동쪽에 있는 영토로 울릉도에서 동남쪽으로 87.4km 떨어져 있다. 독도는 동해의 해저에서 형성된 화산섬으로 동도와 서도 두 개의 큰 섬과 89개의 바위섬으로 이루어져 있다. 독도는 난류의 영향으로 기후가 온화한 편이며 일 년 내내 강수가 고르다. 512년 신라가 우산국을 편입하면서 우리나라 영토가 되었다. ③ 행정 구역상 경상북도 울릉군 울릉읍 독도리에 속한다.

4-2 독도의 경제적 가치

독도 주변 바다는 한류와 난류가 교차하는 조경 수역이 형성되어 각종 수산 자원이 풍부하다. 최근 독도 주변의 깊은 바다에 메탄 하이드레이트와 해양 심층수 등의 자원도 주목받고 있다.

자료 분석   해양 심층수와 메탄 하이드레이트

독도 주변 바다에는 해양 심층수, 메탄 하이드레이트가 매장되어 있어서 경제적 가치가 높다.

2일   필수 체크 전략 ❷   50~51쪽

1 ④   **2** ①   **3** ⑤   **4** ④   **5** ③   **6** ④

1 기후 변화의 원인

지구 온난화의 원인은 화석 연료의 과다한 사용과 무분별한 삼림의 파괴로 인한 온실가스의 증가이다.

오답 피하기 ㄷ 이상 기후 현상의 증가는 지구의 평균 기온이 높아져서 발생한 것으로 볼 수 있다.

2 환경 문제 유발 산업으로 인한 국제 사회의 노력

바젤 협약은 1989년 스위스 바젤에서 유해 폐기물의 국가 간 이동을 규제하기 위해 체결된 국제 협약이다.

3 일상생활 속 환경 이슈

유전자 재조합 식품(GMO)은 생물체의 유용한 유전자를 다른 생물체의 유전자와 결합하여 특정 목적에 맞도록 일부를 변형시킨 식품이다.

더 알아보기   유전자 재조합 식품(GMO)

의미	한 생명체의 유용한 유전자를 다른 생명체의 유전자와 결합하여 원하는 특성을 가지게 개발한 새로운 식품
장점	병충해에 강한 성질, 생산성 향상, 식량 문제 해결, 농가 소득 증대, 이산화 탄소 배출량과 농약 사용량 감소
단점	고유종 파괴, 식물 다양성 위협, 생태계 교란, 인체 유해성 검증 미비, 유전자 재조합 기술을 가진 국제 기업에게 많은 수익이 집중됨.

4 우리나라의 영역

영토는 땅의 범위로, 한반도와 주변의 섬이 해당한다. 영해는 바다의 범위로, 기준선으로부터 12해리(약 22km)까지이다. 영공은 영토와 영해 위에 있는 하늘의 범위를 말한다. 배타적 경제 수역은 영해를 설정한 기준선으로부터 200해리까지의 바다에서 영해를 제외한 바다이다.

자료 분석 영역의 구성

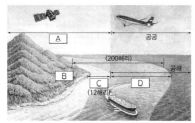

A는 영공, B는 영토, C는 영해, D는 배타적 경제 수역에 해당된다.

5 독도

독도는 여러 차례의 화산 활동으로 형성되어 다양한 암석과 지형, 지질 경관이 나타나고 있다.

6 독도의 가치

독도는 동식물 서식에 있어 유리한 지역은 아니지만, 다양한 동식물이 서식하는 생태계의 보고이다.

3일 필수 체크 전략 ❶ 　　52〜55쪽

1-1 ④	1-2 ①	2-1 ⑤	2-2 ①
3-1 ②	3-2 ①	4-1 ③	4-2 ②

1-1 장소 마케팅

보령 머드 축제는 장소 마케팅의 사례이다. 장소 마케팅은 지역의 가치 상승 및 상품, 서비스 판매량의 증가로 이어져 지역 경제가 활성화된다. ④ 장소 마케팅은 세계화 시대의 지역화 전략에 해당한다.

1-2 지리적 표시제

보성 녹차, 횡성 한우, 의성 마늘, 성주 참외, 순창 고추장 등은 지리적 표시제의 사례에 해당한다. ㄷ, ㄹ은 장소 마케팅의 사례에 해당한다.

더 알아보기 지역화 전략

지역 브랜드	상표 개념을 지역에 적용하여 지역의 고유한 가치와 정체성이 드러나도록 개발한 것 → 로고, 슬로건, 캐릭터 활용
장소 마케팅	• 장소가 지닌 유형·무형의 자산이나 고유한 특징을 활용하여 지역을 홍보하고 판매하는 것 • 지역 축제, 랜드마크 활용, 박물관 건립, 스포츠나 문화 행사 유치 등
지리적 표시제	특정 상품의 품질과 특성이 해당 지역에서 비롯되는 경우 해당 지역의 지명을 상표권으로 인정하는 제도

2-1 우리나라의 위치적 특성

우리나라는 대륙과 해양을 잇는 지리적 요충지에 위치해 있기 때문에 역사적으로 주변국들의 침략을 많이 받았다.

2-2 통일 이후의 국토 공간 변화

통일 이후에는 남한의 자본과 기술 및 북한의 자원과 노동력을 활용하여 경제적 발전을 이룰 수 있다. 또한 남북한이 문화적 이질감을 극복하고 민족의 동질성을 회복할 수 있다.

선택지 분석

ㄱ. 국토의 효율적 이용 (○)

ㄴ. 대륙과 해양의 연결 기능 회복 (○)

ㄷ. 북한의 풍부한 자본과 기술의 활용 (×)
→ 북한의 풍부한 자원과 노동력을 활용한다.

ㄹ. 문화적 이질성 확대를 통한 문화적 다양성 확보 (×)
→ 남한과 북한의 문화적 동질성을 회복한다.

더 알아보기 통일 이후 국토 공간의 변화

국토 공간적 측면	반도적 이점 이용한 국토의 효율적 활용(아시안 하이웨이, 유라시아 횡단 철도 건설)
경제적 측면	군사비 지출 감소, 남한의 자본과 기술 및 북한의 자원과 노동력 활용
정치적 측면	전쟁 위험 탈피, 세계 평화에 이바지
사회·문화적 측면	이산가족 상봉, 민족의 정체성 및 동질성 회복

3-1 기아 문제의 원인

제시된 지도는 세계의 기아 현황을 나타낸 지도이다. 무분별한 개발로 인한 삼림 감소는 생물 다양성 감소 문제의 원인과 관련이 있다. 기아 문제는 자연재해, 인구 급증, 잦은 분쟁, 식량 분배의 불균형 등이 원인이며, 주로 아프리카와 일부 아시아 국가 등지에 집중되어 있다.

3-2 영역 분쟁
아프리카 북동부의 에티오피아 지역 분쟁(A)에 대한 설명이다. A는 에티오피아 지역 분쟁, B는 팔레스타인 분쟁, C는 카슈미르 분쟁, D는 센카쿠 열도 분쟁, E는 쿠릴 열도 분쟁 지역이다.

4-1 발전 수준에 따른 국가 구분
1인당 국내 총생산(GDP)은 앵글로아메리카와 유럽의 국가들, 우리나라와 일본, 오스트레일리아 등이 높게 나타나고, 중남부 아프리카와 아시아 및 라틴 아메리카 일부 국가는 낮게 나타난다.

선택지 분석

① 아프리카 지역은 소득 수준이 높은 편이다. (×)
→ 아프리카 지역은 소득 수준이 낮은 편이다.

② 유럽은 소득 수준이 전체적으로 낮은 편이다. (×)
→ 유럽은 소득 수준이 전체적으로 높은 편이다.

③ 전 세계적으로 소득 수준의 편차가 큰 편이다. (○)
④ 경제적으로 가장 풍요로운 지역은 아시아이다. (×)
→ 경제적으로 풍요로운 지역은 앵글로아메리카와 유럽의 국가들, 우리나라와 일본, 오스트레일리아 등이다.

⑤ 앵글로아메리카는 경제적 수준이 낮은 지역이다. (×)
→ 앵글로아메리카는 경제적 수준이 높은 지역이다.

4-2 지역 간 불평등 완화를 위한 노력
세계 보건 기구, 유네스코(국제 연합 교육 과학 문화 기구), 유니세프(국제 연합 아동 기금)는 국제기구에 속한다. ㄱ, ㄹ은 비정부 기구에 속한다.

오답 피하기 ㄱ. 그린피스는 지구의 환경을 보존하고 평화를 증진하기 위한 활동을 펼친다.
ㄹ. 국경없는 의사회는 인종, 종교, 성, 정치적 성향과 관계없이 도움이 필요한 사람들에게 의료 서비스를 지원한다.

더 알아보기 국제기구의 노력

세계 식량 계획(WFP)	기아와 빈곤으로 고통받는 지역에 식량을 지원
세계 보건 기구(WHO)	보건, 위생 분야의 국제적 협력을 하는 기구
국제 연합 난민 기구 (UNHCR)	난민을 보호하고 난민 문제를 해결하는 기구
국제 연합 아동 기금 (UNICEF)	아동 구호 및 아동 복지 향상을 위한 일을 하는 기구

3일 필수 체크 전략 ❷ 56~57쪽

| 1 ⑤ | 2 ② | 3 ③ | 4 ③ | 5 ⑤ | 6 ① |

1 지역화 전략
지리적 표시제에 등록된 상품의 상표권은 다른 지역에서 임의로 사용할 수 없도록 법적으로 보호를 받는다.

2 통일의 필요성
남북 분단으로 이산가족의 고통이 이어지고 있다. 통일이 되면 이산가족의 고통을 해결할 수 있다.

3 생물 다양성 감소 문제
생물 다양성 감소 문제는 자연계에 존재하는 생물과 그들의 서식 환경의 다양성이 손실되는 것을 말한다. 다가올 미래에 지구의 지속 가능성을 유지하려면, 생물 다양성을 잃지 않도록 노력해야 한다.

더 알아보기 생물 다양성 감소 문제

원인	인구 증가와 경제 발전에 따라 동식물의 서식지 파괴 및 외래종 유입, 농경지 확대, 삼림과 습지 감소, 무분별한 남획, 해양 생태계 위협 등
해결 노력	생물 다양성 협약(생물 다양성 보존과 지속 가능한 이용 및 생물 자원의 이용으로 얻어지는 혜택이 공정하면서도 공평하게 분배되는 것을 추구함.) 체결

4 영역 분쟁
카슈미르 지역은 주민 대부분이 이슬람교를 믿기 때문에 파키스탄으로 귀속될 예정이었으나, 이곳을 통치하던 힌두교 지도자가 인도에 통치권을 넘기면서 파키스탄과 인도 간의 갈등이 시작되었다. 국제 연합(UN)의 중재로 카슈미르의 영토가 분할되었지만 여전히 무력 충돌이 계속되고 있다.

5 발전 수준에 따른 국가 구분
인간 개발 지수는 각 국가의 실질 국민 소득, 교육 수준, 기대 수명 등 인간의 삶과 관련된 지표를 조사해 각국의 발전 수준과 선진화 정도를 평가하는 것이다. 인간 개발 지수는 서부 유럽, 앵글로아메리카 등의 선진국이 높고, 동남아시아, 라틴 아메리카, 아프리카 등의 개발 도상국이 낮다.

6 지역 간 불평등 완화를 위한 노력
세계 식량 계획(WFP)은 기아와 빈곤으로 고통받는 지역에 식량을 지원하고 있다.

1 ④	2 ①	3 ②	4 ②	5 ⑤
6 ⑤	7 ②	8 ④	9 ③	10 ①
11 ④	12 ③	13 ⑤		

1 지구 온난화

기후 변화는 지구의 평균 기온이 상승하는 현상인 지구 온난화가 주요 원인이다. 지구 온난화는 산업 혁명 이후 석탄, 석유 등 화석 연료의 사용이 늘어나면서 온실가스가 증가하였고, 무분별한 개발과 삼림 파괴로 대기 중 온실가스의 농도가 높아지면서 더욱 심각해지고 있다.

오답 피하기 ㄱ. 지구 온난화는 인간의 활동뿐만 아니라, 태양의 활동 변화, 화산 분화 등 자연적 요인에 따라 계속 변화하고 있다. 다만, 무분별한 개발과 삼림 파괴 등으로 대기 중 온실가스 농도가 더욱 높아져 인간의 활동으로 인한 지구 온난화 속도가 더욱 빨라지고 있다.

2 기후 변화 문제 해결을 위한 노력

전 지구적 차원의 기후 변화를 해결하기 위해서는 지구 온난화를 가속화시키는 온실가스를 줄이는 일이 가장 중요하다. 지역이나 국가에서는 온실가스를 감축하기 위한 제도를 마련하고, 화석 연료를 대체할 수 있는 신·재생 에너지 등을 개발하여 기후 변화에 대응해야 한다. 국제적 차원에서 세계 각국은 기후 변화 해결을 위한 국제 협약을 체결하여 기후 변화 해결을 위해 노력하고 있다. ① 농경지 개간 등으로 삼림이 감소하면 온실가스가 증가하여 지구 온난화는 가속화된다.

더 알아보기 기후 변화 협약

브라질 리우 환경 개발 회의(1992년)	온실가스를 줄이기 위한 기후 변화 협약을 최초로 채택
교토 의정서 (1997년)	온실가스 배출량 감축을 위한 구체적인 이행 방안 마련 → 37개 선진국의 온실가스 배출량 감축 목표 규정, 온실가스 배출권 거래제 도입
파리 협정(2015년)	2020년 이후 적용될 새로운 기후 협약으로 파리 협정(2015년) 체결 → 기후 변화 당사국인 197개국(개발 도상국 포함) 모두 온실가스 감축 이행 방안 제출

3 환경 문제 유발 산업의 이동

선진국은 오늘날 개발보다 환경에 더 많은 중점을 두고 오염 물질을 배출하는 산업에 엄격한 규제를 적용하고 있다. 이에 따라 선진국의 환경 문제 유발 산업은 환경 규제가 덜 엄격하고 임금도 저렴한 개발 도상국으로 이전하고 있다. 개발 도상국에서는 빠른 경제 성장에 중점을 두고 있기 때문에 선진국의 산업을 쉽게 받아들이기도 한다.

선택지 분석

① 주민들의 일자리는 감소하였다. (×)
→ 석면 공장의 유입으로 해당 지역 주민들의 일자리는 증가한다.

② 석면 공장 유출국보다 임금이 저렴하다. (○)

③ 환경 문제에 대한 정부 규제가 엄격하다. (×)
→ 선진국(석면 공장 유출국)보다 환경 문제에 대한 규제가 약하다.

④ 석면 공장의 유입으로 주민들의 건강이 좋아졌다. (×)
→ 석면은 1급 발암 물질이기 때문에 주민의 건강을 위협한다.

⑤ 상품의 기획, 디자인 및 판매 등이 이루어지는 나라들이다. (×)
→ 상품의 기획, 디자인 및 판매 등이 이루어지는 나라는 선진국이며, 개발 도상국에서는 주로 상품의 제조가 이루어진다.

4 환경 문제 유발 산업

환경 문제를 유발하는 산업 및 유해 폐기물이 선진국에서 개발 도상국으로 이동함에 따라 개발 도상국에서는 유해 물질 누출로 인한 사고, 환경 오염, 질병 발생 등의 문제점이 나타나게 되었고, 개발 도상국의 주도로 유해 폐기물의 국가 간 이동과 처리에 관한 국제 협약인 바젤 협약을 체결하게 되었다.

선택지 분석

① 파리 협정 (×)
→ 개발 도상국을 포함한 기후 변화 당사국의 온실가스 감축 이행 방안을 담은 국제 협약이다.

② 바젤 협약 (○)

③ 교토 의정서 (×)
→ 선진국의 온실가스 배출량 감축을 목표로한 국제 협약이다.

④ 람사르 협약 (×)
→ 중요 습지를 보호하기 위해 국제적인 협력으로 맺은 조약이다.

⑤ 브라질 리우 회의 (×)
→ 온실가스를 줄이기 위한 기후 변화 협약을 최초로 채택하였다.

5 로컬 푸드와 글로벌 푸드

로컬 푸드는 방부제를 쓰지 않고도 신선도를 유지하기 때문에 먹거리의 안전성이 확보되고, 지역 농민의 안정적인 소득을 보장하며, 지역 경제 활성화에 도움을 줄 수 있다. 글로벌 푸드에 대한 대안으로 먼 거리를 이동하지 않기 때문에 온실가스의 배출량을 줄이는 데 도움이 된다.

6 우리나라의 영역

A는 영공, B는 영토, C는 영해이다. 영역은 한 국가의 주권이 미치는 공간적 범위를 의미하며 영토, 영해, 영공으로 구성된다. 영토는 국민의 삶의 터전이 되는 땅으로 영해와 영공 설정의 기준이 되며, 영해는 영토 주변의 바다로 보통 기선으로부터 12해리까지의 해역을 가리킨다. 영공은 영토와 영해의 수직 상공으로, 통상적으로 대기권 내로 범위를 한정한다.

더 알아보기 **영역의 구성**

영토	국민의 삶의 터전이 되는 땅, 영해와 영공 설정의 기준, 간척이나 해수면 상승 등으로 면적이 변화할 수 있음.
영해	영토 주변의 바다, 일반적으로 기선으로부터 12해리
영공	영토와 영해의 수직 상공, 통상적으로 대기권 내로 범위를 한정함, 최근 항공 교통과 우주 산업 발달로 중요성이 커짐.

7 우리나라의 영해

영해는 기본적으로 영해를 정하는 기준선에서부터 12해리까지이다. 삼면이 바다로 둘러싸인 우리나라는 해안선의 모습에 따라 영해의 설정 기준이 다르다. 해안선이 단조로운 동해안과 제주도, 울릉도, 독도에서는 해수면이 가장 낮은 썰물 때의 해안선인 통상 기선을 기준으로 영해를 설정한다. 해안선이 복잡하고 섬이 많은 서·남해안은 가장 바깥쪽에 있는 섬을 직선으로 연결한 직선 기선을 기준으로 영해를 설정한다.

선택지 분석

ㄱ. 대한 해협의 경우 직선 기선에서 3해리에 이르는 수역을 영해로 설정한다. (○)

ㄴ. 우리나라는 기본적으로 기선에서 200해리에 이르는 수역을 영해로 설정한다. (×)

→ 우리나라는 영해를 정하는 기준선에서 12해리까지를 영해로 설정한다.

ㄷ. 동해안은 해수면이 가장 낮은 썰물 때의 해안선을 영해의 기준으로 삼는다. (○)

ㄹ. 서·남해안에서는 가장 바깥쪽의 섬을 연결한 통상 기선을 영해의 기준으로 삼는다. (×)

→ 가장 바깥쪽의 섬을 연결한 기준선은 직선 기선이다.

8 독도의 위치와 환경

우리나라 영토의 동쪽 끝인 독도는 화산 활동으로 분출한 용암이 굳어 형성된 섬이다. 작은 바위섬이지만 우리 국민이 거주하는 소중한 영토이며, 울릉도에서 동남쪽으로 87.4㎞, 일본의 오키섬에서는 157.5㎞ 떨어져 있다. ⑤ 맑은 날에는 울릉도에서 독도를 볼 수 있다.

9 지역화 전략

최근 각 지역은 지역 고유의 특성을 살리면서 보편적인 세계 문화와 조화를 이루어 지역 경쟁력을 높일 수 있는 지역화 전략을 세우기 위해 힘쓰고 있다. 지역을 널리 알릴 수 있는 지역화 전략에는 지역 브랜드, 지리적 표시제, 장소 마케팅 등이 있다.

선택지 분석

ㄱ. 부산 국제 영화제 등과 같은 지역화 전략이다. (×)

→ 특정 장소가 지닌 유형·무형의 자산이나 고유한 특징을 이용하여 장소 자체를 매력적인 상품으로 발전시키는 것은 장소 마케팅이다.

ㄴ. 지역을 홍보하고 경쟁력을 높일 수 있는 수단이다. (○)

ㄷ. 다른 지역과의 차별성을 높이고 지역의 긍정적인 이미지를 강화할 수 있다. (○)

ㄹ. 특정 상품이 해당 지역의 지리적 특성 때문에 생긴 경우 이를 상표로 인정해 주는 것이다. (×)

→ 지리적 표시제에 대한 설명이다.

더 알아보기 **지역화 전략**

구분	특징	예시
지역 브랜드	지역 그 자체 또는 지역의 상품과 서비스 등을 소비자에게 특별한 브랜드로 인식시키는 것	HAPPY 700 평창
장소 마케팅	특정 장소의 자연환경, 역사적·문화적 특성을 부각하여 장소를 매력적인 상품으로 만들어 이를 판매하려는 활동	함평 나비 축제, 부산 국제 영화제 등
지리적 표시제	상품의 품질 및 특성이 해당 지역의 지리적 특성에서 비롯된 경우 지역 생산품임을 증명하고 표시하는 제도	보성 녹차, 이천 쌀, 횡성 한우 등

10 통일의 필요성

우리나라는 국토가 분단되어 민족의 역량이 충분히 발휘되지 못하고 있다. 통일이 되면 남한의 자본과 기술 및 북한의 풍부한 지하자원과 노동력이 결합하여 경제적으로 크게 발전할 수 있을 것이다. 또한 대륙과 해양을 연결하는 기능을 회복함으로써 동아시아의 교통 중심지로 발돋움할 수 있을 것이다.

11 기아 문제

기아는 인간이 생존하는 데 필요한 물과 영양소가 결핍된 상태를 의미하며, 오늘날 40여 개국 8억 명 이상의 인구가 기아로 고통을 겪고 있다. 기아 문제는 개발 도상국의 인구 급증에 따른 곡물 수요의 증대, 기후 변화로 인한 식량 생산량의 감소,

국제 곡물 가격 상승 등에 의해 발생한다.

자연적 요인	가뭄, 홍수, 한파, 병충해, 기후 변화 등으로 인한 식량 생산량의 감소 등
인위적 요인	곡물 수요의 증대, 곡물 가격 상승, 식량 분배의 불균형, 전쟁과 내전으로 인한 식량 안보 위협 등

12 영역 분쟁

오늘날 세계 곳곳에서는 영토·영해 분쟁이 계속되고 있으며, 이러한 분쟁은 민족적 자존심뿐만 아니라 자원에 대한 경제적 이익 등이 걸린 문제이기 때문에 쉽게 해결되지 않고 있다. 분쟁의 발생 원인은 역사적인 배경, 모호한 국경선 설정, 민족과 종교·언어 등 문화적 차이, 자원 확보 경쟁 등이다.

13 지역별 발전 수준의 차이

지역별 발전 수준의 차이를 살펴보기 위해 여러 지표들이 사용되고 있으며, 그중 대표적인 것이 인간 개발 지수이다. 인간 개발 지수는 1인당 국민 총소득, 기대 수명과 학력 수준 등을 기준으로 국가별 국민의 삶의 질을 평가한 지표이다. 이는 선진국과 개발 도상국 간 발전 격차를 줄이고 개발 도상국의 빈곤 문제를 해결하는 데 활용된다.

선택지 분석

ㄱ. 우리나라의 인간 개발 지수는 낮은 편이다. (×)
→ 우리나라의 인간 개발 지수는 높은 편이다.

ㄴ. 지역별 발전 수준의 격차는 감소하고 있다. (×)
→ (다) 대륙별 국내 총생산 그래프를 보면 시간이 흐를수록 지역별 발전 수준의 격차는 증가하고 있다.

ㄷ. 북아메리카의 1인당 국민 총생산은 높은 편이다. (○)

ㄹ. 대체로 1인당 국민 총생산이 높은 국가가 인간 개발 지수도 높게 나타난다. (○)

4일 교과서 **대표 전략 ❷**   62~63쪽

1 ④	2 ③	3 ⑤	4 ③	5 ③
6 ④	7 ①	8 ③		

1 지구 온난화

지구 온난화의 영향으로 지표면의 온도가 올라가면서 빙하의 면적이 줄어들고 있다. 남극과 북극에 있는 빙하뿐만 아니라 알프스산맥, 히말라야산맥, 안데스산맥 등 내륙에 있는 빙하들도 급격하게 녹으면서, 이렇게 녹은 물이 바다로 흘러들어 해수면이 상승한다.

2 환경 문제 유발 산업의 이동

선진국에서는 환경에 많은 관심을 두면서 환경 문제에 대한 규제를 강화하고 있고, 이에 따라 공해를 유발하는 산업이 개발 도상국으로 이전하고 있다. 제시된 자료에서 전자 쓰레기 발생 지역은 유럽, 미국 등 주로 선진국에 해당하며, 전자 쓰레기 처리 지역은 일부 아시아 국가, 멕시코 등의 라틴 아메리카 국가, 나이지리아 등의 아프리카 국가 등 주로 개발 도상국에 해당한다.

3 미세 먼지

공기 중에 떠다니는 지름 $10\mu m$ 이하의 입자상 물질인 미세 먼지는 입자가 매우 작으므로 호흡기에서 걸러지지 않고 각종 호흡기 질환을 유발할 수 있다. 또한 가시거리를 떨어뜨리기 때문에 비행기나 여객선 운항에도 지장을 받는다. 이러한 문제를 해결하기 위해서는 중국발 미세 먼지 감소를 위해 중국과 협조 체제를 만들어야 한다.

선택지 분석

① 미세 먼지의 발생 원인은 중국에만 있다. (×)
→ 중국뿐만 아니라 흙먼지나 꽃가루 등 자연적 요인에 의하여 발생하기도 하고, 국내의 화석 연료 사용, 자동차 배기 가스 등에 의해서도 생긴다.

② 미세 먼지 배출 지역과 피해 지역이 일치한다. (×)
→ 제시된 자료에서도 중국이 배출한 미세 먼지에 의해 우리나라가 피해를 받는 것으로 보아 일치하지 않는다.

③ 대기가 안정되면 미세 먼지의 농도는 감소한다. (×)
→ 대기가 안정되어 바람이 잘 불지 않으면 미세 먼지 농도는 높아진다.

④ 화력 발전소 건설은 미세 먼지 감소에 도움이 된다. (×)
→ 화력 발전소에서 화석 연료를 사용한다면 미세 먼지는 더욱 증가한다.

⑤ 미세 먼지를 줄이려면 중국과의 협조가 필요하다. (○)

4 우리나라 주변 바다의 배타적 경제 수역

A는 한·중 잠정 조치 수역이고, B는 대한민국의 배타적 경제 수역, C는 한·일 중간 수역이다. A에서는 중국, 우리나라 모두 어업 활동을 할 수 있으며, C에서는 일본과 우리나라 모두 어업 활동을 할 수 있다. A, B, C에서 연안국 외 다른 국가의 선박과 항공기 등은 자유롭게 통행할 수 있다.

5 우리나라의 영역과 배타적 경제 수역

A 배타적 경제 수역은 영해 기선으로부터 200해리에 이르는 수역 중 영해를 제외한 수역이다. 배타적 경제 수역에서 연안국은 어업 활동과 천연자원의 탐사 등 경제적 권리가 보장되며, 연안국 이외의 다른 국가의 선박이나 항공기 등은 자유롭게 통행할 수 있다.

6 지리적 표시제

특정 상품이 해당 지역의 지리적 특성 때문에 생긴 경우 생산지의 이름을 상표로 사용하여 다른 곳에서 사용할 수 없게 하는 제도를 지리적 표시제라고 한다. 지리적 표시제에 등록되면 지역 상품이 브랜드화되어 소비자들의 신뢰를 받을 수 있고, 지역을 널리 알릴 수 있으며, 지역 경제 발전에 이바지할 수 있다. 우리나라에서는 2002년 보성 녹차를 시작으로 이천 쌀, 횡성 한우 등 많은 상품이 지리적 표시제 인증을 받았다.

7 영역 분쟁

오늘날 세계 곳곳에서는 영토·영해 분쟁이 계속되고 있으며, 이러한 분쟁은 민족, 역사, 종교, 자원 등 다양한 원인에 의해 나타나고 있다. 팔레스타인 분쟁은 지도의 A 지역이다. B는 카슈미르, C는 남중국해, D는 센카쿠 열도, E는 쿠릴 열도이다.

더 알아보기 주요 영역 분쟁 지역

팔레스타인 분쟁	• 관련국: 이스라엘(유대인), 팔레스타인(아랍인) • 팔레스타인 지역에 이스라엘이 건국되면서 이전에 살던 팔레스타인 사람들이 영토 회복을 위해 지속적인 저항
센카쿠 열도 (댜오위다오) 분쟁	• 관련국: 일본, 중국(타이완섬) • 일본이 청일 전쟁 승리 후 자국 영토로 편입하여 지배 → 중국은 이를 불법 점령이라 주장
한스섬 분쟁	• 관련국: 덴마크, 캐나다 • 지구 온난화로 빙하가 녹아 북극 항로가 열려 가치가 상승하면서 분쟁 발생
카슈미르 분쟁	• 관련국: 인도(힌두교), 파키스탄(이슬람교) • 이슬람교도가 많은 카슈미르 지역이 힌두교를 믿는 인도로 편입되면서 무력 충돌 발생
난사 (스프래틀리) 군도 분쟁	• 관련국: 중국, 베트남, 필리핀, 말레이시아, 브루나이 • 제2차 세계 대전 중 일본이 점령했다가 패전 후 중국이 영유권을 주장함. → 난사 군도 주변에 원유와 천연가스 매장 → 관련국들이 모두 영유권 주장

8 지역 간 불평등 완화를 위한 국제기구의 노력

세계 경제의 변화와 발전이 매우 빠르게 진행되고 있지만, 지역 간 격차는 더 커졌다. 지역 간 불평등을 완화하고, 지구촌 곳곳에서 발생하는 지리적 문제들을 해결하기 위해 다양한 국제기구들이 노력하고 있다.

더 알아보기 국제기구

국제 연합 난민 기구 (UNHCR)	난민을 보호하고 난민 문제 해결을 위해 노력
국제 연합 평화 유지군 (PKF)	분쟁 지역에 파견, 질서 유지 및 주민 안전 수호
국제 연합 아동 기금 (UNICEF)	아동 구호 및 아동 복지 향상을 위해 노력
세계 식량 계획 (WFP)	기아와 빈곤, 분쟁으로 고통받는 지역에 구호품 및 식량 지원
세계 보건 기구 (WHO)	보건, 위생 분야의 국제적 협력

누구나 합격 전략 64~65쪽

1 ②	**2** ⑤	**3** ④	**4** ④	**5** ⑤
6 ⑤	**7** ④	**8** ③		

1 기후 변화에 따른 지역 변화

제시된 지도는 지구 온난화로 발생하는 주요 변화를 나타낸 지도이다. 지구 온난화는 이산화 탄소를 비롯한 온실가스 배출량의 증가로 더욱 심각해지고 있다.

2 환경 문제 유발 산업의 이동

장미를 재배하려면 인건비가 많이 들고 물이 많이 필요하기 때문에 유럽의 선진국들이 케냐와 같은 개발 도상국 호수 근처에 화훼 농가를 짓고 있다. 이 과정에서 장미 농장이 호수의 물을 쓰면서 물 부족 문제가 발생하고, 장미 재배 과정에서 사용된 농약과 제초제 등이 주변 땅을 오염시키고 있다.

3 환경 문제의 해결 방안

환경 문제의 해결을 위해서는 일상생활에서 환경 문제에 관심을 가지고 환경 보전 활동에 참여하는 개인의 실천이 필요하다. 오늘날 환경 문제가 심각해지면서 이를 해결하기 위한 개인과 국가, 국제 사회의 노력이 필요하다. 적절한 실내 냉난방 온도를 지키고, 에너지 효율이 높은 제품을 사용하여 에너지 낭비를 줄인다. 또한 쓰레기 분리배출, 일회용품 사용 자제, 대중교통 이용, 캠페인 활동 참여 등 다양한 노력을 기울여야 한다.

4 독도

「팔도총도」에는 동해에 울릉도와 독도(우산도)가 그려져 있어, 당시 우리 조상들이 독도를 우리 영토로 분명하게 인식하고 있었음을 보여 준다. 「삼국접양지도」는 일본을 둘러싼 세 나라를 색깔로 구분한 지도로 조선과 같은 색으로 표현한 울릉도와 독도에 일본어로 '조선의 것'이라고 적어, 울릉도와 독도를 명백한 우리 영토로 표시하고 있는 것으로 보아, 일본은 독도를 조선의 영토로 인식하고 있음을 확인할 수 있다.

오답 피하기 ㄱ, ㄷ 모두 독도에 대한 내용이 맞지만, 주어진 자료로 이를 확인할 수 없다.

더 알아보기 **독도의 가치**

영역적 가치	우리나라 동쪽 끝에 위치하여 배타적 경제 수역을 설정하는 중요한 위치, 항공 및 방어 기지로서 군사적·안보적으로 중요한 섬
경제적 가치	한류와 난류가 교차하는 조경 수역으로 각종 수산 자원이 풍부함, 메탄 하이드레이트, 해양 심층수 등의 자원 풍부
환경·생태적 가치	여러 동식물이 서식하는 생태계의 보고, 섬 전체가 천연기념물로 지정됨.

5 장소 마케팅

장소 마케팅이란 장소를 매력적인 상품으로 만들어 판매하는 것이다. 즉 오랜 세월에 걸쳐 축적된 지역성을 바탕으로 고유한 이미지를 만들어 홍보하고, 기업과 관광객을 유치함으로써 지역의 경제적 가치를 높이는 전략이다. 지역의 건축물, 지역 축제, 역사적 자산 등은 지역의 매력적인 이미지를 형성하는데 효과적인 역할을 하며, 대표적인 예로는 부산 국제 영화제, 보령 머드축제, 안동 하회마을, 함평 나비 축제 등이 있다.

6 통일의 필요성

한반도가 남북으로 분단되면서 국토가 균형 있게 발전하지 못하고, 국토 분단에서 온 이산가족과 실향민의 아픔은 지속되며, 남북한 주민의 생활 수준과 문화 차이는 더욱 벌어지게 되었다. 군사적 긴장 상태로 막대한 군사비를 부담하고 있으며, 세계 평화에 부정적인 영향을 미치고 있다. 통일을 이루게 된다면 이러한 어려움을 해결하고, 정치·경제·사회·문화적인 면에서 발전을 이룰 수 있을 것이다.

오답 피하기

ㄱ. 군사비 부담이 감소하여 국토에 효율적인 투자를 할 수 있다.

ㄴ. 동아시아의 긴장감이 해소됨으로써 세계 평화에 이바지할 수 있다.

7 생물 다양성 감소 문제

가루받이 곤충들이 매우 줄어들어 사과 생산량이 절반으로 줄어들었다는 것으로 보아 생물 다양성의 감소 문제임을 알 수 있다. 생물 다양성의 감소는 기후 변화, 환경 오염, 개발에 따른 동식물의 서식지 파괴, 무분별한 남획, 외래종의 침입 등으로 발생한다.

8 공정 무역

최근 국제적으로 지역 간 경제적 불평등을 해결하려는 방안 중 하나로 공정 무역이 활발해지고 있다. 공정 무역은 개발 도상국에서 생산되는 환경친화적인 제품들에 대해 중간 유통 과정을 거치지 않고 선진국의 소비자가 정당한 가격을 지급하여 생산자들에게 무역의 혜택이 돌아가도록 하자는 운동이다.

선택지 분석

① 생산자의 수익은 감소할 것이다. (×)
→ 생산자는 정당한 가격을 받으므로 수익은 증가할 것이다.

② 이윤의 대부분은 선진국으로 갈 것이다. (×)
→ 무역의 혜택은 생산자들에게 돌아간다.

③ 지역 간 경제적 불평등이 줄어들 것이다. (○)

④ 제품들의 중간 유통 과정이 증가할 것이다. (×)
→ 중간 유통 과정을 거치지 않고 판매와 소비가 이루어진다.

⑤ 최신 기술의 물건을 선진국에서 구입할 것이다. (×)
→ 커피, 차, 카카오, 바나나, 의류, 수공예품 등 환경친화적인 제품이 대부분이다.

창의·융합·코딩 **전략**				66~69쪽
1 ②	2 ④	3 ②	4 ⑤	5 ⑤
6 ③	7 ②	8 ③		

1 우리나라의 기후 변화 예측

제시된 자료에서 사과 재배지는 2070년에 현저히 줄어들고, 감귤 재배지는 늘어나는 것을 볼 수 있다. 서늘한 기후에서 잘 자라는 사과의 재배 가능 면적은 줄어들고, 온난한 기후에서 잘 자라는 감귤의 재배 가능 면적이 늘어난 것에서 우리나라의 평균 기온이 상승할 것으로 예측할 수 있다.

① 사과의 생산량은 늘어날 것이다. (×)

→ 사과의 재배 적지 및 재배 가능지의 감소로 생산량은 줄어들 것이다.

② 우리나라의 평균 기온은 상승할 것이다. (○)

③ 냉대 기후에 잘 자라는 품종을 개발해야 한다. (×)

→ 우리나라의 평균 기온이 상승할 것으로 예측되기 때문에 열대·아열대 품종을 개발해야 한다.

④ 해수면 상승으로 해안 저지대가 침수될 것이다. (×)

→ 제시된 자료로는 알 수 없다.

⑤ 열대야와 같은 여름철 고온 현상이 감소할 것이다. (×)

→ 평균 기온 상승으로 열대야는 증가할 것이다.

2 환경 문제 유발 산업의 이동

석면 공장은 공해 유발 산업으로 유해 물질을 배출하여 심각한 환경 문제를 일으킨다. 선진국에서는 환경에 대한 엄격한 규제를 적용하고 있기 때문에 이러한 공장은 공해 유발 산업을 규제하는 법적 장치를 제대로 갖추지 못한 개발 도상국으로 이동하고 있다.

더 알아보기 환경 문제 유발 산업의 이전에 따른 영향

구분	긍정적 영향	부정적 영향
유출 지역	환경 문제 해결	공장 시설 이전으로 일자리 감소
유입 지역	일자리 증가, 소득 증가 등의 경제적 효과	환경 오염 발생, 주민 건강 위협, 산업 재해 등 사고 발생

3 환경 문제를 해결하기 위한 방법

공공 자전거 서비스 도입을 통해 자전거 이용이 생활화되면 시민들의 건강이 증진된다. 또한 자전거는 배기가스 및 미세 먼지를 배출하지 않는 친환경 이동 수단으로서 자전거 사용률 증가를 통해 대기 오염을 줄일 수 있다.

4 우리나라의 영해

영해를 설정하는 기준에는 통상 기선과 직선 기선이 있다. 통상 기선은 동해안, 제주도, 울릉도, 독도와 같이 해안선이 단조롭고 섬이 적은 해안에 적용하고, 직선 기선은 서해안과 남해안과 같이 해안선이 복잡하고 섬이 많은 곳에 적용한다. 영공은 영토와 영해의 수직 상공으로 일반적으로 대기권 내로 그 범위를 제한한다.

5 지역화 전략

전라남도 함평 나비 축제는 장소 마케팅, 강원도 평창의 'HAPPY 700'은 지역 브랜드의 사례이다. 해당 글자를 지우고 남는 글자로 조합하여 만들 수 있는 용어는 지리적 표시제이다. 지리적 표시제는 상품의 품질, 특성이 지리적 특성에서 비롯한 경우 이를 증명하고 표시해 주는 것으로 보성 녹차, 순창 고추장, 성주 참외, 횡성 한우 등이 사례이다.

6 통일의 필요성

제시된 자료는 세계 평화 지수에 대한 내용이고 학생들이 이에 대한 대화를 나누고 있다. 따라서 (가)에 들어갈 내용으로 가장 적절한 것은 통일이 되었을 때 세계 평화 지수의 변화 또는 군사비 감소, 이웃 국가와의 긴장 상태 해소 등의 내용이 가장 적절하다.

7 다양한 지리적 문제

기아 문제는 주로 개발 도상국인 아프리카와 일부 아시아 국가에서 심각하게 나타난다. 최근에는 급격한 인구 증가, 도시화, 산업화 등으로 생물 다양성이 감소하고 있다. 쿠릴 열도는 자원과 군사적 요충지를 둘러싼 일본, 러시아의 분쟁 지역이다. 카슈미르는 인도와 파키스탄의 힌두교도와 이슬람교도 간의 갈등 지역이다.

8 지역 간 불평등 완화

국제 연합(UN)은 대표적인 국제기구로, 세계의 국제 협력을 도모하는 역할을 한다. 국제 연합은 국제 평화와 안전의 유지, 인권 및 자유 확보를 위해 노력하고 있다. 세계의 질병을 책임지는 세계 보건 기구(WHO), 세계의 기아와 빈곤으로 고통받는 지역에 식량을 지원하는 세계 식량 계획(WFP), 어린이를 돕는 국제 연합 아동 기금(UNICEF), 난민들을 지원하는 국제 연합 난민 기구(UNHCR) 등이 있다. 비정부 기구는 민간단체가 중심이 되어 만들어진 조직으로 인도주의적인 차원에서 구호 활동을 하는 단체이다. 세이브 더 칠드런, 그린피스, 국경없는 의사회, 월드 비전 등 단체들이 다양한 활동을 하고 있다.

신유형·신경향·서술형 전략 [72~75쪽]

1 해설 참조	2 ②	3 ④	4 해설 참조
5 해설 참조	6 ③	7 해설 참조	8 ④

1 선진국과 개발 도상국의 인구 문제

(1) 답 ① 낮다 ② 높다 ③ 길다

(2) 모범 답안 (가), 선진국에서는 저출산·고령화 현상이 지속되면서 노동력 부족, 청장년층의 노인 인구 부양 부담 등의 문제점이 나타난다.

(3) 모범 답안 (나), 개발 도상국에서는 인구 증가 속도가 빨라 기아와 빈곤 문제, 주택 부족, 교통 혼잡, 환경 오염 등의 문제가 나타난다.

핵심 단어 저출산·고령화 현상

채점 기준	구분
인구 피라미드의 기호를 정확하게 찾고 인구 문제 두 가지를 모두 서술한 경우	상
인구 피라미드의 기호를 정확하게 찾고 인구 문제 한 가지만 서술한 경우	중
인구 피라미드의 기호만 정확하게 찾은 경우	하

2 우리나라의 인구 문제

(가)는 1980년대, (나)는 2000년대 인구 정책 포스터이다. 1980년대는 2000년대보다 출산율과 사망률, 유소년층 비율, 인구 성장률 등은 높고, 고령화 비율, 평균 수명, 중위 연령 등은 낮다. 따라서 A에 들어갈 수 있는 내용은 출산율, 사망률, 유소년층 비율, 인구 성장률 등이고 B에 들어갈 수 있는 내용은 고령화 비율, 평균 수명, 중위 연령, 노년층 인구 비율 등이다.

3 세계의 주요 도시

(가)는 미국의 뉴욕에 대한 설명으로 지도의 C, (나)는 프랑스의 파리에 대한 설명으로 지도의 A, (다)는 오스트레일리아의 시드니에 대한 설명으로 지도의 B이다.

4 도시 내부 구조

(1) 답 A 도심, B 주변 지역   (2) 답 ㉡

(3) 모범 답안 A 도심은 주거 기능이 약하기 때문에 낮에는 인구 밀도가 높지만, 밤에는 주변 지역으로 인구가 이동해 인구 밀도가 낮기 때문에 인구 공동화 현상이 발생한다.

핵심 단어 도심, 주변 지역, 인구 공동화 현상

채점 기준	구분
핵심 단어를 사용하여 낮과 밤의 인구 밀도 차이를 비교하여 정확하게 서술한 경우	상
핵심 단어는 사용하지 않았지만, 낮과 밤의 인구 밀도 차이를 비교하여 정확하게 서술한 경우	중
핵심 단어와 낮과 밤의 인구 밀도 차이 비교가 없이 의미만 통하도록 서술한 경우	하

5 농업 생산의 기업화와 세계화

(1) 답 농업의 기업화

(2) 모범 답안 기업에서 많은 자본과 기술을 투자하여 기계를 이용하여 대량으로 농산물을 재배하고 판매한다.

핵심 단어 자본, 기술, 기계, 대량

채점 기준	구분
용어를 정확하게 쓰고 생산 방식의 특징을 두 가지 이상 서술한 경우	상
용어를 정확하게 쓰고 생산 방식의 특징을 한 가지만 서술한 경우	중
용어만 정확하게 서술한 경우	하

6 전 지구적 차원의 기후 변화

그레타 툰베리의 연설은 기후 변화의 심각성에 대해 지적하고 있으며, 특히 이산화 탄소와 같은 온실가스가 지구 온난화를 가속화시키고 생태계에 혼란을 가져옴을 말하고 있다. 이러한 기후 변화에 따른 피해는 선진국이나 개발 도상국 등 특정 지역이나 국가에 한정되지 않고 피해가 나타나기 때문에, 선진국과 개발 도상국 구분 없이 적극적으로 기후 변화에 대응하기 위해 노력하고 있다.

7 우리나라의 영해 설정 기준

(1) 모범 답안 A는 가장 바깥쪽의 섬을 연결한 직선 기선을 적용한다. 그 이유는 해안선이 복잡하고 섬이 많기 때문이다.

(2) 모범 답안 B는 해수면이 가장 낮은 썰물 때의 해안선인 통상 기선을 적용한다. 그 이유는 해안선이 단조롭기 때문이다.

핵심 단어 직선 기선, 통상 기선, 해안선의 유형

채점 기준	구분
A와 B에 적용하는 기선의 유형을 모두 정확히 쓰고 그 이유를 정확하게 서술한 경우	상
A와 B에 적용하는 기선의 유형을 모두 정확히 썼으나 해안선의 특징을 정확하게 비교하여 서술하지 못한 경우	중
모두 서술하지 못한 경우	하

8 지역 간 불평등 완화를 위한 노력

지역 간 불평등 문제를 줄이고 국제 차원의 평화와 국가 간 협력을 꾀하기 위해 국제기구는 세계 곳곳에서 활발하게 활동하고 있다. ㉠ 국제 연합 아동 기금(UNICEF)은 아동 구호와 아동 복지 향상을 위해 노력하는 국제기구이고, ㉡ 세계 식량 계획(WFP)은 세계의 기아와 빈곤으로 고통받는 지역에 식량을 지원하는 국제기구이다.

1 ③	2 ⑤	3 ④	4 ②	5 ③	6 ④	7 ①	8 ④	9 ②	10 ①
11 ②	12 해설 참조		13 해설 참조		14 해설 참조		15 해설 참조		

1 세계의 인구 분포

다음 대륙별 인구 분포에 관한 그래프에서 A와 B에 해당하는 대륙이 바르게 연결된 것은?

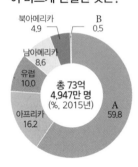

	A	B
①	유럽	아시아
②	아시아	유럽
③	아시아	오세아니아
④	아프리카	남아메리카
⑤	북아메리카	유럽

출제 의도 파악하기

세계의 인구 분포를 자연환경 및 인문 환경과 관련지어 생각해 보도록 한다.

문제 해결 Point 쏙쏙

· 인구 밀집 지역: 북위 20°~40°의 중위도 지역, 기후가 온화한 곳 예 아시아, 유럽
· 인구 희박 지역: 적도 부근, 극지방, 건조 기후 지역 예 오세아니아

개념 인구는 지구상에 고르게 분포하지 않고 특정 지역에 집중하여 분포하며 육지가 많은 북반구의 20°~40°의 중위도 지역에 밀집해 있다. 중국과 인도를 포함하는 아시아는 세계에서 인구가 가장 많이 분포하는 대륙이며, 반면 오세아니아는 세계에서 인구가 가장 희박한 대륙이다.

2 세계의 주요 인구 이동

다음은 세계의 주요 인구 이동을 나타낸 지도이다. A~E에 대한 설명으로 옳지 <u>않은</u> 것은?

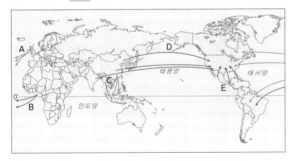

① A는 신항로 개척 이후 유럽인들의 이동이다.
② B는 아프리카인의 노예 무역에 의한 이동이다.
③ C는 중국인(화교)들이 일자리를 찾기 위해 이동한 것이다.
④ D는 1990년 이후 경제적 요인에 의한 인구 이동이다.
⑤ E는 라틴 아메리카 사람들의 정치적 이동에 해당한다.

출제 의도 파악하기

다양한 사례를 통해 인구 이동의 다양한 원인을 이해한다.

문제 해결 Point 쏙쏙

· A: 식민지 개척에 따른 유럽인의 이동
· B: 아프리카인의 노예 무역에 의한 강제적 이동
· C: 중국인(화교)의 경제적 이동
· D: 1990년 이후 경제적 요인에 의한 인구 이동
· E: 라틴 아메리카 사람들의 경제적 이동

개념 신항로 개척 이후 많은 유럽인은 아메리카 등지로 이동하였으며, 아메리카에 정착한 유럽인들은 부족한 노동력을 보충하기 위해 아프리카 흑인들을 강제로 이주시켰다. 또한 중국인들은 일자리를 찾기 위해 경제적인 이유로 동남아시아로 이동하였다. 오늘날 인구의 국제 이동은 경제적 목적이 대부분으로, 주로 아시아, 아프리카, 라틴 아메리카의 개발 도상국에서 서부 유럽, 앵글로아메리카 등지의 선진국으로 이동한다.

3 인구 이동에 따른 변화

다음 글에서 히스패닉의 이동으로 미국과 멕시코에 나타난 변화를 예측한 것으로 가장 적절한 것은?

> 미국은 지리적으로 가까운 멕시코와 남아메리카 지역의 이주민들이 많다. 이들은 자국의 높은 실업률 때문에 일자리를 찾아 미국으로 이주하고 있다. 에스파냐어를 사용하여 히스패닉이라 불리는 이주민들은 대부분 낮은 임금을 받고, 건설 인력, 청소부, 식당 종업원 등의 서비스업에 종사하고 있다. 현재 히스패닉은 미국에서 유럽계 백인에 이어 2위의 인구 규모를 차지하여 정치, 경제, 문화 등 사회 전반에 큰 영향력을 행사하고 있다.

① 미국의 인구는 감소한다.

② 멕시코의 실업률은 증가한다.

③ 미국의 고령 인구 비율은 증가한다.

④ 미국과 히스패닉 사이의 갈등이 일어난다.

⑤ 미국 내 인구 유출로 산업 성장이 둔화된다.

출제 의도 파악하기

인구 유입 지역과 인구 유출 지역의 특징과 문제점을 분석해 보도록 한다.

문제 해결 Point 쏙쏙

· 인구 유입 지역: 노동력 유입으로 경제가 활성화되며, 문화적 다양성이 증가 → 이주민과 현지인 간의 일자리 경쟁 및 문화적 차이로 인한 갈등 발생

· 인구 유출 지역: 이주민들이 본국으로 송금하는 외화로 경제 발전 기여 → 청장년층 노동력의 해외 유출로 경제 성장 둔화

용어

히스패닉 : 스페인 어를 쓰는 중남미 출신의 백인과 그에 준하여 구분되는 혼혈인을 의미하며, 주로 미국에 거주하는 라틴 아메리카 출신자들을 가리킨다.

선택지 바로 알기

① 미국의 인구는 감소한다.

미국의 인구는 증가한다.

② 멕시코의 실업률은 증가한다.

멕시코에서 일자리를 찾지 못한 사람들이 미국으로 이동하기 때문에 멕시코의 실업률은 감소한다.

③ 미국의 고령 인구 비율은 증가한다.

히스패닉 청·장년층의 유입으로 고령 인구 비율은 감소한다.

⑤ 미국 내 인구 유출로 산업 성장이 둔화된다.

미국으로는 인구가 유입된다.

---

4 선진국의 인구 문제

다음은 인구 1,000명당 출생아 수 하위 5개국을 정리한 표이다. 이 국가들에서 공통적으로 나타날 수 있는 인구 문제로 옳은 것은?

순위	국가	인구 1,000명당 출생아 수(명)	인구 1,000명당 사망자 수(명)	인구 증가율(%)
1	일본	8.3	10.0	−1.7
2	독일	8.3	10.8	−2.5
3	포르투갈	8.5	8.5	−1.8
4	이탈리아	8.6	8.6	−1.1
5	그리스	8.9	8.9	−1.6

① 사망률이 높아졌다.

② 인구가 점차 감소한다.

③ 성비 불균형 문제가 나타난다.

④ 기아와 빈곤 문제가 발생한다.

⑤ 일자리 부족으로 실업률이 높다.

출제 의도 파악하기

인구 관련 자료의 수치를 분석하여 선진국이나 개발 도상국의 인구 문제를 찾아낼 수 있다.

문제 해결 Point 쏙쏙

· 선진국: 출생률과 사망률이 모두 낮음. → 인구 증가 속도가 매우 느리거나 정체되어 인구가 감소할 수 있음.

· 개발 도상국: 제2차 세계 대전 이후 산업화가 진행되면서 사망률은 낮아졌으나, 출생률은 여전히 높음 → 인구 증가 속도가 빠름.

개념 일찍 산업화를 이룬 선진국에서는 여성의 사회 활동이 늘면서 출산율이 낮아지고, 경제 수준의 향상과 의료 기술의 발달로 평균 수명이 늘어나면서 노인 인구가 늘어나고 있다. 제시된 자료와 같이 낮은 출산율이 지속되며 인구 증가율이 감소하면 각 국가의 총인구는 감소할 것으로 전망된다.

5 도시의 의미와 특징

다음 지식 검색 결과 중 옳은 내용을 모두 고르면?

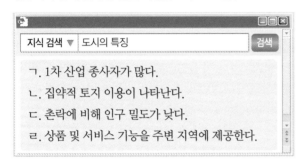

| 지식 검색 ▼ | 도시의 특징 | 검색 |

ㄱ. 1차 산업 종사자가 많다.
ㄴ. 집약적 토지 이용이 나타난다.
ㄷ. 촌락에 비해 인구 밀도가 낮다.
ㄹ. 상품 및 서비스 기능을 주변 지역에 제공한다.

① ㄱ, ㄴ
② ㄴ, ㄷ
③ ㄴ, ㄹ
④ ㄱ, ㄴ, ㄷ
⑤ ㄴ, ㄷ, ㄹ

출제 의도 파악하기

도시의 의미와 특징, 기능에 대해 이해한다.

문제 해결 Point 쏙쏙

· 도시의 의미: 인구가 밀집한 곳으로 사회적·경제적·정치적 활동의 중심지
· 도시의 특징: 높은 인구 밀도, 집약적 토지 이용, 2·3차 산업 중심, 주변 지역의 중심지 역할

개념 도시는 일정한 지역에 정치·경제·문화의 중심지 역할을 하는 곳으로, 많은 사람이 모여 살아 인구 밀도가 높고 2·3차 산업의 비중이 높다. 세계 곳곳에는 수많은 도시가 존재하는데 그중 유명한 도시는 주로 인구 규모가 큰 도시이거나 정치·경제의 중심 도시, 또는 문화를 이끌어 가는 도시이다.

6 도시 내부 구조

다음 그림은 도시 내부 구조를 나타낸 것이다. A~C에 대한 설명으로 옳지 <u>않은</u> 것은?

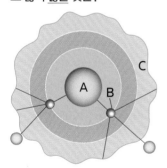

① A는 고층 건물이 밀집해 있다.
② A는 중심 업무 기능을 주로 수행한다.
③ B는 A의 기능을 분담하는 지역이다.
④ C는 대규모 주택 단지가 입지한 지역이다.
⑤ C는 도시의 무질서한 팽창을 막는 역할을 한다.

출제 의도 파악하기

도시 내부 지역의 기능을 파악한다.

문제 해결 Point 쏙쏙

개발 제한 구역
집심 현상 ← 주변 지역 → 이심 현상
중간 지역
도심
부도심
위성 도시

· 도심: 편리한 교통, 높은 땅값, 고층 건물, 중심 업무 기능
· 부도심: 교통의 요지에 발달, 도심의 일부 기능 분담
· 중간 지역: 오래된 주택, 학교, 상가, 공장이 혼재
· 주변 지역: 저렴한 지가, 넓은 땅 확보 → 대규모 주거 단지, 녹지 조성, 학교, 상업 시설, 공장 등 분포
· 개발 제한 구역: 도시의 무질서한 팽창을 막고 녹지 공간 확보

개념 교통이 편리한 도심에는 고층 건물들이 빽빽하게 들어서 있으며, 주요 관공서나 대기업 본사 등 중심 업무 기능이 집중한다. 또한 도심에서 멀어질수록 땅값을 지불할 능력이 적은 주거 기능, 공업 기능이 자리 잡게 된다. 주변 지역과 도심을 연결하는 교통의 요지에는 도심의 일부 기능을 분담하는 부도심이 형성된다. 한편 도시의 무질서한 팽창을 방지하고 녹지 공간을 확보하기 위해, 도시 외곽에 개발 제한 구역을 설정하기도 한다.

7 선진국과 개발 도상국의 도시화 과정의 차이

오른쪽 선진국과 개발 도상국의 도시화 곡선에 대한 설명으로 옳은 것을 |보기|에서 고르면?

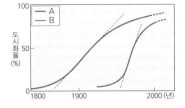

┌ 보기 ┐

ㄱ. A는 B보다 산업화 시기가 빠르다.

ㄴ. A는 B보다 도시화가 서서히 이루어졌다.

ㄷ. 역도시화 현상은 A보다 B에서 많이 나타난다.

ㄹ. A는 B보다 도시 기반 시설이 부족한 상태로 도시화가 이루어졌다.

① ㄱ, ㄴ   ② ㄱ, ㄷ   ③ ㄴ, ㄷ

④ ㄴ, ㄹ   ⑤ ㄷ, ㄹ

도시화 곡선을 통해 지역별 도시화 과정의 차이점을 파악한다.

문제 해결 Point 쏙쏙

· 개발 도상국의 도시화 곡선의 기울기가 급함: 도시화가 짧은 기간에 빠른 속도로 이루어짐을 의미함.

· 선진국의 도시화 곡선의 기울기가 완만함: 도시화가 오랜 시간에 걸쳐 서서히 이루어졌음을 의미함.

용어

• 도시화: 도시에 인구가 집중하면서 전체 인구에서 도시 인구가 차지하는 비율이 높아지고, 도시적 생활 양식이 보편화되는 과정

• 역도시화 현상: 대도시의 주거 환경이 열악해지고, 교통과 통신이 발달하면서 대도시의 인구가 촌락으로 이동하는 현상

개념 선진국(A)은 산업 혁명 이후 오랜 기간에 걸쳐 도시화가 서서히 진행되었고, 현재 도시화율은 종착 단계로 역도시화 현상이 나타나고 있다. 개발 도상국(B)은 제2차 세계 대전 이후 짧은 기간에 빠른 속도로 도시화가 진행되었으나, 도시 기반 시설이 부족한 상태로 급속하게 도시화가 이루어져 각종 도시 문제가 발생하기도 한다.

---

8 살기 좋은 도시

다음은 살기 좋은 도시를 만들기 위한 사례이다. (가), (나)에 해당하는 도시를 바르게 연결한 것은?

(가) 이 도시는 1970년대까지만 해도 항구가 발달한 에스파냐 최대의 공업 도시였지만, 철강과 제철 공업이 쇠퇴하면서 제철소와 조선소가 문을 닫게 되었고 실업률이 크게 치솟았다. 이후 문화 관광 산업에 초점을 맞추어 미술관, 컨벤션 센터 등을 세워 관광객을 유치하고 있다.

(나) 이 도시는 브라질 경제 활동의 중심지였으나, 경제 발달과 함께 급속히 인구가 늘어났고 이로 인해 환경 문제가 나타났다. 이를 해결하기 위해 버스 중심의 교통 시스템을 운영하고, 녹지 공원을 조성하여 오늘날 세계적인 생태 도시로 거듭났다.

① (가) 뉴욕, (나) 함부르크   ② (가) 뉴욕, (나) 쿠리치바

③ (가) 빌바오, (나) 밴쿠버   ④ (가) 빌바오, (나) 쿠리치바

⑤ (가) 밴쿠버, (나) 함부르크

삶의 질 개선을 위해 각국의 도시에서 하고 있는 노력과 그로 인해 변화된 사례에 대해 이해한다.

문제 해결 Point 쏙쏙

· 교통 문제: 도로 환경 개선, 혼잡 통행료 부과, 대중교통 이용 장려 등 예 브라질 쿠리치바

· 도시 낙후 문제: 도심 재활성화, 도시 재생 사업 추진 예 에스파냐 빌바오

· 일자리 부족 문제: 글로벌 기업 유치, 새로운 산업 육성을 통한 일자리 창출 등 예 인도 벵갈루루

· 환경 문제 : 쓰레기 분리배출, 친환경 에너지 사용, 생태 하천 복원 등 예 우리나라 울산

용어

컨벤션 센터 : 동시통역 시설이 있는 큰 회의장이나 연회장, 전시장 따위의 대회 시설을 갖추고 대규모 국제 회의나 전시회를 하는 장소

개념 브라질의 쿠리치바에서는 비용이 많이 드는 지하철을 건설하는 대신에 기존 도로망을 활용한 버스 교통 체계를 마련하였다. 급행 버스를 도입하고 버스 승강대와 같은 높이로 원통형 승강장을 만들어 시민들의 승차 안전성을 고려하였다. 또한 도로의 중앙에 버스 전용 도로, 그 양쪽에 일반 도로를 건설하여 버스의 운행 속도를 높였다.

9 농업의 세계화와 기업화

다음은 온라인 학습 장면의 일부이다. 댓글의 내용이 옳은 학생만을 고른 것은?

강좌명	사회② Ⅸ-1-1. 세계화와 농업 생산의 변화
과제 제출	20○○.○○.○○까지
닉네임	여러분의_사회_선생님(geo_love)

오늘날 농업은 세계화와 기업화가 진행되고 있습니다. 농업 생산에 이러한 변화가 진행되고 있는 이유는 무엇일까요?

농업 # 세계화 # 기업화

댓글(4)

ㄴ 영웅 5분 전
지역 간 교류가 증가하고 있기 때문이에요.

ㄴ 가인 10분 전
다양한 농산물에 대한 수요가 감소했기 때문이에요.

ㄴ 대한 30분 전
자본과 기술력을 가진 대규모의 다국적 농업 기업이 생겨났기 때문이에요.

ㄴ 우주 1시간 전
상업적 농업보다 소규모의 자급적 농업의 비율이 늘어났기 때문이에요.

① 영웅, 가인   ② 영웅, 대한   ③ 가인, 대한
④ 가인, 우주   ⑤ 대한, 우주

출제 의도 파악하기

세계화로 인해 나타나는 농업 생산 방식의 변화에 대해 이해한다.

문제 해결 Point 쏙쏙

· 과거에는 곡물을 소규모로 재배하여 농가에서 직접 소비하는 자급적 농업이 대부분임.
· 산업화와 도시화가 진행되면서 시장에 판매할 목적으로 상업적 농업 발달 → 농업의 다각화와 기업화가 이루어짐.

용어

· 자급적 농업: 생산물을 판매하기 위해서가 아닌, 주로 가족을 포함한 생산자 스스로가 소비하기 위한 농업
· 상업적 농업: 시장에 판매할 목적으로 작물을 재배하거나 가축을 기르는 농업

개념 교통·통신의 발달로 지역 간 교류가 증가하고 생활 수준의 향상으로 다양한 농작물의 수요가 증가하고 있다. 이로 인해 전 세계를 대상으로 하는 농업의 세계화가 진행되고 있다. 산업화와 도시화가 진행되면서 소규모의 자급적 농업은 상업적 농업으로 바뀌게 되었고, 대규모의 기업적 농업으로 변화하고 있다.

선택지 바로 알기

가인: 다양한 농산물에 대한 수요가 감소했기 때문이에요.
다양한 농산물에 대한 수요는 증가했다.

우주: 상업적 농업보다 소규모의 자급적 농업의 비율이 늘어났기 때문이에요.
자급적 농업보다 상업적 농업의 비율이 늘어났다.

10 다국적 기업의 생산 지역의 변화

다음은 다국적 기업의 입지 변화를 보여 주는 신문 기사이다. 밑줄 친 부분으로 인한 베트남의 변화로 옳은 것은?

제○○○호 　　　○○ **신문**　　　○○○○년 ○○월 ○○일

한국 기업, 동남아시아에 투자

2009년 베트남에 진출한 S사는 한국에 있는 사업장의 인력을 줄이고 <u>베트남에 설비 투자를 늘리고 있다.</u> 베트남에서 만든 휴대 전화가 한국에서 만든 제품보다 품질이 떨어지지 않는 데다, 임금은 한국의 10분의 1에 불과하다. 현재 세계로 공급하는 S사 최신 휴대 전화 중 상당수는 베트남 공장에서 생산하고 있다.

－「머니투데이」, 2015. 10. 19. －

---

① 새로운 산업 단지가 조성된다.
② 산업 공동화 현상이 발생한다.
③ 수많은 사람들이 일자리를 잃는다.
④ 산업의 기반을 잃어 경기가 침체된다.
⑤ 이윤의 대부분이 유입되어 경제가 성장한다.

출제 의도　파악하기

다국적 기업의 공간적 분업 체계가 생산 지역의 변화에 미치는 영향을 사례를 통해 분석하여 파악한다.

문제 해결 Point 쏙쏙
· 생산 공장이 들어선 지역: 산업 단지 조성, 일자리 확대, 경제 활성화, 인구 증가, 도시 성장 등
· 생산 공장이 이전한 지역: 산업 공동화 발생, 지역 경제 침체 등

용어
산업 공동화: 지역의 기반을 이루던 산업이 없어지거나 해외로 이전됨으로써 국내 산업 기반이 없어지고 쇠퇴하여 산업 구조에 공백이 생기는 현상

개념 다국적 기업은 생산비가 저렴하거나 기업 활동이 유리한 곳을 찾아 생산 공장을 이전한다. 본국보다 임금이 저렴한 국가로 이전하였다가 그 국가의 임금이 오르면 더 낮은 국가로 이전하고, 소비 시장이 더 넓은 국가로 이전하기도 한다. 이로 인해 생산 공장이 들어선 지역과 생산 공장이 이전한 지역에서 각기 다른 모습으로 지역 변화가 나타난다.

---

11 관광의 세계화로 인한 지역 변화

다음 글의 관광의 세계화 사례에 대한 설명으로 옳지 <u>않은</u> 것은?

2001년 개봉한 「해리포터」의 촬영지였던 영국 안위크성은 영화 개봉 이후 관광객이 세 배 가까이 증가하는 효과를 거두었고, 2014년 개봉한 「인터스텔라」의 배경이 된 아이슬란드 스비나펠스요쿨 또한 빙하를 걸어 볼 수 있는 '글래시어 워크' 관광 상품을 개발하여 주목받고 있다.

---

① 교통과 정보 통신의 발달로 관광 산업이 발달했다.
② 관광 산업 발달은 해당 지역 주민의 일자리를 감소시킨다.
③ 영화 개봉 이후 관광객이 증가하면서 이 지역의 소득은 증가하였을 것이다.
④ 세계 각국은 지역의 고유한 문화와 자연환경을 활용한 관광지 개발에 힘쓰고 있다.
⑤ 단순히 여행을 즐기는 차원에서 벗어나 영화 등의 소재를 체험해 볼 수 있는 관광이 발달하고 있다.

출제 의도　파악하기

관광의 세계화에 따른 지역과 주민 생활 모습의 변화에 대해 알아본다.

문제 해결 Point 쏙쏙
· 관광의 세계화의 배경: 교통·통신의 발달로 관광 정보 획득 용이, 소득 수준 향상과 여가 시간의 증대로 관광에 대한 관심 증가
· 긍정적 영향: 지역 주민의 일자리 확대 및 소득 증가, 지역 이미지 개선 및 홍보 효과
· 부정적 영향: 관광 시설 건설로 인한 환경 오염 발생, 지나친 상업화로 인한 지역의 고유 문화 쇠퇴

개념 관광 산업은 교통, 숙박, 오락 등 관련 산업을 성장시키고, 지역 주민을 고용하여 지역 경제를 활성화한다. 특히 개발 도상국에서 관광 산업이 발달하면 국가의 경제 성장에 큰 도움을 줄 수 있다. 그러나 관광 산업을 통하여 개발 도상국의 현지 주민이 얻는 수입은 매우 적은 편이다. 관광객이 쓰는 돈 대부분은 현지 주민보다는 선진국의 여행사, 관광 안내인 등에게 돌아가기 때문이다. 게다가 무분별한 관광지 개발은 환경을 파괴하기도 한다. 최근에는 현지 주민에게 도움을 주기 위한 방안으로 공정 여행이 등장하였다.

12 우리나라의 인구 문제

다음은 우리나라의 인구 구성 비율 변화를 나타낸 그래프이다. 이를 보고 물음에 답하시오.

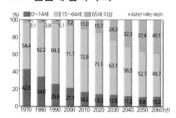

(1) 위 그래프를 통해 알 수 있는 오늘날 우리나라의 인구 문제를 쓰시오.

[답] 저출산, 고령화 현상

(2) 오늘날 우리나라 인구 문제의 대책을 두 가지 이상 서술하시오.

[모범 답안] 출산 장려 정책 시행, 보육 시설 확충, 육아 휴직 제도 마련, 출산과 양육 지원금 지급 등이 필요하다. 연금과 사회 보장 제도 정비, 복지 시설 확충, 노인 일자리 개발 등이 필요하다.

[출제 의도] [파악하기]

우리나라의 저출산·고령화 현상의 원인과 문제점을 파악하고, 이에 대한 대책을 찾아낸다.

[문제 해결] Point 쏙쏙

· 저출산 문제의 대책: 출산 장려 정책 시행, 임신과 출산 관련 의료비와 양육비 및 보육료 지원, 영·유아 보육 시설 확충, 청장년층의 고용 안정, 공공 교육 서비스 지원, 양성평등 문화 확산 등
· 고령화 문제의 대책: 노인 직업 훈련 기회 및 일자리 제공, 연금 제도와 사회 보장 제도의 정비, 정년 연장, 노인 복지 시설의 확충 등

[개념] 우리나라는 6·25 전쟁 이후 사회가 안정되면서 출생률은 높아지고, 사망률이 낮아지면서 인구가 급증하였다. 이에 따라 1960년대부터 인구 증가를 억제하기 위한 정책을 펼쳤고, 그 결과 출생률이 급격히 낮아졌다. 그러나 1990년대 이후 여성의 사회 참여 증가, 결혼 연령 상승, 출산 기피 등으로 출생률이 더욱 낮아졌고 저출산 현상이 더욱 뚜렷해지고 있다. 또한, 경제 발전과 의학 기술의 발달로 고령화가 빠르게 진행되고 있다.

13 도시화의 과정

다음 그래프는 도시화 과정을 나타낸 것이다. 이를 보고 물음에 답하시오.

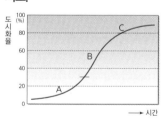

(1) A~C에 해당하는 도시화 단계를 순서대로 쓰시오.

[답] A 초기 단계, B 가속화 단계, C 종착 단계

(2) B 단계에서의 인구 이동 현상에 대해 서술하시오.

[모범 답안] B 가속화 단계에서는 본격적으로 산업화가 진행됨에 따라 촌락의 인구가 일자리를 찾아 도시로 이동하는 이촌 향도 현상이 나타나며 도시화율이 급격하게 상승한다.

[출제 의도] [파악하기]

도시화의 의미와 과정을 이해한다.

[문제 해결] Point 쏙쏙

· 초기 단계: 대부분의 인구가 촌락에 거주, 1차 산업에 종사, 도시화율이 매우 낮고 완만하게 상승함.
· 가속화 단계: 산업화 진행 → 제조업과 서비스업의 발달, 이촌 향도 현상으로 도시화율이 급격히 상승함.
· 종착 단계: 2·3차 산업에 종사하는 인구 비율 증가, 도시화율의 증가 속도가 느려짐, 역도시화 현상이 나타나기도 함.

[개념] 도시화의 진행 과정은 전체 인구 중 도시에 거주하는 인구의 비율에 따라 에스(S)자 형태의 곡선으로 나타난다. 초기 단계에는 도시화율이 낮고 도시화가 천천히 진행되며, 가속화 단계는 산업화가 빠르게 진행되면서 이촌 향도 현상이 활발해진다. 도시 인구 비율이 약 80%가 되면 종착 단계에 도달하고 도시화 속도가 느려진다.

14 다국적 기업의 공간적 분업

다음은 한 자동차 회사의 공간적 분업을 나타낸 지도이다. 이를 보고 물음에 답하시오.

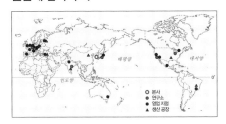

(1) 연구소가 입지하는 지역의 특성을 서술하시오.

[모범 답안] 연구소는 기술을 갖춘 고급 인력이 풍부한 선진국에 입지한다.

(2) 생산 공장이 입지하는 지역의 특성을 서술하시오.

[모범 답안] 생산 공장은 생산 비용을 줄이기 위해 지가와 임금이 저렴한 개발 도상국에 주로 입지한다.

출제 의도 파악하기

다국적 기업의 공간적 분업과 입지 특성에 대해 파악한다.

> **문제 해결 Point 쏙쏙**
> ·본사: 정보 수집과 자본 확보에 유리한 지역
> ·연구소: 우수한 교육 시설과 전문 기술 인력이 풍부한 지역
> ·생산 공장: 지가와 임금이 저렴한 지역
> ·판매 지점: 수요가 많은 지역

용어

다국적 기업: 본사가 있는 국가를 포함하여 해외의 여러 국가에 판매 지사, 생산 공장 등을 운영하면서 전 세계를 대상으로 생산과 판매 활동을 하는 기업

개념 다국적 기업은 여러 기능을 여러 지역·국가에 분산시키는 공간적 분업을 통해 생산비를 절감하고 보다 효과적으로 기업을 운영한다. 이외에도 판매 시장을 확보하기 위해 수요가 많은 국가로 이전하거나 무역 장벽을 극복하기 위해 기업이 속한 국가 밖의 경제 블록으로 진출하기도 한다.

15 서비스업의 세계화로 인한 변화

다음은 서비스 산업의 세계화로 나타나는 변화를 나타내는 글이다. 이를 보고 물음에 답하시오.

> 교통과 통신의 발달은 다양한 서비스 산업의 세계화를 촉진하고 있다. 정보 통신의 발달은 생산과 소비를 연결하는 유통 분야의 세계화를 가속화한다. 특히 인터넷이나 텔레비전 등을 통한 온라인 쇼핑으로 상품을 사는 사람들이 늘어나고 있다.

(1) 서비스 산업의 세계화로 성장하는 산업을 <u>한 가지</u> 쓰시오.

[모범 답안] 상품을 보관하기 위한 창고업, 상품을 배송하기 위한 택배업 등이 성장한다.

(2) 서비스 산업의 세계화로 쇠퇴하는 산업을 <u>한 가지</u> 쓰시오.

[모범 답안] 소비자가 직접 찾아가 구매하는 오프라인 매장은 쇠퇴한다.

출제 의도 파악하기

전자 상거래의 발달로 인한 지역과 주민 생활의 변화 모습을 파악한다.

> **문제 해결 Point 쏙쏙**
> ·전자 상거래의 특징: 상품 구매 시 시간적·공간적 제약이 완화됨, 해외 직접 구매 등 소비 활동의 범위가 전 세계로 확대됨.
> ·전자 상거래 발달에 따른 변화 : 택배업 등 유통 산업 성장, 운송이 유리한 지역에 대규모 물류 창고 입지, 오프라인 매장 감소 및 배달 위주의 매장 발달 등

용어

전자 상거래: 인터넷 통신망을 이용하여 물건을 사고파는 행위

개념 온라인 쇼핑 등 전자 상거래의 발달로 시장 환경이 변화하고 있다. 소비자에게 직접 물건을 배송해 주는 택배업 등이 성장하게 되고 이로 인해 대규모의 물류 창고 역시 성장한다. 반면 전자 상거래의 활성화로 소비자가 직접 찾아가 구매하는 오프라인 매장은 줄어들고 있다.

적중 예상 **전략** | 2회									80~83쪽
1 ⑤	**2** ①	**3** ②	**4** ⑤	**5** ②	**6** ①	**7** ③	**8** ④	**9** ②	**10** ②
11 ⑤	**12** 해설 참조		**13** 해설 참조		**14** 해설 참조		**15** 해설 참조		

1 기후 변화

다음 글의 ㉠에 들어갈 내용에 대한 설명으로 옳지 <u>않은</u> 것은?

 남태평양의 작은 섬나라인 투발루는 평균 해발 고도가 3m 정도로 낮고 지형이 평평하다. (㉠)에 따른 해수면 상승으로 수십 년간 2개의 섬이 바다 아래로 잠겼고, 머지않아 전 국토가 바닷물에 잠길 위기에 처해 있다.

① ㉠은 지구의 평균 기온이 상승하는 현상이다.

② 숲을 무분별하게 파괴하는 것도 ㉠을 가속화하는 요인이다.

③ 산업 혁명 이후 화석 연료 사용 증가로 ㉠은 가속화되고 있다.

④ ㉠의 영향으로 북극해를 운항할 수 있는 북극 항로가 열리게 되었다.

⑤ ㉠으로 인해 홍수나 가뭄, 태풍과 같은 자연재해의 빈도가 감소하였다.

출제 의도 **파악하기**

기후 변화를 일으키는 지구 온난화의 의미와 요인에 대해 파악한다.

문제 해결 Point 쏙쏙

· 지구 온난화의 요인
- 자연적 요인: 태양 활동의 변화, 대기·물·해양 등의 상호 작용, 화산 활동 등
- 인위적 요인: 급격한 인구 증가, 산업화와 도시화로 인한 무분별한 개발 등

개념 지구 온난화가 심각해지면서 대기 및 해류 순환에 이상이 생기게 되고 이로 인해 태풍, 홍수, 폭우, 가뭄과 같은 자연재해의 빈도는 커진다.

2 기후 변화 해결을 위한 노력

다음 글의 파리 협정에 대한 설명으로 옳은 것은?

2015년 프랑스 파리에서 열린 제21차 국제 연합 기후 변화 협약 당사국 총회에서 기후 변화 문제에 대한 국제적 공동 대응을 위해 '파리 협정(Paris Agreement)'이 채택되었다.

① 2020년부터 적용될 새로운 기후 변화 협약이다.

② 온실가스 감축과 관련한 최초의 기후 변화 협약이다.

③ 지구 평균 기온 상승을 위해 노력하려는 국제 협약이다.

④ 온실가스 배출량이 많은 선진국에만 온실가스 감축 의무가 있다.

⑤ 전 세계의 모든 국가가 의무적으로 온실가스 배출 감축에 나서기로 하였다.

출제 의도 **파악하기**

기후 변화를 해결하기 위한 국제 사회의 대응 방안에 대해 이해한다.

문제 해결 Point 쏙쏙

파리 협정(2020): 2020년부터 적용될 기후 변화 협약으로 기후 변화 당사국인 197개국(개발 도상국 포함) 모두 온실가스 감축 이행 방안 제출

선택지 **바로 알기**

② 온실가스 감축과 관련한 최초의 기후 변화 협약이다.
최초의 기후 변화 협약은 1992년의 기후 변화 협약이다.

③ 지구 평균 기온 상승을 위해 노력하려는 국제 협약이다.
지구 평균 기온 상승 폭을 줄이기 위해 노력하는 국제 협약이다.

④ 온실가스 배출량이 많은 선진국에만 온실가스 감축 의무가 있다.
선진국과 개발 도상국 구분 없이 온실가스 배출 감축에 나선다.

⑤ 전 세계의 모든 국가가 의무적으로 온실가스 배출 감축에 나서기로 하였다.
197개국의 기후 변화 당사국이 대상 국가이다.

3 유해 폐기물의 국제적 이동

다음은 세계 유해 폐기물의 생산과 이동을 나타낸 지도이다. 이에 대해 옳은 내용을 | 보기 |에서 고르면?

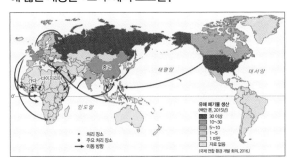

┌─ 보기 ─────────────────────────────────┐
│ ㄱ. 유해 폐기물 처리 장소는 환경 규제가 약한 지역이다. │
│ ㄴ. 유해 폐기물 처리 지역 주민들의 삶의 질은 높아진다. │
│ ㄷ. 유해 폐기물은 주로 선진국에서 개발 도상국으로 이동한다. │
│ ㄹ. 미국에서 발생한 유해 폐기물은 주로 아프리카로 이동한다. │
└──┘

① ㄱ, ㄴ   ② ㄱ, ㄷ   ③ ㄴ, ㄷ
④ ㄴ, ㄹ   ⑤ ㄷ, ㄹ

[출제 의도] 파악하기

환경 문제를 유발하는 유해 폐기물이 이동하는 원인과 문제점에 대해 파악한다.

[문제 해결] Point 쏙쏙

· 선진국: 개발〈환경 → 개발 도상국으로 유해 폐기물을 이동시킴으로서 환경 및 경제적 문제를 해결하려고 함.
· 개발 도상국: 경제 성장〉환경 → 유해 폐기물과 같은 공해 유발 산업을 받아들임으로써 환경 오염 및 주민들의 건강 악화 같은 문제가 발생함.

[개념] 개발 도상국은 선진국보다 환경 규제가 엄격하지 않은 편이기 때문에 이러한 점을 이용하여 선진국은 유해 폐기물을 개발 도상국에 불법으로 버리거나 불법적으로 수출하는 경우가 많다. 이 때문에 개발 도상국에서는 환경 오염, 질병 등 주민들의 삶이 위협받고 있다.

[선택지] 바로 알기

ㄴ. 유해 폐기물 처리 지역 주민들의 삶의 질은 높아진다.
유해 폐기물 처리 지역의 주민들은 환경 오염 및 유해 물질로 인한 질병과 같은 문제가 발생할 수 있다.

ㄹ. 미국에서 발생한 유해 폐기물은 주로 아프리카로 이동한다.
지도에서 미국에서 발생한 유해 폐기물은 주로 아시아로 이동하는 것을 확인할 수 있다.

---

4 미세 먼지

다음 지도에서 확인할 수 있는 환경 이슈에 대한 설명으로 옳지 않은 것은?

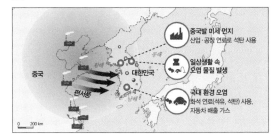

① 호흡기 질환을 유발할 수 있다.
② 반도체의 불량률을 높일 수 있다.
③ 비가 내리는 날에 농도가 낮아진다.
④ 비행기나 여객선 운항에 지장을 준다.
⑤ 대기가 안정되어 있으면 농도가 낮아진다.

[출제 의도] 파악하기

우리 주변에서 쉽게 접할 수 있는 미세 먼지와 같은 환경 이슈의 원인 및 영향을 파악하여 이해한다.

[문제 해결] Point 쏙쏙

· 발생 원인: 흙먼지, 식물 꽃가루, 화석 연료의 사용, 자동차 배기가스 등
· 영향: 각종 호흡기 질환, 반도체 등 정밀 산업의 불량률 증가, 항공기 및 여객선 운항 차질 초래

[개념] 미세 먼지의 농도는 날씨와 밀접한 관련이 있다. 대기가 안정되어 확산이 잘 일어나지 않는 조건에서는 오염 물질이 축적되어 미세 먼지 농도가 높아질 수 있다. 반면, 비가 내리면 공기 중에 있는 오염 물질이 빗물에 씻겨 내려가 대기가 깨끗해지고, 바람이 부는 날에도 미세 먼지가 흩어지기 때문에 농도가 낮아질 수 있다.

5 영역의 의미와 구성

다음은 영역의 구성을 그림으로 나타낸 것이다. A~E에 대한 설명으로 옳은 것은?

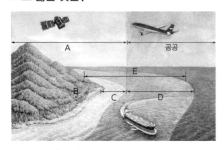

① A는 대기권 밖으로 범위를 한정한다.
② B는 A와 C의 설정 기준이 된다.
③ C는 간척 사업을 할 경우 범위가 늘어난다.
④ D는 자국의 선박만 통행할 수 있다.
⑤ E는 배타적 경제 수역이다.

영역의 의미를 이해하고 영토, 영해, 영공의 범위를 지도에서 찾아본다.

문제 해결 Point 쏙쏙

· 영역: 한 국가의 주권이 미치는 범위
· 영토: 한 국가에 속한 육지의 범위, 국토 면적과 일치함, 영해와 영공을 설정하는 기준
· 영해: 영토 주변의 바다, 대부분의 국가는 기선에서부터 12해리까지를 영해로 설정함.
· 영공: 영토와 영해의 수직 상공, 일반적으로 대기권 내로 범위를 제한함.
· 배타적 경제 수역: 영해 설정 기준선으로부터 200해리까지의 바다 중 영해를 제외한 바다

선택지 바로 알기

① A는 대기권 밖으로 범위를 한정한다.
영공은 대기권 내로 그 범위를 한정한다.

③ C는 간척 사업을 할 경우 범위가 늘어난다.
C 영해가 아니라 B 영토가 간척 사업으로 범위가 늘어난다.

④ D는 자국의 선박만 통행할 수 있다.
D는 배타적 경제 수역으로 다른 국가의 선박과 항공기가 자유롭게 통행할 수 있다.

⑤ E는 배타적 경제 수역이다.
E에서 C 영해를 뺀 D가 배타적 경제 수역이다.

6 독도의 가치

다음 자료의 (가) 지역에 대한 설명으로 옳지 않은 것은?

〈 ((가))의 날(10월 25일) 기념 우표 〉
((가))는 경상북도 울릉군 울릉읍에 있는 섬으로 동도와 서도 2개의 큰 섬과 89개의 부속 도서로 이루어져 있다.

① 우리나라 영토 중 가장 남쪽에 있다.
② 메탄 하이드레이트가 매장되어 있다.
③ 다양한 생물이 가득한 천연 보호 구역이다.
④ 한류와 난류가 만나 수산 자원이 풍부하다.
⑤ 주변국의 정세를 파악할 수 있는 군사 요충지이다.

영역으로서 독도가 지닌 다양한 가치를 파악하고 독도의 중요성에 대해 이해한다.

문제 해결 Point 쏙쏙

· 영역적 가치: 우리나라 영토의 가장 동쪽에 위치, 영해 설정의 중요한 위치, 배타적 경제 수역 설정 관련 중요한 위치, 주변국의 정세를 파악할 수 있는 군사 요충지
· 경제적 가치: 조경 수역 형성으로 풍부한 수산 자원 보유, 메탄 하이드레이트, 해양 심층수 등 풍부한 해저 자원 보유
· 환경·생태적 가치: 다양한 동식물의 서식지, 천연 보호 구역, 화산의 형성과 진화 과정 연구가 가능한 지질학적 가치

개념 독도는 우리나라 영역의 동쪽 끝이 어디인지 확정한다는 점에서 매우 중요하며, 주변국의 정세를 파악할 수 있는 동해 한가운데에 있어 군사 요충지로서 중요한 가치와 의미를 지닌다. 메탄 하이드레이트와 해양 심층수 등의 자원도 풍부하며, 조경 수역이 형성되어 각종 수산 자원도 풍부하다.

7 지리적 표시제

다음 지도에서 찾아볼 수 있는 지역화 전략에 대한 설명으로 옳은 것을 ㅣ보기ㅣ에서 고르면?

┌─ 보기 ─────────────────────────────────────┐
ㄱ. 랜드마크 같은 지역의 특정 장소를 상품화하는 것이다.
ㄴ. 국가가 해당 지역의 이름을 상표권으로 인정해 주었다.
ㄷ. 상품의 품질과 특성이 생산지의 지리적 특성에서 비롯된다.
ㄹ. 지역의 고유한 특성과 매력을 담은 슬로건, 로고 등을 활용한다.
└──┘

① ㄱ, ㄴ   ② ㄱ, ㄷ   ③ ㄴ, ㄷ
④ ㄴ, ㄹ   ⑤ ㄷ, ㄹ

출제 의도 파악하기

다양한 지역화 전략을 탐구해 보고, 지역의 가치와 경쟁력을 높일 수 있는 방안을 찾아본다.

📖 **문제 해결** Point 쏙쏙

· 지리적 표시제: 상품의 품질, 명성, 특성 등이 특정 지역에서 비롯한 경우, 지역 생산품임을 증명하고 표시하는 제도
· 지역 브랜드: 지역 그 자체 또는 지역의 상품과 서비스 등을 소비자에게 특별한 브랜드로 인식시키는 것
· 장소 마케팅: 특정 장소의 자연환경, 역사적·문화적 특성을 드러내어 장소를 매력적인 상품으로 만들어 이를 판매하려는 것

개념 지역화 전략은 세계화 요구에 부응하기 위해 경제적·문화적 관점에서 다른 지역과 차별화할 수 있는 계획을 마련하는 것으로 세계화로 지역 간 경쟁이 치열해짐에 따라 등장하게 되었다.

선택지 바로 알기

ㄱ. 랜드마크 같은 지역의 특정 장소를 상품화하는 것이다.
장소 마케팅에 대한 설명이다.

ㄹ. 지역의 고유한 특성과 매력을 담은 슬로건, 로고 등을 활용한다.
지역 브랜드에 대한 설명이다.

---

8 우리 국토의 위치와 국토 통일의 필요성

다음은 유라시아 횡단 철도 예상 노선이다. 이를 통해 알 수 있는 통일의 기대 효과로 가장 적절한 것은?

① 군사비 지출이 감소할 것이다.
② 민족의 동질성이 회복될 것이다.
③ 북한의 풍부한 천연자원을 이용할 수 있다.
④ 육로를 통해 대륙으로의 이동이 가능해진다.
⑤ 이산가족과 실향민의 아픔을 해소할 수 있다.

출제 의도 파악하기

우리 국토의 위치 특성을 파악한 후 국토 통일이 필요한 이유를 우리나라의 위치와 연결하여 이해한다.

📖 **문제 해결** Point 쏙쏙

· 우리나라의 위치적 특징: 우리나라는 유라시아 대륙의 동쪽에서 태평양을 향해 뻗어 있는 반도국이다. 그래서 우리나라는 대륙과 해양으로 모두 진출할 수 있고, 대륙과 해양을 서로 연결할 수도 있다. 국토 통일을 이루게 된다면 대륙으로의 진출이 가능해져 반도로서의 위치적 장점을 활용할 수 있게 된다.

개념 통일이 된다면 부산에서부터 북한과 러시아를 거쳐 유럽 대륙까지 노선이 이어진다. 이 노선을 이용하면 기존의 해운을 이용하는 것보다 비용과 운송 기간이 줄어들어 더 큰 이익을 얻을 수 있고, 무역량이 증가할 것이다.

9 영역을 둘러싼 갈등

다음 (가), (나) 분쟁이 일어나는 지역을 지도의 A~D에서 찾아 바르게 연결한 것은?

(가) 1947년 인도가 영국으로부터 독립할 때 힌두교도가 많은 지역은 인도로, 이슬람교도가 많은 지역은 파키스탄으로, 불교도가 많은 지역은 스리랑카로 각각 분리되었다.

카슈미르 지역은 주민 대부분이 이슬람교를 믿기 때문에 파키스탄으로 귀속될 예정이었으나, 이곳을 통치하던 힌두교 지도자가 인도에 통치권을 넘기면서 파키스탄과 인도 간의 갈등이 시작되었다.

(나) 제2차 세계 대전 이후 팔레스타인 지역에 유대교를 믿는 이스라엘이 건국하면서 주변 아랍 국가들과의 갈등이 시작되었

▲ 통곡의 벽

다. 통곡의 벽은 유대인들과 팔레스타인의 아랍인들 사이의 오랜 분쟁거리로 남아 있다. 유대인들에게 이 벽은 '약속의 땅'인 이스라엘의 상징이지만, 팔레스타인의 아랍인들에게 이슬람 성지로 생각되기 때문이다. 1929년에는 '통곡의 벽 사건'이라 불리는 폭력 및 대치 사건이 벌어지기도 했다.

	(가)	(나)
①	A	B
②	B	A
③	B	C
④	C	D
⑤	D	A

출제 의도 파악하기

분쟁의 원인과 현황을 파악하고 지도에서 영역을 둘러싼 분쟁 지역의 위치를 찾아본다.

문제 해결 Point 쏙쏙

· 카슈미르 분쟁
 – 분쟁 당사국 : 인도, 파키스탄
 – 분쟁 원인 : 인도(힌두교)와 파키스탄(이슬람교)의 대립
 – 이슬람교도가 많은 카슈미르 지역이 힌두교를 믿는 인도에 포함되면서 갈등이 심화됨.
· 팔레스타인 분쟁
 – 분쟁 당사국: 이스라엘, 팔레스타인, 주변 이슬람 국가
 – 분쟁 원인: 민족(유대인과 아랍 민족), 종교(유대교와 이슬람교) 간 갈등
 – 제2차 세계 대전 이후 유대인이 팔레스타인 지역에 이스라엘을 건설하면서 발생함.

용어

· 힌두교: 인도의 토착 신앙과 브라만교가 융합한 종교
· 이슬람교: 아라비아의 예언자 마호메트가 창시한 세계 3대 종교의 하나, 유일신 알라가 마호메트를 통하여 계시한 코란을 경전으로 함.
· 유대교: 모세의 율법을 기초로 기원전 4세기경부터 발달한 유대인의 민족 종교

개념 오늘날 세계 여러 국가 사이에는 서로 더 많은 영토와 영해를 차지하기 위한 갈등이 계속 발생하고 있다. 영역을 둘러싼 갈등은 민족, 역사, 종교, 자원 등 다양한 원인에 의해 나타난다. 혹은 여러 가지 원인이 결합하여 나타나기 때문에 하나의 요인으로 설명하기는 어렵다.

10 지역별 발전 수준의 차이

다음은 인간 개발 지수(HDI)의 분포를 나타낸 지도이다. A에 해당하는 국가들에서 B에 해당하는 국가들보다 높게 나타나는 것을 ㅣ보기ㅣ에서 고르면?

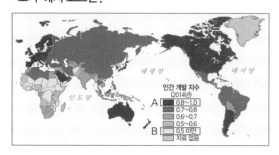

┌─ 보기 ─────────────────────────────┐
ㄱ. 교육 수준   ㄴ. 영아 사망률
ㄷ. 실질 국민 소득   ㄹ. 기아 인구 비율
└──────────────────────────────────┘

① ㄱ, ㄴ   ② ㄱ, ㄷ   ③ ㄴ, ㄷ
④ ㄴ, ㄹ   ⑤ ㄷ, ㄹ

11 저개발 지역의 빈곤 해결을 위한 노력

교사의 질문에 대한 학생의 대답으로 적절하지 <u>않은</u> 것은?

> 지역 간의 불평등을 완화하기 위해서 저개발 지역의 빈곤 문제를 해결하기 위한 방법에는 무엇이 있을까요?

① 지혜: 위생 및 보건 환경을 개선하여 질병 문제를 해결할 수 있어요.
② 현웅: 적정 기술의 도입을 통해 지역에서 발생하는 문제를 해결할 수 있어요.
③ 수인: 공정 무역을 통해 저개발 국가의 생산자에게 공정한 대가를 줄 수 있어요.
④ 하영: 국제기구를 통해 난민, 기아, 아동 복지 등의 문제에 도움을 줄 수 있어요.
⑤ 나은: 인구 증가를 위해 출산 장려 정책을 펼쳐서 경제 성장을 꾀할 수 있어요.

12 유전자 재조합 식품(GMO)에 대한 상반된 입장
다음의 지식 검색 결과를 보고 물음에 답하시오.

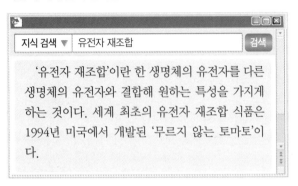

| 지식 검색 ▼ | 유전자 재조합 | 검색 |

'유전자 재조합'이란 한 생명체의 유전자를 다른 생명체의 유전자와 결합해 원하는 특성을 가지게 하는 것이다. 세계 최초의 유전자 재조합 식품은 1994년 미국에서 개발된 '무르지 않는 토마토'이다.

(1) 유전자 재조합 식품에 대한 긍정적 입장을 한 가지 서술하시오.

[모범 답안] 병충해에 강하고 수확량이 많아 농가의 소득을 높여 준다. 대량 생산이 가능해 세계 식량 부족 문제를 해결할 수 있다.

(2) 유전자 재조합 식품에 대한 부정적 입장을 한 가지 서술하시오.

[모범 답안] 인체에 대한 안전성이 검증되지 않았다. 재배 과정에서 국내 고유종을 파괴할 수 있다.

[출제 의도 파악하기]

유전자 재조합 식품(GMO)의 의미를 찾아보고, 긍정적·부정적 효과를 파악한다.

[문제 해결 Point 쏙쏙]

· 긍정적 입장: 수확량 증대로 농가의 소득 증가, 생산 비용 감소, 대량 생산으로 세계 식량 부족 문제 해결, 잡초와 해충에 강한 품종 개발 등
· 부정적 입장: 인체에 대한 안전성이 검증되지 않음, 생태계 교란 위험, 국내 고유종 파괴 위험 등

[개념] 최근 유전자 재조합 기술을 이용하여 새로운 품종을 만들어내고 있다. 이렇게 개발된 농산물을 유전자 재조합 식품(GMO)라고 한다. 유전자 재조합 식품은 대량 생산이 가능해 세계 식량 부족 문제를 해결해 줄 수 있다는 긍정적인 면도 있지만, 한편으로는 아직 인체 유해성이 충분히 검증되지 않아 위험하다는 시각도 있다.

13 지역화 전략
다음 사례에 해당하는 지역화 전략의 이름을 쓰고, 그 의미를 서술하시오.

갯벌이 발달한 서해안 보령에서 개최되는 머드 축제는 해마다 수많은 외국인 관광객들이 방문하는 국제적인 축제로 자리매김하였다.

[모범 답안] 장소 마케팅으로 특정 장소가 지닌 유형·무형의 자산이나 고유한 특징을 이용하여 장소 자체를 매력적인 상품으로 만들어 판매하는 것이다.

[출제 의도 파악하기]

지역화 전략의 사례를 탐구하는 과정에서 지역 경쟁력을 높일 수 있는 방안을 찾아본다.

[문제 해결 Point 쏙쏙]

· 장소 마케팅: 특정 장소가 가지고 있는 자연환경이나 역사적·문화적 특성을 드러내어 장소를 매력적인 상품으로 만들어 이를 판매하려는 활동
· 장소 마케팅의 사례: 부산 국제 영화제, 안동 하회 마을, 함평 나비 축제, 김제 지평선 축제, 화천 산천어 축제 등

[개념] 장소 마케팅은 랜드마크, 박물관 등의 문화 시설물, 이벤트·축제 등의 문화 행사, 역사적 상징 건물과 장소 보존, 스포츠 행사 등을 통해 이루어진다.

14 기아 문제

다음 글을 읽고 물음에 답하시오.

> **○○ 신문**
>
> 제○○○호 　　○○○○년 ○○월 ○○일
>
> 　관측 이래 최악으로 거론되는 엘니뇨 때문에 많은 사람들이 고통받을 것이라는 국제 연합의 전망이 나왔다. 세계 식량 계획은 작년부터 아시아와 태평양에 닥친 엘니뇨가 곡물 수확에 악영향을 끼쳐 아프리카, 아시아, 남아메리카에서 식량 부족 사태가 발생할 수 있다고 전망하였다.
>
> 　　　　　　　　　　　　– 「연합뉴스」, 2016.2.17

(1) 위와 같은 사태가 지속될 경우 나타날 수 있는 지리적 문제를 쓰시오.

[답] 기아 문제

(2) (1)이 발생하는 원인을 자연적 요인과 인위적 요인으로 나누어 서술하시오.

[모범 답안] 기아 문제가 발생하는 자연적인 요인은 자연재해 및 농작물 병충해 등으로 식량 생산이 감소하는 것이다. 인위적인 요인으로는 인구 급증에 따른 곡물 수요의 증대, 전쟁 및 분쟁으로 식량 공급이 어려워지는 경우, 곡물 가격의 상승으로 수급이 어려워지는 경우가 있다.

[출제 의도 파악하기]
지구상에서 발생하고 있는 기아 문제를 인식하고 이러한 문제가 발생하는 원인에 대해 파악한다.

[문제 해결 Point 쏙쏙]
· 의미 : 인간이 생존하는 데 필요한 물과 영양소를 충분히 섭취하지 못하는 상태
· 원인
－ 자연적 요인: 가뭄, 홍수, 이상 한파, 태풍 등 자연재해 및 농작물 병충해 등으로 식량 생산 감소 등
－ 인위적 요인: 곡물 수요의 증가, 식량 공급의 어려움, 곡물 가격의 상승 등

[용어]
엘니뇨: 남아메리카 서해안을 따라 흐르는 페루 해류 속에 몇 년에 한 번 이상 난류가 흘러드는 현상이다. 에콰도르에서 칠레에 이르는 지역의 농업과 어업에 피해를 주고, 태평양의 적도 지방과 때로는 아시아 및 북아메리카에도 광범위한 기상 이상 현상을 일으킨다.

[개념] 오늘날 전 세계에서 기아로 고통받는 사람들은 8억 명 이상이다. 기아 문제는 자연재해, 분쟁, 빈곤, 농업 기반 시설의 부족, 식량 가격의 불안정 등 다양한 원인으로 나타나고 있다.

---

15 지역 간 불평등 완화를 위한 노력

다음 자료를 통해 알 수 있는 공정 무역의 효과를 소비자와 생산자로 나누어 한 가지씩 서술하시오.

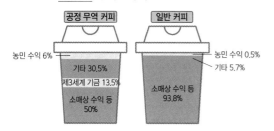

공정 무역 커피
농민 수익 6%
기타 30.5%
제3세계 기금 13.5%
소매상 수익 등 50%

일반 커피
농민 수익 0.5%
기타 5.7%
소매상 수익 등 93.8%

[모범 답안] 생산자는 정당한 노동의 대가를 받고, 쾌적하고 깨끗한 환경에서 일할 수 있으며, 노동에 시달리던 아이들이 학교에 가게 될 수도 있다. 소비자는 저개발국의 어려운 사람들을 직접 도우면서 친환경 제품을 구입할 수 있다.

[출제 의도 파악하기]
지역 불평등 문제 해결을 위한 방안 중 공정 무역의 의미와 효과에 대해 알아본다.

[문제 해결 Point 쏙쏙]
· 의미 : 불공정한 무역을 개선하여 저개발 국가의 생산자에게 정당한 가격을 지급하는 무역 방식
· 주요 상품: 커피, 차, 카카오, 바나나, 의류, 수공예품 등
· 효과
－ 생산자: 정당한 노동의 대가를 받음, 쾌적하고 깨끗한 환경에서 일함, 노동하던 아이들이 학교에 갈 수 있음.
－ 소비자: 저개발국의 어려운 사람들을 직접 도움, 친환경 제품을 구입할 수 있음, 공정 무역의 수익금이 빈곤 지원 사업에 사용됨.

[개념] 공정 무역의 목적은 노동에 대한 공정한 대가를 주는 것이다. 공정 무역 시장은 그 규모가 계속 커져 많은 성과를 거두고 있으나, 한계점을 보이기도 한다.

단기간 고득점을 위한 2주

전략 질주

중학 전략

내신 전략 시리즈

국어/영어/수학

필수 개념을 꽉~ 잡아 주는 초단기 내신 대비서!

일등전략 시리즈

국어/영어/수학/사회/과학 (국어는 3주 1권 완성)

철저한 기출 분석으로 상위권 도약을 돕는 고득점 전략서!

정답은
이안에
있어!

배움으로 행복한 내일을 꿈꾸는
천재교육 커뮤니티 안내 . . . .

교재 안내부터 구매까지 한 번에!
천재교육 홈페이지

자사가 발행하는 참고서, 교과서에 대한 소개는 물론
도서 구매도 할 수 있습니다. 회원에게 지급되는 별을 모아
다양한 상품 응모에도 도전해 보세요!

다양한 교육 꿀팁에 깜짝 이벤트는 덤!
천재교육 인스타그램

천재교육의 새롭고 중요한 소식을 가장 먼저 접하고 싶다면?
천재교육 인스타그램 팔로우가 필수!
깜짝 이벤트도 수시로 진행되니 놓치지 마세요!

수업이 편리해지는
천재교육 ACA 사이트

오직 선생님만을 위한, 천재교육 모든 교재에 대한 정보가 담긴
아카 사이트에서는 다양한 수업자료 및 부가 자료는 물론
시험 출제에 필요한 문제도 다운로드하실 수 있습니다.

https://aca.chunjae.co.kr

천재교육을 사랑하는 샘들의 모임
천사샘

학원 강사, 공부방 선생님이시라면 누구나 가입할 수 있는 천사샘!
교재 개발 및 평가를 통해 교재 검토진으로 참여할 수 있는 기회는 물론
다양한 교사용 교재 증정 이벤트가 선생님을 기다립니다.

아이와 함께 성장하는 학부모들의 모임공간
튠맘 학습연구소

튠맘 학습연구소는 초·중등 학부모를 대상으로 다양한 이벤트와 함께
교재 리뷰 및 학습 정보를 제공하는 네이버 카페입니다.
초등학생, 중학생 자녀를 둔 학부모님이라면 튠맘 학습연구소로 오세요!

book.chunjae.co.kr

교재 내용 문의	교재 홈페이지 ▸ 중학 ▸ 교재상담
교재 내용 외 문의	교재 홈페이지 ▸ 고객센터 ▸ 1:1문의
발간 후 발견되는 오류	교재 홈페이지 ▸ 중학 ▸ 학습지원 ▸ 학습자료실

53300

ISBN 979-11-259-7157-3

정가 16,000원